“十二五”国家重……
教育部区域与国别研究基地“东盟……
广西科学实验中心“中国—东盟研究中心”资助出版

东南亚：21世纪『海上丝绸之路』的枢纽

SOUTHEAST ASIA: THE HINGE OF 21ST CENTURY MARITIME SILK ROAD

葛红亮◎主编

中国出版集团
世界图书出版公司

图书在版编目（CIP）数据

东南亚：21世纪“海上丝绸之路”的枢纽 / 葛红亮主编．—广州：世界图书出版广东有限公司，2016.5（2025.1重印）
ISBN 978-7-5192-1289-6

Ⅰ. ①东… Ⅱ. ①葛… Ⅲ. ①海上运输－丝绸之路－关系－国际关系史－中国、东南亚－21世纪－文集 Ⅳ. ①D829.33-53②K203-53

中国版本图书馆 CIP 数据核字（2016）第 087679 号

东南亚：21 世纪“海上丝绸之路”的枢纽

策划编辑： 刘正武
责任编辑： 张东文
出版发行： 世界图书出版广东有限公司
（地址：广州市新港西路大江冲 25 号　邮编：510300
网址：http://www.gdst.com.cn　E-mail：pub@gdst.com.cn）
发行电话： 020-84451969　84459539
经　　销： 各地新华书店
印　　刷： 悦读天下（山东）印务有限公司
版　　次： 2016 年 5 月第 1 版　2025 年 1 月第 3 次印刷
开　　本： 787 mm × 1092 mm　1/16
字　　数： 385 千
印　　张： 22.25
ISBN 978-7-5192-1289-6 / K · 0304
定　　价： 98.00 元

咨询、投稿： 020-84460251　gzlzw@126.com

本书受广西科学实验中心“中国—东盟研究中心”科研业务项目经费资助出版，为国家社科基金西部项目“21 世纪‘海上丝绸之路’的地缘安全基础研究”（15XGJ007）、教育部亚洲区域合作专项“21 世纪海上丝绸之路”建设与中印尼合作专题研究及广西高校科学研究一般项目“‘中国—东盟命运共同体’建设及广西的角色研究”（KY2015YB085）的阶段性成果。

谨以此书向为中国—东盟友好关系发展做出贡献的各界人士致敬！

序

对于中国而言，东南亚不仅是近邻，也是好亲戚。因为，有好几千万华侨华人在这里聚居、繁衍后代、安居乐业，他们与当地民族一起为东南亚国家的独立、发展、繁荣和富强做出了重大的贡献。我因为从事东南亚研究的缘故，经常到东南亚国家考察、调研，几乎走遍了每一个国家，每一次出访东南亚，都会有一种走亲戚的感觉，这种感觉，你到其他地区是无法感受到的。从地缘政治与经济的角度看，中国与东南亚做邻居，那是上天注定与安排的，无法选择的，你愿意罢，不愿意也罢，我们都注定是邻居。既然是邻居，我们当然就要讲究相处之道，中国古代有很多形容邻居重要性的成语，例如，“远亲不如近邻”，“唇亡齿寒”，“唇齿相依”，“城门失火，殃及池鱼”，等等，足见邻居之重要和不可或缺。

最近一段时间，“一带一路”成为学术界讨论的热点，许多人从各个不同的视角做出不同的解读。我认为，“一带一路”就是我国在新的历史时期推行的新的区域合作战略、新的周边战略，是一种新的地区主义，高度开放的地区主义。具体而言，所谓21世纪“海上丝绸之路”，那就是中国与太平洋、印度洋沿岸国家展开合作的区域化战略，在这个战略中，必须有沿岸国家的共同参与，而绝对不是中国一家唱独角戏，在这些沿岸国家中，东南亚国家将扮演重要的角色。在中国的戏剧中，有主角和配角等各种角色扮演者，但是，在区域合作中，却不应该按照中国戏剧的角色划分方法，因为，在国际关系和国际合作中，主角和配角在很多场合是完全可以转换的，而且也是经常转换的，就有点像东盟的轮值主席国，每年轮换，年年都是新面孔。

21世纪“海上丝绸之路”是什么东西，已经有很多学者做出了诠释，笔者不打算在这里重复，但有两个“不是”，需要在这里强调。首先，中国不是现有国际秩序的革命者，而是现有国际秩序的修正主义者。改革开放以来，我们调整了对现有国际秩序的态度，从过去那种不认可、不合作、不参与，调整为积极参与和合作，应该说，我们在改革开放以来所取得的巨大成就，在很大程度上得益于现有的国际秩序，因此，我们是现有国际秩序的受益者。诚然，现有的国际秩序有许多不合理的地方，需要改革和调整，以适应变化了的世界，我们现在提出“一带一路”战略，正是这个目的。中国正在迅速成长为世界大国，有能力、有责任、有义务要对国际社会做出更多的贡献，而现有的国际秩序不能很好地反映这一变化，因此，需要调整和改革，需要变化。

其次，中国不是要恢复古代的“朝贡体系”，而是要为地区的和平、稳定与繁荣做出自己的贡献。西方一些分析家在前几年撰文认为，中国试图恢复古代那种“朝贡体系”，以加强对周边国家的控制。这是一个错误的观点，中国人不想要恢复这个体系，现在是一个高度开放的世界，因此也不可能重新建立这样一个体系。

因此，我们必须让世界明白，我们提出“一带一路”战略，是为了让现有的国际秩序趋向更加进步与合理，我们不是现有国际秩序的革命者和挑战者。总之，“一带一路”是高度开放的地区主义，不仅向亚洲国家开放，也向区域外国家开放，欢迎区域外国家有更多的参与。中国如果要顺利实施21世纪“海上丝绸之路”战略，东南亚的重要性是怎么估计也不会过高的，我想通过五个“最”来概述东南亚的重要性。

第一个“最”，世界上最大的共同体——东盟共同体即将诞生。按照东盟制定的日程表，东盟共同体于2015年建成。从一些数字看这个共同体的重要性：总面积有447万平方千米，人口6.18亿人（2014年），GDP达2万亿美元（2013年）。

第二个“最”，中国—东盟自由贸易区是世界上最大的发展中国家自由贸易区。中国是东盟最大的贸易伙伴。到2013年底，双方的贸易额已经达到4000亿美元，2015年突破5000亿美元几乎没有悬念，如果加上中国香港和台湾与东盟的贸易数据，那么，大中华地区与东盟的贸易已经占了东盟对外贸易的五分之一。根据双方领导人达成的共识，到2020年再翻一番，实现1万亿美元。

第三个“最”，东南亚是亚洲经济最活跃、最有活力的地区。20世纪90年代以前，涌现出新加坡、马来西亚、泰国等新兴经济体，21世纪初，又有几个新兴经济体正在崛起，包括越南、印尼等国。以印尼为例，最近十年，印尼长期保持约5%—6%的经济增长率，人均GDP已经达到3500美元。

第四个“最”，是海外华人聚居最集中和最多的地区。现在说海外华侨华人有6000万人，其中70%集中在东南亚，那就是说约有4000多万华侨华人聚居在这个地区。他们过去是，现在是，今后仍然是沟通中国与世界的重要桥梁和使者。21世纪“海上丝绸之路”的建设更是少不了他们的参与，他们可以发挥重要的作用。

第五个“最”，是从地缘战略的角度来说的。在东盟10个成员国中，印尼的地位最为特殊与重要，这里不能不提及。印尼是东南亚最大的国家，也曾经是东盟的“盟主”。印尼历史上就是一个海洋强国，印尼古国满者伯夷，在历史上就曾经是一个非常强大的海洋国家，与古代中国的联系也非常密切。印尼新总统佐科提出要把印尼建设成为海洋强国，这与我们提出的21世纪“海上丝绸之路”可谓是不谋而合。印尼是我们建设21世纪“海上丝绸之路”的战略支点，从其所处的战略位置可窥见一斑，印尼海域有四大海峡，都是沟通太平洋和印度洋的战略通道，它们是：马六甲海峡（马来半岛与印尼苏门答腊岛之间）、巽他海峡（西爪哇与苏门答腊岛之间）、龙目海峡（龙目岛和巴厘岛之间）和望加锡海峡（加里曼丹岛与苏威拉西岛之间）。看住了这四个海峡，就扼住了包括中国在内的所有东亚国家的命脉。

最近一段时间以来，“一带一路”成为学术界热烈讨论的话题，因为地缘的关系，广东、广西、云南和福建等地学者更多的是关注海上丝绸之路的建设，这方面的论文、著作及各种各样的研究成果如雨后春笋般地涌现，研讨会一个接一个地开，其中凑热闹的有之，隔靴搔痒的有之，人云亦云的有之，但也不乏真知灼见者。红亮主编的《东南亚：21世纪“海上丝绸之路”的枢纽》一书就让我大开眼界，其中大多数作者都是从事国际问题和东南亚问题研究的中青年研究学者，他们的理论勇气和求真务实的精神令我为之感动和振奋。红亮嘱我为这本书作序，我有点诚惶诚恐，担心有负年轻人的期望，然而转念一想，作为从事东南亚研究的前辈，有责任为年轻一代铺路搭桥，也就欣然命笔，就算是抛砖引玉吧。

曹云华

2015年11月于台湾中山大学

高雄西子湾畔

contents

目录

第三部分　专题

第一部分　总论

导读

东南亚是中国对外关系中很重要的一环，在中国的周边外交中更是至关重要。东南亚地区不仅横跨世界上几个最重要的海上贸易通道，还是中国货物与服务的原料产地和市场，同时也是难以解决的南中国海争议所在地。为维护中国周边和平和创造有利的国内发展环境，中国已将东南亚纳入其新丝绸之路外交战略中必不可少的组成部分。一般认为，“海上丝绸之路”构想包括东南亚、南亚、中东、北非和欧洲国家以及向南方向的南太平洋岛国。尽管海上丝绸之路的地域覆盖范围模糊，但毋庸置疑的是海上丝绸之路必须从东南亚开始。从这个意义上来说，深入讨论东南亚国家对海上丝绸之路构想的认识和回应具有非常重要的意义。

东南亚与 21 世纪“海上丝绸之路”

■ 文/李明江　曾爱玲[①]

东南亚是中国对外关系中很重要的一环，在中国的周边外交中更是至关重要。东南亚地区不仅横跨世界上几个最重要的海上贸易通道，还是中国货物与服务的原料产地和市场，同时也是难以解决的南中国海争议所在地。为维护中国周边和平和创造有利的国内发展环境，中国已将东南亚纳入其新丝绸之路外交战略中必不可少的组成部分。

2013 年 10 月，中国国家主席习近平在对印尼进行国事访问期间，在印尼国会发表演讲时提出了建设 21 世纪海上丝绸之路的构想。在同年 11 月举行的第 17 届中国—东盟峰会上，中国总理李克强提出了构建中国—东盟命运共同体的“2+7”合作框架，这也是对海上丝绸之路的补充。该合作框架包括两点政治共识：构建战略互信和促进互利互惠的经济发展，并确立了七个重点合作领域，包括海上合作、金融、安全、环境保护和人文交流等。[②] 此外，中国还于 2014 年 9 月在广西南宁举行第 11 届中国—东盟博览会期间成功展示了海上丝绸之路愿景。

在中国政府关于海上丝绸之路的话语中，并没有非常清楚地说明这一战略具体包括哪些国家。一般认为，海上丝绸之路构想包括东南亚、南亚、中东、北非和欧洲国家以及向南方向的南太平洋岛国。尽管海上丝绸之路的地域覆盖范围模糊，但毋庸置疑的是海上丝绸之路必须从东南亚开

---

① 作者单位：新加坡南洋理工大学拉惹勒南国际研究院（RSIS）。

② “Chairman’s Statement of the 17th ASEAN–China Summit”, Nay Pyi Taw, Myanmar, 13 November 2014, Paragraph 6.

始。从这个意义上来说，深入讨论东南亚国家对海上丝绸之路构想的认识和回应具有非常重要的意义。

一、东盟国家对 21 世纪“海上丝绸之路”倡议做何回应?

我们不应因东盟的存在而理所当然地认为东南亚会对海上丝绸之路构想有或者应该有一个统一的回应。每个东盟成员国对与中国的关系、中国的影响及地区战略布局的考虑差别很大，对此，我们不应感到惊奇。尽管东盟方面已正式承认或是注意到中国在 2014 年各种多边会议上倡导海上丝绸之路，但截至今日，东盟尚没有做出支持海上丝绸之路的官方表态。① 由于东盟采取各国达成共识基础上的决策机制，除非所有十个成员国对海上丝绸之路倡议达成一致意见，否则东盟作为一个整体就无法做出明确的官方表态。东盟十国对海上丝绸之路的态度彼此不同，大体可以分为三类：积极欢迎、谨慎乐观和持怀疑态度（见表 1）。

表 1 东盟成员国对海上丝绸之路构想的态度

积极欢迎	谨慎乐观	持怀疑态度
柬埔寨 老挝 泰国	印尼 马来西亚 新加坡 文莱	菲律宾 越南 缅甸

资料来源：本文作者使用东南亚国家的官方声明、媒体报道和访谈材料综合而成。

首先，有必要对表 1 做进一步说明。对海上丝绸之路持有积极欢迎态度的第一组国家有柬埔寨、老挝和泰国。这些国家与中国经济关系紧密，从与中国的经济贸易与投资关系中受益巨大，它们与中国没有任何领土争端，在安全上对中国基本上没有太多的担忧。我们在泰国和柬埔寨的调研表明，事实上，这些国家可能担心会被排除在海上丝绸之路战略倡议之

① “Chairman’s Statement of the 17th ASEAN-China Summit”, Nay Pyi Taw, Myanmar, 13 November 2014, Paragraph 4; “Joint Media Statement of the 13th AEM-MOFCOM Consultations”, Nay Pyi Taw, Myanmar, 26 August 2014, Paragraph 5.

外。泰国希望将其印度洋沿岸的港口和泰国湾的港口更好地连接，海上丝绸之路计划有助于实现其目标，但是泰国国内人士担心他们的规划不会得到中国的重视。柬埔寨的精英圈子对海上丝绸之路充满期待，希望中国能对柬埔寨加大投资和产业转移，在柬埔寨建设更多的工业园，帮助柬埔寨改善交通基础设施。

第二组国家包括印度尼西亚、马来西亚、新加坡和文莱，对海上丝绸之路构想持谨慎乐观态度。这些国家总体上愿意支持海上丝绸之路构想，并愿与中国合作实施相关发展项目。但另一方面，这些国家担心可能因此形成对中国的过度依赖和中国地区影响力的显著增长。它们并不确定能否接受以中国为中心的地区秩序，而且还担心过度依赖中国可能导致本国对外事务上战略自主性降低。由于存在这些担忧，这些国家很可能会尝试鼓励其他域外大国在东南亚地区事务，包括在基础设施项目中发挥积极作用。它们可能引入域外大国来平衡中国的海上丝绸之路战略倡议。新加坡外交部前常任秘书比拉哈里（Bilahari Kausikan）的一席话可以帮助我们理解这些东南亚国家的思维。他说，中国可能不喜欢听到东盟成员国用“平衡”或者“制衡”这样的词来形容这些国家如何处理与包括中国在内的区外大国的关系，但是东南亚小国只能用“平衡”的手段防止任何大国在这个地区一国独大，从而使得这些小国能够保持一定程度上的自主性，并更好保护自己的利益。[①] 海上丝绸之路倡议的提出不会改变东盟一些国家处理地区战略关系的这种思路。这些国家，尤其是印度尼西亚和马来西亚可能担心实施海上丝绸之路构想会影响到它们的国家安全。例如，在印度尼西亚，认为政府在接受中国基础设施项目金融支持的同时应警惕国家安全受到威胁的观点相当普遍，也很强烈。

第三组东盟成员国对海上丝绸之路的构想持怀疑态度，这些国家包括菲律宾、越南和缅甸。对于菲律宾和越南而言，怀疑主要是由于过去几年与中国的南海争端。越南精英和外交圈子对中国的意图深表怀疑，担心中国希望利用21世纪“海上丝绸之路”把自己塑造成为地区的霸权国家。中国的策略是用经济上的好处引诱邻国，促使邻国淡化与中国的分歧。越南清楚可以从这些地区基础设施项目中得到好处，但同时也对21世纪

① Bilahari Kausikan, “Almost impossible for big countries to understand how small countries think”, *Straits Times*, 1 October 2014.

“海上丝绸之路”可能会给南海争端带来的影响高度关注。越南不清楚21世纪“海上丝绸之路”如何与地区已经存在的处理海洋问题的一些规则和原则相吻合，也关注21世纪“海上丝绸之路”如何适应东盟与中国正在进行的“南海行为准则”的谈判。越南也担心中国可能会利用21世纪“海上丝绸之路”作为一个政策工具，进一步使中国在南海的存在和强化存在的行为合法化。如果越南答应支持和参与21世纪“海上丝绸之路”，同意中国在东南亚地区参与海港建设，可能会有助于加强中国的海军、海上执法船以及商船在整个地区的存在。21世纪“海上丝绸之路”会帮助中国在东南亚地区进一步改变地区的力量平衡，结果是中国可能会利用对自己有利的力量平衡态势在主权和海洋管辖问题上对地区国家施加压力。在菲律宾，由于过去与中国公司合作的一些基础设施项目有过不愉快的经历，许多精英都对这一构想表示怀疑。缅甸的政治领导人似乎支持这一构想，但公众层面，尤其是许多民间社团领导人并不认同政府的观点，对中国投资，特别是对基础设施领域投资的负面情绪相当高。这意味着，即使缅甸政府愿意接纳海上丝绸之路构想，缅甸也很难与中国合作实施一些大型基础设施互联互通项目。

在“2+7合作框架”（在许多方面与海上丝绸之路构想重合）背景下，中国提出提升中国—东盟自由贸易协定；建立亚洲基础设施投资银行和增强中国—东盟金融合作。东盟国家对“2+7合作框架”中经济部分的态度总体是积极的，但是它们对于框架中安全和政治部分相当谨慎。[①]在马来西亚举行的第26届东盟峰会上，有新闻报道中国驻文莱大使表示，东盟集体决策加入亚洲基础设施投资银行（AIIB）是明智之举。[②]尽管东盟所有十个成员国都获准成为“亚投行”的创始成员国，但每个国家都是自己决策加入，而且这一决定很可能是受本国利益驱动，并不是多边磋商的结果。事实上，一位在新加坡的东盟前顾问指出，第26届东盟峰会主席声明中谈到东盟一体化倡议（旨在缩小本地区的经济发展差距）时没有提到

① Prashanth Parameswaran, “Beijing Unveils New Strategy for ASEAN-China Relations”, China Brief, October 24, 2013, http://www.jamestown.org/single/?tx_ttnews%5Btt_news%5D=41526&no_cache=1#.VXAgomCJgdU.

② Quratul-Ain Bandial, “Good relations crucial to maritime silk road: Yang Jian”, *The Brunei Times*, Retrieved on 3 May 2015, from http://www.bt.com.bn/news-national/2015/04/25/good-relations-crucial-maritime-silk-road-yang-jian.

“亚投行”。[①] 这足以证明东盟国家不可能集体对中国提出的任何大型跨区域倡议做出回应。

尽管中国希望利用海上丝绸之路构想和“亚投行”来帮助东南亚国家发展经济，但是南海争端，尤其是中国在控制岛礁上填海造岛问题，依然是议程上的重要议题之一。[②] 2015 年 4 月吉隆坡举行的第 26 届东盟峰会主席声明虽然没有提及中国，但表示南海的填海造岛活动“侵蚀了彼此间的信任与信心，可能破坏南海地区的和平、安全与稳定”[③]。由于南海紧张局势依然没有减弱，很难获得东盟国家对海上丝绸之路倡议的一致支持，因此东盟不可能会对此做出官方认可。越南和菲律宾很有可能准备反对东盟旨在就海上丝绸之路达成集体认可的任何努力。中国似乎意识到了不太可能获得东盟的正式声明支持，在“一带一路”倡议和行动计划中明确表示，实施海上丝绸之路构想主要采取与区域内国家双边合作的形式。尽管中国政府确定东盟为海上丝绸之路的合作机制，但似乎暗示它可能用作宣传交流的平台。[④] 应强调的是，中国政府没有排除多边机制下实施海上丝绸之路构想的任何可能性，但当前的重点主要是双边合作。

由于缺乏东盟对海上丝绸之路倡议的集体支持，可能带来两大后果。第一，它将显著降低这一构想成功实施对提高中国地区影响力的潜在积极影响。最理想的是采取多边机制实施海上丝绸之路构想，有助于中国充分扩大其在东南亚的地区影响力，而采取双边机制实施海上丝绸之路构想，虽然仍有助于中国增强其地区影响力，但多边机制可使中国收获更多政治利益。第二，采取双边机制实施海上丝绸之路构想，将大大削弱互联互通项目的效果，因而不能在长期为包括中国在内的所有区域内国家带来最大

① Edmund Sim, “AEC Blog: Wrap-up of the 26th ASEAN Summit”, Retrieved on 10 May 2015, from http://aseanec.blogspot.sg/2015/04/wrap-up-of-26th-asean-summit.html.

② See “Chairman’s Statement of the 26th ASEAN Summit”, Kuala Lumpur & Langkawi, 27 April 2015, Paragraphs 59-62, http://www.asean.org/images/2015/april/26th_asean_summit/Chairman%20Statement%2026th%20ASEAN%20Summit_final.pdf.

③ “Chairman’s Statement of the 26th ASEAN Summit”, Kuala Lumpur & Lankawi, 27 April 2015, http://www.asean.org/images/2015/april/26th_asean_summit/Chairman%20Statement%2026th%20ASEAN%20Summit_final.pdf.

④ “Full Text: Vision and actions on jointly building Belt and Road”, *Xinhua | English.news.cn*, Retrieved on 30 March 2015, from http://news.xinhuanet.com/english/china/2015-03/28/c_134105858.htm.

经济效益。在目前的海上丝绸之路方案下，最理想的选择是所有国家都愿意参与和加入重要互联互通项目的详细讨论。以中国为中心的双边机制结果很可能会遗漏道路、铁路、输送管道、电网和电信设施之间的网络化的连通。

表 2　东盟互联互通总体规划

基础设施建设（6个项目）	机制构建（5个项目）	人文交流（4个项目）
•完成东盟公路网（AHN）连接通道和过境运输路线（TTR）升级； •完成新加坡—昆明跨国铁路（SKRL）连接线路； •建立东盟宽带走廊（ABC）； •马六甲—北干巴鲁互通； •西加里曼丹—砂拉越互通； •滚装船货运网络和近海航运研究	•签订和实施重点行业互相认可协议（MRA）； •制定通用标准规定与合格评定程序； •到2012年实施所有的国家单一窗口（NSW）； •逐步减少和消除投资限制/障碍框架或模式选择； •实施东盟交通便利化协议	•放宽东盟公民的签证规定； •建立东盟虚拟学习资源中心； •制定ICT（信息通信技术）技能标准； •东盟社区建设计划

资料来源：2011年6月东盟秘书处发布的《东盟互联互通总体规划》。

二、东盟国家与中国共建21世纪“海上丝绸之路”

除“亚投行”外，海上丝绸之路构想还有何新意？东盟及其成员国在宏大的海上丝绸之路“交响乐”中能够做何贡献？① 本地区的一些官员和研究人员提出了这样的问题。多年以来，加强区域互联互通的呼吁在东南亚地区得到了响应。保持地区经济竞争力和为亚洲持久和平与繁荣创造基础的一致愿望促使东盟互联互通倡议在2009年10月获得批准，并且一年后“东盟互联互通总体规划（MPAC）”得到通过。该总体规划确定了以基础设施建设、机制构建和人文交流为主体的15个重点项目。它还回顾了在增强地区联系方面所取得的成绩和遇到的挑战。②

① Chinese Foreign Minister Wang Yi commented that the OBOR should be seen as a metaphoric symphony rather than a solo performance by China. See http://news.xinhuanet.com/english/2015-03/08/c_134048116.htm.

② Sanchita Basu Das (Ed.), *Enhancing ASEAN's Connectivity*, Singapore: Institute of Southeast Asian Studies, 2013.

选出的15个重点项目（参见表2）都具有成功概率大和完工后影响显著的特点。这些项目都是为了在互联互通三大支柱之间创造均衡的协同整合效应，并加强陆地和群岛成员国之间的联系。据亚洲开发银行预测，完全实现东盟互联互通需要投资大约5960亿美元。[①]

显而易见，东南亚国家非常希望加强区域内国家的互联互通。几年前，早在中国提出“一带一路”倡议之前，区域内国家就已开始着手开展区域互联互通了。但是，令人惊奇的是，中国政府似乎并没有对现有的区域互联互通计划（包括《东盟互联互通总体规划》）给予足够的关注。中国国家发展改革委员会、商务部和外交部发布的有关“一带一路”的构想和行动甚至没有就互联互通总体规划与海上丝绸之路的融合可能性进行讨论。从东盟地区的角度来看，中国和东南亚国家应认真考虑东盟互联互通总体规划和海上丝绸之路方案如何创造协同效应，从而更加顺利更有效地实施海上丝绸之路战略，这将是明智之举。中国提出的“亚投行”和丝绸之路基金无疑将有利于解决东南亚基础设施开发项目所需资金。随着海上丝绸之路倡议的提出，东盟成员国通过与中国开展双边合作，可省去协调不同各国间思维的麻烦，重点实施自己的基础设施开发项目。

另一方面，应当指出的是，尽管海上丝绸之路战略与东盟当前增强地区基础设施互联互通的努力非常契合，但并非是东盟互联互通总体规划中的所有计划都适合于海上丝绸之路战略倡议。虽然目前仍处于初期，但有一些切实问题需要中国解决：海上丝绸之路重点是否是基础设施互联互通？中国确定海上丝绸之路重点项目的依据是什么？目前仍不清楚中国是否会将现有的东盟互联互通项目在适当情况下融入海上丝绸之路项目。但是，东盟成员国希望向中国传达的信息，是东盟仍应在海上丝绸之路战略中扮演重要角色，而不是只作为中国沟通和宣传的平台。东南亚国家在建设东盟经济共同体和通过东盟增强互联互通方面的经验和努力，值得中国在实施“一带一路”战略时加以借鉴。

但是，我们现在遇到了一个进退两难的事情。正如我们之前所提到的，东盟不太可能集体一致批准海上丝绸之路倡议。这将使中国与东盟合作讨论海上丝绸之路与东盟互联互通总体规划融合并同时实施一事成为问

① Sanchita Basu Das, “Understanding the MPAC”, in *Enhancing ASEAN’s Connectivity”*, Singapore: Institute of Southeast Asian Studies, 2013, p.8.

题，即便东盟许多成员国和中国愿意将东盟互联互通总体规划融入海上丝绸之路倡议也是如此。这使得东盟国家会选择依赖日本等其他域外国家。日本的确可能会利用东盟互联互通总体规划与东盟国家合作实施一些项目。如果果真如此，日本在东南亚的影响力将会增强，也会进一步削弱东盟全心支持中国海上丝绸之路倡议的动机。这看起来很有可能发生，其原因是日本政府近期已宣布欲投资1100亿美元帮助亚洲国家发展基础设施。

即使中国最终认识到与东盟国家合作实施东盟互联互通总体规划的必要性，其他挑战可能依然存在。实施东盟互联互通总体规划的一个主要挑战就是对成员国的不同思维和重点进行协调统一。另外一个大的挑战是动员必要资源持续实施的能力，即无法保证确保“亚投行”和丝绸之路基金能为所有东盟互联互通总体规划项目筹集足够的资金。

同时，东盟依然能够在成员国之间的框架和目标以及“东盟 +1”框架下协调发挥重要作用。长期来看，海上丝绸之路倡议可使东盟能够把重点放在其他方面，如改善中国与东盟成员国之间机制互通，以及解决东盟互联互通总体规划中遗漏的其他细节。例如，人们注意到，东盟互联互通总体规划没有涉及解决农村互联互通和城乡之间基础设施差距的问题。[①]

有人指出，中国当前的国内经济改革和对外经济计划的一个重要特色就是确保国内及周边国家可持续的繁荣发展。[②]尽管中国拥有近4万亿外汇储备，但东南亚国家不应将中国视为“摇钱树”。因此，中国和东盟成员国在东南亚地区扩大公私合作计划（PPP）实施并确保基础设施建设的可持续发展，将使双方受益。那么，中国和东盟可以设立共同促进办公室，协助双方有兴趣的私营企业参与者与政府协作在中国和东盟地区实施基础设施项目。中国还可以与东盟一道设立公私合作区域协调机构，对双方的管理规则和实践进行协调，并深入研究企业社会责任问题。

能源基础设施区域融合是中国与东盟可以合作的另一个领域。像中

---

① Michael Yeo, Ng Yeen Seen, et al., “Building Greater Connectivity across ASEAN”, in *Enhancing ASEAN's Connectivity*, Singapore: Institute of Southeast Asian Studies, 2013, p.31.

② Meng Liu and Jeremy Balkin, “What is the next step in China's economic leadership?”, World Economic Forum Agenda, Retrieved on 20 May 2015, from https://agenda.weforum.org/2015/04/what-is-the-next-step-in-chinas-economic-leadership/.

国一样，在经济和人口增长的双重驱动下，东盟的能源需求增长迅速。1997年，东盟在"东盟2020愿景"倡议下批准了两个旗舰项目——东盟电网（APG）和跨东盟天然气管网（TAGP），希望通过促进高效利用和资源共享来确保地区能源安全。此外，东盟还制定了东盟能源合作行动计划（APAEC），旨在"通过加快实施电力和天然气互联互通安排、合理利用煤炭和可再生能源，以及提高能效和促进保护，促进区域经济增长与保护，增强能源供应的可持续性"[①]。但是，应当指出的是，由于各种经济和政治原因，能源基础设施的区域一体化在过去数年来没有很大进展。例如，东盟电网多年都没有达到东盟能源合作行动计划的目标，原因是它的许多项目缺少经济可行性，而且面临着许多机制障碍，如许可规定、资产没收和合同保密等。[②]

三、21世纪"海上丝绸之路"：东盟的担忧与不对称关系问题

新加坡外交部前常任秘书比里哈里曾经指出："随着中国的发展，（中国与东盟国家间）关系的不对称性只会更加明显。在'2+7合作框架'下开展的各种项目、繁荣的东盟—中国贸易和中国的基础设施投资正在将中国西南地区与东南亚连接成一个经济、战略和政治区域。其所带来的好处很明显，也很受欢迎。与此同时，国家间关系的基本概念也在被改变。……全球化的力量、许多已规划的东盟—中国项目和新海上丝绸之路等倡议正在以新的方式重塑历史发展模式，也为最积极的双方关系增添了新的复杂性。"[③]

在一个高度重视自主权的地区，东盟与中国的不对称关系日益引发关

① Nguyen Manh Hung and Ben Suryadi, "Integration of Energy Infrastructure towards ASEAN's Connectivity", in *Enhancing ASEAN's Connectivity*, Singapore: Institute of Southeast Asian Studies, 2013, p.124.

② Shi Xunpeng, "ASEAN Power Grid, Trans-ASEAN Gas Pipeline and ASEAN Economic Community: Vision, Plan and the Reality", *Global Review*, Fall 2014.

③ Bilahari Kausikan, "ASEAN-China Relations: Building a Common Destiny?", *The American Interest*, September 2014, Retrieved on 1 February 2015, from http://www.the-american-interest.com/2014/09/23/asean-china-relations-building-a-common-destiny/.

注。[①] 在发展中的东盟—中国关系中寻求自主权平衡的问题最终必须得到解决。[②] 特别是，东盟成员国担心对中国经济的过分依赖将会削弱他们外交政策上的自主性。[③] 这种担心随着2012年柬埔寨担任东盟主席国时，在南海问题上受到其最大投资贸易伙伴压力而安排有利自己的议程而成为现实。[④] 这导致东盟史无前例地未能及时发布东盟峰会联合公报。[⑤] 还有人担心中国作为主导力量的任意性和不确定性。有人指出，中国通过“一带一路”实现区域融合的策略不同于东盟式的地区主义，而中国周围的小国家在与中国发生争议时，可能要面对中国的权力和权威，不能充分捍卫国际法律准则和制度。[⑥]

尽管这不能从字面上理解为中国将完全无视国际法，但对于区域内国

---

① Simon Tay, "China, ASEAN at Crossroads", *The Japan Times*, August 2013, Retrieved on 1 May 2015, from http://www.japantimes.co.jp/opinion/2013/08/15/commentary/world-commentary/china-asean-at-crossroads/. Cited in "Beijing Unveils New Strategy for ASEAN-China Relations", China Brief, Volume 13, Issue 21, 2013, by Prashanth Parameswaran, Retrieved on 1 May 2015, from http://www.jamestown.org/programs/chinabrief/single/?cHash=402b2503bf1b13b47209b28edc1bcc34&tx_ttnews%5Btt_news%5D=41526#.VW7XykaJjmK.

② Bilahari Kausikan, "ASEAN-China Relations: Building a Common Destiny?", *The American Interest*, September 2014, Retrieved on 1 February 2015, from http://www.the-american-interest.com/2014/09/23/asean-china-relations-building-a-common-destiny/.

③ Prashanth Parameswaran, "Beijing Unveils New Strategy for ASEAN-China Relations", *China Brief*, Volume 13, Issue 21, 2013, Retrieved on 1 May 2015, from http://www.jamestown.org/programs/chinabrief/single/? cHash=402b2503bf1b13b47209b28edc1bcc34&tx_ttnews%5Btt_news%5D=41526#. VW7XykaJjmK.

④ Ernest Z. Bower, "China Reveals Its Hand on ASEAN in Phnom Penh", *Center for Strategic and International Studies*, 19 July 2012, Retrieved on 1 May 2015, from http://csis.org/publication/china-reveals-its-hand-asean-phnom-penh; Donald K. Emmerson, "ASEAN stumbles in Phnom Penh", 23 July 2012, East Asian Forum, Retrieved on 1 May 2015, from http://www.eastasiaforum.org/2012/07/23/asean-stumbles-in-phnom-penh-2/.

⑤ Bagus BT Saragih, "ASEAN's communiqué failure disappoints SBY", *The Jakarta Post*, 16 July 2012, Retrieved on 1 May 2015, from http://www.thejakartapost.com/news/2012/07/16/asean-s-communiqu-failure-disappoints-sby.html; Ministry of Foreign Affairs, Singapore, "MFA Press Release: Transcript of Minister for Foreign Affairs K Shanmugam's reply to Parliamentary Questions and Supplementary Questions, 13 August 2012" Permanent Mission of the Republic of Singapore, ASEAN, Jakarta, Retrieved on 1 May 2015, from http://www.mfa.gov.sg/content/mfa/overseasmission/asean/press_statements_speeches/2012/201208/press_20120813.html.

⑥ David Arase, "China's Two Silk Roads: Implications for Southeast Asia", *ISEAS Perspectives*, Volume 2, 2015.

家而言，这种担忧是真实存在的，中国必须慎重应对。例如，在菲律宾提出针对中国的仲裁案之后，中国政府于2013年8月宣布取消对菲律宾总统阿基诺参加在南宁举行的第十届中国—东盟博览会的邀请，而此前菲律宾被指定为当年的主宾国。[①] 并且，在2014年11月，据《华尔街日报》的一篇报道推测，由于对中国南海主权提出的法律挑战，菲律宾将被排除在海上丝绸之路战略之外。菲律宾主管经济关系的外交部副部长劳拉·德尔罗萨里奥（Laura del Rosario）表示，菲律宾已感到自己被排除在海上丝绸之路构想之外。[②]

关于东盟的战略担忧，尽管区域内大多数国家都承认加强区域互联互通的益处，但中国不应为看到海上丝绸之路倡议引起区域内国家担忧而感到惊奇。铁路、公路和港口在历史上具有综合的政治和战略意义。一直有人认为，控制海上运输通道和战略出口对中国的东南亚战略设计越来越重要。对中国海上丝绸之路战略批评的人士提出了以下地区安全问题：海上丝绸之路战略背后中国的深层动机是什么？中国海军和海上执法力量将在实施这一战略时最终扮演何种角色？[③]

必须指出的是，与海上丝绸之路相关的“2+7合作框架”文件在政治和安全部分并没有提及南海争端。缺乏沟通和澄清将继续引发对中国关于将纯粹的经济发展计划与政治和安全动机区分开的说法的怀疑。2014年5月中国在西沙群岛附近有争议水域部署“海洋石油981钻井平台”和在南沙群岛大规模填海造岛等事件，更是渲染了东盟对中国战略信任的缺失。由于在有争议水域造岛修建跑道可能用于军事目的，相关国家更是愈发敏感。

四、结论

21世纪“海上丝绸之路”是一个雄心勃勃、互惠互利的构想。的确，

① The Philippine Star, “Editorial - Disinvited”, 5 September 2013, Retrieved on 20 May 2015 from http://www.philstar.com/opinion/2013/09/05/1173771/editorial-disinvited.

② http://www.wsj.com/articles/china-bypasses-philippines-in-its-proposed-maritime-silk-road-1415636066.

③ Author’s interviews with regional scholars; Irene Chan, “China’s Maritime Silk Road: The Politics of Routes”, RSIS Commentary, No.051, 12 March 2015.

如果这一构想得到很好的实施，无疑将为所有参与国家带来许多积极影响，尤其是利于这些国家的长期经济发展。虽然中国的许多文件声明都将这一构想称为纯粹的经济与区域一体化计划，但不幸的是，许多潜在的参与国家将其视为中国在亚洲扩大影响力的战略工具。因为对中国缺乏足够的信任，区域内国家对海上丝绸之路构想的认识和态度变得复杂。

截至目前，东南亚大多数国家对海上丝绸之路构想表达了积极看法。其中，最支持和欢迎的国家自然是与中国有着良好紧密关系的国家，包括泰国、柬埔寨和老挝。而印度尼西亚、新加坡、马来西亚和文莱则保持谨慎乐观。一方面，他们愿意支持这一构想，但另一方面又有着各种担忧。越南和菲律宾很可能不准备支持海上丝绸之路构想，主要是因为与中国的南海争议以及本国的社会政治问题。未来几年，越南和菲律宾反华民族主义情绪有可能居高不下，因而会阻碍他们与中国在海上丝绸之路倡议中的合作。正是由于东南亚国家的这些不同态度，东盟几乎不可能在短时间内集体接受海上丝绸之路倡议。实际上，中国最终可能会与东盟国家开展双边合作。

尽管困难与挑战并存，中国不应对推动海上丝绸战略感到绝望或沮丧。东南亚大多数国家最终都准备参与实施这一战略。中国的第二个最好的选择，就是与支持的国家开展双边合作。而且，一定有方法可以使海上丝绸之路战略得到很好的实施。如果中国能够更多关注东盟互联互通总体规划，并找到其与海上丝绸之路战略融合的方式，将会收到很好的效果。由于日本是另一个希望引领地区国家改善基础设施的经济大国，中国也有可能与日本合作在东南亚实施各种大型互联互通项目。为此，中国需要改变对日本在区域一体化中的作用的认识，而中日两个大国需要改善双边关系。

最后，为确保成功实施海上丝绸之路倡议，需要显著缓解南海的紧张局势。中国官员说海上丝绸之路战略不会与南海争端关联，这或许是对的，但事实是，东南亚相关南海争端方会坚持认为保持南海稳定是他们接受海上丝绸之路倡议的前提条件。而且，南海紧张局势会在本地区形成一种不利于友好商讨成功实施这一战略的氛围。而且更糟的是，地区内的这种负面氛围会使其他域外大国干预甚至干扰这一战略的实施。鉴于以上这些挑战，中国可能需要认真地考虑如何更有效地缓解南海问题的争端，更好地管控南海可能发生的危机，进一步增进中国和东盟之间的战略和安全互信，使海上丝绸之路在东南亚的实施更加顺畅。

第二部分 国别……

导读

东南亚地区包括 11 个国家，其中海上或沿海国家有 10 个，分别是印度尼西亚、马来西亚、新加坡、文莱、东帝汶、菲律宾、越南、泰国、柬埔寨与缅甸，内陆国家仅有老挝一个。鉴于此，东南亚地区在 21 世纪“海上丝绸之路”建设进程中有着十分突出的地缘优势。不仅如此，这些国家还在不同领域、不同层面有着我们难以估量的优势，而这些优势，在东南亚国家参与共建 21 世纪“海上丝绸之路”进程中使其能够抓住机遇实现地区国家经济社会等方面的发展。当然，这些国家，及与中国在共建 21 世纪“海上丝绸之路”进程中也不得不同时面对诸多方面的挑战。为抓住机遇和共同应对挑战，这些国家应重点关注哪些领域及如何与中国开展合作共建 21 世纪“海上丝绸之路”，将是一项值得关注的话题。

印度尼西亚与21世纪“海上丝绸之路”
——兼论中印尼战略对接之策

■ 文/张　洁[①]

2015年3月，中国发布了《推动共建丝绸之路经济带和21世纪海上丝绸之路的愿景与行动》，阐明了中国推动“丝绸之路经济带”和“21世纪海上丝绸之路”（以下简称“一带一路”）的时代背景、共建原则、框架思路、合作重点、合作机制等核心议题。文件还明确指出，“一带一路”建设是一项系统工程，要坚持共商、共建、共享原则，积极推进沿线国家发展战略的相互对接。

印尼扼守“21世纪海上丝绸之路”（下文简称“一路”）的战略通道，又是东南亚国家的领头羊，必然成为“一路”建设中的重点合作国家。中国为了实现与印尼的战略对接，需要在历史与文化情境下，从政治、经济、安全等多维度理解印尼的“全球海洋支点”战略，以海洋为核心，开展经济合作，维护地区安全，管控双边的潜在冲突，避免和克服地区、国际不利因素的干扰，最终实现互利共赢。

一、海洋是印尼国家形成与经济发展的基石

海洋对于印尼的国家形成和民族复兴具有特殊的意义，这是由天赋的自然条件与悠久的历史经验所决定的，也是印尼新近提出的“全球海洋支

---

① 作者供职于中国社科院亚太与全球战略研究院，研究员。

点”战略的基础。正如印尼总统佐科在就职演说中强调：“我们必须兢兢业业，重塑印尼作为海洋大国的辉煌。大洋大海、海峡海湾是印尼文明的未来。我们疏忽海洋、海峡和海湾已经太久了。现在，到了我们恢复印尼‘海上强国’称号，像祖辈那样雄心壮志，‘称雄四海’的时候了。”①

印尼经历了漫长的历史过程才成为主权独立与领土统一的现代国家。早在西方殖民者到达之前，印尼群岛就已经出现了诸多的强大王国。这些国家中，一类是爪哇岛上以传统的灌溉农业为经济基础的政权，另外一类是海上商业大国，诸如室利佛逝、满者伯夷以及后期的亚齐王国，它们利用得天独厚的地理位置，从事海上商业活动，以港口经济为重要支撑，国际贸易成为国家税收的充足来源。正如马六甲苏丹曼苏尔在1468年写道：“我们已经认识到，为了掌握绿色的海洋，人们必须从事商业和贸易活动，即使他们的国家是贫困的……祖祖辈辈的生活从来没有像今天这样富裕过。”②

但是，从16世纪初开始，印尼进入了长达400多年的殖民地时期，随着王国的式微与殖民统治的建立，殖民者为了获得高额利润，严格控制印尼群岛的自然资源和海上贸易，群岛原有的贸易网络被破坏，港口城市衰落。正如西方学者在研究中指出，根据1677年的报告，爪哇人“除了对于海的全然无知以外，现在根本没有他们自己的船只”。③到20世纪初，印尼的经济活动主要以橡胶、蔗糖、咖啡等种植业为主，曾经引以为豪的航海精神被逐渐淡忘。

1945年独立后，印尼对海洋重拾关注，这与当时争取领土领海统一

---

① 《印度尼西亚建设“世界海洋轴心”战略和对南海争端的态度》，载《南洋资料译丛》，2015年第1期。

② 《致琉球群岛国王的信》，1468年9月1日，引自小叶田笃和松井田光五：《琉球群岛与朝鲜和南海国家的关系》，东京，1969年，第111页。转引自尼古拉斯·塔林主编：《剑桥东南亚史》（第一卷），昆明：云南人民出版社，2003年版，第397页。虽然马六甲现在属于马来西亚，但是在当时，马六甲作为东南亚海岛地区的贸易中心，与印尼各岛的港口建立了密切的贸易联系，是包括印尼群岛在内的整个东南亚地区海上贸易王国类型的代表。

③ B. 舍赫利克：《印度尼西亚社会研究》（第一卷），海牙，1955年，第79页。转引自尼古拉斯·塔林主编：《剑桥东南亚史》（第一卷），昆明：云南人民出版社，2003年版，第405页。

和捍卫主权的努力密切相关。[①] 从苏加诺到苏哈托时期，印尼政府努力让国际社会承认印尼作为群岛国家的法律地位，先后修改了1939年荷兰殖民政府颁布的《领海和海域条例》，发表了《1957年12月13日声明》，并于1960年以国内法律形式加以确认，从而将领海的计算方式从过去的3海里改变为12海里，印尼的领土面积从过去的200万平方千米增加到520万平方千米。印尼的这些努力一度遭到美国、英国、荷兰和新西兰等国家的反对，最终，随着《联合国海洋法公约》的制定，印尼的主张获得了国际的承认。对此，印尼前总统苏哈托曾表示："印尼是岛国，有自己的特点和风格，因此必须制定特殊的条例来具体规定领土范围，因为这项政策涉及印尼国家民族的统一和团结问题。……在确定群岛国家的概念时，我们强调了统一领土、统一民族和统一国家的原则。"[②]

虽然海洋问题在政治上取得了成就，但是，在经济开发方面，印尼长期处于落后状态。海洋经济包括渔业、造船业、油气开发、海洋旅游等多方面，根据统计，印尼海洋蕴含的经济潜力可以达到年均1.2万亿美元，而目前已经被开发的资源不足10%。[③] 印尼的海洋捕捞能力有限，渔业生产设备较为陈旧，技术水平相对很落后；此外，造船业也有待进一步发展，目前以生产500吨位左右的船只居多，使用的船只多为旧船和进口二手船，急需提升高吨位船舶制造能力。作为世界上最大的海岛国家，印尼有1324个港口和码头，但基础设施陈旧，限制了进出口吞吐量的增长。同时，国内岛屿间缺乏连接，印尼东部的一些岛屿，如马鲁古和北马鲁古，还处在相对自给自足的半孤立状态下，没有从全国生产和分配中受益。而且由于商品的运输成本增加，以至于商品在国内的成本高于直接进口。例如，中国的橙子、大蒜和澳大利亚的牛肉等都比本土产品便宜，印

① 参见许利平等：《从贫民窟到总统府：印尼传奇总统佐科》，北京：社会科学文献出版社，2015年版，第116页。

② 参见《苏哈托自传：我的思想、言论和行动》，北京：世界知识出版社，1991年版，第240—241页；许利平等：《从贫民窟到总统府：印尼传奇总统佐科》，北京：社会科学文献出版社，2015年版，第116—117页。

③ 参见Tulus, Warsito, "Geostrategi Maritim Indonesia Dalam Perspektif Diplomasi", Jalan Kemandairian, Jakarta: Kompas Gramedia, 2014, pp.149-156, 转引自许利平等：《从贫民窟到总统府：印尼传奇总统佐科》，北京：社会科学文献出版社，2015年版，第112页；吴崇伯：《中国—印尼海洋经济合作的前景分析》，载《人民论坛》，2015年第1期。

尼最东部省份巴布亚的水泥售价是爪哇岛的10倍。[①] 而计划中兴建中的一些国际港口，则因工程耗资庞大，无法靠国家财政拨款完成。因此，印尼内外联通的商业运输航道急需打通。

印尼是世界上最大的海岛国家，但是在海上安全方面却长期面临多重挑战，例如非法砍伐和非法捕捞、海盗对商船的威胁等等。根据对印尼海军海上安全行动（2008—2010年）的统计，打击非法捕鱼、打击非法砍伐与走私占据了海军的大部分资源。此外，经费缺乏制约着印尼海上力量的发展和相关机构的执法活动，海军、水警和海岸警卫队等机构在经费问题上存在着激烈竞争。因此，加强海洋经济的开发，加快海上通道的建设，以及加强海上力量的建设，成为印尼发展面临的重大任务。

二、“全球海洋支点”成为印尼的国家新战略

印尼自独立以来，国家经济发展长期偏重农业。2014年佐科接任印尼总统后提出了“全球海洋支点”战略，要将印尼打造成为海洋强国。这一战略的主要内容是重树海洋文化，维护和管理海洋资源，构建海上高速公路，发展海洋外交，以及加强海上防卫能力。

2014年5月，在总统选举期间，佐科提出了有关经济、教育与安全改革的“Nawacita”[②] 计划，强调要加强印尼作为群岛国家的身份认同，通过海洋外交解决与周边国家的边界争端，确保印尼的自然资源与专属经济区的安全，缓和大国间的海上冲突，促进领土争端的和平解决，将印尼海军打造成为值得尊敬的区域性海上力量。在基础设施方面，计划列入了未来5年优先发展的项目，如在全国范围内建设2000千米的道路，维修和升级苏门答腊、爪哇、加里曼丹、苏拉威西及巴布亚5大岛屿的道路，建设10个机场、10个港口、10个工业园区等等。[③] 佐科的规划尤其强调

---

① 《印尼基础设施发展情况分析》，中国商务部网站，2012年6月20日，http://www.mofcom.gov.cn/aarticle/i/jyjl/j/201206/20120608193636.html。

② Nawacita的意思是“九项优先议程”。

③ “Jokowi-Kalla hawkish on economic policies”, *Jakarta Post*, May 21, 2014, http://www.thejakartapost.com/news/2014/05/21/jokowi-kalla-hawkish-economic-policies.htm；吴崇伯：《印尼新总统面临的挑战与政策趋向分析》，载《厦门大学学报（哲学社会科学版）》，2015年第1期。

海上基础设施建设，希望通过发展印尼国内的海上交通系统，将最西端的岛屿——苏门答腊岛的巴拉宛与最东端的岛屿——巴布亚的梭隆连接起来，促进物资交流，减少各地货物价格的巨大差距。①

当选总统后，佐科政府正式宣布了"全球海洋支点"战略，包括了经济、政治、外交、军事、文化等多个维度，其中又以两个层面为主，一个是经济，另一个是政治及军事，还专门新成立了海事统筹部，统筹四个相关部门——海事与渔业部、旅游部、交通部、能源及矿业部，意在深度开发与利用海洋资源，发展海洋经济。②

与印尼近年的经济发展举措相比较就会发现，"全球海洋支点"战略是在原有经济发展规划基础上的增量改革。印尼政府曾在2011年宣布《2010—2025年加速与扩大印尼经济建设总规划》，提出了未来15年加快经济建设的三大纲领，并且以建设六大经济走廊为重点。③根据经济走廊计划，印尼将在国内主要岛屿上建立经济和商业中心群，以带动和发展当地经济。经济走廊主要分布在各岛海岸线上，通过高速公路连接起主要岛屿的经济中心。其目的是通过经济走廊建设，集中起各自优势，以形成整体经济发展合力。从2010年至2030年，经济走廊基建工程计划需要投入资金约9327亿美元，主要用于建设铁路、公路、港口、发电站、自来水工程以及连接运输道路等。而"全球海洋支点"战略更加突出强调海洋的重要性，在基础设施建设方面优先规划海上基础设施，如海上高速公路、深海港、航运业和海洋旅游业等。

"全球海洋支点"战略的形成是渐进的，至今还在完善之中，一些提议仍缺乏具体的阐述。④对于这一战略，各界的评价毁誉参半。赞成者认为，这为印尼的经济发展提供了大好机会，可以减少国内经济发展不平衡的问题，使东部的落后地区获益，同时平息东部地区的政治不满。反对者

---

① 参见廖建裕：《海洋强国与新海丝是否相辅相成》，载（新加坡）《联合早报》，2014年12月13日；"Jokowi-Kalla Hawkish on Economic Policies", *Jakarta Post*, May 21, 2014, http://www.thejakartapost.com/news/2014/05/21/jokowi-kalla-hawkish-economic-policies.html.

② 廖建裕：《佐科的海洋强国梦》，载（新加坡）《联合早报》，2014年11月7日。

③ 《印尼出台多项措施促进经济增长》，中国—东盟自由贸易区网站，2011年4月18日，http://www.cafta.org.cn/show.php?contentid=75435。

④ René L. Pattiradjawane, "South China Sea Disputes: Sovereignty and Indonesian Foreign Policy", *RSIS Commentary*, No.116, May 2015.

则认为，印尼资金短缺，船只数量不足，而且发展海运不一定能降低物价。因此，印尼不适合发展“海上之路”，而应该将重点放在改善陆路交通。[①]

印尼的新战略以关注国内经济和海洋利益为主，但在全球化与区域化趋势日益明显的时代背景下，其战略必然具有外溢效应。[②]国际社会尤其是周边国家已经做出了不同反应。一方面，印尼的经济发展需要大量的外部资金与技术投入，选择中国、日本、美国还是其他国家，相当微妙与敏感。2015年3月，佐科总统访问了日本，日本同意增加在印尼的投资。美国海军部长马布斯也对印尼的新战略表示欢迎，并表示愿意与印尼加强海上合作。同时，印尼若要融入世界贸易网络，必然需要加强与周边国家的合作。但是，“全球海洋支点”战略的另一个突出特征是强调国家主权，佐科上台后开始强力实行“沉船政策”（sink the vessel policy），重拳打击非法捕鱼活动，使得与周边国家的关系有所紧张化。[③]2014年11月至2015年3月间，印尼海洋渔业部至少炸沉18艘来自越南、泰国、马来西亚、巴布新几内亚以及菲律宾的非法渔船。2015年5月，印尼又在数个港口同时炸毁41艘据称在印尼海域非法捕鱼的外国渔船，其中有5艘来自越南，2艘来自泰国，11艘来自菲律宾，1艘来自中国，从而引发一轮地区外交风波，一些国家对印尼强化海上权益和提升海上防御能力表示担忧。[④]

三、“一带一路”与“全球海洋支点”：中印尼的战略耦合与对接

印尼是中国最重要的周边国家之一，关于建设“21世纪海上丝绸之路”的倡议正是习近平主席在2013年访问印尼时提出的，这充分体现了

---

① 廖建裕：《佐科的海洋强国梦》，载（新加坡）《联合早报》，2014年11月7日。

② Aaron Connelly, “Sovereignty and the Sea: President Joko Widodo’s Foreign Policy Challenges”, *Contemporary Southeast Asia*, April 2015, No.1, Vol.37, pp.1–28.

③ Sunan J. Rustam, “A legal review of the ‘sink the vessel’ policy”, *Jakarta Post*, Dec 06, 2014.

④《印尼海军炸毁41艘外国渔船》，新华网，2015年5月22日，http://news.xinhuanet.com/world/2015-05/22/c_127829140.htm。

中国在周边外交中对印尼的高度重视。印尼提出“全球海洋支点”战略后，引起了中国的高度关注。2015年3月，在佐科总统访华期间，中印尼签署并发布了《关于加强两国全面战略伙伴关系的联合声明》，其中指出，“一路”倡议和“全球海洋支点”战略构想高度契合，双方同意发挥各自优势，加强战略交流和政策沟通，推动海上基础设施互联互通，深化产业投资、重大工程建设等领域合作，推进海洋经济、海洋文化、海洋旅游等领域的务实合作，携手打造“海洋发展伙伴”。相应地，中国国内学术界和媒体也对“全球海洋支点”战略进行了连续性的研究和报道。[①]

中国对印尼及其新战略的重视具有诸多原因。第一，中国与印尼保持了稳定而良好的双边关系。自1990年复交以来，中国与印尼的双边政治关系不断得到提升。2005年，两国建立了战略伙伴关系，近年来更是首脑会晤频繁，继2012年3月时任印尼总统苏西洛访华后，2013年10月习近平主席访问印尼，中印尼双边关系提升为全面战略伙伴关系。2014年11月，印尼总统佐科参加APEC会议并与习近平主席进行了会晤。2015年3月，佐科再次访华。

第二，印尼具备为中国“一路”倡议的落实提供战略性支撑的条件。这主要表现为：一是印尼拥有重要的地缘战略地位。印尼不仅是马六甲海峡的主要沿岸国之一，而且也是龙目海峡、巽他海峡和望加锡海峡的管辖国。二是印尼是具有影响力的区域性大国，随着近年国内经济形势的好转，印尼在东盟的政治地位逐步恢复并提升，对于中国稳定与东南亚国家的关系有着重要的协调作用。三是印尼的外交政策相对独立，在处理对美国、日本和中国的关系中，能够保持平衡，并且曾经坚持反对美国军事力量进入马六甲海峡。四是中印尼两国在双边关系发展迅速的同时，在一些地区和国际事务中形成呼应。2014年，印尼加入了中国发起的亚洲基础设施投资银行。在南海问题上，印尼也试图发挥协调作用，促进中国—东

① 刘畅：《重新重视海洋：印尼全球海洋支点愿景评析》，载《现代国际关系》，2015年第4期；吴崇伯：《中国—印尼海洋经济合作的前景分析》，载《人民论坛》，2015年第1期；翟崑：《中国与印尼：共同推进海上全球互联互通》，载《世界知识》，2014年第23期；肖欣欣：《海洋战略到产能合作：中国与印尼打造利益共同体》，载《21世纪经济报道》，2015年5月29日。

盟关于南海问题的对话与磋商。①

第三，“一路”倡议与“全球海洋支点”战略存在较强的对接性。就地理因素而言，中印尼的战略具有高度的重合性。“一路”倡议有两个重点方向：一个是从中国沿海港口过南海到印度洋，延伸至欧洲；另一个是从中国沿海港口过南海到南太平洋。印尼正好处在第一个方向的必经之路。而印尼致力于本国东西各岛之间的连接便利和经济发展，则有利于“一路”的更加畅通和互利共赢。就产业发展而言，“一路”将基础设施互联互通作为建设的优先领域，在海上以重点港口为节点，努力建设通畅安全高效的运输大通道。而印尼的“全球海洋支点”战略也是以海上基础设施建设为重点，并且提出在未来5年，将投资约58亿美元建设24个海港，并扩建现有的雅加达丹戎不碌港。这里需要强调的是，“互联互通”概念最早是东盟提出的，2010年在第17届东盟首脑会议上，东盟强调经济体的建设将“实现互联互通，在基础设施、交通、通讯等领域加强合作”，会议还通过了《东盟互联互通总体规划》，明确了基础设施建设、机制构建和人文交流等三大重要领域的具体合作目标。其中，关于物资的互联互通，包括了公路、铁路、海路、港湾、数字基础设施、能源基础设施等，印尼还利用东道主地位，将互联互通合作列入2013年APEC年会的三大优先合作议题，互联互通合作逐渐成为APEC的战略性合作方向之一。印尼的一些项目也被列入了地区互联互通合作的规划当中。因此，互联互通是中国与周边国家的共同发展需求。②“一带一路”倡议不是平地起高楼，而是对现有投资与合作项目的整合与拓展。例如，根据中国商务部的统计，目前中资企业在印尼主要投资和承包的项目有：泗马大桥、加蒂格迪大坝等工程项目，巨港电站、风港电站等一大批电站建设项目，以及巴丹岛中石化油储项目、西电变电器生产项目等。

作为同是资源和人口大国，中国与印尼在资源、产业和进出口商品结构上具有较强的互补性。中国对印尼的主要出口产品包括机电、通信

① 参见张洁：《海上通道安全与中国战略支点的构建——兼谈21世纪海上丝绸之路建设的安全考量》，载《国际安全研究》，2015年第2期。

② 参见李文韬：《中国参与APEC互联互通合作应对战略研究》，载《南开学报（哲学社会科学版）》，2014年第6期；王勤、李南：《东盟互联互通战略及其实施成效》，载《亚太经济》，2014年第2期；［日］清水一史：《东盟的地区一体化——以东盟经济共同体的进展为中心》，载《南海资料译丛》，2014年第2期。

产品、矿产品、钢铁制品等；中国从印尼进口的主要产品有矿产品、棕榈油、橡胶及其制品等。根据中国商务部统计，2013 年当年中国对印尼直接投资流量 15.63 亿美元，在中国对东盟国家投资中排名仅次于新加坡。截至 2013 年末，中国对印尼直接投资存量 46.57 亿美元，增长趋势明显。[①] 佐科执政后，印尼宣布鼓励外国投资者参加港口基础设施建设，并且表示将向中国设立的丝路基金和亚洲基础设施投资银行等寻求融资支持。[②] 同时，为了加强海洋经济发展以及提高国内海运效率，印尼还计划在未来 5 年内争取中国投资 55 亿美元，用于从中国进口 500 艘各类船只。[③] 正如 2015 年 3 月发表的《中华人民共和国和印度尼西亚共和国关于加强两国全面战略伙伴关系的联合声明》中所指出的，“双方同意发挥各自优势，加强战略交流和政策沟通，推动海上基础设施互联互通，深化产业投资、重大工程建设等领域合作，推动海洋经济、海洋文化、海洋旅游等领域务实合作”。[④]

四、中印尼战略对接面临的挑战与应对之策

“一路”倡议和“全球海洋支点”战略对于中国和印尼来说，都是中长期的发展规划，并非可以一蹴而就。两国在本国战略推行和双边合作层面，均面临着各种政治、经济、安全等因素的干扰与挑战，对此中国应有充分的认识。

首先，印尼国内面临着一系列政治与经济挑战。佐科政府是“全球海洋支点”战略的主要推手，但是其施政能力仍然有待观察。佐科是一位草根总统，既没有家族背景，也没有军方履历，他领导下的内阁是一个少数党政府，面临“朝小野大”的困境。虽然这种执政初期的困境已经有所改

---

① 《对外投资合作国别（地区）指南——印度尼西亚（2014 年版）》，中国商务部网站，http://fec.mofcom.gov.cn/gbzn/upload/yindunixiya.pdf。

② 吴崇伯：《印尼新总统面临的挑战与政策趋向分析》，载《厦门大学学报（哲学社会科学版）》，2015 年第 1 期。

③ 《印尼拟 5 年从中国进口 500 艘船 制造业望获提振》，中国商务部网站，2014 年 12 月 15 日，http://www.fdi.gov.cn/1800000121_21_72288_0_7.html。

④ 《中国和印尼关于加强两国全面战略伙伴关系的联合声明》，中国中央政府网站，2015 年 3 月 27 日，http://www.gov.cn/xinwen/2015-03/27/content_2838995.htm。

变，但是，佐科不得不面对自己所在的民主斗争党内部的权力斗争，并且由于腐败问题这种政治斗争被进一步复杂化，在一定程度上对佐科的施政形成掣肘。在经济方面，印尼的经济增长在近年来表现较为良好，但是受国际经济环境的影响较大，存在一定的脆弱性，尤其是国内投资环境仍然需要大幅改善。截至2015年9月底，印尼已经连续三次发布振兴经济的配套措施，力图简化投资手续，加大引资力度、扶持印尼盾币值以及刺激增长。这些因素都对中印尼的经济合作会构成一些潜在的制约。

其次，大国竞争加大中印尼合作的复杂性与不确定性。长期以来，印尼的外交奉行大国平衡战略，试图通过平衡与中国、美国、日本等国的关系，保持本国外交政策的独立性，同时争取更多的外交空间。虽然这种外交特性并不特定存在遏制中国的意图，但是，却增加了中国对印尼投资的竞争性与复杂性。例如，2015年3月，佐科在访问中国之前，先访问了日本，分别与中、日两国签署了有关海上合作、基础设施建设投资等合作协议。不仅如此，印尼在访日期间，还明确表示中国主张的南海断续线不符合国际法。紧接着，印尼财政部长又声称，印尼要争取成为亚洲基础设施投资银行（简称"亚投行"）总部所在国。又如，在雅加达—万隆铁路修建项目中，中国和日本展开了激烈的博弈，单纯的商业项目被"高度政治化"，中日两国不仅多次修改项目设计，而且都派出特使游说印尼。虽然从目前来看项目最终会"花落"中国，但是从该项目的一波三折中不难看出，大国博弈无疑将会增加中国与印尼的战略对接的复杂性与不确定性。

再次，南海问题或将对中国与印尼关系构成潜在挑战。在与中国就低调处理两国在南海专属经济区的争议达成默契的同时，印尼声称在南海问题上保持中立并积极充当调停者。例如，2015年3月24日，印尼再次表示愿意调停南海问题，对此，在3月25日的外交部答记者中，华春莹做出了积极回应，承认印尼是东盟有重要影响的国家，期待印尼为促进本地区的和平与发展共同做出积极努力和贡献。[①] 可以说，这是中国对印尼作为调停方角色的间接回应与某种默认。印尼采取这样的立场至少出于两方面的考虑，一是因为东盟是印尼的外交基石，虑及维护东盟团结，印尼试

① 《2015年3月25日外交部发言人华春莹主持例行记者会》，中国外交部网站。

图协调东盟立场，以共同的声音和力量与中国对话。二是鉴于中国海上实力的迅速增长，印尼也希望通过促成中国与东盟签订《南海行为准则》，在南海问题上约束中国。

但是，值得注意的是，印尼国内对于南海问题也存在很多不同声音，一些疑虑仍然存在，并且有加深的可能性。其主要观点是，中印尼之间存在的专属经济区重叠划界问题，会随着中国海上力量的壮大，对印尼构成安全挑战。2014 年 10 月，印尼武装力量总司令 Moeldoko 在新加坡的一场演讲中表示，中国不断增加的军事力量将会影响东南亚地区的稳定。[①] 2015 年 7 月，印尼宣布计划兴建一个新的军事基地，以维护靠近南中国海的边境地区。[②] 此外，印尼意识到中美竞争对本地区安全的影响，还积极发展多边与双边防务外交，建立了广泛的军事合作网络关系。例如，以东盟为平台，印尼与东南亚各国建立了常规的军事人员交流培训，开展联合训练项目和协同海上巡逻。此外，印尼在 2015 年 3 月还与日本签署了防务合作协议，内容包含如何与日本自卫队在“搜救行动、人道援助及网络防御”等方面的合作。

那么，如何实现中国与印尼顺利地进行发展战略的对接与互利共赢呢？首先，中国应充分理解印尼的海洋情怀与民族独立性，在处理与印尼关系中具有战略定力与耐力。关于海洋对于印尼政治文化的影响上文已有阐述，不再赘言。

中国在处理印尼关系中需要理解的还有，印尼强烈的民族独立性。万隆精神是理解印尼外交政策的一把钥匙，这点对于中国理解印尼对华政策的多面性尤为重要。从印尼外交特性形成伊始，万隆精神就对其产生影响，是理解印尼外交特性的重要视角，强调在殖民主义残留、美苏争霸的国际体系中，发展中国家坚持反帝反殖、坚持民族独立和不结盟的精神。印尼外交政策具有明显的独立自主性，奉行不结盟政策，在处理大国关系中，力图保持平衡战略。印尼尤其以东盟领导人自居，力图为自身和东盟争取最大化的外交空间和利益。而面对中美大国博弈，印尼推行大国平衡

① “China welcomes Indonesian offer to help resolve South China Sea disputes”, *Janes's Navy International*, March 26, 2015.

② 《印尼要新建军事基地 加强南中国海防卫》，载（新加坡）《联合早报》，2015 年 7 月 12 日，http://www.zaobao.com/news/sea/story20150712-501960。

政策。虽然在长达30多年的苏哈托时期，印尼政府在意识形态上倾向西方，但是也从来没有成为美国军事同盟的一分子。印尼对于领土与主权的独立性与完整性尤为敏感，苏联曾主张马六甲海峡“国际化”和“通行无阻”，印尼和马来西亚分别宣布把领海从3海里扩大到12海里，以确保对马六甲海峡的主权。2004年，美国借口安全问题，试图派兵进入马六甲海峡，对此印尼和马来西亚都表示了坚决反对。

对于中国来说，在处理对印尼关系中要学会换位思考，理解印尼从强调自身的国家利益和维护东盟的团结出发，既与中国积极合作，也存在一定的防范。尤其是近年来中国战略界和学术界加强了对印尼的研究，强调印尼作为中国周边外交中的“战略支点”国家的重要性，但是，中国同时需要充分理解和尊重印尼的国家独立性，只有从历史的维度客观认识和准确把握印尼的外交特性，才能实现中印尼关系平等、稳定的发展。

其次，处理好继承与发展的关系。加强发展战略的耦合与对接，并非是另起炉灶，从头做起，而是应该把中印尼两国已有的合作项目落实到位，稳步推进。近年来，中国与印尼的经济合作进展顺利，中国已经是印尼最大的贸易伙伴国和最大的非油气产品出口市场。此外，尽管中国对印尼的投资存量还比较小，但是直接投资成倍增长。面对目前出现的“一带一路”投资考察热潮，中国应该慎重行动，认真落实已经签署的投资项目，避免过度商讨或承诺投资项目，损害中国对外投资的信誉度，也避免盲目投资带来更多的风险。

再次，加强对印尼的国别研究，在合作中加强管理，防范投资风险。2014年10月，中国农业部办公厅发布了关于加强印尼远洋渔业项目管理的通知，意在进一步规范中印尼两国捕捞渔业合作秩序。[①] 应该说，这也是针对印尼新政府采取强硬措施、打击非法捕捞的一个回应，即在对外维护本国渔民合法权益的同时，对内也要做好自我管理与约束工作。此外，因国情而异，印尼的国内政策法规众多，根据不完全统计，仅涉及渔业的法规就有20多部，从立法形式上，包括法律、政府条例、总统条例、总统令等多种。在具体规定当中也具有印尼的本国特色，例如，根据《水产法31/204》第73条，渔业公务员、海军军官和海上警察都有权对渔业违

① 《农业部办公厅关于加强印尼远洋渔业项目管理的通知》，2014年10月14日，中华人民共和国农业部公报。

法犯罪活动进行调查处理。该法第69条还规定，渔业公务员、渔业执法船可以配备武器。[①] 因此，在对外投资中，要充分预估印尼存在的许多不确定因素，如过于激进的改革、狭隘的民族主义情绪、既得利益集团的反对、长期存在的社会军警化问题、渔业执法的公平效率问题等，从而趋利避害，减少投资风险。[②]

① 刘新山等：《印尼渔业行政管理机构及其渔业法律制度》，载《中国渔业经济》，2010年第4期。

② 刘新山等：《印尼渔业行政管理机构及其渔业法律制度》，载《中国渔业经济》，2010年第4期。

马来西亚与21世纪“海上丝绸之路”

■ 文/葛红亮[①]

一、前言

马来西亚在东南亚地区有着非常独特的区位优势，处在地区的中心，是21世纪“海上丝绸之路”战略规划与落实的重要环节。21世纪“海上丝绸之路”战略是中国国家主席习近平2013年10月访问东南亚期间提出的。他在演讲中强调，中国愿同东南亚国家发展好海洋合作伙伴关系，共建21世纪“海上丝绸之路”。[②] 中国政府提出21世纪“海上丝绸之路”战略构想，希望给包括马来西亚在内的沿线国家与地区带来新的发展契机，并切实地推动马来西亚等沿线国家与中国在商贸、金融、政治、教育与人文交流等领域合作关系的大踏步前进。21世纪“海上丝绸之路”由中国提出，但需要马来西亚等沿线国家的支持、配合与共同建设。

那么，马来西亚在21世纪“海上丝绸之路”建设中的地位、角色，将直接影响到21世纪“海上丝绸之路”战略的落实和中马关系的持续稳步发展。详细地讲，马来西亚在21世纪“海上丝绸之路”建设中有着哪些优势，及持有何种态度与面临着哪些机遇和挑战，而马来西亚又将采取何种举措抓住机遇、规避挑战，进而实现参与21世纪“海上丝绸之路”建设的目标，将是考察马来西亚在21世纪“海上丝绸之路”战略构想落

① 作者供职于广西民族大学中国—东盟研究中心。

② 习近平：《携手建设中国—东盟命运共同体——在印度尼西亚国会的演讲》，载《新华每日电讯》，2013年10月4日（2版）。或见附录一。

实进程中角色与地位的关键因素。

二、马来西亚在 21 世纪“海上丝绸之路”中的优势

21 世纪“海上丝绸之路”，为中国与马来西亚等东南亚国家的进一步合作与未来发展描绘了一幅宏伟的蓝图，也切实地指明了中国和马来西亚等国在政治、经济、安全与人文关系方面的未来发展方向。21 世纪“海上丝绸之路”战略的落实遵循共商、共建、共享的原则。[①] 这表明，该战略的落实就是要发挥沿线国家的相关优势，在共商共建中实现产业互补与互利共赢，达到沿线国家共享繁荣的目标。东南亚地区自古以来就是“海上丝绸之路”的重要枢纽，[②] 而马来西亚作为地区的中心，在接下来 21 世纪“海上丝绸之路”建设中有着显著的多方面优势。

第一，马来西亚有着非常良好的地理条件和显著的区位优势。具体来看，马来西亚良好的地理条件和显著的区位优势集中体现在三个方面：一是马来西亚在东南亚地区处于中心位置。从地图上看，马来西亚位于北纬 1—7°和东经 97—120°之间，是坐落在东南亚地区中心位置的海洋国家，这就使马来西亚在作为枢纽位置的东南亚地区占据着 21 世纪“海上丝绸之路”建设的中心位置。二是马来西亚是亚洲大陆和东南亚海洋国家的重要衔接部分，面北与泰国接壤，南向与新加坡隔柔佛海峡相望，东临南海，西部与西南部隔马六甲海峡和印度尼西亚的苏门答腊岛相望，与菲律宾、文莱等国家也相邻。[③] 这意味着，“丝绸之路经济带”和 21 世纪“海上丝绸之路”战略分别沿着中国西南地区、中南半岛和南海，可在马来西亚形成良好衔接。三是马来西亚还扼守着马六甲海峡。马六甲海峡连接着南中国海与印度洋，是亚洲、非洲、欧洲与大洋洲之间相互往来的海上重要枢纽，历来被美誉为“东方的直布罗陀”。身为马六甲海峡最重要的沿岸国，马来西亚在该海域有着大面积的领海，也视之为最重要的对外航运

---

① 《推动共建丝绸之路经济带和 21 世纪海上丝绸之路的愿景与行动》，新华网，2015 年 3 月 28 日，http://news.xinhuanet.com/2015-03/28/c_1114793986_2.htm。

② 郑海麟：《建构“海上丝绸之路”的历史经验与战略思考》，载《太平洋学报》，2014 年第 1 期，第 1 页。

③ 龚晓辉、葛红亮等：《马来西亚概论》，广州：世界图书出版广东公司，2012 年版，第 4 页。

通道。不仅如此，在马六甲沿岸还分布着马来西亚大部分重要的城市，是马来西亚社会和谐与经济繁荣的重要支柱。[①]马六甲海峡在21世纪“海上丝绸之路”沿线中的重要地缘价值，及马来西亚经济社会的非凡意义，都决定了马来西亚在21世纪“海上丝绸之路”建设中将有着非常重要的地位。

第二，相比其他大部分东南亚国家，马来西亚国内的经济条件，特别是工业基础具有明显的优势。马来西亚工业的快速发展开始于20世纪80年代，政府通过实施工业发展蓝图，希望在2020年前实现工业化达到发达国家水平的目标。这就是所谓的“2020宏愿”。通过多个五年计划的实施，马来西亚的工业化发展虽然遭受了1997年东南亚金融危机的冲击，但借助此后的发展，保持着很高的竞争力，而相比之下，东南亚地区其他国家的国际竞争力水平相对较低。根据联合国工业发展组织（UNIDO）公布的1980—2005年各国工业竞争力指数（CIP），在全球122个国家和地区中，马来西亚从第40位跻身第16位，[②]在东南亚地区仅次于新加坡。较高的工业竞争力使马来西亚的国际竞争力也相对靠前。资料显示，1992—2012年瑞士洛桑国际管理学院（IMD）国际竞争力世界排名中，马来西亚在世界59个国家和地区中的国际竞争力排名保持在第14位，而泰国从第26位降至第30位，印尼从第37位降至第42位，菲律宾从第33位降至第43位；[③] 2011—2012年世界经济论坛（WEF）的全球竞争力世界排名中，马来西亚在世界139个国家和地区中名列第21位。[④]马来西亚在工业发展方面的现有成就与强劲竞争力将使其在21世纪“海上丝绸之路”建设中可发挥着十分关键的作用。

第三，马来西亚的民族多元与文化多样也具有相对优势。马来西亚是一个多元民族共存、多元文化共生的国家，全国有30多个民族，其中马

---

① 龚晓辉：《马来西亚海洋安全政策分析》，载《世界经济与政治论坛》，2011年第3期，第38页。

② UNIDO, *Industrial Development Report 2004: Industrialization, Environment and the Millennium Development Goal in Sub-Saharan Africa: The New Frontier in the Fight against Poverty*, Vienna, 2004; UNIDO, *Industrial Development Report 2009: Breaking in and Moving up: New Industrial Challenges for the Bottom and the Middle-Income Countries*, Vienna, 2009.

③ IMD, *World Competitiveness Yearbook 2012*, Lausanne, Switzerland, 2012.

④ WEF, *the Global Competitiveness Report 2011-2012*, Geneva, Switzerland, 2011.

来人、华人和印度人在人口中所占的比重最大。由于英国殖民者奉行的是“分而治之”政策，长期的殖民遗毒表现在民族关系方面则深远地影响着马来西亚独立后及现代化建设过程中的民族问题。虽然因民族矛盾，马来西亚经历过大的社会动荡，但是经过历届政府的努力，马来西亚国内的族群关系总体来说趋于稳定。现任总理纳吉布上台后，提出了“一个马来西亚”的施政理念，多次表明自己并非某一个民族的总理，而是全马来西亚人的总理，向非马来人大抛橄榄枝，承诺公平对待各个族群。[①] 多元民族在相互往来中既相互交融，又保持着各自显著的差异，多元文化共生则成为马来西亚文化的一大特征，马来人、华人和印度人的马来文化、儒家文化和印度文化在马来西亚生活中各有呈现。多元民族共存、多元文化共生的优势，有利于马来西亚在21世纪“海上丝绸之路”建设中有效拓展自身的作用，并在中国和东南亚国家与印度等印度洋国家间充当有益角色。

三、马来西亚对21世纪“海上丝绸之路”的态度

马来西亚在地缘、经济与人文领域的客观优势，需要满足一定的条件和在有利的氛围中，才有可能转为其在21世纪“海上丝绸之路”建设中的有益举措及在这一过程中的益处，而事实上，马来西亚对21世纪“海上丝绸之路”的态度在一系列条件中最为突出，是为马中合作共建21世纪“海上丝绸之路”创造有利氛围的前提。

马来西亚是东南亚国家中最早和中国建交的国家之一，在发展对华关系，特别是经贸关系方面，向来持有比较积极的态度，而这种态度也深刻地影响着其他地区国家的对华经贸政策。因此，马来西亚作为东南亚地区的大国，和2015年东盟的轮值主席国，其对21世纪“海上丝绸之路”战略规划的态度也颇具示范意义和牵引作用。

总体上来看，到目前为止，马来西亚官方对21世纪“海上丝绸之路”战略规划的回应是积极的。21世纪“海上丝绸之路”战略提出于中国国家主席习近平访问东南亚期间，其时马来西亚正是他访问行程的第二站。在访问期间，习近平主席和马来西亚总理纳吉布举行会谈，并表示建立中

① 龚晓辉、葛红亮等：《马来西亚概论》，广州：世界图书出版广东公司，2012年版，第72页。

马全面战略伙伴关系。以此为契机，中马关系的发展步入了一个新时期。这为马来西亚审视21世纪“海上丝绸之路”提供了根本的大环境。

对于中国提出的21世纪“海上丝绸之路”战略，马来西亚总体的认识是，认为这将涵盖中国、马来西亚和其他多个东盟国家，符合东盟国家的利益，有助于推进东盟与中国在基础设施建设、金融、电子商务等多方面的合作向更深层次发展，有助于加强中国与东盟国家双边关系。[①]在双方寻求建立全面战略伙伴关系的大背景下，借助2014年中马建交40周年的良机，马来西亚政界、商界等人士纷纷表达了对马中合作共建21世纪“海上丝绸之路”的积极态度。

2014年9月15日，马来西亚国际贸易与工业部副部长李志亮在南宁出席了第11届中国—东盟博览会。其间，他接受媒体访问时表示，马来西亚政府支持中国提出的21世纪“海上丝绸之路”，并希望马中双方增进互信，加强基础设施建设和互联互通领域的合作，发挥好双边经贸磋商机制作用，促进双方关系向着更好的方向发展。[②]同在中国—东盟博览会上，马中总商会会长黄汉良在商界领袖论坛上发表题为“马来西亚共建21世纪海上丝绸之路”的主题演讲。在演讲中，他指出，马来西亚作为中国的友好邻邦，将会全力支持共建21世纪“海上丝绸之路”，并认为马来西亚可以发挥各项优势在共建中发挥重要作用；同时，他还代表商会做了表态，认为东盟商协会应加强合作与交流，充分学习和理解21世纪“海上丝绸之路”的具体内涵，支持与配合本国政府，促进官方与民间的互动，实现共同推动21世纪“海上丝绸之路”建设的发展。[③] 11月，马来西亚总理纳吉布来华访问，并参加中国主办的APEC领导人会议。在正式出访前夕，纳吉布接受中国新华社的采访。在采访中，他对于共建21世纪“海上丝绸之路”的构想给予了积极的看法。他对21世纪“海上丝绸之路”战略构想表示欢迎，认为这既体现了中国强大的领导力和对亚太地区繁荣发展所承担的责任，又将为马中两国带来巨大商机，因此，他认为马

---

① 《支持中国“21世纪海上丝绸之路” 期望进一步加强双边合作》，南博网，2014年8月19日。

② 《马来西亚贸工部副部长：支持“21世纪海上丝绸之路”建设》，国际在线，2014年9月16日，http://gb.cri.cn/42071/2014/09/16/5931s4693698.htm。

③ 《马商界呼吁中马共建“21世纪海上丝绸之路”》，中华人民共和国驻马来西亚经商参处，2014年9月18日，http://my.mofcom.gov.cn/article/sqfb/201409/20140900735808.shtml。

中两国“都应抓住这一机遇来扩大双边贸易和投资合作”。①

除政界外，马来西亚的华侨界团体和人士对21世纪“海上丝绸之路”共建也持有十分期待的积极看法。马中国际文化经贸促进会于2014年8月31日至9月6日访问了广东，并就“新海上丝绸之路”与广州、清远、佛山、中山四市政府部门、企业进行交流。在访问期间，马中国际文化经贸促进会总会长陈泰隆在中国新闻社广东分社参加了座谈和接受采访。对于21世纪“海上丝绸之路”，他表示，希望这能够进一步促进沿岸各国政府、民间的交流，带来更多商机，并强调在政府之外，要更多地发挥民间的力量，推动21世纪“海上丝绸之路”建设拥有更为稳固的社会基础。②

马来西亚虽然总体上对共建21世纪“海上丝绸之路”的战略构想给予了积极的回应，但是在东南亚国家普遍持有“谨慎中观望”的地区氛围下，以及受马中两国关系中不和谐因素的影响，这种积极回应往往也带有明显的顾虑。针对东南亚国家对21世纪“海上丝绸之路”战略构想的态度，新加坡南洋理工大学拉惹勒南国际关系学院副教授李明江曾做了细致的调研。在他的研究与分析中，马来西亚与印度尼西亚、新加坡、文莱一样，是东南亚国家中比较能够接受共建21世纪“海上丝绸之路”的国家；但他同时也强调，马来西亚等国并不希望对外关系只依靠中国，且担心中国在本区域的影响力扩张得太快，所以在与中国配合的同时，也会拉拢域外大国参与合作项目。③

因此来看，马来西亚等国长久以来对华发展存在的疑惧心理并没有在短时间内消除，而这也不可避免地对马来西亚等国审视共建21世纪“海上丝绸之路”的战略构想产生了深刻的影响。虽然如此，与马来西亚各界对21世纪“海上丝绸之路”战略构想的积极正面回应相比，马来西亚国内存在的“谨慎和观望”态度并非处于主流位置。相反，这也正为我们分析马来西亚在参与21世纪“海上丝绸之路”建设中面临的机遇与挑战提供了一扇窗口。

---

① 《亚太地区的和平、稳定和发展需要中国——访马来西亚总理纳吉布》，新华社，2014年11月10日。

② 《马来西亚侨团望海上丝绸之路建设促交流谋商机》，中国新闻网，2014年9月5日，http://www.chinanews.com/hr/2014/09-05/6568530.shtml。

③ 《东盟国家对“一带一路”的审慎观望》，载（新加坡）《联合早报》，2015年4月13日。

四、马来西亚在21世纪"海上丝绸之路"建设中的机遇

马来西亚在共建21世纪"海上丝绸之路"中有着明显的优势，而马来西亚国内对该战略构想的主流态度则为其能够参与共建21世纪"海上丝绸之路"，以发挥前述相关优势，提供了可能。马来西亚对21世纪"海上丝绸之路"持有的"无限欢迎"态度，[①] 主要着眼于21世纪"海上丝绸之路"这一具有时代意义的合作倡议及其能够给马来西亚带来的契机与机遇。对于马来西亚来说，21世纪"海上丝绸之路"的合作战略构想，主要对该国下述几个方面产生的影响或将最为显著与深远：

首先，马来西亚产业发展与对外经贸将在该国参与共建21世纪"海上丝绸之路"建设中获得无限的发展机遇。从产业发展的角度来看，21世纪"海上丝绸之路"区域合作倡议倡导沿线国家的产业合作与产业对接。马来西亚作为东南亚国家中工业基础优势明显的国家，一直以来，在引领东南亚区域经济发展中发挥着不俗的作用。未来，在共建21世纪"海上丝绸之路"建设的过程中，马来西亚既有产业结构方面的相对优势，又可在参与过程中获得产业持续优化与升级的内外促进因素。对马来西亚来说，他们期待21世纪"海上丝绸之路"区域合作构想以经贸往来为主轴。[②] 以产业的合作与对接为基础，马来西亚与中国等沿线主要国家的往来产业投资、贸易往来与技术往来势必扩大。正如新加坡南洋理工大学拉惹勒南研究院高级访问学者胡逸山博士所言，21世纪"海上丝绸之路"共建过程中经贸往来是双向的，这意味着中国、马来西亚等沿线国家的原产品与工业制成品都能以较低的门槛进入对方市场。[③] 显然，这将十分有利于马来西亚对外经贸的发展。

其次，马来西亚的基础设施或将在共建21世纪"海上丝绸之路"过程中实现大幅度的完善与改建。正如我国驻马来西亚经济商务参赞吴政平

---

① 这是马来西亚总理对华特使兼马中商务理事会主席黄家定在吉隆坡接受记者采访时的表态。参见《"21世纪海上丝绸之路"构想将给马来西亚发展带来新契机》，国际在线，2014年12月13日，http://gb.cri.cn/42071/2014/12/23/5931s4814705.htm。

② 胡逸山：《"海上丝路"拓宽中马合作空间》，21CN新闻网，2015年1月19日，http://news.21cn.com/today/topic/a/2015/0119/07/28911541.shtml。

③ 胡逸山：《"海上丝路"拓宽中马合作空间》，21CN新闻网，2015年1月19日。

先生所言，马来西亚未来几年内规划的基建项目较多，主要涉及公路、铁路、港口、电站等领域。其中，马来西亚政府在公路建设方面计划修建连接沙捞越和沙巴州的泛婆罗洲公路项目，长达1663千米，预计耗资83亿美元；而吉隆坡—新加坡高铁也有望在2015年正式招标，预计2020年前后开通；港口建设方面，巴生港和关丹港等港口是马来西亚政府未来建设的重点。[①] 相信，马来西亚在21世纪“海上丝绸之路”建设中的角色对其在亚洲基础设施投资银行（下述简称“亚投行”）中的地位将产生积极作用，而这势必会给马来西亚国内的基建设施带来利好信息。

再者，随着积极参与共建21世纪“海上丝绸之路”，马来西亚的旅游业或将受更多的利好因素影响。目前，马来西亚是东南亚地区旅游市场中吸引中国及其他外国游客最多的国家之一。然而，受制于人员自由往来的瓶颈，马来西亚与中国等国家的人文交流门户并未完全打开。因此，未来21世纪“海上丝绸之路”建设过程中，如中国与东盟各国，尤其是马来西亚可达成相互入境免签证的话，双方的全方位交往势必将大幅度推进。[②] 显然这对马来西亚旅游业的发展无疑将是一个绝佳契机。

最后，马来西亚人文与教育科研的发展或将因此受到更多积极因素的影响。多元文化是马来西亚参与共建21世纪“海上丝绸之路”的优势之一，也是其能够在人文领域与中国等国家迅速形成对接的重要促进因素之一。在教育科研方面，马来西亚未来无疑将增强与中国等国家的合作关系，让更多青年学生到其他国家的学校和企业里去学习、实习，而中国个别大学（如厦门大学）、研究院还可以到东南亚来开分校、分院。这些对马来西亚的人文与教育科研发展势必将注入新的源泉。

五、马来西亚在21世纪“海上丝绸之路”建设中面临的挑战

相较于东南亚地区许多国家，马来西亚在政权变动、社会动荡、民族宗教问题等方面并无过于突出的问题。但是，这并不意味着马来西亚在21世纪“海上丝绸之路”建设中就可以高枕无忧。马来西亚在未来参与

① 梵语：《新丝路视野下的中国—马来西亚合作——访我国驻马使馆经济商务参赞吴政平》，载《国际工程与劳务》，2015年第3期，第34页。

② 胡逸山：《“海上丝路”拓宽中马合作空间》，21CN新闻网，2015年1月19日。

共建21世纪“海上丝绸之路”建设过程中同样面临着不小的挑战。

其一，马来西亚国内政局虽然长期保持巫统及其领导下“国民阵线”执政的局面，但仍然受巫统内争和国内党派间争斗的不利影响，而这对马来西亚参与21世纪“海上丝绸之路”建设和抓住该合作构想带来的各种机遇很可能会造成或多或少的挑战。一方面，巫统内部分裂与党内斗争长期影响着马来西亚的政局，而现任马来西亚副总理、巫统署理主席希沙姆丁·侯赛因认为，巫统正面对“信任赤字”、封建主义、随波逐流、派系林立及金权政治等五大问题的困扰。[①] 作为对马来西亚政局影响最长久、最深远的政党，巫统未来的发展及其中的震荡深刻地影响着马来西亚的政治稳定。另一方面，巫统及“国民阵线”还日渐受到其他反对党的冲击，大规模的抗议游行和社会运动成为反对党向巫统施压的利器，而作为执政党的巫统也时常受制于党争而被反对党政策所“挟持”。马来西亚政局的潜在变数是其参与21世纪“海上丝绸之路”共建过程中突出的挑战之一。

其二，南海争端的挑战不容小觑。马来西亚与邻国菲律宾、文莱、中国都存在着领土争端，其中尤其以中马南海争端最为复杂。长久以来，马来西亚在南海奉行“巩固占领”、增强南海防御力量建设、有限开展海上安全合作的政策，以单边占领、双边协商与多边解决的模式来处理南海争端。[②] 虽然中马一直就南海争端保持着低调处理的态度，使南海争端尽可能地不影响两国关系的发展，但马来西亚近些年来为加强南海地区的力量的相对平衡，日渐注重发挥东盟框架的作用，及希望美国力量在地区平衡中发挥建设性作用。可见，对中马来说，南海争端总体来说在新世纪以来保持着“搁置”状态，但双方仍不时因南海争端发生外交“口水仗”，且双方在南海的经济合作开发与海上安全合作也都还没有实现大的突破发展。

其三，未来经济发展可能面临用工短缺和技术工人紧缺的难题，这势必会给马来西亚参与21世纪“海上丝绸之路”建设带来不小的冲击。马来西亚近期经济强劲增长，这得益于国内受过一定教育的年轻劳动力群体

---

① 葛红亮：《马来西亚巫统风云》，载《世界博览》，2015年第9期，第22—25页。

② 龚晓辉：《马来西亚南海安全政策初探》，载《南洋问题研究》，2012年第3期，第60—63页。

（截至2014年底该群体人数为1400多万），以及整体失业率维持较低水平（截至2014年底失业率为3%）。但是，不可否认的是，马来西亚面临着技术工人紧缺和长期劳动力短缺的难题，劳动力市场风险不小。拥有大量的外籍劳工是马来西亚劳动力市场的一个突出特点：官方数字显示外籍劳工有近200万，但其中并未包含非法移民，因此实际数字可能接近300万。马政府希望降低经济对外国劳工的依赖，但如何在不影响本国经济增长的前提下实现这一点，政府尚无具体计划。[①]未来，在马来西亚进行投资的外国企业很可能从海外引进技术人员或专业人员。无疑，这将大大增加企业的生产成本，进而给马来西亚的经济健康发展带来挑战。

其四，马来西亚国内面临的毒品走私、吸毒与恐怖主义威胁等非传统安全及其可能引发的社会不安，也是马来西亚政府不得不去认真面对的挑战。马来西亚距离金三角较近，所以尽管马来西亚对毒品犯罪的量刑较高（唯一一项触犯死刑的犯罪），但马来西亚的毒品交易、走私与吸毒仍然猖獗。每年，马来西亚政府用于反毒运动的财政耗资巨大，对社会经济其他领域的发展也产生了一定的挤压效应。[②]不仅如此，作为一个伊斯兰国家，马来西亚还面临着国内伊斯兰极端势力与境外极端恐怖主义势力渗透的危险。例如，声势日隆的"伊斯兰国"对马来西亚国内穆斯林产生的影响不容小觑，而马来西亚也正是境内外极端穆斯林信众转道中东的重要中转站。显然这对马来西亚国内社会安定构成了无法忽视的挑战。

六、21世纪"海上丝绸之路"建设中马来西亚应关注的领域

针对21世纪"海上丝绸之路"，马来西亚《南洋商报》于2014年12月9日刊发了一篇题为《大马与新海上丝路契机》的文章。该文章认为，21世纪"海上丝绸之路"将给马来西亚在内的亚太地区带来商贸契机，并可为马来西亚其他方面带来深远的影响。[③]如前所述，21世纪"海上丝

① 经济学人智库：《愿景与挑战——"一带一路"沿线国家风险评估》，中国网，2015年4月24日，http://www.china.com.cn/opinion/think/2015-04/24/content_ 35407838.htm。

② 张华、白荷菲：《一带一路投资风险研究之马来西亚》，中国网，2015年4月10日，http://www.china.com.cn/opinion/think/2015-04/10/content_35283071_3.htm。

③ 安邦智库：《大马与新海上丝路契机》，载《南洋商报》，2014年12月9日。

绸之路”给马来西亚带来的既有机遇，也有挑战。那么，马来西亚为积极应对机遇和挑战，就应该在参与共建21世纪“海上丝绸之路”中采取积极举措，尽可能地从参与共建21世纪“海上丝绸之路”中受益。

一是马来西亚应积极为外来投资和国家发展创造一个政治相对稳定、族群和睦与社会安全的大环境。马来西亚政治层面面临的挑战主要包括巫统党内斗争与国内党争。无论是巫统内争或者国内党争，均给马来西亚带来了政治不稳定、社会分裂的局面。此前，马来西亚的政治生态是典型的选举型威权体制。①上文所述一系列政治风险与社会动荡虽然可能并不会对马来西亚的政局稳定带来重大冲击，但不可否认的是，由此带来的不稳定与社会分裂，特别是大规模群众运动与街头抗议的发生，将在很大程度上撼动马来西亚选举威权的根基，也会给马来西亚的投资环境带来负面影响和损害马来西亚的外在形象。

华人是马来西亚最主要三大族群之一，长期在马来西亚国内的经济生活中扮演着主导者的角色，但并未能够在政治生活中发挥突出的作用和进入决策层。目前来看，马来西亚的族群关系相对和睦，但长期以来族群间的不平等始终存在，并深刻影响着马来西亚的族群关系。随着年轻一代华人（也包括印度人等其他族群）受教育程度的提高，他们的参政意愿也在不断增强，而这势必会对目前的这种族群生态产生显著影响。因此，提高华人的政治参与及继续发挥华人在中国—东盟关系与中马关系中的作用，对马来西亚抓住新机遇至关重要。在历史上，华商在中国和东盟经济发展中所起的作用非常大。在未来共建21世纪“海上丝绸之路”的过程中，中马在制造业、农业及其他方面的合作与相互投资力度势必加强，这对华人来说，可以说是新的机遇。②同时，这也意味着他们将继续发挥重要的作用，华人在中国与马来西亚合作中的桥梁作用依旧凸显，是中马创新合作模式与扩大合作关系的重要促进因素。因此，华人的作用与角色在马来西亚政治与社会生态中必须得到提高与重视。

二是积极发挥马来西亚在东盟组织内的角色，发挥正面促进与沟通作

---

① 庄礼伟：《第13届国会选举前夕的马来西亚：选举型威权的终结？》，载《东南亚研究》，2013年第2期，第15页。

② 《李光辉：海上丝绸之路将为华商带来三大机遇》，中国网，2014年4月11日，http://www.chinanews.com/zgqj/2014/04-11/6055671.shtml。

用。马来西亚是东盟创始成员国，历来在东盟发展进程中发挥着不俗的作用。2015年，正值东盟迈向“共同体”的关键年份，马来西亚作为东盟的轮值主席国，势必继续在引领东盟发展和进步中扮演关键角色。然而，对马来西亚来说，扮演东盟轮值主席国角色还必须在中国—东盟共建21世纪“海上丝绸之路”和推进中国—东盟经贸区升级版打造方面发挥积极而正面的作用。东盟国家是共建21世纪“海上丝绸之路”的依托，[①]这意味着东盟国家的参与及中国—东盟的合作将对21世纪“海上丝绸之路”的建设有着至关重要的影响。但有一点必须得到正视，也即东盟企业借“一带一路”的东风，希望达到的目的与中国不尽相同。中国希望借“一带一路”走出去，向沿线国家推销产品，而马来西亚等东盟国家更关注的是，如何借机让更多的本国企业走进中国。[②]因此，协调好中国—东盟间存在的不一致诉求考验着马来西亚，而作为2015年东盟的轮值主席国，马来西亚的角色和作用应得到重视。恰如国外智库分析认为，马来西亚应当推动中国和东盟相互信任、协调纠纷，在经贸上扮演更加积极和更为显著的对话角色，鼓励中国和东盟国家之间的商品流通、技术交流和转移，特别是新兴行业之间的合作，以达成互惠互利。[③]

三是重视中国的庞大市场及“丝绸之路经济带”。马来西亚位于东南亚中心，是海上丝绸之路的重要一环；但同时，马来西亚也与中国南部、西南部地区有着非常紧密的联系，而这些地区在“一带一路”战略构想中扮演着十分重要的枢纽和“衔接门户”角色。为此，马来西亚应在积极拓展与中国南部地区、西南部地区合作的同时，也不应该忽视这些地区在马来西亚将合作的脚步迈向中国华北、东北进程中的纽带作用。因此，在参与共建21世纪“海上丝绸之路”的同时，马来西亚还应以与中国南部、西南部地区的合作为基础，借助中国的港口与蓬勃发展的物流行业，连接东北亚地区及中国中西部地区。也唯有如此，马来西亚才可能持续增强其在中国市场的份额及进一步扩大马来西亚商品的市场销路。

---

① 葛红亮：《“海上丝绸之路”与海权意识》，载《世界博览》，2015年第8期，第32页。

② 《马来西亚借“一带一路”逆袭 东盟抱团瞄准中国》，中国—东盟传媒网，2015年2月12日，http://www.china-asean-media.com/_d276756990.htm。

③ 安邦智库：《大马与新海上丝路契机》，载《南洋商报》，2014年12月9日。

当然，在21世纪“海上丝绸之路”共建过程中，稳步推进中马在相互投资、贸易往来与人文交流等各领域的合作关系、提升合作层次最值得马来西亚政府关注。这不仅直接关乎中马友好关系的发展，也直接深刻地检验着中马间彼此信任与合作的关系，这对预判双方在共建过程中的合作前景至关重要。

七、21世纪“海上丝绸之路”中的中马合作

中马合作是马来西亚参与共建21世纪“海上丝绸之路”的核心环节，也是马来西亚能够通过21世纪“海上丝绸之路”的参与，尽可能地发挥其优势，在21世纪“海上丝绸之路”共建与区域合作中获取实质利益的最大影响因素。2014年是中马建交40周年，双方在政治、经贸、人文与安全领域的交流，在两国领导人的共同努力下稳步推进。如今，中马关系站在历史的新起点上，以马来西亚各界对21世纪“海上丝绸之路”总体的积极态度为推动因素，或将迈入合作关系的新阶段、新时期，双方在21世纪“海上丝绸之路”共建中或可在原有领域加深合作，更可在新领域开拓合作。

持续推进中马经贸关系，增强两国相互投资，是中马共建21世纪“海上丝绸之路”过程中，在既有领域加深和扩大合作关系的首要选项。

发展经贸关系是21世纪“海上丝绸之路”发展的主轴，目标就是希望在产业对接和产业合作基础不断加深的情况下，推进中国与沿线国家经贸关系的发展；当然，对马来西亚等国家来说，发展经贸关系，将本国的产品推向中国市场和经中国走向亚太则是重要目标。因此，在现有经贸关系基础上，中马的合作前景广阔。相关资料显示，2009年以来中国连续5年成为马来西亚最大的贸易伙伴，而双方在2013年签署的《中马经贸合作发展五年规划》中，也明确表示要在2017年实现贸易总额突破1600亿美元的目标。[①] 为尽早实现这一目标，马来西亚国际贸易与工业部副部长李志亮2014年在广西南宁出席中国—东盟博览会时表示，两国应以共建21世纪“海上丝绸之路”为契机，发挥好双边经贸磋商机制作用，充分

① 《中马签署经贸合作五年规划》，载《南方都市报》，2013年10月5日。

利用中国—东盟自贸区政策优势。[①]

不仅如此，以“两国双园”为模式与基础，大力增强相互投资和加强双方在清真产业方面的合作，也应是重中之重。目前，马来西亚在中国的投资超过60亿美元，未来中国将有5000亿美元的资金投向海外，马来西亚应关注如何吸引其中的部分投资流向本国市场。为持续推动双向投资的发展与增长，中马钦州产业园在2008年广西北部湾经济区开放开发上升为国家战略后顺势诞生。与此同时，在距离钦州港约1200海里的马来西亚关丹港，中马钦州产业园区的“姊妹园区”——马中关丹产业园区也在两国政府的共同努力下积极在建。“两国双园”模式，是中国与马来西亚在共建21世纪海上丝绸之路中产业融合的创新和探索，将加快中国—东盟合作升级版和“钻石十年”的建设步伐。此外，中马两国在清真产品行业方面的合作也渐趋成为一大亮点。据悉，巴生港自贸区建立后，马来西亚方面已经开始着手将该自贸区打造成全球穆斯林国际采购中心，巴生港中国区与中国天津自贸区、上海自贸区、福建自贸区、广东自贸区建设大马仓相对应，为中马两国清真产业的合作创造新的平台。[②]

再有，就是发挥清算行业的优势，拓展两国在金融领域的合作。中国已经在吉隆坡设立了人民币清算行，两国在此基础上应扩大人民币与马币的互换规模与范围，拓展跨境贸易人民币结算业务，降低贸易和投资的汇率风险和结算成本。当然，两国作为“亚投行”的创始国，也应加强协调与沟通，为马来西亚与东盟其他国家的互联互通提供融资平台。

加强中马在基础设施建设方面的合作是两国共建21世纪“海上丝绸之路”过程中的要义之一。正如吴政平参赞认为，完善马来西亚21世纪“海上丝绸之路”的基础设施平台，推动泛亚铁路、南部双轨铁路取得突破性进展是中马两国政府目前应努力寻求合作的重点内容之一。[③]此外，鉴于马来西亚在21世纪“海上丝绸之路”中的地缘优势，马来西亚及其在马六甲海域的重要位置应该引起中国的足够重视，而马来西亚也十

① 《马来西亚贸工部副部长：支持“21世纪海上丝绸之路”建设》，国际在线，2014年9月16日，http://gb.cri.cn/42071/2014/09/16/5931s4693698.htm。

② 中新社2015年3月27日电。

③ 梵语：《新丝路视野下的中国—马来西亚合作——访我国驻马使馆经济商务参赞吴政平》，载《国际工程与劳务》，2015年第3期，第34页。

分期待在马六甲打造出一个国际性港口。马来西亚交通部长廖中莱曾在接受访问时指出，鉴于在马六甲州打造一座国际港口能够在海上丝绸之路建设以及发展区域经济中扮演重要角色，而历史也证明马六甲州的国际港口建设能够促进两国经济发展，马来西亚将在马六甲州打造一座国际水平的港口，加强马中两国经济合作并配合中国“海上丝绸之路”建设。[①] 此外，两国企业在交通、电力与污水处理等基础设施领域的合作空间也较大。

文化方面，中马的合作前景同样广阔。马来西亚与中国一样，均是多民族、多元文化的社会。传承传统多元文化固然必要，但如何把这些传统多元文化、民族艺术的精髓加以现代化、大众化，又不流于形式则更为重要。在这方面，比如演艺事业发展等领域，中国做得尤其出色，可与马来西亚分享。比如，可考虑把一些创作基地设在马来西亚，帮助提升当地文化创意经济。[②] 此外，在教育科研方面，中国与马来西亚都可开拓更多渠道，让更多青年学生到对方的学校和企业里去学习、实习。中国个别大学、研究院还可以到东南亚来开分校、分院，加强两国教育机构的合作与国际合作办学。

作为中马合作的薄弱环节，区域安全合作，特别是非传统安全合作的重要性却十分突出。近年来，暴恐分子在中国制造了一些事端，而马来西亚也存在类似不法分子中转或意图招收成员的现象，所以两国之间更应加强反恐方面的合作；不仅如此，双方作为南海争端的当事国，在继续保持克制和低调处理的同时，还应放眼大局、持续努力经营，既实现不让这种争端影响两国间更全面的关系的目标，还能在打击海盗、走私贩毒、人口偷渡等方面紧密合作，继续为本区域带来繁荣稳定的发展。

---

① 新华网吉隆坡2015年2月27日电。

② 胡逸山：《“海上丝路”拓宽中马合作空间》，21CN新闻网，2015年1月19日。

新加坡与 21 世纪“海上丝绸之路”①

■ 文 / 范　磊　杨晓青②

2015 年对于新加坡而言是一个非常值得记住的年份。这一年初，建国总理李光耀逝世，8 月份迎来新加坡建国 50 周年，9 月份举行的大选中长期执政的人民行动党最终以 69.86% 的平均得票率再次守擂成功。对于中新两国关系而言，10 月份迎来中新建交 25 周年，同样赋予了 2015 年以特别的意义。中新作为“亲密友好邻邦，建交 25 年来，各领域务实合作全面深入，成果丰硕。而自中国的“一带一路”倡议提出以来，中新两国各界也围绕“一带一路”的主题展开了相关的研讨和关注。目前，中国已经成为新加坡最大的贸易伙伴，而新加坡则成了中国最大的外资来源国，良性发展的双边关系必将为两国接下来的多领域合作奠定更加坚实的基础，而“一带一路”倡议的提出和推动，也必定会赋予两国关系更多新的特征和内涵。对于新加坡而言，恰如李显龙所言，“‘一带一路’在我们这个区域主要是海上的，我会把重点放在‘21 世纪’这三个字上。”③所以，与新加坡谈“一带一路”，主要是谈“21 世纪海上丝绸之路”。

① 本文是山东政法学院科研计划项目“新加坡族群治理的法治化及对中国的借鉴意义”（2015Q21B）的中期成果。

② 范磊，博士，山东政法学院讲师，察哈尔学会研究员，山东省社会稳定研究中心研究员，主要研究方向涵盖新加坡政治、公共外交、和平与冲突等领域。杨晓青，山东政法学院传媒学院助教，主要从事新加坡文化、文化传播等领域的研究。

③《希望中新第三个国家级合作项目成一带一路节点》，载《21 世纪经济报道》，2015 年 7 月 30 日。

一、新加坡对21世纪海上丝绸之路的态度

2014年11月，新加坡总理李显龙在北京出席亚太经合组织峰会期间的活动“2014对话中新经济发展”时，曾积极表态支持中国倡导的区域间互联互通建设，并将配合中国西部大开发的计划和中国“新丝绸之路”开发带的构想，在中国中西部做一个新的合作项目；并在接受媒体采访时，明确指出新加坡作为全球的物流中心、通信中心和航空中心，凭借其天然良港的地理优势，可以为海上丝绸之路的重建提供全方位的服务，促进亚太地区各经济体之间的贸易往来；积极支持由中国发起、被视为是“一带一路”重要试金石的“亚投行”提议。① 这是新加坡领导人在官方渠道明确表态对21世纪海上丝绸之路倡议的支持。在接下来的时间里，新加坡各界都开始将中国所提出的“一带一路”战略作为重要的战略焦点来关注和参与其中。

整体而言，此前在倡议提出以后的很长一段时期内，新加坡也曾经表现出观望和疑虑的态度。其中的原因大概如学者所指出的，目前不论是东南亚国家还是中亚国家都对中国所提出的“21世纪海上丝绸之路”和“丝绸之路经济带”发展战略的内容和具体的实施路线图没有一个清晰的认识，中国需要将这些合作的内容和合作范围进行细化，当前不要过早推动多边合作，要通过让利的形式，在双边的角度着手推动这一战略的实施和落实。② 新加坡等东南亚国家看不懂该倡议的具体内容，或者对其存在不同程度的疑虑。东盟十国对待“一带一路”的态度大致可以分为三类：泰国、柬埔寨和老挝是最为积极的一类，它们最能接受“一带一路”，但是也注重大国间的平衡；第二类是越南、菲律宾和缅甸这三个国家，它们要么与中国存在领土海权争端，要么国内面临民族主义高涨压力，所以对“一带一路”持较为冷漠的态度；而新加坡、印尼、马来西亚和文莱则比较折中，一方面不会只押宝中国，另一方面也希望能有域外大国参与其

① 《支持亚投行与重建“海上丝绸之路”》，载《21世纪经济报道》，2014年11月12日。

② 《新加坡政商学界共话“21世纪海上丝绸之路”》，中国新闻网，2014年7月20日，http://www.chinanews.com/shipin/cnstv/2014/07-20/news463639.shtml。

中。[1]

就政界而言，大多数新加坡官员在“一带一路”倡议提出早期接受中国媒体采访以及到访中国时，也都表达了对21世纪海上丝绸之路的支持和认可。时任新加坡贸工部部长林勋强表示，作为一个重要的航空和航运枢纽，新加坡欢迎21世纪海上丝绸之路建设，他认为“建设21世纪海上丝绸之路是一个非常及时的倡议，可以促进中国与东盟之间实现更好的互联互通”[2]。时任新加坡交通部长吕德耀认为，中国正在推动的“21世纪海上丝绸之路”战略让人们重温了东南亚作为中国与世界贸易的主要航线的历史，当前中国已经成为世界级的贸易大国和海外投资成长最快的国家之一，新加坡希望借助自身的地缘优势为中国以及世界上其他国家的企业提供商务服务。[3] 时任新加坡驻厦门总领事馆总领事罗德杰也指出：“21世纪‘海上丝绸之路’建设的合作提议很恰时……可促进中国东盟的互联互通发展。”而新加坡作为一个便捷的经商地点和低风险的投资平台。可以助力中国企业在走向世界的进程中提升国际化实力及核心竞争力，作为中国企业拓展东盟市场、非洲市场、中东市场以及走向世界的跳板，以及区域的研发中心、运营中心。[4] 时任新加坡驻上海总领事王首毅认为：“由中国发起成立的丝路基金与亚洲基础设施投资银行不仅为实现一带一路互联互通提供了助推力，也为东盟互联互通总体规划图的实施提供了投资便利。”[5]

时任新加坡工商联合总会主席张松声认为，在21世纪“海上丝绸之

---

① 《中国学者：亚细安国家对“一带一路”普遍审慎观望》，载《联合早报》，2015年4月13日。

② 《专访：“新加坡贸工部长：期待与中国合作加速区域一体化步伐”》，中国新闻网，2014年8月11日，http://finance.chinanews.com/cj/2014/08-11/6481246.shtml。

③ “Welcome Speech by Mr Lui Tuck Yew, Minister for Transport and Co-chairman of Singapore-Guangdong Collaboration Council at Singapore-China (Guangdong) Economic and Trade Cooperation Conference”, 21 April 2014, http://www.iesingapore.gov.sg/~/media/IE%20Singapore/Files/Media%20Centre/Speeches/SporeGuangdong20conferenceMinister20Lui20Welcome20speech2120Apr.pdf.

④ 《新加坡驻厦门总领事：海上丝绸之路促中国东盟互联互通》，中国新闻网，2014年3月29日，http://www.chinanews.com/gn/2014/03-29/6007772.shtml。

⑤ 《新加坡驻上海总领事：“一带一路”与东盟互联互通规划不谋而合》，人民网，2015年6月19日，http://world.people.com.cn/n/2015/0619/c157278-27183344.html。

路”建设中新加坡可以发挥全方位的枢纽作用；应进一步加强中新双向联系、良性竞争、合作互补，实现共赢。新加坡不仅要提供码头、航空类硬件服务，更要在金融、教育等软件服务领域，全方位发挥枢纽作用，“希望通过21世纪‘海上丝绸之路’，进一步加强中国与新加坡两地之间的双向联系，进而扩大东盟国家和中国之间的双向联系，也真正达到和平崛起、和平发展、各国共荣的目的。”[①]同时，他在接受新华社采访时再次强调，新加坡参与21世纪“海上丝绸之路”是互惠互利的选择。[②]新加坡工商联合总会营运总裁郑嘉顺在参加“新加坡——广西专题论坛”时指出，中国提出的建设21世纪“海上丝绸之路”战略，新加坡政府非常认同并给予大力支持。古代的海上丝绸之路也经过新加坡。“21世纪新的海上丝绸之路，我们新加坡可以扮演举足轻重的角色。……新的海上丝绸之路不仅仅连接了中国和东盟国家，我们还要看到，它可以连接到非洲等国家，我们的市场可以从这条路走向中东、非洲等全世界。”[③]

虽然官方人士在与中国相关的场合尤其是到访中国时都展现出对“一带一路”的积极热情，但是综合来看新加坡官方在其国内的态度却基本都延续了以往低调的行事风格，并没有在国内积极造势，也就是“一带一路”倡议在提出早期，在新加坡社会并没有产生较大的关注效应。就新加坡学界而言，对于“一带一路”战略的关注也经历了一个从观望、磨合到热络的发展过程。2014年8月22日[④]和26日[⑤]由新加坡国立大学李光耀

① 《新加坡商界领头人：海丝建设必经之地将起枢纽作用》，中国新闻网，2014年7月18日，http://www.chinanews.com/sh/2014/07-18/6401490.shtml。

② 《张松声：新加坡参与“新海上丝绸之路”是互惠互利》，新华网新加坡频道，2014年9月16日，http://sg.xinhuanet.com/2014-09/16/c_126990894.htm#715159-tsina-1-80514-b4627af4aa6de3e8cf9f7d8876a92f2c。

③ 《新加坡官员：“海上丝路”建设合作机会更多》，广西新闻网，2014年6月27日，http://www.gxnews.com.cn/staticpages/20140627/newgx53ac9f5b-10604781.shtml。

④ "Updating Provincial and Regional Competitiveness Analysis, Geweke Causality Analysis on Development Strategies, and Provincial Agricultural Productivity for GREATER CHINA", 22 August 2014, http://lkyspp.nus.edu.sg/aci/event/aci-review-seminar-on-34-greater-china-economies-2.

⑤ "Proposed Maritime Silk Road Vision (MSRV) 2030/ Asia Economic Connectivity Vision (AECV) 2030, Updating Competitiveness Ranking, Geweke Causality Analysis on Economic Development and ASEAN-10 as a Food Basket", 26 August 2014, http://lkyspp.nus.edu.sg/aci/event/aci-review-seminar-on-asean-10-economies.

公共政策学院亚洲竞争力研究所主办的两场关于大中华区域以及东南亚区域经济合作与发展的研讨会议程中，都有一个名为“21世纪海上丝绸之路总规划——愿景2030”的专题对此进行集中讨论。这是早期为数不多的对“一带一路”倡议进行研讨的学术活动。不过随着该倡议路线图的发布，建设内容和思路日益清晰以后，新加坡学界对“一带一路”尤其是“21世纪海上丝绸之路”的关注逐渐成为一门显学，在政商各界也开始积极回应，并举行相关活动积极推动①。这与新加坡历来所遵循的实用主义外交政策和平衡战略有着密切的关系。正如有学者所指出的，在经济发展、地缘安全以及政治考量等多重因素的影响下，中国提出“一带一路”的倡议虽然有助于这两条古老贸易通道的复兴，并推动与沿线国家的合作，但是此举也很可能会就此降低西方对亚洲安全的影响力。② 对于一个生存环境恶劣、资源匮乏且又注重大国平衡战略的小国而言，有这样的态度和认知是可以理解的。

2015年7月，新加坡前外长杨荣文在参与一场活动时指出，中新两国之间特殊的文化联系使得两国有着广阔的合作空间。在今后的双边互动中，两国应该基于两国的共同利益不断努力推动中新自贸协定升级，因为“中国通过新加坡的贸易量越大，新加坡的获益就越多”。新加坡期待“一带一路”倡议的具体落实，因为它的连通性将为新加坡带来新的发展机遇，而新加坡也可以帮助中国及东盟国家解决在倡议落实过程中可能面临的困难。③ 而9月19日在南宁举行的新加坡专题论坛上，新加坡政商界代表表示，新加坡希望在中国“一带一路”的建设进程中扮演重要角色，进而增强新加坡商界将中国纳入区域经济合作的意识，从而强化新加坡作为21世纪海上丝绸之路重要枢纽及东盟与区域市场的连接纽带的角色定位。④ 知名学者王赓武也认为，中国提出的“‘一带一路’另辟蹊径，是

① 《“一带一路”：中国海上丝绸之路带给新加坡的挑战和机遇论坛》，新加坡海南会馆，2015年6月28日，http://hainan.org.sg/index.php?m=index&a=news_view&id=147。

② Pradumna B. Rana & Wai-Mun Chia, “The Revival of the Silk Roads (Land Connectivity) in Asia”, in RSIS Working Paper, No.274, 12 May 2014.

③ 《新加坡前外长：中新互惠合作潜力无限超越想象——访新加坡前外交部长杨荣文》，新华网新加坡频道，2015年9月21日，http://sg.xinhuanet.com/2015-09/21/c_128251934.htm。

④ 《新加坡希望充当“一带一路”重要角色》，载《广西日报》，2015年9月22日。

中国结合亚欧大陆几千年文明历史，从自身的实际情况出发，为了维护自身文明和发展提出的新倡议，是兼顾大陆与海洋两方面共同发展的战略构想”①。

新加坡是亚洲基础设施投资银行的积极参与者，而“亚投行”则被称作“一带一路”倡议的重要试金石。2015年6月，“亚投行”协定签署时，新加坡财政部官员表示计划认购2.5亿美元的“亚投行”资本②，显示了新加坡对于该项目的支持度。2015年7月在新加坡举行的“慧眼中国环球论坛”闭幕式演讲中，新加坡总理李显龙再次表示，“一带一路”可以带动整个亚洲和中亚的发展。③所以，新加坡也希望能积极参与到其中，并在这一倡议中发挥积极的作用。可以说，新加坡目前已经像加入“亚投行”那样，成为积极搭乘“一带一路”航船的旅客。

二、新加坡在21世纪海上丝绸之路中的优势

新加坡之所以能够从观望到积极参与和推动21世纪海上丝绸之路的发展倡议，一方面与该倡议本身的吸引力有着根本的联系，另一方面还在于新加坡自身有着强大的优势，使其在参与和推动该倡议的进程中不仅能够成为“一带一路”的重要节点和枢纽，还可以让其在该倡议的实施过程中满足新加坡的发展诉求，确保其国家利益的实现。如新加坡官员所说，新加坡可以借助21世纪海上丝绸之路倡议，一方面推动商品、资金的流动和全球性的文化与思想的交流，另一方面以此来提升世界不同文明之间的和平与合作，通过共享的目标来提升我们这个持续增长的世界中公众的生存与发展水平。④最终，中新两国通过“良性竞争，合作互补，实现共

① 《王赓武：拓展中华文化传播平台 促进中新年轻一代交流——访新加坡国立大学东亚研究所主席王赓武》，新华网新加坡频道，2015年9月28日，http://sg.xinhuanet.com/2015-09/28/c_128275964_2.htm。

② 《亚投行协定签署现场》，搜狐，2015年6月29日，http://mt.sohu.com/20150629/n415836601.shtml。

③ 《新加坡眼中的“一带一路”》，载《财经国家周刊》，2015年第16期。

④ “Speech by Consul-General Loh Tuck Wai at the Business Dialogue organised by the Guangdong Department of Commerce, 29 April 2014”, Consulate-General of The Republic of Singapore at Guangzhou, http://www.mfa.gov.sg/content/mfa/overseasmission/guangzhou/whats_new/01/01/wats_new_20140429.html.

赢状态”[①]。新加坡在21世纪海上丝绸之路中的优势可以体现在两大层面：新加坡自身的优势和新加坡在与中国关系中的优势。

首先，关于新加坡自身的优势。新加坡自身的优势一部分是与生俱来的，比如优势的东西方交通咽喉要道的地缘战略位置，得天独厚的深水避风港条件等。此外，新加坡更多的优势则是新加坡长期的发展中尤其是建国以后发展壮大起来的，这些优势可以涵盖在其人才战略、金融与航运枢纽的定位、完善的基础设施、快捷开放的信息通信体系、完备的法律体系、高效廉洁的政府、安全的投资与宜居环境、高效的管理与创新能力以及因此而积累起来的卓越竞争力等等。世界经济论坛2015年9月30日发布的《2015—2016全球竞争力报告》显示，新加坡的竞争力仅次于瑞士，位居全球第二。[②]这份报告将竞争力分为制度建设、基础设施、宏观经济环境、商品市场效率等12个方面，以此衡量全球140个经济体在促进生产力发展和社会繁荣方面的能力。其中新加坡排名最高的几项内容涵盖整体市场效率、高等教育及培训、货品市场效率等方面，而在机构、基础设施、卫生与小学教育、劳动市场效率和金融市场发展方面的得分，新加坡则排名第二，而本年度的报告对新加坡拥有的全球最灵活的劳动力市场，以及在高等教育和培训方面具备加速采纳科技和创新的能力给予了高度赞赏，连年排名位居全球第二和亚洲第一的事实充分显示了新加坡在竞争力方面的优势和潜力。目前，新加坡已经成为全球最具影响力的国际金融中心之一，是亚洲最大的商品和石油贸易枢纽，在当前“一带一路”倡议沿线国家中是最具投资价值和竞争力的国家。

由于其较小的幅员和处在东西方交通枢纽位置的地缘优势，新加坡可谓是当前国际化程度最高的国家。1997年的亚洲金融危机虽未直接冲击新加坡的金融体系，但对其经济发展也构成了较大的影响，以致其在次年的经济增长率由以往的年均8%以上直线下滑到1.5%。为了走出金融危机的阴影，新加坡成立了竞争力委员会来推动其产业结构调整，对未来十年的竞争力和发展愿景进行详细的规划，确立了发

---

① 《新加坡商界领头人：海丝建设必经之地将起枢纽作用》，中国新闻网，2014年7月18日，http://www.chinanews.com/sh/2014/07-18/6401490.shtml。

② 《全球竞争力年度报告：新加坡第二》，联合早报网，2015年9月30日，http://www.zaobao.com/realtime/world/story20150930-532399。

展知识经济，坚持走高端创新之路，加大吸引外资力度，打造总部经济等多项方略。最终，新加坡不仅形成了电子、石化、生物医药、信息、金融、物流等产业集群，而且进一步巩固了全球性金融中心的地位和重要的石油交易中心以及炼油中心。此外，新加坡还吸引到超过110家跨国银行的青睐，在当时很快成长为全球第四大外汇交易中心，也基本确立了跨国公司在亚太区域的总部枢纽和物流与管理中心地位。借此次国家发展战略的调整，新加坡真正成长为一个全球化城市。

而在战略设计上，新加坡坚持立足周边、扩大腹地、参与区域发展的全球化战略。其将自身视为印度洋和太平洋两大洋、亚美澳三大洲以及世界主要经济体之间的重要连接点，并坚持以东盟作为依托，以中国和印度作为两翼，打造七小时航程经济圈（涵盖东盟、中、印、韩、日、中东、澳洲等区域）为腹地，紧跟美欧日，积极拓展、澳洲和南美市场，逐步融入世界经济，提升新加坡的全球化水平。[①] 在此战略的引导下，近20年来，新加坡的总部经济已经吸引了7000多家跨国企业在新加坡落户，其中有超过4200家将亚太区域总部甚至是全球总部设在新加坡。[②] 2013年11月通用汽车就宣布将在2014年第二季度将其国际业务总部从上海迁至新加坡，而通用汽车公司官方给出的解释就是，“新加坡有许多吸引人的条件和便利，距离东盟、印度、中东和非洲市场也更近”[③]。具体而言，吸引通用汽车做出此项决定的，应该是新加坡近年来所致力于打造的税务优惠（公司税率仅为17%）、英语通用的国际化环境以及亲商和宜居的自然与社会环境等等。

在新加坡成立之初，荷兰人温思敏在受邀为新加坡国家发展进行规划时，曾指出，如果新加坡是一辆小轿车，也只能是一辆破车，而不是劳斯莱斯。[④] 但是，新加坡也正是在这样的基础上，加上强邻环伺、资源匮乏的先天不足条件，通过新加坡政府励精图治，依靠本国人民的艰苦奋斗，在短短的几十年时间里创造了小国腾飞的奇迹，成为20世纪80年代的

---

① 杨建伟：《新加坡的经济转型与产业升级回顾》，载《城市观察》，2011年第1期。

② 摘自杨建伟教授的讲座内容。

③《通用汽车国际业务总部将从上海迁至新加坡》，新华网，2013年11月14日，http://news.xinhuanet.com/world/2013-11/14/c_118141552.htm。

④［新加坡］许木松：《国家营销：新加坡国家品牌之道》，赵鲲译，杭州：浙江人民出版社，2012年版，第27页。

“亚洲四小龙”之一。以此，新加坡从原来社会秩序动荡、基础设施建设落后、国家发展乏力的第三世界一跃而成为第一世界国家，赢得了世界的尊重和认可，也让西方对其以华人为主体的社会属性刮目相看。在2012年的全球最富有国家排名中，新加坡排名第三，仅排在卡塔尔和卢森堡之后[①]。而在过去的50年中，新加坡的人均GDP则从400美元一路飙升到了现在的5.5万美元，在2012年就已经超过了美国。2015年初，凭借良好的空气品质、稳固的基建、世界级的医疗设施和低犯罪率，新加坡连续第16年在全球最适宜居住地区的调查中，蝉联榜首，成就了最具代表性的“新加坡模式”。[②]这在无形中塑造了新加坡的国家品牌，形成了以高效、廉洁、诚信和法治而著称的国家形象，增强了新加坡国民、投资者、旅游者、移居者对新加坡的信心。而其对重商亲商环境的打造，也让其赢得了“世界上最容易做生意的地方”的美誉。

在社会环境方面，新加坡社会治安良好，是世界上犯罪率最低的国家之一，社会政治环境稳定。同时，作为一个多元族群社会，其族群和谐的图景与出色的管理能力也为其赢得了与先天条件不相称的巨大影响力。[③]新加坡政策研究院（IPS）与种族和谐资源中心（OnePeople.sg）从2012年底至2013年4月针对4000多名新加坡公民与永久居民联合进行了一项调查。[④]该调查通过十项指标来衡量新加坡各族群之间在不同层面上的互动接触，以及他们对其他族群的看法。7月18日公布的调查结果显示，多数新加坡人在日常生活中并没有感觉到族群关系之间有明显的张力，反映跨种族和宗教矛盾的十项指标整体呈良性健康趋势，仅有10%的受访者承认曾因种族或宗教矛盾与歧异而感到过困扰。如种族和谐资源

---

① 《全球最富有国家，新加坡排名第三》，载《联合早报》，2012年2月26日。

② 《狮子城邦：新加坡人均GDP达5.5万美元 蝉连宜居地榜首》，凤凰卫视，2015年8月6日《凤凰大视野》节目。

③ 范磊、杨鲁慧：《新加坡族群治理：国家与社会关系的视阈》，载《东南亚研究》，2014年第3期。

④ IPS & OnePeople.sg, “Baseline Study on Indicators of Racial and Religious Harmony Unveiled”, http://lkyspp.nus.edu.sg/ips/wp-content/uploads/sites/2/2013/04/IPS-OnePeople.sg-Press-Release-on-Indicators-of-Racial-and-Religious-Harmony_180713_Press-Release.pdf. 为了确保调查的广泛性与代表性，调查过程中除了随机抽样调查之外，还特别额外访问了492名马来族群与489名印度族群的新加坡人，以更好地反映少数族群的意见，总人口中比例最高的华人有1736人参与了调查访问。

中心主席再努丁（Zainudin Nordin）所说：“该调查显示了新加坡价值观的多样性，族群之间可以通过相互学习增进了解与认同。当网络社交媒体上出现诸多种族主义言论时，在新加坡我们却没有感受到来自族群间的这种张力。多元族群社会对新加坡而言并不是一件坏事，包括美国在内的其他众多的多元族群国家都没有新加坡这样的成功，这是非常值得我们自豪的。”① 可以说，“新加坡已经是这样一个国家：它的成功不仅在经济方面，而且也在它的社会以及人的性格和成就上，四个伟大的传统在这里快乐地和平共处。”② 也正是这一和谐的社会图景，才为其国家品牌形象的塑造以及相应地吸纳外资和提升全球化水平创设了良好的社会环境。

其次，新加坡在与中国关系中的优势方面。早在19世纪以前的500年间新加坡在东南亚的海上丝绸之路中就曾经作为重要的东西方交流航道的枢纽而存在，曾经居住着来自中国和东南亚其他地区以及印度洋国家的移民和商人，是一座繁盛一时的城市。③ 进入20世纪80年代以后，中新之间为了确保双边经贸往来的有序运行，保护双方的投资安全，已经签署了一系列的保护协议。在建交前的1985年11月，就签署了《关于促进和保护投资协议》；1986年4月，签署了《避免双重课税和防止漏税协议》；1999年10月，签订了《经济合作和促进贸易与投资的谅解备忘录》、《海运协定》、《邮电和电信合作协议》、《成立中新双方投资促进委员会协议》。2008年10月，双方签订了《中国—新加坡自由贸易协定》和《关于双边劳务合作的谅解备忘录》。④ 相关法律文件的签署为中新之间的经贸关系发展奠定了良好的法律基础，也为接下来的21世纪海上丝绸之路建设提供了有保障的契约环境。

根据中国商务部2014年12月公布的数据，2014年前11个月，新

① Zainudin Nordin, “Welcome Remarks at the Finale of Orange Ribbon Celebrations – Harmonyworks Conference 2013”, 27 July, 2013, http://www.onepeople.sg/images/Chairmans%20Speech%20-%20HWS%20Conf%202013.pdf.

② 杜维明：《新加坡的挑战：新儒家伦理与企业精神》，高专诚译，北京：生活·读书·新知三联书店，1989年版，第173页。

③ “Singapore and the Silk Road of the Sea, 1300-1800”, http://www.nus.edu.sg/nuspress/subjects/archae/978-9971-69-558-3.html.

④ 张华、姜晨：《“一带一路”投资风险研究之新加坡》，中国网，2015年4月9日，http://opinion.china.com.cn/opinion_51_126651.html。

加坡对华投资总额为53.8亿美元；商务部2014年初发布的数据则显示，2013年新加坡对华投资73.27亿美元，同比增长12.06%，成为中国最大的投资来源国。而据中国驻新加坡大使馆经济商务参赞处在2015年1月份发布的消息称，新加坡2014年继续保持了中国吸收外商直接投资的第一大来源国地位。[①] 而新加坡企业在中国的投资也非常活跃，项目已经超过2.1万个之多。[②] 中新之间虽然建交只有25年，但是在建交之前的数十年中，双方的交流并没有终止，比如1956年8月新加坡商业代表团的访华之举就曾经受到周恩来的接见。作为一个以华人为主体的社会，其在经贸方面与中国大陆的往来有着天然的语言文化等方面的便利。而在建交以后，中新两国关系，不论是在政府层面，还是在民间层面，都有了更加深入的拓展。

表3 2009—2013年中国与新加坡互相直接投资统计（单位：百万新元）

年份	中国对新加坡投资	新加坡对华投资
2009	9,725.7	62,244.7
2010	14,028.7	72,434.3
2011	13,612.1	85,516.7
2012	14,669.7	93,070.3
2013	16,491.7	103,252.9

数据来源：新加坡统计局，① http://www.singstat.gov.sg/docs/default-source/default-document-library/statistics/browse_by_theme/economy/statistical_tables/investment_abroad-(2004-2013).xls ② http://www.singstat.gov.sg/docs/default-source/default-document-library/statistics/browse_by_theme/economy/statistical_tables/foreign-direct-investment-in-singapore-by-countryregion-2004-2013.xls，2015年9月10日查阅。

1994年成立的中新苏州工业园已经成为中新之间合作的旗舰项目，吴作栋曾经在2009年指出："新加坡虽然没有在苏州工业园区项目上赚到钱，但园区为新加坡赢得政治上的无形利益，以及建立了新加坡的良好

① 《新加坡2014年仍为中国最大投资来源国》，联合早报网，2015年1月29日，http://www.zaobao.com/special/sg-cn/business/story20150129-440831。

② 杨培根：《一个新加坡人眼中的"一带一路"》，载《联合早报》，2015年7月25日。

纪录和声誉，这些优势让我国在中国争取到天津生态城和广州知识城的合作开发权。”[①] 这就是中新之间良性合作优势之所在，而2008年开始推动建设的天津中新生态城项目作为中新两国政府间合作的第二个项目，也已经初具规模，正在发展成为北方城市建设中环保节能、和谐宜居的典范性代表。目前，中新两国已经开始在上述两个园区实行跨境人民币创新业务试点，中国在给予新加坡更多的“特权”，早在2013年10月，中国和新加坡双边合作联合委员会举行会议并签署协议，中国给予新加坡500亿元的人民币合格境外投资者（RQFII）额度，使其成为香港、伦敦之后，第三个获批额度的地区。[②] 而中新之间的第三个政府间合作项目可能要落户西部地区，这将是新加坡参与中国西部开发和“一带一路”倡议的又一个突破。即将确定的第三个合作项目据称将以“互联互通”和“服务业”这两个主题来发展中国西部，不仅结合了“一带一路”，而且能起到“一路连一带”的作用。[③]

此外，中国和新加坡在其他多个领域还有良好的合作关系，其中一个典型的案例就是南洋理工大学的“市长班”项目。该项目作为一个知名的品牌也已经深深地烙在了诸多中国人的心底，尤其是参与该项目的学员。承担该项目的是南洋公共管理研究生院，目前该院已经为中国培训了超过1.3万名来自中国各省市的中高级干部。“这是一项了不起的教育公共外交活动，在这里受过培训的中国官员回国后很多都担任了各级政府的重要职务，其中相当一部分还获得了提升，在重要和关键部门承担了更重要的管理责任。通过这样一批中国各级官员与新加坡的接触，他们对于新加坡的认知更为丰满，对于如何学习和借鉴新加坡发展和管理经验有了最直接的体验，这有利于他们回国后开展他们的政府治理工作。”[④] 这是新加坡与中国之间的合作优势，通过此项目既培养了众多的“知新派”官员，提升

① 《吴资政：苏州工业园区为我国赢得无形利益》，载《联合早报》，2009年3月27日。

② 《新苏探讨在三园区展开跨境人民币业务试点》，载《联合早报》，2014年10月30日。

③ 《新加坡驻华大使：中新第三个政府间合作项目将发挥“一路连一带”作用》，新华网新加坡频道，2015年7月24日，http://sg.xinhuanet.com/2015-07/24/c_128055320_2.htm。

④ 韩方明：《亲历新加坡与中国的公共外交活动》，载《公共外交季刊》，2013年第2期。

了新加坡在中国人心中的地位，同时也让中国官员走出去，让新加坡了解了中国官员，并通过他们了解到更深的中国社会。这对于接下来的“一带一路”建设势必会产生积极的推动作用。

2015年10月3日，中新两国迎来了建交25周年，在双方领导人互致的贺信中，新加坡总统陈庆炎指出，目前中国是新加坡最大的贸易伙伴。1990年至2014年间，双边贸易额增加了超过20倍。截至2014年底，新加坡对中国的累积海外直接投资达到723亿美元。2013年起，新加坡也是中国最大的投资者。此外，两国之间的人民每年来往趟次从1990年的10万趟，增加到了2014年的270万趟。而李显龙也强调，新加坡在多边舞台上一直都支持中国更紧密地融入国际社会。两国也成功拉近了中国与东盟的密切关系，这对中国和本区域都是有利的。[①] 新加坡领导人的表态，再次确认了新加坡在21世纪海上丝绸之路建设中的优势地位。

三、新加坡在21世纪海上丝绸之路建设中的机遇和挑战

无论是就新加坡自身的发展条件而言，还是“一带一路”倡议对新加坡的影响来看，作为一项新的合作发展倡议，“一带一路”短期内对新加坡而言可能会造成一定程度的冲击，但是从长期的发展来看，新加坡作为成熟的全球金融中心、贸易物流枢纽以及投资者的天堂，借助其强势的多元优势，必将会赢得不可多得的发展机遇，而其目前的全球化定位和竞争力也将随着“一带一路”倡议尤其是21世纪海上丝绸之路的建设进程而得到持续性的提升。

据《经济学人》智库（EIU）的调查数据显示，新加坡在2009年之后的五年内至少还会继续保持亚洲最佳经济体的地位，而同样是该机构发布的“2014年中国海外投资指数”显示，新加坡在全球67个国家和地区对中国投资的吸引力中排名第二，位居美国之后。该指数涵盖55个定量指标，以投资机遇和风险两大评估项目来衡量各国的投资吸引力。而新加坡的吸引力在于其“对外资非常开放，拥有出色的基础设施、适宜的工商

① 《新中建交25周年，两国领导人互发贺函》，载《联合早报》，2015年10月3日。

业监管环境以及自由的资本和劳动力市场，是对中国风险最低的投资目的地”[①]。所以，虽然新加坡只是地图上的一个“小红点”，而且并没有充足的资源，但依靠前文所述的雄厚的优势地位，新加坡在“一带一路”倡议中赢得中国多一分的关注和倾斜是非常可能的。不仅如此，中新之间已经在既有的自贸区架构中拓展了越来越热络的经贸合作，不论是投资还是其他各种商贸往来，中国政府和企业似乎都更愿意将这个城市国家作为风险最低的首选地来对待。

2013年4月，中国人民银行宣布新加坡将成为中国以外首个拥有人民币清算行的区域金融中心，使新加坡可以更全面积极地参与到快速增长的人民币跨境贸易、金融结算、直接投资以及金融产品市场中。而离岸人民币金融产品在新加坡投资领域的逐渐流行，也将为当地的金融机构和零售投资者提供更多的投资机会和财富管理机会；同时，使新加坡可以更深入地参与到中国的经济发展中，为新加坡公民创造商业与金融业领域高质量的就业机会。最为关键的是，允许在新加坡进行离岸人民币交易不仅有利于新加坡企业与中国企业开展更多低本高效的合作，将会吸引更多希望到中国开展业务的国际企业进驻新加坡，同样，想拓展国际业务的中国企业也会选择新加坡作为通往世界的桥梁，持续巩固其以亚洲增长为支撑的全球金融中心的地位。[②]随着“一带一路”倡议的实施，新加坡的机遇越来越多，与中国的合作领域也越来越宽阔。

如前文所述，时任新加坡贸工部部长林勋强曾表示：“一个联系紧密的区域将提高它的竞争力和应变能力，并通过增强贸易、投资和旅游造福区域内人民，这就是为什么东盟国家要实施互联互通总体规划……中国是东盟互联互通总体规划的积极支持者……21世纪海上丝绸之路就是东盟—中国之间最新的一个倡议，这个倡议同样意在通过更为紧密的地区联系，加强区域联通性，是对东盟互联互通总体规划的有益补充。……除了传统的铁路、公路和海上联通，21世纪海上丝绸之路的倡议也包括了提高地区航空、金融服务、网络以及人与人之间的联系。鉴于区域内贸易流动和相互依赖性日益增加，这个倡议对中国和包括新加坡在内的东盟国家

① 《基础设施佳，监管环境适宜：我国蝉联最吸引中国对外投资地第二名》，载《联合早报》，2014年11月8日。

② 《离岸人民币业务提升新加坡地位》，载《国际商报》，2013年4月17日。

都非常重要。”[①] 从这个意义上说，21世纪海上丝绸之路对于新加坡的意义重大，是不可错过的大好机遇。

而新加坡完全可以依托其所具有的在区位、人才、管理、投资与宜居环境、社会和谐等多个方面的优势，将自身打造成21世纪海上丝绸之路的枢纽国家，不仅成为中国企业参与“一带一路”倡议的海外首选投资地，也成为整个倡议联动的连接点。马来西亚的马六甲曾经希望将自己打造成类似新加坡这样的贸易枢纽港口，并且在税费和其他多个方面都给予过往船只以较大的优惠，但是最终因为其低效能的管理模式，在不到一年的时间里就失去了世界的信任，而纷纷返回新加坡，这就是新加坡的吸引力所在，也是其能抓住发展机遇的基础素养。而中国改革开放以来对新加坡模式的推崇，更是让新加坡在中国企业走出去的进程中扮演了积极的角色，这对于一个以转口贸易、金融物流为主要发展支撑的全球化城市国家而言，无疑是需要持久性保持的。同时，新加坡被称作东盟的军师，其在东南亚一体化乃至整个区域中的地位可见一斑，而且它还是东南亚唯一的一个发达国家。这让其在整个东南亚地区的国家形象、影响力和话语权等都有着较大的分量。加之近年来其与中国之间关系的热络，以及即将推出的中新之间第三个政府间合作项目，新加坡的“一路连一带”的特殊角色更让其在中国与东盟国家的合作互动中扮演着难以替代的重要角色。

但是，有机遇就有风险和挑战。21世纪海上丝绸之路的实施首先会凸显海洋安全问题，该倡议经过的南中国海区域是领土与主权争议较突出的区域，东盟国家中有越南、菲律宾、马来西亚等国与中国有着直接的岛屿主权争端，而文莱和印尼与中国也存在部分的海洋经济区争议。新加坡作为东盟国家中的重要一员，尤其是其被东盟各国环绕的小国区位，让其在南中国海争端中的态度非常谨慎，这是由其小国的地缘特点决定的，但是却不能不引起足够的重视。同时，新加坡地处东南亚核心区域，其周边的多个国家近年来有着愈演愈烈的暴恐活动及民族冲突，这些国家的局势动荡对于新加坡这个小国而言无疑也增加了影响其国内社会稳定的风险。

在大国关系方面，新加坡为了确保其国家的自身安全，并避免周边邻国再度将其视为“第三中国”的风险，一直以来其都坚持在大国之间实行

① 《新加坡贸工部长：期待与中国合作加速区域一体化步伐》，中国新闻网，2014年8月11日，http://finance.chinanews.com/cj/2014/08-11/6481246.shtml。

平衡战略的同时又依托美国的实用主义策略，可以说“新加坡是大国平衡术最高明的玩家”。[①] 目前新加坡的樟宜军港依然是美军在亚太区域的重要军事基地。新加坡最初兴建樟宜海军基地时，就提出了让美国军舰使用，并与美国签订了《谅解备忘录补充协定》。2001 年至 2003 年间，樟宜海军基地改造扩建了深水航母码头，使之成为美海军在东南亚开辟的第一处航母驻泊基地。目前，该军港已经成为一个可供包括航空母舰、巡洋舰在内的大型舰艇编队进泊的深水良港。不过，新加坡最初和美国签署的相关协定中，也有对美军力量和平部署的前提条件，比如要求航母到新加坡时，要做到去战斗功能化，不许装备弹药等。此举则又是其大国平衡术的重现，即为了平衡中方的顾虑。

同时，就新加坡国内条件来看，虽然新加坡有着多个方面的投资与合作优势，但是新加坡也存在诸多不利因素。比如近年来新加坡的社会老龄化程度在持续加重，劳动力成本也比其他发展中国家高很多，加之最近几年来其国内社会对人口政策的反对声音，以致外劳到新加坡的政策越来越苛刻，所以劳工荒在未来的经济发展中并非不可能。在其货币政策方面，新加坡虽然不存在外汇管制，但是为了确保新元稳定，实施的是货币非国家化，对非居民出入境时持有新元的规模有明确的数额限制，如超过 2 万新元需要向海关申报，此政策对于货币的流转有着极大的限制，不利于投资的自由化。而对于外资准入的行业领域也有明确的规定，诸如纺织、制铁、汽车、电子等多个领域都不允许外资进入，对于通信、新闻、交通等公共行业的行政审批也更为严格，甚至对外资进入的领域也有相应的投资比例限制，这些明显的贸易保护行为对于外资在新加坡的发展尤其是中国资本的进入都有着较大的影响甚至阻碍。此外，新加坡国家小，土地资源紧张，水资源、电力及油气资源等事关产业发展的重点领域都较为短缺，近乎完全依赖进口的情况使对这些领域有着较大要求的投资领域就会比较被动。例如，《土地征用法》甚至明确规定凡是公共需要的土地，国家都可以强制性征用。[②] 对于“一带一路”倡议来说，这些限制性条件无疑是

① 《美军最新型濒海战斗舰进驻新加坡的背后》，国际在线，2011 年 6 月 13 日，http://gb.cri.cn/27824/2011/06/13/5311s3275523_2.htm。

② 张华、姜晨：《“一带一路”投资风险研究之新加坡》，中国网，2015 年 4 月 9 日，http://opinion.china.com.cn/opinion_51_126651.html。

巨大的挑战。

四、中新在21世纪海上丝绸之路建设中的合作及重点关注领域

尽管中国对新加坡的投资可能遭遇一定的政治经济风险，但是借助“一带一路”倡议的巨大推动力，中新两国在经贸、投资、社会合作等多个领域有着巨大的拓展空间，而中新之间多领域、深层次互动的趋势也已经成为一种必然。可以说，新加坡投资环境绝佳，是中国“走出去”战略不可忽视的阵地之一。相信随着“一带一路”构想的实施和“中新经济走廊”的建设，中新两国能共同管控风险，为中新经贸关系稳步发展提供更好的环境。①

新加坡政府早在对2010年前的产业发展进行长期战略规划时就明确指出，电子、石化、生命科学、工程、物流、教育、通信及媒体、医疗中心等9个产业部门为其策略发展产业，系奖励投资业别。另外，“信息通信21计划”及基因工程计划也将信息通信及遗传因子相关产业列入投资奖励对象。新加坡的相关投资奖励政策系同时以本国企业及外资企业为适用对象。② 在未来的21世纪海上丝绸之路倡议实施中，根据中新两国的产业发展特点、产业结构调整、定位以及竞争力优势，两国在生物制药、石油化工、金融物流、精密工程、基础设施建设、创意与旅游、信息与电子、教育培训等多个领域有着广阔的发展合作前景，也理应成为两国合作重点关注和推进的领域。

生物制药业是新加坡近年来重点培育的新兴产业③，据新加坡科技研究局的数据显示，新加坡近年来高度重视生物医药科学方面的科研投入，相关研究项目的数量快速增长。据统计，新科研局在2010财年共开展

---

① 张华、姜晨：《“一带一路”投资风险研究之新加坡》，中国网，2015年4月9日，http://opinion.china.com.cn/opinion_51_126651.html。

② 《新加坡外资政策》，中新经贸合作网，2006年12月30日，http://www.csc.mofcom-mti.gov.cn/csweb/csc/info/Article.jsp?a_no=56081&col_no=134。

③ 笔者在新加坡访学时曾经与一位从事生物制药研究的工程师共同租住一套组屋，建立了良好的个人关系，从他那里得知了新加坡近年来对该产业发展所指定的多项优惠政策。而作为中国人，他对于推动今后中新两国在该领域的合作抱有极大的信心。

了24项生物科学研究项目，2012财年则增加至64项，在2013财年上半年，更达到了75项。与此同时，新科研局在过去三年颁发的生物医药执照也从2010财政年度的22个，增加至2012财年的56个。据了解，从2008财年至2012财年，新加坡科技研究局共开展了7400多个相关项目研究，投入资金高达6.9亿新元（约合34.5亿元人民币）。[①] 一系列数据足见新加坡对于该产业领域的重视。在2013年生物医药产业创造的价值已占新加坡国内生产总值的4.1%。预计至2015年，生物医药业生产总值将达到250亿新元（约合194亿美元），成为新加坡经济发展的重要增长点。在2014年3月底，美国顶级生物技术期刊评出的亚洲八大生物医药集群中，中国以1600亿美元的研发投入、7500家生物医药公司和9302件生物技术专利位列榜首。新加坡则囊括了全世界医药行业巨头（包括拜耳、葛兰素史克、诺华和罗氏公司）的大中华区总部，为当地提供了37735个就业机会（2012年统计）。三大风投资本累计1770万美元，跃居第六；累计专利数量3068件，位居第六；研发支出769.87亿美元，位居第七。[②] 这充分展示了两国在生物医药业的地位。在“一带一路”的倡议下，中国与新加坡之间积极拓展在该领域的合作大有可为。

石油化工方面，新加坡是世界第三大炼油中心和石油贸易枢纽之一，也是亚洲石油贸易定价中心，汇集了壳牌、美孚等知名化学公司及中石油、中石化等石化企业，对于推动21世纪海上丝绸之路的实施，增进中新之间的合作潜力明显。同时，作为拥有全球最繁忙集装箱码头和最优质机场的国家，新加坡独特的地缘区位优势加上这些高效的管理机制为其继续保持东西方物流枢纽的地位奠定了坚实的基础，中国需要从新加坡学习的还有很多，合作前景广阔。而在基础设施建设方面，近年来，新加坡推出轨道交通建设计划，在地铁网络扩展、高速公路系统建设等领域都蕴含着巨大的合作机会。新隆高铁的提出，也为中国高铁拓展在东南亚的市场，增进中、新、马之间在高速铁路建设方面的合作，提供了可能。

---

① 《新加坡看重生物医药产业》，载《经济日报》，2013年12月17日。

② “Top 8 Biopharma Clusters in Asia”, *Genetic Engineering & Biotechnology News*, Mar 31, 2014, http://www.genengnews.com/keywordsandtools/print/3/34416.

五、结论

总之，认识“一带一路”，接纳“一带一路”，参与“一带一路”对于新加坡而言是重要的发展机遇，也是中新合作不断拓展走向深入的重要契机。作为“一带一路”倡议两翼之一的21世纪海上丝绸之路，新加坡对其的态度也经历了从最初的疑虑和观望到如今积极参与和推动的发展历程，既反映了新加坡的谨慎与多重考量，也证实了“一带一路”倡议的内在生命力和吸引力。而借助“一带一路”倡议中的合作，也必将在中新之间建立起大国和小国合作的新模式，使两国关系成为双边关系的典范。

当然，21世纪“海上丝绸之路”建设并非一帆风顺，在具体的实施过程中既存在诸多的发展机遇，也面临着诸多的政治经济风险和挑战。不过对于良性发展的中新关系而言，这些风险和挑战并不足以影响两国关系的大局和“一带一路”倡议的发展定位。整个东南亚地区在该倡议中处于非常重要的地位，而新加坡作为一个高地，也必将在“一带一路”战略中发挥非常关键的作用。随着该倡议的持续推进，“新加坡作为航运、航空、金融中心的地位会水涨船高，成为更重要、‘蛋糕’更大的经济版图的地区金融中心和贸易、物流中心”。[①] 这是新加坡的机会，也是21世纪海上丝绸之路建设的机会，因为“一带一路”本身强调的就是互利共赢、互联互通。

---

① 《龙永图：在“一带一路”战略中新加坡地位会水涨船高》，载《联合早报》，2015年4月10日。

泰国与21世纪“海上丝绸之路”

■ 文/宋清润　张锡镇[①]

“中泰一家亲”的友好关系与合作源远流长，尤其是进入21世纪以来，尽管泰国政府更迭频繁，但泰国经常作为中国—东盟合作的引领者或者桥梁，为推动中国—东盟合作解决一些难题，增强中国—东盟的互信与合作便利度。比如，2003年4月29日，在泰国前总理他信积极倡导下，中国—东盟领导人关于“非典”问题的特别会议在曼谷开幕，讨论如何通过地区合作来应对“非典”问题。2004年1月1日，以蔬菜、水果贸易降税为主的中国—东盟自贸区框架早期收获计划启动，而泰国走在前面，2003年10月，两国便在中国—东盟自贸区框架下实施蔬菜、水果零关税安排。2004年6月，泰国承认中国完全市场经济地位。2012—2014年间，英拉政府和巴育政府执政期间，泰国是中国—东盟关系协调国，不仅在“南海行为准则”谈判等问题上积极弥合中国与部分东盟国家的分歧，还积极推动泰国和东盟国家的民众学习中文。[②] 2013年10月，李克强总理访问泰国，两国发表《中泰关系发展远景规划》。李克强说：“中泰是好邻居、好亲戚、好伙伴。两国始终相互尊重信任，中泰关系走在中国与东盟国家关系前列，发挥了示范和引领作用。”英拉表示，泰方赞赏李克强总理提出的东盟—中国“2+7”合作框架，愿为东盟—中国关系发展做

---

① 作者简介：宋清润，中国现代国际关系研究院南亚东南亚及大洋洲研究所副研究员；张锡镇，北京大学国际关系学院教授。

② “Thailand and China – TIES OF BLOOD AND CULTURE”, *the Nation*, June 22, 2015.

出积极贡献。[1] 2014年5月泰国政变后，美欧等向巴育政府施压，推动巴育政府更加重视对华合作，又与中国重启跨国铁路合作，在中国—东盟互联互通与“海上丝绸之路”建设合作方面起到重要引领作用。

中国是与东南亚陆水相连的最大国家，双方经贸合作非常密切。东南亚是“海上丝绸之路”建设的重点地区。而对于“中泰关系和21世纪海上丝绸之路”而言，2015年是个重要年份：2015年是郑和下西洋首航610周年，郑和及其随从曾与当地民众进行了友好交往，郑和下西洋在泰国等东南亚多国民间迄今仍流传着很多佳话；[2] 而2015年7月1日，是中泰建交40周年纪念日，两国举行庆祝活动，民间也积极参加。未来，中泰在“海上丝绸之路”建设方面将有着更广阔的合作空间。

一、泰国在“海上丝绸之路”建设中的优势与机遇

从地理与地缘区位而言，泰国地处东南亚较为中心的位置，是海陆兼备的国家。

陆地方面，泰国位于中南半岛中南部，东北部与老挝接壤，东南部与柬埔寨接壤，西北部与缅甸接壤，南部与马来西亚接壤。海洋方面，泰国东南临泰国湾（太平洋），面向南海南部区域，西南濒安达曼海（印度洋），也就是西南部狭长地带两侧濒临印度洋和太平洋。最近，舆论热议克拉地峡开凿话题，克拉地峡位于泰国西南部春蓬府和拉廊府境内的一段狭长地带，是连接印度洋和泰国湾、南海、太平洋的便捷通道，尤其是在马六甲海峡运量趋于饱和、通行20万吨巨轮困难、近年来海盗增加的形势之下，如果真能开凿克拉地峡，将使货轮从印度洋到泰国湾、太平洋的航程缩短2—5天，产生极大的时间与经济效益，而泰国也会因此成为连接印度洋和太平洋的关键国家，在“海上丝绸之路”建设以及国际航运中

① 明大军、明金维：《李克强与英拉举行会谈时强调 发挥中泰关系的示范和引领作用》，新华网，2013年10月12日，http://news.xinhuanet.com/world/2013-10/12/c_125518343.htm。

② 2015年6月18日，泰中文化经济协会会长颇欣·蓬拉军一行与中国学者在对外经济贸易大学举行“一带一路”与中泰战略合作国际研讨会，笔者与会。

的地位均会大为提高。[①]

而且，泰国海运、河运较为发达，是中国与东盟国家推进互联互通、建设“海上丝绸之路”的重要节点国家。全国共有47个港口，其中海港26个，国际港口21个。廉差邦港是泰国最大的海运物流枢纽，集装箱运输量占国内的52%。泰国重要码头还包括曼谷港、清盛港、清孔港和拉农港等。海运线可达中、日、美、欧和新加坡。在内河航运方面，湄公河和湄南河为泰国两大水路运输干线，内河航运网络发达。此外，曼谷素万那普机场是东南亚最大的空运转运中心，是地区重要交通枢纽。[②]

在经贸、金融方面，泰国是东南亚第二大经济体，2014年GDP为3738亿美元，[③]曾经被誉为“亚洲四小虎之一”，经济发展水平在东盟成员国中居于中等偏上，是东南亚重要的生产与物流枢纽之一，在东盟经济共同体建设中发挥着重要作用。而且，泰中经贸联合密切。中国是泰国最大贸易伙伴国、重要贸易顺差国、重要外资来源国、重要的基础设施合作国，在水利工程建设、铁路建设、电信发展等领域，泰中有着良好的合作，尤其是，中泰跨国铁路项目正在积极推进，这是“海上丝绸之路”的关键示范性工程。在金融方面，泰国是东南亚国家中帮助推动人民币国际化的重要国家之一，2015年4月22日，中国工商银行曼谷人民币清算行正式启动，对于促进中泰双边经贸发展以及人民币在泰国的使用都将发挥积极作用，推进中国与泰国、东南亚其他国家的资金融通，提升人民币在东南亚以及全球金融市场中的地位，具有重要作用。无疑，这也是泰国在参与“一带一路”建设中占据的一大先机。泰国期待未来吸引更多中国投

① Kavi Chongkittavorn, “Thailand ponders digging Kra Isthmus – again!”, *The Nation*, March 30, 2015; David Scutt, “A plan for a China-controlled canal through Thailand could change everything about Asia as we know it”, Business insider Australia, May 22, 2015, http://www.businessinsider.com.au/a-plan-for-a-chinese-controlled-canal-through-thailand-could-change-everything-about-asia-as-we-know-it-2015-5; Gaku Shimada, “Kra Isthmus shortcut would mean big shifts in Southeast Asia”, June 25, 2015, http://asia.nikkei.com/magazine/20150625-IS-ASIA-READY/Politics-Economy/Kra-Isthmus-shortcut-would-mean-big-shifts-in-Southeast-Asia; Wendy Laursen, “Historic Thai Canal Plan Resurfaces”, February 4, 2015, http://www.maritime-executive.com/article/historic-thai-canal-plan-resurfaces.

② 《泰国国家概况》(最近更新时间：2015年3月)，中国外交部网站，http://www.fmprc.gov.cn/mfa_chn/gjhdq_603914/gj_603916/yz_603918/1206_604642/。

③ 世界银行数据库，http://data.worldbank.org.cn/country/thailand。

资，建立更多合资企业。[①]

在人文方面，“中泰一家亲”友好关系源远流长，泰中文化习俗相近，中国人对泰国的印象很好，同样，泰国上至王室、政府，下至普通百姓，很多人都对华存在着友好感情，两国人文交流密切，开展“海上丝绸之路”建设有着很好的人脉与群众基础。华人在泰国的社会融合度好，与泰族等当地人通婚率高，华人在泰国社会具有重要影响力，泰国政治、商业、学界的精英中的大多数人具有华人血统。[②]近年来，泰国从官方到民间，兴起了推广和学习汉语的热潮。截至2011年的统计数字，泰国开设汉语课程的各级各类学校有1700多所，学习汉语者有70万人。四年后的今天，估计这些数字都会有较大增长。[③]

二、泰国对21世纪“海上丝绸之路”的态度

泰国政府、官员、商界、舆论等基本表示支持中国的“一带一路”建设，期待从中获得更多发展收益。当然，和东南亚其他国家对中国崛起天然具有的疑惧心理一样，也有一些担忧中国在泰国影响力大的声音，但不太多，公开反对“一带一路”战略的声音也较少。[④]

时任陆军司令巴育2014年5月掌权、8月当选泰国总理以来，与中国领导人在双边和多边场合多次会晤，两国领导人会晤次数是巴育总理与外国领导人的会晤中最多的。2014年11月9日，中国国家主席习近平在人民大会堂会见泰国总理巴育。巴育表示：“泰方正在探索走符合国情的发展道路，希望同中方交流互鉴，深化合作，特别是借助丝绸之路经济带和21世纪海上丝绸之路建设，推进农业、铁路合作，促进地区互联互通，扩大泰国农产品对华出口，欢迎中企到泰国投资，促进民间交往，加强人

---

① Achara Deboonme, “More investment from China to Thailand likely: Envoy”, *The Nation*, February 12, 2015.

② Supalak Ganjanakhundee, “Businessman provides a fillip to Thailand-China relations”, *The Nation*, July 1, 2015.

③《泰国汉语教学问题分析与对策》，东盟网，2014年12月3日，http://news.asean168.com/a/20141203/537.html; “Thailand and China – TIES OF BLOOD AND CULTURE”, *the Nation*, June 22, 2015.

④ “Greater RECIPROCITY needed in Thai-Chinese relations”, *The Nation*, June 30, 2015.

才培训。泰方已经积极参与亚洲基础设施投资银行，赞赏中方成立丝路基金。泰方将继续致力于推动东盟同中国合作，支持中方成功举办亚太经合组织领导人非正式会议。”① 同年11月25日，巴育对政府官员发表年终讲话。他说：“泰国人应摒弃分歧，向中国学习。我与中国国家主席习近平会谈时，习主席表示，60年前，中国还是世界上最贫穷的国家之一。在30年时间里，中国已发展成经济强国。”巴育指出：“我们现在却仍在争吵不休。”②

2015年7月2日，泰国巴育总理在曼谷参加中国驻泰使馆举行的泰中建交40周年纪念晚会，他与中国驻泰大使宁赋魁均再次表示，要深化两国战略合作，推动中国“一带一路”建设③。2015年7月中旬，泰国商务部长差猜·沙里卡耶对新华社记者表示，泰中双方已对铁路合作项目的可行性、融资框架等达成多项共识，合作项目将于同年底动工，建设工期约3年，除铁路合作项目外，泰国还将积极参与涉及“一带一路”的其他项目，与中方一道，加强在公路、航空、港口等方面的对接，借此提升泰国基础设施建设水平。④ 泰国其他多位在任或卸任官员也表示支持“一带一路”建设。泰国前副总理、前外交部长素拉杰·沙田泰2015年5月18日在福州参加亚洲合作对话——共建“一带一路”合作论坛暨亚洲工商大会时表示，中国倡导的“一带一路”旨在创造互利共赢，这也有助于实现“众行远”的目标，可以预见，“一带一路”战略启动后，亚洲40多个国家都能从更好的基础设施中获益，这显然有助于推动商品贸易、服务贸易、投资、消费，以及亚洲资本市场的发展。素拉杰以中泰正在商谈的铁路合作项目为例说，这个项目同样需要两国政府更多地与泰国老百姓进行

---

① 《习近平会见泰国总理巴育》，中国外交部网站，2014年11月9日，http://www.fmprc.gov.cn/mfa_chn/ziliao_611306/zt_611380/dnzt_611382/ydyl_667839/zyxw_667918/t1208864.shtml。

② 姚丽娟：《巴育：在经济发展方面中国是一个很好的榜样》，载《环球时报》，2014年12月26日。

③ 《泰中建交40周年 巴育、李克强互致贺电》，载（泰国）《世界日报》，2015年7月3日。

④ 潘强、李颖：《泰商务部长：泰中铁路合作项目将于年底动工》，新华网，2015年7月15日，http://news.xinhuanet.com/world/2015-07/15/c_1115936491.htm。

沟通，让他们认识到自己就是中泰铁路最大的受益者。[①]

泰国商界人士也表示支持“一带一路”建设，愿意积极参与。泰中文化经济协会在泰国商界、政界具有重要影响力，协会主席颇欣·蓬拉军曾任泰国国会主席兼下议院议长、副总理等要职，2015 年 5 月中旬，他在中国深圳出席 2015“丝路之友”中国—东南亚对话会期间强调，21 世纪海上丝绸之路建设要让沿线国家都能从中获益。他说：“早在 600 年前的明朝时期，中国的郑和率领船队七下西洋，并多次途经泰国。在泰国，很多人都尊称郑和为‘三宝公’（郑和小名叫三宝或者三保），并且在多地建有三宝公祠庙表示对他的纪念。郑和船队并不以贸易获利为目的，可以说是那个时期连通东西方的友好使者。而如今，21 世纪‘海上丝绸之路’建设也要以增进友谊为根本，要让沿线国家都能从中获益，消除彼此的顾虑，推动和平。泰国赞赏中国国家主席习近平提出的‘共建 21 世纪海上丝绸之路’构想，希望‘一带一路’的福祉能惠及区域各国人民，大家携起手来实现共赢。”[②] 泰国还有多位商人，尤其是华商，表达对“一带一路”的支持，此处不一一列举细节了。

泰国官方和主流媒体还在泰国积极介绍“一带一路”战略，帮助泰国商界、民众更多了解该战略对泰国和地区的好处，这在东南亚国家政府和媒体中还是比较罕见的公开支持中国地区发展战略的做法。比如，2015 年 4 月，泰国外交部东亚司专门向社会介绍“一带一路”的内容。[③] 泰国发行量最大的泰文日报《泰叻报》2015 年 4 月底连续刊登中国驻泰王国大使宁赋魁题为《传承丝路精神 共创亚洲辉煌》的署名文章。文章指出，泰国既连接陆上东盟，也连接海上东盟，是有着 6 亿多人口的东盟大市场的天然交汇点，区位优势得天独厚，公路、铁路、航空、港口、通信、电力等基础设施较为完善，在推动 21 世纪海上丝路建设方面具有巨大潜

① 张羽：《泰国前副总理素拉杰：“一带一路”有助各国互利共赢》，中国新闻网，2015 年 5 月 18 日，http://www.chinanews.com/gn/2015/05-18/7284329.shtml。

② 崔沂蒙：《希望“一带一路”建设能够携手各国实现共赢——专访泰中文化经济协会主席颇欣》，国际在线，2015 年 5 月 18 日，http://gb.cri.cn/42071/2015/05/18/5311s4966525.htm。

③ “Thai Foreign Ministry explains China’s ‘One Belt One Road’ strategy”, *Thaivisa news*, April 8, 2015, http://news.thaivisa.com/thailand/thai-foreign-ministry-explains-chinas-one-belt-one-road-strategy/47636/.

力。[①]

三、中泰在"海上丝绸之路"建设中的合作基础与领域

中泰加强"海上丝绸之路"框架下的合作，惠及双方，惠及地区。泰国央行行长张旭洲指出："泰国在地缘政治上位于东盟地区的核心地带，是东盟的物流、贸易和金融中心，是东盟市场与中国之间天然的桥梁。而中国也需要通过进入泰国，进而进入东盟乃至大湄公河次区域，来对产品供应链进行重新布局。中国可以泰国为核心，辐射和连接整个东盟的基础设施建设，中泰在这方面有巨大的发展潜力和合作空间。两国应该抓住'一带一路'的合作契机，实现双赢。中国帮助加强东盟国家的基础设施建设，可以将东盟不同发展水平的国家融入地区产业链中，发挥各自的比较优势。"[②]

根据中国官方发布的"一带一路"战略全文中的有关思路，互联互通是"一带一路"建设的血脉经络和优先发展方向，主要是指基础设施、规章制度、人员交流三位一体的联通，既包括交通基础设施的硬件联通，又包括规章制度、标准、政策的软件联通，还有增进民间友好互信和文化交流的人文联通。[③]中泰在"一带一路"建设合作中也要优先加强互联互通，要在"一带一路"大的战略框架下实现"政策沟通、设施联通、贸易畅通、资金融通、民心相通"。

首先，中泰政府间关系很好，已经有很好的政策沟通，未来可以"百尺竿头更进一步"，建立多层面、多机制的政策沟通机制。

2012年4月，两国建立全面战略合作伙伴关系。2013年10月，两国

---

① 李颖、陈家宝：《泰国期待"一带一路"合作红利》，新华网，2015年5月11日，http://news.xinhuanet.com/world/2015-05/11/c_1115243879.htm。

② 李颖、陈家宝：《泰国期待"一带一路"合作红利》，新华网，2015年5月11日，http://news.xinhuanet.com/world/2015-05/11/c_1115243879.htm。

③ 本文引用的"一带一路"战略的内容来自国家发展改革委、外交部、商务部2015年3月28日联合发布的《推动共建丝绸之路经济带和21世纪海上丝绸之路的愿景与行动》。本文其他地方不再一一标注引用来源。或可参见附录二。

政府发表《中泰关系发展远景规划》。2014年11月9日，国家主席习近平在人民大会堂会见泰国总理巴育。习近平指出，中泰一家亲。中方赞赏泰国作为中国—东盟关系协调国为深化中国—东盟合作发挥积极作用，愿同泰方一道，促进亚洲和平、繁荣、和谐。泰国巴育总理等官员、商界人士、媒体等也表达泰方积极参与"一带一路"的愿望。[①]

两国已经有了很好的政策沟通机制。在战略层面，2013年8月和2014年7月，中泰两国先后举行第一轮和第二轮的副外长级别的战略对话。在经贸方面，1985年两国成立部长级经贸联委会，2003年6月升格为副总理级。2004年7月，中国吴仪副总理与泰国差瓦利副总理在北京共同主持联委会首次会议。2005年9月，吴仪副总理与泰国颂吉副总理在泰国清迈共同主持联委会第二次会议。2014年11月，中国国务委员王勇和泰国副总理比里亚通在北京共同主持联委会第三次会议。在此基础上，两国应该在中央和地方层面建立健全更多正式、定期的全面合作对话机制，以增进相互了解，使两国发展战略更好地实现对接，产生"1+1>2"的效应。

而且，在国际关系方面，巴育政府执政时期，受到来自美欧的压力，与美西方的高层交流较少，而且，由于西方经济总体不振，泰国经济与外交合作重点在中国、日本、东盟成员国等亚洲国家。这也为中泰加快"海上丝绸之路"建设提供了契机。

其次，中泰两国的基础设施联通已经走在了中国与东盟、周边其他国家互联互通的前列，以跨国铁路合作为契机，有望大踏步前进，实现更大范围的贸易联通。

中国的"海上丝绸之路"计划恰好同巴育政府的8年基础设施建设计划存在契合点，其中铁路项目是两国合作的重点。2014年9月27日，泰国新任交通部长巴金透露，政府已制定出2015—2022年的陆上运输发展规划，预计将在未来10年内投入预算8660亿铢开发陆路运输系统，使泰国铁路系统全面提速一倍，并降低物流成本，从现在的15.2%，降为

---

① 《习近平会见泰国总理巴育》，中国外交部网站，2014年11月9日，http://www.fmprc.gov.cn/mfa_chn/ziliao_611306/zt_611380/dnzt_611382/ydyl_667839/zyxw_667918/t1208864.shtml。

13%；至于连接到边境线的跨国铁路线，将在2015年内开始推动建设6条铁路线，并在2016年再增加建设6条边境铁路线，使铁路系统的乘客量从现在的每年4500万人次，增加为7500万人次。[①]可见，泰国在未来若干年内将大规模扩大水陆交通运输设施的建设。而中国在这方面与泰国合作具有极大潜力。除了“亚投行”和海上丝路基金的支持外，中国在工程项目设计、承建、设备等方面也有成熟的经验、技术和实力。

中泰互联互通有较好基础，发展前景也光明。昆明—曼谷公路2008年部分通车，2013年全线贯通。预计，2015年底，中泰跨国铁路（途经老挝）即将动工。中泰之间打造昆—曼经济走廊的条件愈发成熟，可以推动泰、中、缅、老四国次区域合作，解决“金三角”地区猖獗的毒品与犯罪扩散问题。在中泰铁路建设基础上，未来的昆明—万象—曼谷—吉隆坡—新加坡泛亚铁路连通后，将带动铁路沿线的次区域经济走廊建设。泰国将真正成为东盟地区的交通、生产、物流枢纽之一，将从地区互联互通的大发展中获益颇丰。而以中泰互联互通为契机，中国南部可与更多东南亚国家实现联通，可以更便捷地到达马来西亚、新加坡、越南、印尼等国家。同时，“海上丝绸之路”建设，中泰要在铁路、公路连通的基础上，重视海上、空中的联通，实现中泰之间的陆、海、空立体联通，进而实现更大范围的地区陆海国家联通。

现在，中泰两国舆论关注克拉地峡的开凿前景。克拉地峡位于泰国春蓬府和拉廊府境内的一段狭长地带，一个论证了100多年还未开凿的运河，有关其开凿的新闻却频频见诸媒体，近来又引发舆论热议。如果克拉地峡开通，从印度洋直接经克拉运河到太平洋的泰国湾，再到南海，与取道马六甲海峡相比，航程缩短约1200千米，节省2—5天航程，大型轮船每趟航程节省约30万美元，这对中国海运避开“马六甲困境”有很大帮助，具有战略意义。而克拉地峡从开挖到长期运营，还会带给泰国诸多综合收益，产生滚雪球效应。第一，增加就业，据估算，开凿运河大约能给泰国增加3万个就业机会，运营后每年用工也得成千上万。第二，带动泰国南部贫穷地区经济发展，稳定南疆。地峡开通后，当地会吸引更多投资，建立一批工业园区，帮助改变南部经济社会长期落后局面，成为泰国

---

① 《泰政府制定出2015—2022年未来8年陆路发展规划》，载（泰国）《世界日报》，2014年9月29日。

新的经济增长极，带动整个环泰国湾经济发展，提振泰国萎靡不振的经济，并消除泰南恐怖主义频发和动荡的根源——贫穷。第三，泰南将会成为地区新的航运与经济枢纽，提升泰国综合国际地位。当然，开凿克拉地峡对地区国家也会有一些好处。

同时，马六甲海峡有一些缺陷，更加凸显了开凿克拉地峡的必要性。第一，马六甲海峡最窄处只有37千米，每年通行10万余艘船，是世界上最繁忙的海峡之一，船只排队现象凸显，未来几年的通航能力将趋于饱和，而船只绕行印尼龙目海峡，从印度洋到达南海和东北亚海域，至少绕远两三千千米，差不多耽误10天航程，而克拉地峡是个很便捷的补充航路。第二，马六甲海峡最大水深27米，水中礁石较多，船只搁浅、受损事故时有发生，载重超过10万吨尤其是20万吨的巨轮通常绕行龙目海峡，费时费力，而专家估计，克拉地峡开通后可通行20万吨巨轮。[①]第三，安全问题。印尼经常有山火，导致马六甲海峡有时能见度极差。而且，马六甲海峡及印尼海域的海盗袭击案件在2009—2013年间增长了700%，2013年达到107起，显示海峡通道安全的严峻性。[②]

中泰基础设施联通的大方向是陆海并举，以陆促海，实现陆海设施相连，进而推动中国与东盟的整体互联互通，将“海上丝绸之路”建设从泰国延伸到印尼、马来西亚、新加坡和印度洋、南太平洋。

同时，中泰要实现物流、人流的大流通，实现贸易畅通，还要重视加强在通信、海关、边防、质检、邮政、物流等领域的立体联通，减少非关税壁垒，推动通关便利化，使泰国新鲜蔬菜水果一天可以到达中国南部，扩大泰国对华出口，而中国游客可以一天抵达泰国，进行深度游。

---

① Kavi Chongkittavorn, “Thailand ponders digging Kra Isthmus - again!”, *The Nation*, March 30, 2015; David Scutt, “A plan for a China-controlled canal through Thailand could change everything about Asia as we know it”, Business insider Australia, May 22, 2015, http://www.businessinsider.com.au/a-plan-for-a-chinese-controlled-canal-through-thailand-could-change-everything-about-asia-as-we-know-it-2015-5; Gaku Shimada, “Kra Isthmus shortcut would mean big shifts in Southeast Asia”, June 25, 2015, http://asia.nikkei.com/magazine/20150625-IS-ASIA-READY/Politics-Economy/Kra-Isthmus-shortcut-would-mean-big-shifts-in-Southeast-Asia; Wendy Laursen, “Historic Thai Canal Plan Resurfaces”, February 4, 2015, http://www.maritime-executive.com/article/historic-thai-canal-plan-resurfaces.

② Patrick Winn, “Strait of Malacca Is World’s New Piracy Hotspot”, *NBC News*, March 27, 2014, http://www.nbcnews.com/news/world/strait-malacca-worlds-new-piracy-hotspot-n63576.

再者，以中国工商银行在曼谷开设清算业务为基础，实现更大范围、更便捷的泰铢与人民币互换与结算，以此带动人民币在东南亚的广泛使用，加快推动人民币国际化。

泰国是中国在东盟国家中的第三大贸易伙伴，两国计划在2015年将双边贸易额扩大至1000亿美元。2014年12月22日，中国人民银行与泰国央行续签了规模为700亿元人民币的双边本币互换协议。中国人民银行2015年1月6日发布公告，根据《中国人民银行与泰国银行合作备忘录》相关内容，决定授权中国工商银行（泰国）有限公司担任曼谷人民币业务清算行。工银泰国成为曼谷人民币清算行，将对人民币在泰国和东盟地区的跨境使用发挥积极的促进作用，将为中泰两国以及东盟地区的个人、企业和金融机构使用人民币进行跨境交易带来更加便捷优质的金融服务，进一步促进贸易、投资自由化和便利化。[①]

再有，在“中泰一家亲”、既有密切人文交流的基础上，持续拓展两国的民心相通工程。

一是在汉语学习方面，2011年8月至2014年5月执政的前英拉政府，力推泰国和其他东盟国家更多人学习汉语。2013年4月21—28日，泰国国会主席兼下议院议长颂萨率国会代表团对中国进行正式友好访问，与中方一个重要议程就是推动与中国合作一项名为“你好，我爱你”的学习中文工程。这一项目当时计划首先在泰国实施，然后推广到东盟其他国家，目标是在4年内让东盟10国6亿人中的1亿人会说中文。而在这1亿人的影响带动下，余下5亿人也至少会说两句中文——“你好”、“我爱你”。颂萨表示，相信这一成果会对中国与泰国及其他东盟国家的经济合作带来极大的便利。颂萨说将首先在中国厦门华侨大学进行试点。目前华侨大学每年招收100名泰国留学生，泰国方面希望可以将其推广到更多中

① 吴雨、刘铮：《央行授权工行担任曼谷人民币清算行》，新华网，2015年1月6日，http://news.xinhuanet.com/world/2015-01/06/c_1113900054.htm。

国高等院校，通过中泰合作共同促进中文在东盟国家的传播。① 目前，共有2万多泰国留学生在中国学习，人数在东盟国家中是最多的，而中国则是泰国最大的留学生生源国，在泰学习的中国留学生也超过2万人。② 而随着“一带一路”建设的推进，两国对彼此语言文化人才的需求将日益扩大。尽管英拉政府下台了，但中泰两国政府应重视继续推进“你好，我爱你”这项惠及两国和地区的重大汉语学习工程。

二是在人员往来方面，2014年来泰国旅游的中国游客达460万人次。未来，中泰两国要尽快实现游客长期互免签证，并要充分将中泰两国的地缘优势与华人华商的血缘优势结合起来，充分发挥泰国华人华商的重要纽带作用，让广东、福建、海南、广西、云南等成为与泰国进行“海上丝绸之路”建设的前沿合作重镇。

三是让“郑和在泰国的友好使者形象”成为推动两国“海上丝绸之路”的重要民间动力。泰中文化经济协会会长颇欣·蓬拉军介绍说，协会筹备了部分资金，并正在中国云南等地（郑和是云南人）磋商拍摄有关郑和下西洋路过泰国、与泰国进行经贸友好往来的纪录片。因为，在泰国多地都能找到郑和或其后裔的影子，郑和船队有3次到过暹罗（泰国古代称呼），与当地进行通商贸易，与当地民众友好交往，在泰国阿瑜陀耶（大城）府等地仍保留有三保公庙。定居在清迈的一支郑和后裔——郑和的第十五代孙郑崇林，现在已经富甲一方，成为当地名门望族，在政界、商界有一定影响力。③

总之，泰国依托“海上丝绸之路”建设，将大大提升其经济社会发展，增加百姓收入，缓解区域发展失衡局面，部分消除泰国社会动荡的根

---

① 常天童、明大军：《泰国将推出“你好，我爱你”中文工程》，新华网，2013年4月20日，http://news.xinhuanet.com/world/2013-04/20/c_115463469.htm。中国华侨大学招收泰国留学生的数量在不断增长，而且，北京、福建、云南、广西、上海、重庆等地的多所高校也在扩大招收泰国学生，云南大学等多国高校建立了泰国研究中心，成为中泰文化交流的重要桥梁。

② 杨讴：《中泰合作共建“一带一路”——访中国驻泰大使宁赋魁》，人民网，2015年6月18日，http://world.people.com.cn/n/2015/0618/c1002-27175715.html。

③ 2015年6月18日，泰中文化经济协会会长一行与中国学者在对外经济贸易大学举行“一带一路”与中泰战略合作国际研讨会，笔者与会。

源。而泰国的富强，将有利于提升其地区地位。[①] 而中国也可以借助与泰国的海陆互联互通加快与东南亚其他国家的联通，推动"海上丝绸之路"建设更多开花结果。

四、中泰在"海上丝绸之路"建设中的挑战

其一，尽管中泰两国都有着强烈合作推动"21世纪海上丝绸之路"建设的愿望，尽管泰国多届政府都重视对华合作，但是，泰国政局难以长期稳定，有时会迟滞两国合作。

21世纪以来至今，泰国政局此起彼伏动荡，政府更迭频繁，而且，泰国内斗影响到国家内政外交政策的制定和执行，政策连贯性差。比如，英拉政府曾经力倡与中国推进"大米换高铁"计划，已经开始推进，但由于泰国政局动荡，英拉政府遭遇反对派长期示威打击，一方面忙于保权而无暇顾及项目推进，另一方面，属于反英拉阵营的泰国宪法法院在2014年3月12日判决"已获国会通过的约合678亿美元的基础设施建设一揽子项目"违宪，这导致该项目的核心部分"大米换高铁"项目也将随之暂停。其实，两国政府已经在推进这个项目了。2013年10月，中国国务院总理李克强访问泰国，与英拉发表的《中泰关系发展远景规划》称，中方有意参与廊开至帕栖高速铁路系统项目建设，以泰国农产品抵偿部分项目费用，泰方表示欢迎。两国领导人共同见证了《中泰两国关于深化铁路合作的谅解备忘录》，泰方承诺与中方探讨相关事宜。这可是双方政府领导人达成的共识与政府间签署的文件，最后因为泰国政争激烈而中途夭折。[②] 当然，巴育政府重启了中泰跨国铁路合作，尽管线路与合作方式有所变动，但反映了泰国新政府也高度重视对华合作，可谓好事多磨。

不过，未来，如果泰国政坛上以前总理他信、英拉为首的代表草根利益的一派，与代表权贵、中产阶级利益的一派的矛盾难以从根本上缓解，

① 这几个国家之间已经有一定的跨国公路和铁路连接基础，但是未能全线贯通。此外，按照学术界的惯例说法，马来西亚、印尼、新加坡是东南亚的海洋国家（海上国家），越南、泰国、缅甸等国家属于东南亚的陆地国家，因为它们地处中南半岛，不过，三国都濒临海洋。

② 《泰国宪法法院判决英拉678亿美元基建项目违宪 中泰高铁流产》，观察者网，2014年3月12日，http://www.guancha.cn/Neighbors/2014_03_12_213253.shtml。

泰国短期很难走出一派上台、另一派上街抗议的动荡怪圈，即便一派执政后希望实施系列参与“海上丝绸之路”建设的规划和项目，但是，彼派势必反对当局的发展项目，搅黄当局的发展举措，使之难堪，乃至将其搞下台。这是泰国未来参与“海上丝绸之路”的隐忧，其政局如果仍无法走出“动荡怪圈”，可能会使一些中泰合作项目遭遇波折，丧失一些推进良机。

泰国经济发展近年来起伏较大，总体形势不好，在东盟的地位也有所下降。1967 年 8 月 7—8 日，印度尼西亚、泰国、新加坡、菲律宾四国外长和马来西亚副总理在曼谷举行会议，发表了成立东南亚国家联盟（东盟）的《曼谷宣言》(《东南亚国家联盟成立宣言》)，泰国在东盟成立以及日后发展过程中，经常起到重要作用。21 世纪初（大致是在 2001—2005 年间），当时印尼民主转型遭遇波折，他信领导泰国在东盟区域合作中一度发挥了多年的“领头羊”作用。而 2006 年至今，泰国因为内斗不止，在东盟的地位有所下降，2014 年 8 月 8 日，在曼谷举行的“第三届中泰战略研讨会”上，泰国前外长、东盟前秘书长素林在演讲时表示，47 年前的今天，东盟成立的宣言是在曼谷签署的，而今，泰国周边的国家经济都在快速发展，区域地位在提高，而泰国因为常年内耗导致其在东盟地位下降。①

笔者归纳了近年来泰国在东盟地位下降的主要原因：第一，泰国政局陷入此起彼伏动荡的怪圈，政府为了保权，主要精力用在应对政争，而且，泰国内斗也曾经导致其在东盟和东亚区域合作方面蒙羞，损害国际信誉。2009 年 4 月，支持他信的“红衫军”示威者冲击东亚峰会会场，导致峰会流产，让他国感到失望和不满。第二，泰国经济遭遇内外多重因素打击，经济多年不振，就难以在泰国经济共同体建设和区域一体化进程中发挥应有的作用。内部而言，除了政治动荡必然打击经济增长之外，泰国 2011 年遭遇半个世纪以来的最严重涝灾，2015 年遭遇半个世纪以来最严重的旱灾，同年 8 月曼谷严重恐怖袭击又打击旅游业。外部而言，泰国经济严重依赖外贸和出口，而美西方经济低迷，市场需求弱。这些综合不利因素也导致泰国经济近年来不振。泰国央行宏观经济办公室的数据显示，

① 素林当时作为会议重要演讲嘉宾，笔者当时在会场。

泰国2014年GDP增长0.8%。[①] 2015年1—5月，泰国出口连续下滑，消费者信心指数也在下降，银行的中小企业坏账率也在上升。泰国商会大学经济商业预测中心7月初发布调查预测数据称，近半个世纪以来最严重的旱灾可能会把泰国2015年的经济增长率拉低0.5%，增长率将低于3%。[②]

泰国不仅面临上述多种不利的因素和内外挑战，当前和未来还面临政治改革引发当局与前总理他信派的矛盾愈发尖锐、经济低迷与随之产生的政策波动大、国际合作信誉降低等等难题，导致泰国在对外合作过程中，包括参与"海上丝绸之路"的过程中，可能遭遇波折，甚至遇到挫折。

其二，克拉地峡运河百余年未能动工，争论与难题不少。"克拉地峡运河"构想最早可追溯到拉玛五世皇时期，受当时泰国国力所限，这一浩大工程成为海市蜃楼。二战前后至20世纪70年代，日本也曾有意开凿此运河。近年来，克拉地峡开凿问题频频被炒热，却同样是只打雷不下雨。泰国商界支持开发克拉地峡的声音一直都有，而运河迟迟未能开工，委实面临诸多争议与难题，而其遇到的阻力和风险远远超越运河本身，受制于泰国政治稳定与社会民意，牵扯到诸多国家的地缘政治博弈。

第一，技术难题。泰国专家表示，地峡两侧的印度洋与泰国湾的海平面并非一样高，开凿和运营地峡需要克服高低水流间的自然运动力量；正在论证的开挖地点不少，最后必须选择成本低、收益高的点，笔者曾亲自看到一位泰国专家在地图上标注了密密麻麻的点和线作为可能的开凿方案，而今似无让大家一致认可的开凿线路；在开挖方式方面，是直接陆地上开凿运河还是地底下开挖海底隧道，也未有定论，地上开挖运河必须建设多个桥梁连接运河南北两地交通，而挖隧道毕竟是地下作业，难度可想而知。[③]

第二，投资成本高与收益回报周期长的难题。据估算，克拉地峡开挖建设周期长达10年，总投资300亿美元左右，一般企业恐怕无力承担这笔巨额投入。理想情况下，如果仅仅靠运河通行费，收回本金需要几十

① 《2014年泰GDP增长0.8%》，中国驻泰使馆经商参赞处，2015年2月2日，http://th.mofcom.gov.cn/article/jmxw/201502/20150200885546.shtml。

② 李颖：《研究机构认为旱灾可能拉低泰国经济增长率》，新华网，2015年7月10日，http://news.xinhuanet.com/world/2015-07/10/c_1115886924.htm。

③ 这是笔者与泰国专家座谈时得到的信息。

年。如果再算上企业贷款利息与筹资成本，连接克拉地峡南北两地的多座桥梁建设，征地、拆迁、环保等带来的巨额补偿问题，运营过程中的人员工资、设备维护与折旧等成本，单靠通行费较难收回成本。此外，有人担心，巴拿马运河与苏伊士运河节省航程都在1万千米左右，其建成初期的几十年内尚且长期亏损。而且，马六甲海峡是国际海峡，暂未征收通行费，克拉地峡只节省1200千米航程，对国际船只而言是个可选之道而非必经之地，其是否能长期吸引大量船只通行，是个未知数。企业投入这么大的资金是否合算，就打了个大大的问号。如何组建一个愿意投资、抗风险能力强的企业联合体，是投资成功的关键前提。①

第三，生态环境与社会舆论风险。有民调显示，只有不到1/3的泰国人支持开凿克拉地峡，约1/3的人不置可否，其余的人反对。泰国媒体发达，公民社会强大，非政府组织活跃，他们强烈反对那些会带来大的拆迁、移民、环境破坏的项目。比如，泰国严重缺电，因为环保人士反对，却难以新建中大型水电站，只能长期从缅甸、老挝进口电力。那么，开挖克拉地峡所带来的移民、生态影响恐怕不亚于建设水电站的负面效应，势必改变当地一些人的传统生活。② 此外，泰国有些人认为在国土上开凿一条巨大运河，有伤国家安全和风水。泰国总理巴育2015年5月22日表

---

① Kavi Chongkittavorn, “Thailand ponders digging Kra Isthmus - again!”, *The Nation*, March 30, 2015; David Scutt, “A plan for a China-controlled canal through Thailand could change everything about Asia as we know it”, Business insider Australia, May 22, 2015, http://www.businessinsider.com.au/a-plan-for-a-chinese-controlled-canal-through-thailand-could-change-everything-about-asia-as-we-know-it-2015-5; Gaku Shimada, “Kra Isthmus shortcut would mean big shifts in Southeast Asia”, June 25, 2015, http://asia.nikkei.com/magazine/20150625-IS-ASIA-READY/Politics-Economy/Kra-Isthmus-shortcut-would-mean-big-shifts-in-Southeast-Asia; Wendy Laursen, “Historic Thai Canal Plan Resurfaces”, February 4, 2015, http://www.maritime-executive.com/article/historic-thai-canal-plan-resurfaces.

② Kavi Chongkittavorn, “Thailand ponders digging Kra Isthmus - again!”, *The Nation*, March 30, 2015; David Scutt, “A plan for a China-controlled canal through Thailand could change everything about Asia as we know it”, Business insider Australia, May 22, 2015, http://www.businessinsider.com.au/a-plan-for-a-chinese-controlled-canal-through-thailand-could-change-everything-about-asia-as-we-know-it-2015-5; Gaku Shimada, “Kra Isthmus shortcut would mean big shifts in Southeast Asia”, June 25, 2015, http://asia.nikkei.com/magazine/20150625-IS-ASIA-READY/Politics-Economy/Kra-Isthmus-shortcut-would-mean-big-shifts-in-Southeast-Asia; Wendy Laursen, “Historic Thai Canal Plan Resurfaces”, February 4, 2015, http://www.maritime-executive.com/article/historic-thai-canal-plan-resurfaces.

示，克拉运河的经济收益引人注目，但从国家安全方面考虑，则会给泰国带来国土分裂的风险，因此，开凿运河首先要考虑国家安全。① 如何让泰国官员、民众和舆论心悦诚服地接受和支持开挖克拉地峡，难度不小。

第四，泰国政局的不确定性可能干扰工程的推进。克拉地峡尚处论证阶段，这么大的项目，应该需要泰国政府、国会的审核通过，进行国际招标，这是个漫长的过程。问题在于，泰国政治动荡、政府频繁更迭已成“新常态”，每个政府的要务是应对国内政治斗争，可能这个政府同意开挖地峡，还没走完程序，就下台了，或者项目被卷入朝野政争而久拖不决。此外，克拉地峡南部地区就是穆斯林极端分裂分子活跃之地，尽管这些人一般只在本地搞恐怖袭击，但是，恐怖主义的间接、潜在威胁犹如达摩克利斯之剑，不知道哪天是否会落到克拉地峡头上，因为不能完全排除南部恐怖分子或国际恐怖分子借威胁地峡安全来要挟泰国政府和国际社会，实现其政治目的。

第五，国际地缘政治博弈风险。克拉地峡一旦运营，利益首先受损而感觉不悦的自然是马六甲海峡沿岸的新加坡、马来西亚、印尼。而从亚太乃至全球大国政治博弈来看，美国正在联合日本、菲律宾等地区盟国积极围堵中国崛起，加强在南海的军力存在，重点威慑中国南部海洋运输通道。现在，中泰公司签署了有关克拉地峡的合作备忘录，尽管中泰政府否认参与运河项目，但西方媒体恶意炒作中企参与地峡项目是帮助中国商船缓解“马六甲困境”，如果美国、日本等国公司被中泰公司排除在外的话，其必然虎视眈眈，明里暗里地阻挠克拉地峡开发。从军事安全角度而言，泰国是美国在东南亚的两大缔约盟国之一和美国“非北约主要盟友”。谋求在泰国建立更多军事存在，是美国“亚太再平衡”战略的关键目标之一。如果我们看看泰国地图，美泰每年搞数十次联合军演（其中，最著名的是“金色眼镜蛇”），美军经常“光顾”泰国的梭桃邑、乌塔堡等军事基地，而这些基地距离克拉地峡不远，这种隐形军事压力是不得不考虑的。而且，美国2015年企图借救助东南亚难民为由在普吉岛增加军事存在，可能也与中泰企业签署克拉地峡开发备忘录有关系，因为美国企图遏制中国在东南亚推进“一带一路”建设。

① 《巴育首谈克拉运河 国安优先》，载（泰国）《世界日报》，2015年7月10日。

综上所述，克拉地峡的开凿和运营有着潜在的巨大收益，但其不仅牵扯到“技术和资金”难题，更需要大的区域统筹和协调，要推动多国多方建立“利益共享、风险共担、协调行动”机制，需将泰国、中国、美国、日本、新加坡、马来西亚、印尼、印度等利益攸关方的企业都拉进来，形成利益均沾局面，在具体开凿和运营过程中，技术要过硬，环保要严格，补偿要到位，只有这样，才能减少地缘政治风险与国际博弈。事因难能，所以可贵。克拉地峡的开凿需要天时、地利、人和，其未来进展如何，尚待观察。

其三，恐怖主义与安全问题。

泰南与马来西亚接壤的北大年府等地长期存在着马来穆斯林分裂问题及其产生的暴恐事件频繁的难题，而南部这个狭长区域对于中泰合作建设“海上丝绸之路”非常重要，其安全局势也事关“海上丝绸之路”建设的重大项目推进和运营：中泰铁路向马来半岛延伸必须经过泰南地区，克拉地峡的开凿与运营也靠近泰南。2004 年前，南部分离分子一度不是非常活跃，但 2004 年他们袭击当地军火库后，暴恐活动一直不断，迄今，已造成万余人受伤、6300 余人死亡。[①] 而且，随着中泰互联互通的推进以及“海上丝绸之路”建设的开启，新疆部分维吾尔人已经将泰国作为“逃往马来西亚或经马来西亚到土耳其等中东国家的重要中转地”。2014 年，泰国抓获一批维吾尔人偷渡客，2015 年 7 月，泰国将 100 名确认有中国籍的人遣返。但泰国此举面临美西方舆论的高压。未来，维吾尔人类似偷渡行为仍可能发生。[②] 同年 8 月 17 日晚，曼谷市中心著名旅游景点四面佛附近发生严重恐怖袭击，造成 20 多人死亡、百余人受伤，其中有不少外国游客。[③] 这起事件损害了泰国安全形象，打击其经济。中泰两国在合作打击跨国恐怖主义方面仍需要加强合作，因为一旦出现恐怖主义破坏“一带一路”建设的行为，大型项目的推进必然受阻。

此外，近年来，泰国等国家一直对湄公河流域经济开发（如水电站、

---

① 《泰国南部多地发生爆炸和枪击 致 7 人亡十余人受伤》，中国新闻网，2015 年 7 月 11 日，http://www.chinanews.com/gj/2015/07-11/7399063.shtml。

② 《遣返维族偷渡客 泰全得罪》，载（泰国）《世界日报》，2015 年 7 月 10 日。

③ Eliott C. McLaughlin and Kocha Olarn, “Tourists among 22 killed in apparent attack on Bangkok shrine”, *CNN*, August 18, 2015, http://edition.cnn.com/2015/08/17/asia/thailand-bangkok-bomb/index.html.

工业区）带来的污染就颇有微词。随着中国崛起的加速，中国经济对泰国影响力的增大，泰国人对中国崛起产生的自然恐惧感会增强，加之美西方舆论渲染中国“一带一路”战略对地区国家的负面效应，称相关大项目会污染地区环境，等等。这些挑唆性言论也可能在一定程度上影响泰国参与“一带一路”合作的积极性。①

综上所述，中泰在“海上丝绸之路”建设中积极合作，将对地区发展产生较大作用。然而，言易行难，中泰合作参与“海上丝绸之路”建设，任重道远，需要天时、地利、人和，需要两国持之以恒、相向而行地努力，还要处理好中泰与东盟其他成员国和美国、日本等域外国家的关系，需要搞好舆论公关、环境保护等配套工程。

---

① Lucio Blanco Pitlo III, “China’s ‘One Belt, One Road’ To Where? Why do Beijing’s regional trade and transport plans worry so many people?”, *The Diplomat*, February 17, 2015, http://thediplomat.com/2015/02/chinas-one-belt-one-road-to-where/; Brian Eyler, “China’s new silk roads tie together three continents”, April 17, 2015, https://www.chinadialogue.net/article/show/single/en/7849-China-s-new-silk-roads-tie-together-3-continents.

文莱与 21 世纪“海上丝绸之路”

■ 文 / 葛红亮[①]

文莱虽然是东南亚地区的小国，但却与马来西亚等东南亚海上国家一样，在 21 世纪“海上丝绸之路”战略构想落实进程中有着非常重要的地位。文莱全名为“文莱达鲁萨兰国”，根据资料，当可译为“生活在和平之邦的海上贸易者”。[②] 果如其名，在古代历史中及文莱 1984 年 1 月 1 日独立后，其长期奉行对外和平交往政策，是“海上丝绸之路”的重要一站。中、文两国虽然在 1991 年才正式建立外交关系，但事实上两国却有着数以千年的交往历史，并在建交后不断深化双方的政治、安全、经济与人文交往。2013 年 4 月，文莱苏丹哈桑纳尔 · 博尔基亚应中国国家主席习近平邀请访华。在访问期间，两国元首正式将中、文两国关系提升为战略合作关系。[③] 同年 10 月，习近平在访问东南亚时正式提出与东盟国家共建 21 世纪“海上丝绸之路”的战略构想；而正是在当年文莱主办的中国—东盟首脑峰会上，李克强总理提出了中国—东盟“2+7”合作框架，21 世纪“海上丝绸之路”则是其中重要的一环。如今，协商共建 21 世纪“海上丝绸之路”已经成为中国与东盟国家合作的重点，文莱作为 21 世纪“海上丝绸之路”的枢纽一站，在这一过程中的重要地位不言而喻。在两国关系正式升级为战略合作关系之后，21 世纪“海上丝绸之路”对于引导和促进中、文两国在各领域的战略合作有着非常凸显的价值。

---

① 作者供职于广西民族大学东盟研究中心。

② 刘新生：《外交官眼中的文莱》，载《世界博览》，2013 年第 15 期，第 71 页。

③ 《战略合作，中国文莱携手共进》，载《人民日报》，2013 年 4 月 12 日（23 版）。

一、文莱在21世纪“海上丝绸之路”中的优势

21世纪“海上丝绸之路”是中、文两国在建立战略合作关系之后持续发展双边政治、安全与经济、人文关系的重要指针。接下来，文莱这个东南亚地区相对富有的国家也势必在参与共商、共建与共享21世纪“海上丝绸之路”的进程中，进一步凸显东南亚在21世纪“海上丝绸之路”建设中的枢纽作用。文莱虽然是一个比较年轻的国度，但凭借着在东南亚地缘政治、经济与外交中不可忽视的角色，成为地区最具活力、最具幸福感的国家。鉴于此，在21世纪“海上丝绸之路”建设中，文莱的角色同样不可忽视，而其具有的一系列优势也将为文莱参与共建21世纪“海上丝绸之路”奠定一个坚实的基础。

首先，文莱在地理上有着非常好的位置，这也赋予文莱显著的地缘优势。文莱位于婆罗洲北部的中央，北纬4° 2′—5° 3′，东经114° 4′—115° 22′，[①] 拥有陆地面积仅为5765平方千米，海岸线长为162千米。[②] 文莱的陆地东、西、南三面与沙捞越（马来西亚联邦的一个州）毗连，被马来西亚自然包围，而北面则紧接南中国海。同时，由于文莱内陆地区多为山地、沼泽，交通不便，海上通道对文莱国家安全、经济发展均有着直接的影响。对此，有学者分析称，“独特的地理条件赋予了文莱相对稳定的陆地安全条件，也赋予了文莱对海洋安全高度依赖的现实状况”[③]。鉴于此，文莱为拓展油气资源出口贸易，对兴建海港等基础设施尤为重视。早在2003年，文莱政府就提出了以港口建设和工业园建设为主要内容的“双叉战略”，积极将大摩拉深水港打造为本地区最大的货物集散中心和以此为基础发展基础设施建设。[④] 因此，地理位置尚佳的文莱足以借助其港口辐射整个东南亚地区。

---

① 刘强：《婆罗洲一瞥》，新加坡：南洋学会，1966年版，第43页。

② Jurgen Schwarz, Wilfried A. Herrmann & Hanns-Frank Seller, *Maritime Strategies in Asia*, White Lotus Press, 2002, p.451.

③ 鞠海龙：《文莱海洋安全政策与实践》，载《世界经济与政治论坛》，2011年第5期，第55页。

④ 中国驻文莱使馆经商参赞处：《文莱实施经济多元化发展战略》，载《中国经贸》，2014年第10期。

其次，文莱的丰富能源产出是其参与21世纪"海上丝绸之路"共建不可不重视的一项优势。文莱早在20世纪20年代就在其北海岸诗里亚地区发现并大量开采石油。此后，文莱的油气资源产生不断增加，成为地区一个非常重要的油气资源出口国。1979年，文莱石油日产量曾达到历史最高值26.1万桶；90年代中期以来，文莱的石油日产量则一直保持在20万桶左右，天然气日产量也高达10.59亿立方英尺。[①] 到新世纪后，文莱的油气资源产量与出口额仍维持在高位。据《文莱时报》称，2008年文莱每天生产石油18万—20万桶。[②] 而另外，据统计，文莱目前已开发油田9个、气田5个，其中，有11个油区（8个在产油）位于海上，而文莱石油产量的90%和几乎全部的天然气产自海上油田。[③] 由此，文莱在参与21世纪"海上丝绸之路"建设过程中，有其能源优势，也有其能源出口的需求。

再者，相比部分其他东南亚国家，文莱还拥有一定的产业基础优势。除拥有较为发达的油气资源生产工业外，文莱近些年随着政府主导国家经济发展多元化力度的加大，在食品工业、清洁能源工业等方面逐步建立相对优势。"经济结构多元化"是文莱政府当下着力的重点，而加大在教育培训、投资和生产方面的财政预算则是文莱政府主要的举措。受此影响，生物创新走廊逐渐成为其经济发展的重要一部分，文莱政府希望借此促进食品和生物产业的发展，及建立一个国际知名的清真产业园区；不仅如此，实现能源产业的可持续发展及大力推广清洁能源的使用也是文莱政府推进工业发展的重要举措。2014年3月，文莱首相署能源部发布了《2014年文莱能源白皮书》，旨在推动能源可持续发展。同年8月18日，文莱首相署能源局强调"到2035年，文莱可再生能源比重将提高到10%，能源强度将在2005年的基础上降低45%"。[④]

最后，文莱稳定的政治与社会环境也构成了其参与共建21世纪"海上丝绸之路"相对突出的优势。众所周知，文莱历来被誉为"和平之邦"

① 吴士存：《纵论南沙争端》，海口：海南出版社，2005年版，第183页。

② 《文莱时报》2009年12月1日报道。转载自马静、马金案：《文莱：2009年回顾与2010年展望》，载《东南亚纵横》，2010年第3期，第22页。

③ 吴士存：《纵论南沙争端》，海口：海南出版社，2005年版，第183页。

④ 《文莱坚定发展可再生能源》，中华人民共和国商务部亚洲司网站，2014年8月20日，http://yzs.mofcom.gov.cn/article/zcfb/201408/20140800704329.shtml。

和高福利国家，因此文莱人通常衣食无忧，加之虔诚的伊斯兰宗教信仰，也十分注重礼仪，文莱社会秩序井然而有序。[①]文莱社会和谐与稳定的基础除高福利外，国家的体制和伊斯兰教化、法治也相当重要。在文莱国家体制中，伊斯兰教君主制（MIB）是基础，也是文莱政府验证民众是否忠君爱国的主要准则，因此任何人都不得反对政府的伊斯兰教化政策。[②]近些年来，随着全球形势趋向严峻、动荡不安，特别是国外极端伊斯兰势力对东南亚地区的侵入，给文莱国家政治与社会环境带来了不小的挑战。

为防范这些问题的发展及可能给政治社会稳定产生破坏性影响，文莱在宗教教化与法治等多渠道采取了措施。正如西方学者所言，任何单纯以政府力量等国家资源来应对这些挑战的设想，都会限制文莱国家有限资源的最合理分配，进而降低国家经济高速发展的意义及影响民众福利的向好发展。[③]因此，文莱政府特别注重发挥伊斯兰教在维护政治社会稳定中的价值，将宗教价值观和各种仪式相结合，宣导传统优秀的原则。此外，文莱还在2014年实施了《伊斯兰刑法》，希望以加强伊斯兰法治来持续稳定政治与社会的发展。文莱稳定的政治与社会环境也得到了外界投资者的一致认可。根据中国驻文莱经商参赞处的介绍，政治稳定、国家富裕、政策透明度高等都是文莱凸显的竞争优势。[④]

二、文莱对21世纪“海上丝绸之路”的态度

文莱足以辐射东南亚的优越地理位置，丰富油气资源储存量与高额产量，处在发展进步中的石油化工，可再生能源产业基础，及相对稳定的政治、社会环境，都为文莱参与共建21世纪“海上丝绸之路”塑造了诸多的相对优势。凭借着这些相对优势，文莱延续了长久以来对华友好合作的

① 柳思思：《伊斯兰教的“和平”与“中道”理念——伊斯兰教对于文莱政治社会发展的作用》，载《东南亚研究》，2013年第2期，第48页。

② 黄云静：《伊斯兰教与当代文莱政治发展》，载《当代亚太》，2007年第4期，第27页。

③ Ismail Duraman and Abdul Amin Hj Hashim, “Brunei Darussalam: Development within Its Own Paragigm”, *Southeast Asian Affairs*, 1998, ISAS, pp.53-60.

④ 中国驻文莱使馆经商参赞处：《文莱实施经济多元化发展战略》，载《中国经商》，2014年第10期，第29—30页。

传统，在实现建立文、中两国战略伙伴关系之后，寻求与中国的能源、农业等多个领域的合作，总体上对融入、参与21世纪“海上丝绸之路”持积极态度。

文莱对21世纪“海上丝绸之路”的积极态度也是其在历史上受益于“海上丝绸之路”发展的历史延续。在远东历史上，“海上丝绸之路”一直是古代中国和东南亚国家友好往来的象征，而在这段历史中，文莱与中国的友好往来则最具代表性。

文莱与中国的友好往来历史最早发生在西汉时期，彼时两国就有贸易交换；时至唐代中国，两国政府间开始了正式交往；宋代以后，虽然对文莱的称呼有所变化（如表4所示），但无论是官方还是民间，两国之间的交往日趋频繁。其中，明代中国与文莱的友好往来历史无疑最具象征意义。明代初期及中期，中国至少四次派特使到文莱。依据《明史·渤泥国传》记载，明太祖朱元璋曾派御史张敬之、福建行省都事沈秩序出使文莱。郑和第5次下西洋时也到过文莱。恰在这段时期，文莱时任国王麻那惹加那乃率王室及陪臣150余人在永乐六年访问了中国。由于不幸染病身故，国王麻那惹加那乃被明成祖厚葬于南京安德门外石子岗，其子遐旺被封为新国王，由太监与官员护送归国。

表4 中国历史上对文莱称谓的演化

朝代	名称	出处
汉（公元前206—公元220年）	都元国	《汉书·地理志》
梁（502—559年）	婆利国	《梁书·南海诸国传》
隋（581—618年）	婆利国	《隋书》、《旧唐书》
唐（618—907年）	婆罗、勃泥	《新唐书》、《蛮书》
宋（960—1279年）	勃泥、佛泥、渤泥	《诸蕃志》、《宋史》等
元（1271—1368年）	浡泥、渤泥	《岛夷志略》等
明（1368—1644年）	渤泥、汶莱	《星槎胜览》、《东西洋考》等
清（1644—1911年）	汶莱	《海国闻见录》等

资料来源：《浡泥国王墓探源》，南京大学出版社，1991年版；郑捷：《寻觅远古时期中国—文莱的“海上丝绸之路”》，载《亚太日报》，2015年5月22日。

除官方往来外，中、文两国商贸往来则是两国往来历史上重要的组成部分。1997年，一家法国石油公司在文莱海岸以北32海里、水深62米的海底，发现沉船的遗迹。经文莱考古专家发掘，大量明初的瓷器、铁棒出土，共计14000多件古代沉船遗物，其中主要是民窑出产的青花瓷、陶罐、铜手镯、玻璃器皿等。2002年10月，在文莱故都哥打巴都附近的文莱河支流甜柑河（Limau Manis River）沿岸，专家挖掘出5万多件出土文物，包括唐代货币、中国陶器、铜器、金器、木刻面具等。这些文物的发现在证明昔日文莱王国的强盛、辉煌和繁荣的同时，无疑也彰显了中华文明在文莱以至整个婆罗洲的影响。虽然到明朝后期，文、中两国关系因西方列强的入侵中断，但中华文化在文莱这片土地上已经扎根并薪火相传。这些则为今天文莱与中国的友好往来奠定了深厚的历史、文化与人文基础。对此，《文莱时报》副总编辑丘启枫在接受专访时说，文化和人文交流产生的无形效益是非常惊人的，这个效果才是真正可以持久的。[①]

在文、中两国建交后，两国历史上的友好往来得到了延续发展，而这也为文莱形成参与共建21世纪“海上丝绸之路”的积极态度奠定了现实性基础。政治层面，两国领导人建交以来互访频繁，始终保持相互尊重、平等相待的原则，共同将中、文两国关系塑造为本地区大小国家和谐相处、互利共赢的典范；经济层面，两国合作也是硕果累累，双边贸易额在总建交初期为1300万美元，而到2012年则已飙升至16亿美元。[②]

历史上的友好往来与中华文化在文莱的薪火相传，及现实中中、文两国在政治、经济等领域的互利合作，使文莱总体上对21世纪“海上丝绸之路”建设持有乐观的积极态度。针对东南亚国家对21世纪“海上丝绸之路”战略构想的态度，新加坡南洋理工大学拉惹勒南国际关系学院副教授李明江曾做了细致的调研。在他的研究与分析中，文莱与印度尼西亚、新加坡、马来西亚一样，是东南亚国家中能够接受共建21世纪“海上丝绸之路”的国家；但他同时也强调，文莱等国也并不希望对外关系只依靠

---

① 郑捷：《寻觅远古时期中国—文莱的“海上丝绸之路”》，载《亚太日报》，2015年5月22日。

② 丁刚：《战略合作，中国文莱携手共进》，载《人民日报》，2013年4月12日（23版）。

中国。[1] 虽然如此，文莱在现实中对21世纪“海上丝绸之路”的需求要远远大于印尼、新加坡、马来西亚等国。摆脱经济上严重依赖石油和天然气出口的困局以及提高经济竞争力与可持续发展能力，是文莱政府近些年来孜孜以求的目标，而这需要文莱给予油气资源产业以外的产业以更多的政策、资金支持。因此，发展港口基础设施建设以开辟海上互联互通，发展农业、可再生能源、清真产业等领域的国际合作对文莱至关重要。基于此，文莱的专家在看待21世纪“海上丝绸之路”时强调，文莱也可以通过参与21世纪“海上丝绸之路”分享到中国发展繁荣带来的红利，21世纪“海上丝绸之路”的建设过程将完善沿线的交通网，文莱可以从中获得更广阔的市场和更多的投资。[2]

由此可以认为，文莱对21世纪“海上丝绸之路”建设的积极态度有着深厚的历史与现实基础，而文莱当下在各领域积极融入21世纪“海上丝绸之路”建设的态度与举措，则为其抓住机遇以在新一轮区域一体化发展中实现文莱国家新的发展提供了重要前提。虽然如此，在21世纪“海上丝绸之路”共建中，由于文、中两国关系中还存在着诸如南海问题等不和谐因素，及深受地区、国际相关因素的影响，文莱当然也必须克服一些挑战。

三、文莱在21世纪“海上丝绸之路”建设中的机遇

文莱在21世纪“海上丝绸之路”建设中有着十分显著的能源、地理等方面的优势，而在深厚的历史与现实基础上，文莱总体上也对共建21世纪“海上丝绸之路”持有积极的态度，也相信21世纪“海上丝绸之路”如同古代“海上丝绸之路”一样给文莱带来的是发展良机与多彩的文化交流。对文莱来说，21世纪“海上丝绸之路”战略构想的提出及共建进程的开启，将对该国的基础设施建设、经济发展与对外交往等领域产生深远

① 《东盟国家对“一带一路”的审慎观望》，载（新加坡）《联合早报》，2015年4月13日。

② 《文莱时报》集团副总编辑丘启枫在接受采访时如此说道。参见《海外专家学者认为“一带一路”有利于地区繁荣发展》，人民网，2015年2月12日，http://politics.people.com.cn/n/2015/0212/c70731-26558137.html。

的影响。

首先，文莱的基础设施建设将在该国参与共建21世纪“海上丝绸之路”过程中获得快速发展的机遇。海上互联互通是共建21世纪“海上丝绸之路”的一项重要内容。对于文莱来说，这主要意味着其国家级港口摩拉深水港的建设与升级。如前文所言，2003年文莱政府就提出了以港口建设和工业园建设为主要内容的“双叉战略”，希望将大摩拉深水港打造为本地区最大的货物集散中心和以此为基础发展基础设施建设。为此，21世纪“海上丝绸之路”建设对文莱改善摩拉港基础设施和打造货物转口中心目标的实现或将大有裨益。一直以来，文莱政府大力鼓励全球航运公司，通过摩拉海港进行货物转口贸易。目前，为促进这一目标的实现，文莱政府已经拟定了八项举措：1. 全力推动航运业发展；2. 打造世界级船运服务设施；3. 把摩拉港发展成为东盟东部经济成长区的一个区域船运中心；4. 鼓励直接船运服务，让摩拉海港与世界各主要港口接轨；5. 推动港运后勤服务；6. 鼓励快艇载客业务；7. 发展货品转运服务；8. 推出更多港运服务来增加政府收益。[①] 当然，除港口建设外，以港口运输业和航运业的发展为契机，文莱内陆的基础设施建设也或将迎来新的发展机遇。

其次，文莱的航运业或将在共建21世纪“海上丝绸之路”过程中迎来新的发展环境。海洋经济的发展一直是文莱国家经济发展中的核心组成部分，这除海上油气资源生产外，主要体现为海上运输的发展，文莱海上进出口贸易的发展对该国国民经济发展的深刻影响同样不言而喻。数据显示，1999年文莱在册商用船只65艘，总载重量达366296吨。[②] 尽管如此，由于巨额的油气资源出口，文莱海上进出贸易量仍然很大。据统计，20世纪90年代，文莱所生产石油的46%运往日本，20%运往美国，17%出口给东盟国家，而天然气的97%则运往日本。进入新世纪后，随着东南亚国家石油需求量的增加，印度尼西亚逐渐成为文莱原油首要出口国，占据文莱石油出口总量的20%左右，而液化天然气出口的主要国家

① 郑捷：《“一带一路”提升中国—文莱海上互联互通》，载《亚太日报》，2015年5月21日。

② Jurgen Schwarz, Wilfried A. Herrmann & Hanns-Frank Seller, *Maritime Strategies in Asia*, p.451.

仍然是日本，占据90%以上。[①] 根据文莱官方的统计数据，文莱2015年6月份主要出口市场依次为日本（占比27.5%）、中国台湾（15.7%）、泰国（10.9%）和韩国（9.6%），主要进口来源地依次为马来西亚（23.7%）、新加坡（14.8%）、日本（14.7%）和中国（11.7%）。[②] 可见，经由南中国海的海上进出口贸易，无论是对文莱油气资源出口来说，还是对文莱整个对外贸易的发展都有着十分突出的价值。随着21世纪“海上丝绸之路”共建大幕的拉开，海上互联互通和海洋经济合作成为沿线国家的共议重点。这在进一步提升文莱海上航运业重要性的同时，无疑也将进一步促进文莱海上运输业的蓬勃发展。

再者，文莱的油气资源生产与出口发展或将在21世纪“海上丝绸之路”共建中重获新的发展。资料显示，2013年4月5日文莱苏丹哈桑纳尔访华期间，文、中两国元首发表《联合声明》，同意支持两国有关企业本着相互尊重、平等互利的原则共同勘探和开采海上油气资源。据此，文莱和中国签署了《中华人民共和国政府与文莱达鲁萨兰国政府关于海上合作的谅解备忘录》、《中国海油和文莱国油关于成立油田服务领域合资公司的协议》等双边合作文件。作为有效的落实举措，2013年10月11日，中国海洋石油总公司和文莱国家石油公司森迪瑞安有限公司（Sendirian，简称文莱石油）签署了关于建立油田服务的合资企业协议。这是文莱首次与中国在南中国海海域开展油气资源勘探、开采与生产合作，在对区域内共同开发产生示范作用的同时，也势必对文莱油气资源的生产与出口产生深远影响。

最后，文莱对油气资源单一依赖的产业经济格局或将在21世纪“海上丝绸之路”建设过程中，随着该国农业、可再生能源产业与清真产业等其他领域的发展，得到显著改变。摆脱经济严重依赖石油与天然气出口，促进文莱经济实现多元化一直是文莱致力的目标。2015年5月12日，工业和初级资源部长叶海亚部长在国际食品与生物产业投资会议上曾就此发表评论，文莱经济和产品出口多元化已经到了刻不容缓的地步。他说，文

---

① 《文莱油气数字之路》，南博网，http://www.caexpo.com/special/economy/Petroleum_Brunei/tb.html#3。

② 《文莱6月油气出口量增带动外贸回升》，中华人民共和国驻文莱经商参处，2015年8月31日，http://bn.mofcom.gov.cn/article/jmxw/201508/20150801095979.shtml。

莱今天的经济严重依赖石油和天然气，油气行业占文莱全国生产总值的67%，占政府税收的90%，占出口的96%，但却仅仅提供了5%的就业机会。[①]为此，文莱积极在参与共建21世纪“海上丝绸之路”过程中寻求加强与中国等国在农业、渔业、港口、可再生能源与清真产业等领域的合作。未来，如若文莱的农业、清真产业、渔业与港口运输业、可再生能源等领域实现较快发展，该国的生产自给率不仅会大幅度提高，该国一向对油气资源依赖深重的局面也或将得到改观。

四、文莱在21世纪“海上丝绸之路”建设中面临的挑战

文莱作为东南亚地区的小国，其高福利的社会保障体系使其成为地区幸福指数最高的国家，因此在政治、社会与宗教等方面有着其他国家难以比拟的稳定性。这些在为文莱参与共建21世纪“海上丝绸之路”赋予特别优势的同时，也为文莱更好地应对其他由于内外等因素带来的挑战奠定了很好的基础。

在参与共建21世纪“海上丝绸之路”中，文莱首要面对的挑战仍然是其经济单一结构性问题。如前文所言，文莱今天的经济严重依赖石油和天然气，油气行业占文莱全国生产总值的67%，占政府税收的90%，占出口的96%，但却仅仅提供了5%的就业机会。这在长远来看显然不利于文莱国家经济发展的可持续性和不利于社会稳定性的长久维持。根据文莱经济规划发展局公布最新统计，文莱2015年6月份油气出口量增长，带动其对外贸易额回升至116.75亿文元，环比增加5.6%；6月份日均出口原油环比增加9.9%至12.9万桶，日均出口液化天然气环比增加14.6%，油气出口额环比分别增加3.2%和5.6%。[②]虽然如此，但文莱经济单一结构问题仍然是接下来该国经济发展缓慢的重要原因。对此，国际货币基金组织（IMF）专家也认为，文莱正面临双重挑战，在原油价格大幅下跌的同时，文莱在接下来3—4年需维护更新老油井，从而导致原油产量下

① 郑捷：《“一带一路”提升中国—文莱海上互联互通》，载《亚太日报》，2015年5月21日。

② 《文莱6月油气出口量增带动外贸回升》，中华人民共和国驻文莱经商参处，2015年8月31日，http://bn.mofcom.gov.cn/article/jmxw/201508/20150801095979.shtml。

跌；近期来看，文莱经济前景暗淡，2015 年可能出现 0.5% 的负增长，直到 2018 年随着原油产量恢复经济才有望回升。而据亚洲开发银行最近发布的年度报告《2015 年亚洲发展展望》分析，受国际油气行业不景气影响，2015 年，文莱经济将继续下滑，国民生产总值（GDP）预计负增长 1.5%；同时，尽管文莱元对美元一再贬值，但 2015 年文莱居民消费价格指数（CPI）仍将保持下降趋势，通货紧缩状况较 2014 年难见好转。①

第二，南中国海争端也是文莱无法回避的挑战。文莱与邻国马来西亚、中国在南海存在着岛屿争端与海洋划界纠纷。在实现完全独立之后，文莱以立法的形式确定了 200 海里专属经济区制度，② 依此绘制了标明海域管辖范围的地图，声称对南沙群岛西南端的“路易莎”（Louisa Reef，即中国南通礁）拥有“主权”，并分割南沙海域达 3000 平方千米。③ 据统计，目前文莱侵占中国南沙海域大约 5 万平方千米，相当于文莱本国面积的 8.6 倍，且其中有两个在产油田在中国断续线以内。④ 同时，马来西亚也对路易莎礁提出权利要求，并于 1984 年占领了该礁。⑤ 除此以外，长期以来，文莱与马来西亚在婆罗洲海域各自或者与西方石油公司联合进行石油开发。其中，法国 Total Fina Elf 石油公司是进入文莱并获得文莱勘探和开采油气权的主要外国公司之一。然而，2003 年一艘马来西亚海军舰只用武力将该公司的油气探测船驱赶出被文莱视为己有的“J-K”油气生产区域。由此，两国险些“剑拔弩张”。⑥ 虽然文莱并没有能力在南海海域占领任何岛礁，⑦ 但一直以来，文莱却十分重视其海上安全的维护，并据

---

①《亚行预测文莱经济 2015 年将继续下滑》，中国—东盟中心，2015 年 3 月 25 日，http://www.asean-china-center.org/2015-03/25/c_134096476.htm。

② George Kent & Mark J. Valencia, *Marine Policy in Southeast Asia*, University of California Press, 1985, pp.171-173.

③ Day Alan J, *Border and Territorial Disputes*, London: Longman, 1982, p.132.

④ 吴士存：《纵论南沙争端》，海口：海南出版社，2005 年版，第 184 页。

⑤ Khadijah Muhamed & Tunku Shamsul Bahrin, “Scramble for the South China Sea: The Malaysian Perspective”, in R. D. Hill, N. G. Owem & E. V. Roberts, et., *Fishing in Trouble Waters: Proceeding of an Academic Conference on Territorial Claims in South China Sea*, Centre of Asian Studies, Hong Kong, 1991, pp.237-250.

⑥ Jeffery J. Smith, “Brunei and Malaysia resolve outstanding maritime boundary issues”, *American Society of International Law, LOS Reports*, Vol.1, 2010, pp.3-4.

⑦ Lee G. Gordner, “The Spratly Islands Disputes and the Law of the Sea”, *Ocean Development & International Law*, Volume 25, Issue 1, 1994, p.68.

此不断加强自身的海空力量建设及与区域内外的马来西亚、新加坡、澳大利亚、美国等国家开展海上安全合作与交流。不仅如此，文莱作为南海争端中最小的国家，除非中国能够完全主导东南亚地区安全机制，或者在领土主权或管辖权议题上做出让步，否则不可能不把中国视为战略假想敌，也不可能轻易放弃联合其他国家共同攫取南海权益的政策选择。①

第三，文莱人才储备问题或将在未来影响该国在21世纪“海上丝绸之路”共建中有效作用的发挥。依据前文，油气资源产业作为文莱第一大产业仅仅提供了文莱5%的就业机会。这在侧面反映文莱的就业结果和就业充分性方面还存在着不少问题，而这也深刻揭示，文莱的人才储备问题或将在未来成为该国发展的重要挑战。由于受高福利的社会制度影响，文莱社会普遍缺少危机感和企业家精神。因此，不少文莱人不会去积极工作，“择业而不就业”的现象比较普遍。大多数文莱人更愿意前往政府或国有企业。国家公务员的比重极高，占到本土总人口的57%。这不仅助长了文莱人民散漫的行为方式，更造成政府机构庞大、行政程序烦琐、管理成本居高不下的局面。显然，这无疑不利于经济增长。另外，据经济计划发展局公布的数据显示，文莱2015年2月失业人口有14814人。②

不仅如此，文莱在国内技术人才严重不足的情况下，还限制外籍劳工的进入，这或将给文莱深度参与21世纪“海上丝绸之路”建设带来不利影响。目前，文莱高等教育阶段缺少较为合理的人才培养计划，因此该国技术类人才供给显著不足；但是，与此同时，文莱政府却专门颁布政策，对外来劳工在文莱企业用工中的数量给予明确限制。对此，文莱政府显然需要拿出应对举措，在解决国内充分就业的同时，实现工人供给与企业生产、产业创新相匹配，否则文莱未来在参与共建21世纪“海上丝绸之路”过程中将难免受到人才问题的困扰。

五、21世纪“海上丝绸之路”建设中文莱应关注的议题

在21世纪“海上丝绸之路”共建中，文莱有其优势，有其劣势，既

① 鞠海龙：《文莱海上安全政策初探》，载《东南亚研究》，2011年第6期，第28页。

② “Unemployed total goes up in July”, Seehua, http://www.news.seehua.com/archives/46437.

有难能可贵的历史性机遇，也有需要其努力克服的挑战。为更好地与21世纪“海上丝绸之路”对接，并在共商、共建中分享更多的好处，文莱必须为抓住机遇和迎接挑战做好充足的准备，在参与共建21世纪“海上丝绸之路”中采取积极举措，重点关注优势领域和加强对不足领域的关注、支持。

首先，文莱需要在共建21世纪“海上丝绸之路”中持续地改善投资环境。相对稳定的政治、社会环境固然是文莱拥有良好投资环境的重要一环，也是该国投资环境总体相对较好的关键。但实际上，文莱的投资环境建设并未达到理想状态，甚至连政府自己划定的标准都没有达到。依据世界银行（WB）发布的“2009年全球营商环境报告”，文莱在全球营商环境排名中下滑5位，而据报告，影响文莱营商环境排名的主要指数包括“开办企业指数”、“获得信贷指数”、“缴纳税款指数”。[①] 这些指数的下滑真实地反映了文莱国内的投资环境问题。

一是由于高福利的国家社会保障制度，文莱缺少一个良好的经营环境和缺乏企业家的创业精神，[②] 因此文莱“开办企业指数”出现大幅度下滑。没有企业的兴办、发展，文莱国家信贷发展、纳税基数发展势必深受政府企业、国有企业的影响。二是在一个缺乏创业精神的社会，文莱人的散漫的处事方式得到了进一步彰显。国家公务员是本土人口占比中相对较高的职业群体，高达57%。这直接造成了文莱政府机构庞大、行政手续烦琐、管理成本居高不下。三是私营企业的投资者与从业人员也难以享受到政府雇员、国有企业职工一般的福利待遇和权利保障，这使原本就抗风险能力弱小的私营企业在发展方面举步维艰。不可否认，近些年文莱在这一方面采取了一定的举措，也使其全球营商环境排名获得了大幅度的提升。但是，这实际上与政府定下的目标仍存在着差距。

其次，文莱应继续主导经济多元化发展，加强对产业多元化发展的政策与资金支持。如前文所言，改变当前经济发展对油气资源产业的深重依赖和实现文莱产业发展的多元化，是文莱政府在国家宏观经济方面努力的

① 《文莱营商环境排名下降至第88位》，2008年9月11日，http://www.mofcom.gov.cn/aarticle/i/jyjl/j/200809/20080905778170.html。

② 范若兰：《伊斯兰教与东南亚现代化进程》，北京：中国社会科学出版社，2009年版，第319页。

根本内容和致力的目标。文莱宏观经济对油气资源的深重依赖不仅直接影响了文莱未来几年国家经济的发展速度，而且还从各方面影响了文莱的内外政策。其一，油气资源的高产出、高收入与高福利使该行业获得了国家政府与企业家的青睐和大力支持，也吸引了一部分从业者。但这一方面使文莱其他行业的投资大幅度减少，却没有办法提供更多的就业机会，使其他行业的发展缺少资金支持和面临着大量从业者涌入的压力。其二，油气资源在文莱国家经济发展中的重要地位，说明油气资源作为文莱国家核心利益的重要性。这一点，在文莱的国家国防白皮书中得到了明确的体现。在2004年“国防白皮书”中，文莱政府将在临海的区域保护国家利益、加固国界的完整性列为皇家武装部队发展的重要战略性目标。[①] 在2007年“国防白皮书”中，文莱政府强调：“增强皇家特遣队（RBAF）控制边境和近海海域的能力对国家安全而言是至关重要的。”[②] 可见，增强文莱近海防御能力并切实维护文莱海洋权益和实现对近海海域的控制是文莱海上安全“政策”的延续性内容，而这背后也无疑反映了油气资源作为国家核心利益对文莱外交、防务政策的深刻影响。这些无疑使原本就因为国土狭小而深感脆弱的文莱受到更多的结构性束缚。

再者，在21世纪“海上丝绸之路”共建中，文莱应积极发挥文莱华人的桥梁作用。

文莱国土虽小，但同马来西亚等东南亚国家一样，是一个多民族共生共存的多元社会。相关数据显示，在文莱总人口中，大约有11%—15%是华人，数量大致在4万人左右。[③] 相比在东南亚其他国家，华人在文莱有着下述几方面突出的特点：一是文莱华人的政治地位在东南亚国家之中相对较低。受到文莱相关制度，比如“马来、伊斯兰与君主制”的国家体制及其他法律制度的影响和限制，有很大一部分华人尚未获得文莱的国籍，华人没有公民权，自然也难以在政治方面有所诉求；而在君主制体制

---

① Brunei Darussalam Defence Department, *Brunei Darussalam Defence White Paper 2004: Defending the Nation's Sovereignty*, p.18.

② Brunei Darussalam Defence Department, *Shaping the Force Today: Brunei Darussalam Defence White Paper Update 2007*, p.27.

③ 参阅庄国土：《“马来化、伊斯兰化与君主制度”下文莱华人的社会地位》，载《东南亚研究》，2003年第5期，第63页；万晓宏：《文莱华人现状分析》，载《东南亚研究》，2004年第5期，第80页。

下，马来人享受政治方面的特权和充分的决策权，因此也并没有多大的空间可供华人去实现政治诉求。虽然如此，恰是在这样的环境下，文莱华人相反获得了相对宽松的生存环境，并没有遭遇类似马来西亚、印度尼西亚等国曾发生的大规模排华事件。二是文莱华人在经济上拥有很大的发展空间，是文莱国家经济发展，特别是兴办中小企业的主力军。除不能涉足石油、天然气和橡胶等关系文莱国计民生的重点工业外，文莱高达70%的中小型企业由华人经营，而农业、大型建筑项目等更是华人经济的传统行业。可见，在这一方面，文莱华人与马来西亚华人一样，对国家经济的发展也做出了很大的贡献。三是文莱华人有自己组织社团和开办华文教育的权利，这有利于文莱华人维持和发展华人的意识和族群认同。华文教育的发展也为文莱的国家发展培育了大量的人才。这也得到了文莱政府部门的肯定，文莱教育部官员2001年曾在文莱中华中学毕业典礼上谈到，中华中学创校80年培育了无数精英和人才，希望该校能够为文莱培育更多、更优秀的人才及国家未来发展的主人翁。①

鉴于文莱华人的这些特点，文莱政府应采取积极的包容、容纳政策，在进一步培育文莱华人国家公民和主人翁意识的同时，持续发挥文莱华人在促进国民经济多元化发展、营造良好营商环境方面的有益作用，及使华人在文莱—中国友好交往中的“桥梁”效应得到进一步释放。

最后，文莱需要继续在东盟框架下扮演增进中国—东盟合作的角色。文莱虽不是东盟的创始国，但却一直被视为是“老东盟”五国成员之一。自1984年成为东盟成员国后，文莱就十分注重东盟框架给文莱在政治、安全与经济合作等领域带来的益处。比如，在安全方面，文莱一直将东盟及东盟地区论坛视为确保地区和平、稳定和繁荣的保证。②随着对东盟框架的熟悉，文莱逐步发展为东盟成长与发展进程中重要的一支推动力量，是东盟一体化建设与“共同体”发展的有力推手，更是东盟—中国友好对话与合作发展的受益者和坚定推动者。

---

① 转引自庄国土：《“马来化、伊斯兰化与君主制度”下文莱华人的社会地位》，载《东南亚研究》，2003年第5期，第68页。

② Brunei Darussalam Defence Department, *Brunei Darussalam Defence White Paper 2004: Defending the Nation's Sovereignty*, p.12.

东盟国家是共建21世纪“海上丝绸之路”的依托，[①] 这意味着东盟国家的参与及中国—东盟的合作将对21世纪“海上丝绸之路”的建设有着至关重要的影响。但有一点必须得到正视，也即东盟企业借“一带一路”的东风，希望达到的目的与中国不尽相同。中国希望借“一带一路”走出去，向沿线国家推销产品，而文莱等东盟国家更关注的是，如何借机让更多的本国企业走进中国，让中国更多的投资走进文莱。因此，对文莱而言，在中国—东盟共建21世纪“海上丝绸之路”和推进中国—东盟经贸区升级版打造之际，发挥其积极作用就意味着要协调好中国—东盟间存在的不一致诉求，要坚定地推动东盟—中国友好对话与合作关系在共建21世纪“海上丝绸之路”过程中向更高台阶发展。当然，在这一过程中，文莱与中国之间具有示范意义的战略合作关系的维持与发展无疑将是文莱关注的重中之重，而这也将深刻地在21世纪“海上丝绸之路”共建中文、中两国的合作方面得到展现。

六、21世纪“海上丝绸之路”建设中的中、文合作

21世纪“海上丝绸之路”虽由中国提出，但却由沿线国家共商、共建与共享，在进一步深化中国和沿线海上国家联系的同时，无疑正在也将继续使文莱和中国的双边合作更加便利。[②] 这是中国—文莱双边关系提升为战略合作关系后，又一个能够对双方关系的发展产生显著推动力和提供合作构想蓝图的倡议，当然也能够将中、文两国战略合作关系引向深入。

持续推动中、文经贸关系，增强两国相互投资，是中、文共建21世纪“海上丝绸之路”过程中扩大、深化双边合作关系的重要选项。

发展经贸关系是21世纪“海上丝绸之路”发展的主轴，目标就是希望在产业对接和产业合作基础不断加深的情况下，推进中国与沿线国家经贸关系的发展；当然，对文莱等国家来说，发展经贸关系，将本国的产品推向中国市场和经中国走向亚太则是重要目标。根据相关数据，近年

① 葛红亮：《“海上丝绸之路”与海权意识》，载《世界博览》，2015年第8期，第32页。

② 张慈祥：《21世纪海上丝绸之路使中文合作更加便利》，载《南方日报》，2014年10月29日（A13版）。

来中、文双边贸易快速增长。2014年双边贸易额达19.36亿美元，同比增长7.96%，再创历史新高。[①]不仅如此，文莱对全面深化与中国的贸易、投资框架也持有相当积极的态度。2014年11月，文莱苏丹哈桑纳尔·博尔基亚参加了在北京召开的APEC领导人会议，对中国提出的“启动亚太自由贸易区进程（FTAAP）”建议表示积极支持。此外，文莱同时还签署加入了中国倡导成立的亚洲基础设施投资银行。双方贸易、投资框架的全面优化将为接下来双边增进贸易与投资关系奠定一个良好基础。

在投资方面，中、文两国相互投资有增长的势头，也有很大的增长发展空间。近年来，文莱对华直接投资主要以在文莱金融中心注册的离岸公司在华投资为主。资料显示，截至2014年12月累计实际对华投资额为26.2亿美元。2014年当年中国对文莱直接投资流量653万美元。截至2014年末，中国对文莱直接投资存量7633万美元。中国对文莱的投资也在呈现出急速增长的状态，而重点集中在能源合作这一方面。以中国浙江恒逸石化集团对文莱的投资为例，该公司在文莱计划兴建化工厂，占地260公顷，预计总投资为43.2亿美元。项目投产后，预计年加工800万吨原油，年产能达150万吨，绝大部分产品将出口至中国。[②]不仅如此，根据中、文南海油气资源合作协议，文莱中海油服合资有限公司将为文莱建造6座新平台，包括4座井口平台、1座钻井平台和1座天然气压缩平台。

接下来，中国企业应当根据文莱的国家政策重点和国家规划，在能源领域之外，进一步扩大投资领域和投资主体的范围。其一是可再生能源领域，根据文莱“2035宏愿”的目标，文莱政府要在2035年从可再生能源中获取10%的发电量。据此，我国企业可利用自身在可再生能源方面的技术优势，进入文莱市场。其二是清真产业，该产业是文莱政府主要扶持的产业。鉴于清真食品市场的“蓝海”价值及地区存在的广阔市场，2014年文莱已经把清真领域视为该国国家经济转型和多元化发展的核心领域。对此，这应当引起中国清真企业，及清真农业发展技术成熟省份的注意。

① 《2014年中文经贸合作概况》，2015年7月7日，http://bn.mofcom.gov.cn/article/zxhz/hzjj/201507/20150701036494.shtml。

② 《2014年中文经贸合作概况》，2015年7月7日，http://bn.mofcom.gov.cn/article/zxhz/hzjj/201507/20150701036494.shtml。

加强中、文两国在基础设施领域的合作是两国共建21世纪“海上丝绸之路”过程中的要点之一。文莱工业基础薄弱。建筑行业虽为文莱第二大工业，但如前所言，大多为中小企业，缺乏政府的大规模投入，因此一直不是太景气。随着文莱对国家经济转型和多元化发展需求的迫切程度加剧，文莱渐趋开始注重发展建筑行业和发展、完善基础设施建设以促进文莱港口、航运业的发展。例如，大摩拉深水港的完善和发展，文莱借此希望将该港打造本地区最大的货物集散中心。此外，文莱对淡布隆地区已经进行了发展规划，其中包括跨海大桥建设项目等基础设施建设。但同时，以文莱自身建筑行业的发展水平和规模，尚不能完全满足国家大型基建工程的需求，因此与外国公司合作和引进外国资本成为文莱不二的选择。在21世纪“海上丝绸之路”之下，实现互联互通是基础，而“亚投行”则是重要的保障。这在给文莱基础设施完善带来巨大机遇的同时，也为中资基建企业进入文莱市场打开了窗口。据此，中国企业应当在现有的基础上，与本地企业合作，共同参与桥梁、道路等重大项目建设，以切实的行动参与到21世纪“海上丝绸之路”共建中来和推进中、文两国在基础设施建设方面的合作关系。

除经贸、投资外，中、文两国在生产技术方面的交流与合作也有广阔空间。例如，农业种植和稻米培育专业技术。文莱的粮食生产尚不能自给自足，因此推进农业的大发展和现代化对文莱来说既是经济多元化发展需求，又关乎文莱的国家粮食安全。显然这是中、文两国在农业种植和稻米培育方面加强合作的良机，也是文莱稻米实现自给自足的一个非常好的契机。同时，在可再生能源技术、清真产品生产技术等方面，中、文两国也有合作空间。

中、文两国的合作既有国家层面，也需中央与地方协作、国有企业与私营企业合作。如今，作为文莱与中国地方合作的典范，文莱—广西的合作逐步走上正轨和步入落实、深化的阶段。“文莱—广西经济走廊”则是文莱与广西合作的双边机制，是文莱与广西壮族自治区政府共同搭建的合作平台。通过这个平台，文莱和广西希望利用双方各自优势资源，推动双方在种养殖业、食品与药品生产加工、交通物流、旅游等领域的务实合作，加强两地互联互通建设。这一构想由文莱工业与初级资源部于2013年9月提出，2014年9月正式签署合作备忘录，随后组建了双边合作工作委员会，广西壮族自治区一位副主席和文莱工业和初级资源部常任秘书联合担任委员会主席，全面规划、协调和推动双方合作。2014年12月，广西派团访文，商定了首批重点合作项目清单，并制定2015年工作计划。2015年3月，广西壮族自治区党委书记彭清华访文，进一步推动了项目进展。①

对于两国接下来在共建21世纪"海上丝绸之路"中的合作，文莱与中国还应当也必须在两国人文交流方面有所作为，在促进两国人员往来方面付诸更多的努力。

其一，促进中、文两国教育交流与合作。目前，虽然两国的高校每年持续性地开展了留学生互换活动，但总体来看，两国青年学生往来规模还很小。中国留学生倾向于赴欧美等发达国家留学，文莱留学生则倾向于赴东南亚新加坡等发达国家及持续前往英国等欧美国家受教育。中国驻文莱大使杨健在接受媒体访问时表示，中国政府一直有提供奖学金给文莱学生，但获得奖学金的申请者并不多。

其二，促进两国人力资源方面的合作持续深入开展。文莱经济转型与多元化发展迫切需要大量的专业技术人才，因此两国在人力资源合作方面将有很大的契机。目前，双方主要合作方式是邀请文莱政府官员及专业技术人员赴华参加多边援外培训班或研讨会，以及我国向文莱派遣青年志愿者。资料显示，2012年12月，由中国商务部和团中央共同派出的第一期23名青年志愿者抵文，在文莱大学、体育学校等单位进行为期一年的教学服务；第二期项目已经启动，于2015年7月派遣我国志愿者赴文莱大学开展教学和研究工作。为了更好地满足文莱社会经济发展的需要及支持中国企业开展对文莱经贸合作，下一步中、文双方有望加大人力资源合作力度和深度，积极探索为文莱组织双边人力资源培训班、向文莱派遣专家顾问等多种合作方式。② 此外，劳务外包也是重要的人员交流形式。据统计，2014年中资企业在文莱新签合同额1541万美元，当年派出各类劳务人员34人，年末在文莱劳务人员百余人。

---

① 《2014年中文经贸合作概况》，2015年7月7日，http://bn.mofcom.gov.cn/article/zxhz/hzjj/201507/20150701036494.shtml。

② 《2014年中文经贸合作概况》，2015年7月7日，http://bn.mofcom.gov.cn/article/zxhz/hzjj/201507/20150701036494.shtml。

对于21世纪“海上丝绸之路”共建过程中文莱—中国的合作，中国驻文莱前任大使张慈祥曾表示：“希望文莱和其他东盟成员国一起，在经济投资、文化和人员往来及港口货物和服务的自由流通等领域，共同受益于这更加紧密的联系。”[①] 显然，这还需中国和文莱共同克服现存于双边关系中的一些挑战，比如南海议题与地区局势，在21世纪“海上丝绸之路”共建合作中，深化两国在东盟框架下的对话与合作层次，以及提升两国双边在政治、安全、经济与人文等领域的合作水平。

① 张慈祥：《21世纪海上丝绸之路使中文合作更加便利》，载《南方日报》，2014年10月29日（A13版）。

越南与21世纪"海上丝绸之路"

■ 文/阳　阳[①]

区域合作如今日益成为全球化条件下经济持续发展的必然趋势。在此背景下，中国政府提出"一带一路"战略构想。作为传统海上丝绸之路的沿线国家之一，越南经济形势稳定，在对外开放、融入全球化体系层面还有巨大潜力；而21世纪"海上丝绸之路"战略构想则为越南提供了发展基础设施建设的重大机遇，成为越南未来经济发展的可能增长点。对于21世纪"海上丝绸之路"构想，越南社会表现出或支持、或观望、或反对等态度，这一表现源于各种复杂因素，或将影响越南参与合作的广度和深度。在21世纪"海上丝绸之路"合作展开过程中，中国、越南需要进一步加强合作与互信，尤其是越南方面，需要发挥积极因素，在建立合作保障机制的同时把握"一带一路"构想和TPP协定带来的双重机遇，实现经济层面的突破增长和外交关系的良性发展。

一、引言

21世纪海上丝绸之路是中国政府"一带一路"战略构想的重要内容之一。当今全球经济增长渐缓，加强区域合作成为推动经济复苏并发展的重要动力，也是全球化条件下经济持续发展的必然趋势。在这一背景下，中国国家主席习近平于2013年9月7日访问哈萨克斯坦时，首次提出共

① 作者供职于解放军外国语学院。

同建设“丝绸之路经济带”的重大战略构想，2013年10月3日在印度尼西亚国会发表演讲时，又提出共同建设21世纪“海上丝绸之路”。2013年12月，中共中央经济工作会议正式提出：推进“丝绸之路经济带”建设，抓紧制定战略规划，加强基础设施互联互通建设；建设“21世纪海上丝绸之路”，加强海上通道互联互通建设，拉近相互利益纽带。这标志着“一带一路”构想日趋成形，并随着2014年习近平主席对周边13个国家的出访迈入务实合作阶段。2014年3月，中国国家总理李克强在《政府工作报告》中明确指出，抓紧规划建设丝绸之路经济带、21世纪海上丝绸之路。同年11月，习近平主席在2014年中国APEC峰会上宣布，中国将出资400亿美元成立丝路基金，为“一带一路”沿线国家基础设施建设、资源开发、产业合作等有关项目提供投融资支持。同时，亚洲基础设施投资银行筹建工作已经迈出实质性一步，创始成员国不久前在北京签署了政府间谅解备忘录。进入2015年，“一带一路”的愿景与行动文件发布，这一战略已进入全面展开的阶段。

在“一带一路”战略中，21世纪海上丝绸之路包括两个重点方向：一是从中国沿海港口过南海到印度洋，延伸至欧洲；二是从中国沿海港口过南海到南太平洋。21世纪“海上丝绸之路”的合作领域多种多样，包括海上运输、海洋资源开发、海洋科研、海洋环保、海上旅游、海上减防灾、海上执法合作、海上人文交流等。很明显，在构建21世纪“海上丝绸之路”的战略中，中国—东盟的合作具有非常关键的作用。这不仅基于东南亚地区是古代海上丝绸之路的重要组成部分，更重要的是，在当今加强区域合作的趋势下，东南亚地区对于促进亚洲互联互通、推动蓝色经济发展以及增强亚太地区和平稳定等方面都具有特殊的意义。因此，在“一带一路”全面展开的阶段，2015年被定为中国—东盟海洋合作年，成为中国—东盟合作的新起点。

二、越南在21世纪“海上丝绸之路”中的优势

越南位于亚洲的东南部，太平洋西岸的南端，地形呈狭长的“S”形，北接中国，西临老挝，西南连柬埔寨，东面及南面濒临南海，海岸线长达3260千米。越南地处巴士海峡到马六甲海峡航线的中间位置，是从西太

平洋经马六甲海峡来往于印度洋的必经之路，具有十分重要的战略地位，自古就是海上丝绸之路的主要站点之一。《汉书·地理志》记载，汉武帝派遣使者和应募的商人出海贸易经过如下航程：自日南（今越南中部）或徐闻（今属广东）、合浦（今属广西）乘船出海，顺中南半岛东岸南行，经五个月抵达湄公河三角洲的都元（今越南南部的迪石）；复沿中南半岛的西岸北行，经四个月航抵湄南河口的邑庐（今泰国之佛统）；自此南下沿马来半岛东岸，经二十余日驶抵湛离（今泰国之巴蜀），在此弃船登岸，横越地峡，步行十余日，抵达夫首都庐（今缅甸之德林达依）；再登船向西航行于印度洋，经两个多月到达黄支国（今印度东南海岸之康契普腊姆）；回国时，由黄支南下至已不程国（今斯里兰卡），然后向东直航，经八个月驶抵马六甲海峡，泊于皮宗（今新加坡西面之皮散岛），最后再航行两个多月，由皮宗驶达日南郡的象林县境（治所在今越南维川县南的茶荞）。途经越南的海上贸易航线也成为后来中国历朝历代沿用的传统航线，而越南多地也伴随着这条航线的发展而繁荣起来。16 世纪之后，越南中部的会安逐步发展成为一座国际性的贸易口岸，当地有古碑称："四方百货，无远不知。"而南部的河仙地区则会集了来自中国、暹罗等地的船舶，以"桅帆多得不可胜数"的记载号称"小广州"。[①] 除了史料记载以外，考古学界的发现也证明了越南在古代海上丝绸之路中占据重要地位，而海上丝绸之路也对当时越南的发展起到了促进作用。20 世纪上半期，在现今越南南部的奥埃奥（Óc Eo）遗址曾出土了 2 世纪时期的罗马金币，证明了这一地区曾是海上丝绸之路的重要一环。20 世纪 90 年代以来，科学家先后在越南附近海域发现数艘古沉船，从船上打捞出来自中国、泰国等地的陶瓷制品，在金瓯省发现的沉船上还发现了证明 15 世纪郑和船队曾到达越南的文件，这些充分见证了海上丝绸之路在遥远年代里的繁华。

作为古代海上丝绸之路的站点，越南在地理、历史上的优势显而易见，这些传统优势成为越南加入 21 世纪海上丝绸之路合作的重要的人文基础。除此之外，越南当今的经济发展形势也为其加入合作奠定契机。20 世纪 80 年代，由于持续的战争状态，越南的经济出现严重的负增长，几

① 李庆新：《海上丝绸之路》，北京：五洲传播出版社，2006 年版，第 150 页。

乎走到崩溃的边缘。1986年12月，越共召开第六次全国代表大会，提出了全面改革的路线，这成为越南社会经济发展的战略性转折点。尽管革新开放的道路曲折艰难，但越南的社会经济状况得到逐步改善并获得快速增长，自20世纪90年代中期以后一直保持着稳步发展的势头，国内生产总值（GDP）增长率一度高达8%—10%，领先于东南亚其他国家。在对外经济方面，越南在20世纪90年代起先后与中国、美国确立了良好的外交关系，于1995年成为东盟的正式成员国，在2006年11月签署加入世界贸易组织协议（WTO）。同一时期，越南政府还颁布并修订了《外国投资法》、《油气法》等多部法律政策，在完善投资环境以增强对外吸引力的同时，促进外国直接投资活动，适应越南对外经济发展战略的改革要求。总体来看，2006年至2014年越南经济增长速度有所放缓，但平均增长率也达到6.0%，在2007—2009年世界金融危机影响下仍以6.1%的平均增长率实现平稳过渡，这充分说明越南经济增长还有进一步上升的空间。

表5 2006—2014年越南经济增长速率（%）

2006	2007	2008	2009	2010	2011	2012	2013	2014	2006—2014
7.0	7.1	5.7	5.4	6.4	6.2	5.2	5.4	6.0	6.0

数据来源：The ASEAN Secretariat Jakarta, *ASEAN Statistical Yearbook 2014*, Jakarta: ASEAN Secretariat, July 2015; The World Banhk, http://www.worldbank.org/vi/country/vietnam, 2015-09-14.

从横向对比来看，在BCLMV阵营中，越南的经济增长最具稳定性，尤其在2007—2009年世界金融危机期间，稳定程度甚至超过经济较为发达的ASEAN5。① 这一方面表明越南经济在对外开放、融入全球化体系层面还有巨大潜力，另一方面也意味着相应的经济风险在越南处于较低水平。

① 东盟各国的经济水平可以分为三个阵营，新加坡属于完成工业化的发达国家，印尼、马来西亚、泰国和菲律宾代表新兴的市场经济，合称为ASEAN5，文莱、柬埔寨、老挝、缅甸和越南属于欠发达国家，合称为BCLMV。

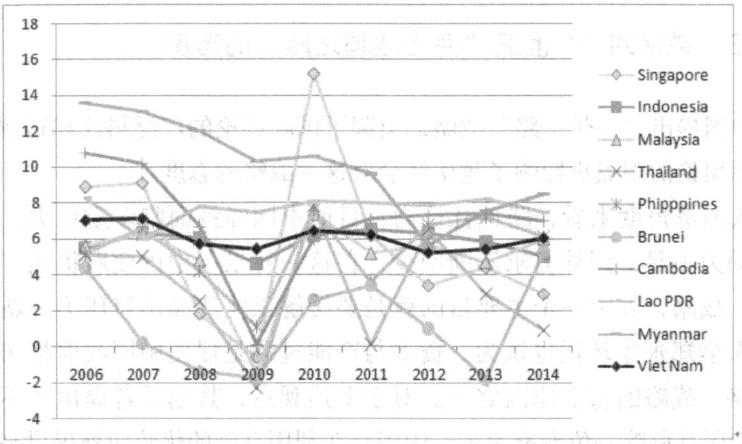

图 1 2006—2014 年东盟十国经济增长速度折线图

数据来源：The ASEAN Secretariat Jakarta, *ASEAN Statistical Yearbook 2014*, Jakarta: ASEAN Secretariat, July 2015; The World Banhk, http://data.worldbank.org/indicator/NY.GDP.MKTP.KD.ZG, 2015-09-14.

2011 年 1 月 12 日，越共“十一大”召开，会议在“九大”提出的“有效提高人民物质与精神生活质量，至 2020 年将越南建成现代化工业国家”① 这一远景目标基础上，进一步细化了 2011—2020 年的经济发展战略。其中，“在广泛融入全球合作的条件下建立独立自主的经济基础”成为指导思想之一，而在经济—社会发展方向上，战略明确指出：“……努力加快基础设施建设和配套服务体系，建成南—北经济轴、东—西经济走廊以及泛亚经济合作圈。……在各经济走廊的口岸地区建立大型经济发展中心。……拓展对外关系，主动融入国际社会，提高越南的国际地位。”② 此外，战略中也两度强调“保持宏观经济形势的稳定”③。这显示越南政府将在未来一个较长的时间内为经济稳定增长、扩大对外经济合作提供政策支持和保障，而前期良好的经济发展形势以及保持这一形势的决心，也成为越南加入 21 世纪海上丝绸之路合作的重要经济和政治优势。

① Báo Điện Tử Đảng Cộng Sản Việt Nam, “Đại hội đại biểu toàn quốc lần thứ IX của Đảng”, http://dangcongsan.vn/cpv/Modules/News/NewsDetail.aspx?co_id=30138&cn_id=179014, 2015-09-19.

② *“Chiến lược phát triển kinh tế – xã hội 2011–2020”*.

③ *“Chiến lược phát triển kinh tế – xã hội 2011–2020”*.

三、越南对21世纪"海上丝绸之路"的态度

中国提出"一带一路"战略，引起了国际舆论的广泛热议和猜测。这些国际舆论的观点也影响了越南社会对这一战略的态度。

从经济角度来看，路透社认为，目前中国经济面临多重压力，国内市场动力不足，国外需求不断减少，在这一背景下中国政府提出"一带一路"战略，其中一个主要目的就是要缓解工业产品出口压力。新加坡国立大学郑永年教授也认为，资本与产能过剩是促使中国政府推出"一带一路"战略的重要原因之一。对于上述观点，其他学者提出了不同看法。中国社科院一位专家表示，中国是在利用自己的优势向外提供高质量的产品，而非寻找剩余产品倾销地，毕竟中国的经济增长仍然主要靠拉动内需。

"一带一路"战略展开的同时，亚洲基础设施投资银行（AIIB）于2015年6月正式成立，其中域内国家37个、域外国家20个，涵盖了除美、日和加拿大之外的主要西方国家。因此，一些观点从政治角度分析认为，"一带一路"战略旨在加强中国与亚洲国家的利益联系，扩大其在亚洲地区的影响力以制衡美国，而亚投行的成立表明地区领导权正逐渐从美国转移至中国。对此，英国《金融时报》驻上海记者吴佳柏（Gabriel Wildau）表示：不断下降的地区影响力有可能将使美国商界及外交界人士忧心忡忡。郑永年教授也评论道：中国的实力和地区影响力不断增长，这是事实，美国肯定会感觉受到了挑战；各个国家对中国"一带一路"战略的态度则受制于目前的全球秩序，掌握领导权的美、日等国肯定反对，对资本需求巨大的发展中国家会支持，而中间力量或是采取谨慎的态度，或是迫于美国的压力而选择观望。针对这一情形，郑永年教授提醒，"一带一路"战略的主体应该是资本而非政府，美国对该战略以及"亚投行"的态度表明其仍将政府视为这一战略的主体。①

此外，俄罗斯《独立报》撰文称，令俄罗斯担忧的是，中国的"丝绸

① Đức Long, *"Toan tính của Trung Quốc trên Con đường tơ lụa mới"*, http://vnexpress.net/tin-tuc/the-gioi/phan-tich/toan-tinh-cua-trung-quoc-tren-con-duong-to-lua-moi-3199388.html, 2015-09-19.

之路”战略将使俄罗斯逐渐失去在中亚的影响力。文章还援引俄罗斯科学院国际经济和政治研究所副所长斯维特兰娜的观点称，俄罗斯对中国的依赖程度大大超过中国对俄罗斯的依赖程度。因此文章提醒：俄罗斯应该对中国的“一带一路”战略保持警惕。①

在国际舆论的基础上，越南政府及社会对中国“一带一路”战略也形成了大相径庭的看法。越南政府表达出积极参与的意愿。2013 年 11 月，就在中共中央总书记习近平提出“一带一路”倡议后不久，亚洲合作对话（ACD）第十二次外长会议在巴林首都麦纳麦举行。会议通过《麦纳麦宣言》，各方表示为了促进亚洲合作对话切实有效地展开，支持中国提出的倡议，即通过“新丝绸之路经济带”加强亚洲与欧洲的联系，并将由中国于 2014 年组织“丝绸之路经济带”国际研讨会。会上，越南外交部副部长阮芳娥肯定了亚洲合作对话在促进对话与合作、建立合作互信的重要作用，并强调越南将履行各项协议，同其他亚洲合作对话成员国一道促进和平、稳定及发展。② 2014 年 11 月中旬，以“共建面向未来的亚太伙伴关系”为主题的亚太经济合作组织（APEC）峰会召开，越南学者对于“合作蓝图”对越南经济的积极影响给予了肯定。越南社科院中国研究所前所长杜进森认为：越南要保持之前的经济增长势头，必须寻找到合适的突破点如基础设施建设，尤其是高速铁路及港口的建设；在这一方面中国的建设相对完善，尤其是陆路交通。杜进森表达了越南非常希望能与中国合作的愿望，并表示“如果越南能够利用中国的资金推动国内基础设施建设，那将是再好不过的事”③。2015 年 4 月 7 日，越共中央总书记阮富仲率代表团访问中国，其间双方签订协议，将越南海防港纳入“21 世纪海上丝绸之路”合作。此外，阮富仲对“‘丝绸之路’倡议以及中国吸引越南参与的努力表示赞同”，双方领导人表示将为“丝绸之路”倡议成立“基础

---

① Phương Nguyên, *"Nga cảnh giác với 'con đường tơ lụa'"*, http://baodatviet.vn/the-gioi/quan-he-quoc-te/nga-canh-giac-voi-con-duong-to-lua-3276843/, 2015-09-22.

② Bộ Ngoại Giao Việt Nam, *"Tăng cường hợp tác giữa các nước Châu Á"*, http://www.mofa.gov.vn/vi/nr040807104143/nr040807105001/ns131127041306/view, 2015-09-22.

③ Đài phát thanh quốc tế Trung Quốc, *"Học giả hai nước Trung-Việt cho rằng bức tranh kết nối sẽ tiếp thêm sức sống mới cho kinh tế Việt Nam"*, http://vietnamese.cri.cn/481/2014/11/12/1s204829.htm, 2015-09-22.

设施建设和财政合作工作小组”。[①]

与越南官方积极的态度相比，越南国内知识分子群体对于中国“一带一路”的战略则表现出消极的看法，且带有浓厚的政治色彩。鉴于近几年来南海相关方争议不断，尤其是2014年5月爆发“中建南”事件、越南反华打砸事件，导致中国、越南南海冲突升温，在一定程度上促使越南采取较为保守的态度看待中国“一带一路”战略。这主要集中体现在以越南前副总理武宽为代表的部分知识分子的观点上。武宽现为越南东海（中国南海）研究互助基金会[②]的高级顾问，他在“2014年度东海研究”颁奖典礼上说道：“尽管近几个月来东海局势有所缓和，但又出现了中国巩固在西沙的建筑工事这样的新情况。此外，中国还提出了‘一带一路’的大规模战略。这些新情况是各位研究学者应该注意的新课题。”武宽还表示，年轻学者应该认真研究中国提出的“21世纪海上丝绸之路”，以便寻找到合适越南的参与方式，毕竟这个战略与几大海域相关，其中就有东海，而越南应该从研究菲律宾就“九断线”对中国提起仲裁一案的专家学者群体中获取一些有利的建议。[③]还有的越南学者公开表示：“21世纪海上丝绸之路”的目的在于减少南海争端对中国—东盟合作的消极影响，缓解南海相关方对中国在南海日益增强的军事存在的忧虑。……中国很有可能借口将三沙纳入“21世纪海上丝绸之路”战略，借以增强其在南海争议区的实际存在。[④]

这种保守的态度还出现在以“民智报”为典型的越南网络媒体中。作

---

① BBC, *"Hải Phòng 'vào dự án Con đường Tơ lụa'"*, http://www.bbc.com/vietnamese/vietnam/2015/04/150408_xi_trong_haiphong_silk_road, 2015-09-22.

② 越南东海研究互助基金会（Quỹ Hỗ trợ Nghiên cứu Biển Đông）成立于2013年12月，组织方包括外交学院、黎公奉（Lê Công Phụng）大使、原外交部副部长及原国家边界委员会主任阮德雄（Nguyễn Đức Hùng）大使，还有前驻新加坡、加拿大大使等。基金会自称非营利性社会组织，通过资助国内外相关研究以保护越南的海洋权益，助力南海地区稳定与合作。

③ Việt Anh, *"Ông Vũ Khoan:'Cần tăng cường nghiên cứu con đường tơ lụa trên biển của Trung Quốc'"*, http://vnexpress.net/tin-tuc/the-gioi/ong-vu-khoan-can-tang-cuong-nghien-cuu-con-duong-to-lua-tren-bien-cua-trung-quoc-3175676.html, 31/3/2015, 2015-09-20.

④ Đức Cần, Phương Nguyễn, *"Bàn về chiến lược con đường tơ lụa trên biển thế kỷ XXI của Trung Quốc"*, Tạp chí Nghiên cứu Trung Quốc, Số 5, 10/06/2015.

为越南移动新闻媒体终端市场占有率最高的本土媒体①，“民智报”发表了评论员文章《中国的丝绸之路能走多远?》，提醒“受到中国动员加入‘一带一路’的国家应该充分考虑其所能带来的利益以及可能造成的危害，而不是盲目把握中国提供的任何机会，还要仔细权衡哪些项目只是为中国短期及长期利益服务的，哪些才是互惠互利的”②。“民智报”还撰文《昔之丝绸之路与今之中国野心》，其中引述经济学家阮春义（Nguyễn Xuân Nghĩa）的论断：（“一带一路”）战略的目的首先是为了通过贸易和投资扩大中国资本对亚洲的影响力；更进一步来看是为了增强中国的经济实力；接着是利用经济利益拉拢各国接受中国作为海上强国的形象，使其在海上争端中的行为合法化；最后的目的则是压制美国、日本、澳大利亚和印度的影响力。该文还严厉指责“买了中国‘丝绸’的国家日后必是自缢脖颈”。③ 而以越南社科院中国研究所的杜明高（Đỗ Minh Cao）博士为代表的部分知识分子则体现出更为激进的态度。杜明高在接受“民智报”（电子报）记者采访时表示：对于越南来说，“21 世纪海上丝绸之路”战略是中国危险图谋的一部分，是 15 世纪郑和航海路线的翻版。中国声称郑和下西洋时发现了包括黄沙、长沙（中国西沙、南沙）在内的岛屿地区④，如果各国不深思熟虑，为眼前利益所吸引而参与“21 世纪海上丝绸之路”，无形中就承认了所谓郑和发现一说，正中中国下怀。……就目前来看，结合中国扩建岛礁行动所体现的政治野心，越南必须慎之又慎，吸取历史上的惨痛教训……⑤

---

① 根据 Kantar Media 的统计，“民智报”（Dân Trí）在越南使用频率最高的网页排名中位居第二，仅次于谷歌。

② Uyên Châu, *“Con đường tơ lụa của Trung Quốc sẽ chẳng đi đến đâu?”*, http://dantri.com.vn/the-gioi/con-duong-to-lua-cua-trung-quoc-se-chang-di-den-dau-1433720844.htm, 07/06/2015, 2015-09-20.

③ Hồ Đức Minh, *“‘Con đường tơ lụa’ xưa và tham vọng Trung Quốc ngày nay”*, 22/07/2015, 2015-09-20.

④ 杜明高此处陈述有误。中方认为，中国在汉代便发现了南沙群岛，并主张群岛在东汉杨孚的《异物志》、三国时万震的《南国异物志》、东吴将领康泰的《扶南传》等书中均有记载。

⑤ Hồng Chính Quang, *“Trung Quốc đang xây dựng ‘con đường tơ lụa trên biển thế kỷ 21’”*, http://dantri.com.vn/xa-hoi/trung-quoc-dang-xay-dung-con-duong-to-lua-tren-bien-the-ky-21-1433201274.htm, 25/05/2015, 2015-09-20.

总的来看，越南政府更多地从国内经济发展的角度分析中国提出的“海上丝绸之路”战略，将资本视为其主体，努力发掘与中国合作的经济增长点，因此表现出积极的态度。对于“海上丝绸之路”战略对提振越南经济的作用方面，越南社会也表现出一定的肯定。但从政治方面来看，由于近年来因南海岛礁主权争议引发中、越关系由敏感到升级，尽管进入2015年，“中建南”事件、越南反华打砸事件的影响有所减缓，但越南社会对于中国话语潜势的惯性思维并没有发生改观，反而在多元化的媒体观点的影响下呈现出消极的趋势，这一情形还可能在未来一个相当长的时间持续存在。

四、越南在21世纪“海上丝绸之路”建设中的机遇与关注的领域

2015年3月28日，中国国家发展改革委、外交部、商务部联合发布了《推动共建丝绸之路经济带和21世纪海上丝绸之路的愿景与行动》（以下简称《愿景与行动》）。根据《愿景与行动》，“一带一路”沿线各国的合作重点集中于五通：政策沟通、设施联通、贸易畅通、资金融通、民心相通。其中，设施联通，即基础设施互联互通，被定位为“一带一路”建设的优先领域。设施联通具体表述为，抓住交通基础设施的关键通道、关键节点和重点工程，优先打通缺失路段，畅通瓶颈路段，配套完善道路安全防护设施和交通管理设施设备，提升道路通达水平。推进建立统一的全程运输协调机制，促进国际通关、换装、多式联运有机衔接，逐步形成兼容规范的运输规则，实现国际运输便利化。推动口岸基础设施建设，畅通陆水联运通道，推进港口合作建设，增加海上航线和班次，加强海上物流信息化合作。拓展建立民航全面合作的平台和机制，加快提升航空基础设施水平。[①] 此外，关于设施联通，《愿景与行动》还提出了加强能源基础设施互联互通合作、共同推进跨境光缆等通信干线网络建设等目标。国家发改委对外经济研究所国际经济合作室主任张建平指出，“一带一路”沿线

① 附录二。

很多经济体发展水平比较低，需改善相关国家的基础设置。[①]也正是因为如此，不少国家都对设施联通建设给予了相当的关注。

2015年6月6日，匈牙利与中国签订“丝绸之路”合作协定，希望进一步推动中国援建的匈牙利—塞尔维亚铁路以及其他大型建设项目的展开。2015年5月10日，白俄罗斯与中国签订一系列合作协定，中国—白俄罗斯工业园区建设项目成为其中的亮点。2015年5月8日，俄罗斯与中国共同发表关于“丝绸之路”合作的联合声明，中、俄将合作建设莫斯科—喀山的高速铁路以及其他基础设施建设项目。由此亦可洞见，在“一带一路”的战略合作中，基础设施建设处于优先地位，而优先打通缺失路段、畅通瓶颈路段，提升道路通达水平，则是关键之举。另一方面，陆海丝绸之路沿线国家大多是正在上升的经济体，道路交通方面的基础设施建设与联通能够极大地推进经济要素跨区域流动，成为经济增长的突破口，因此也成为这些国家的关注点。从这一角度来看，“一带一路”为丝绸之路沿线国家提供了一个发展基础设施建设的机会，对于越南来说，这有可能成为未来拉动经济快速上升的重要动力。

越南自二战后一直挣扎在战争的旋涡中，战乱给全国的基础设施，尤其是交通设施造成毁灭性的破坏。1976年南北统一后，长期低下的经济水平导致基础设施建设严重滞后，这一状况反过来又制约经济的发展。1986年，越共第六次全国代表大会提出了全面改革的路线，并肯定“基础设施建设是重中之重，只有基础设施建设走在前面，才能满足国民经济的发展要求”[②]。经过二十多年的建设，越南的交通基础设施已经取得长足进步：道路系统得到改造，运行速度有所提升；铁路及水路运输效能提高；海港、空港的货流量及客流量明显增加。

具体来看，道路交通方面，国道改造基本完成，包括：北—南主干道1号国道；连接北—南干道与各大城市的次干道以及跨境公路；北部、西原以及西南部的边界公路；连接各国际口岸的次干道。此外，高速公路项目已经展开。铁路交通方面，越南已在现有的基础上逐步改造升级，推

① 丁蕾蕾：《“一带一路”合作重点：设施联通、贸易畅通》，http://news.xinhuanet.com/fortune/2015-03/29/c_127633567.htm，查询时间2015-09-25。

② Bộ Giao thông Vận tải, *“Lịch Sử Giao Thông Vận Tải Việt Nam”*, Hà Nội: Nhà xuất bản Giao thông Vận tải, 1999, p.633.

进铁路现代化，有意向建造北—南高速铁路。目前越南每100平方千米拥有铁路0.8千米，包括北—南干线、河内—老街支线、河内—海防支线等，还有两条国际铁路：河内—老街—昆明与河内—同登—北京。内陆航运方面，南部胡志明市分别通往金瓯、坚良的主要航道已改造完成，服务于山罗水电站的西北航道展开运营，西南部的同塔梅、龙川航道逐步与海路对接。海运方面，全国主要港口盖林（Cái Lân）、海防、西贡、归仁等完成第一阶段的改造升级，一些地方性港口也实现了吞吐量升级。盖梅—市准国际港建设项目已经展开，云风（Vân Phong）国际中转港口、沥县（Lạch Huyện）国际港口项目上马实施。航空运输方面，内排、新山一等国际空港得到升级，金兰湾、富排、昆山等多个国内空港也得到改造。岘港空港航站楼及跑道扩建、内排空港航站楼增建项目也在展开。越南政府也逐渐重视国家财政外的资金来源。2013年的统计数据显示，越南基础设施建设项目中超过90个项目采用建设—经营—转让（BOT）、建设—转让（BT）等模式进行，项目注册资金达710亿美元。其中，道路交通设施建设项目占了总数的70%，资金比例高达95%。[①]

尽管如此，越南的交通基础设施现状仍待进一步发展。设施规模有限、质量不达标、交通网络覆盖率低……都是主要问题。此外，城市交通规划不合理，无法与国家交通网络对接；缺少达到国际标准的深水港、高速路等，这些情形都在很大程度上阻碍了越南融入国际经济的程度。与东南亚地区的先进国家相比，越南的基础设施只处于中等水平，这对于人口总量位居东盟第三的国家来说不容乐观。具体来看，越南交通基础设施建设滞后体现在以下两个方面：

一是交通基础设施不完善，效能仍然处于较低水平。以越南道路交通系统为例，根据越南汽车运输协会的数据，对于越南社会实际需求来说，越南陆路运输能力不仅不缺乏，反而还过剩。越南汽车运输协会秘书长阮武柳表示："针对各运输公司的调查结果显示，交通运输效能开发过低，每辆运输车平均每月工作时间不超过18天，而且每天不超过7小时。"[②]

---

① Nguyễn Hông Sơn, *"Phát triển hệ thống kết cấu hạ tầng giao thông ở Việt Nam"*, http://cti.gov.vn/bantin/noidung.php?id=39, 2015-10-07.

② Thời báo Kinh tế Sài Gòn, *"Hiệu suất thấp – Cước phí cao"*, http://www.nhandan.com.vn/mobile/_mobile_kinhte/_mobile_chuyenlaman/item/3071202.html, 2015-10-07.

造成运输效能低下的根本原因是道路交通系统滞后且不配套。在越南，陆路货物运输的需求集中于各大城市以及经济高速发展地区。其中，大规模的货物运输集中于北—南干道，以及从盖邻、海防、岘港、归仁、西贡、头顿等港口至位于重点经济区的各省、市路段。但是，就连作为国家运输动脉的国道，目前仍有 60% 的路段没有及时改造升级。桥梁载重与同段道路载重不对等的情况还很常见，（国道）658 座桥梁中，173 座亟待重建才能确保交通安全。为了保护较差路段，交通运输部与地方相关管理单位出台了限重规定，很多超重车辆无法上路，导致运输效能低下且成本升高。同时，道路限速的规定也造成了一定影响。根据越南汽车运输协会数据，目前运输车辆的平均速度仅为 35 千米 / 小时，运输效率低且燃料成本高。总的来看，越南的交通基础设施还有待进一步升级、配套。

从陆路交通来看，随着经济的发展，一些瓶颈问题已经出现，特别是在河内、胡志明市等大型城市，这些问题导致经常性的交通拥堵；而在偏远地区，道路交通未能充分覆盖，阻碍了地方安全与经济发展。多条道路老化严重，得不到定期保养及维修。北—南铁路是连接南、北部的唯一干线，缺乏通往各大经济区、工业区、口的铁路支线，未形成铁路网络。铁路设施质量不高，轨道狭窄导致运行速度慢，沿线事故频发。而在海运、空运方面，尽管越南北、中、南部都分布有大型海港，但服务费用高、通关时间长，无法满足相关需求。国际空港长期负荷运转，客流量承载能力低，服务水平不高，国内空港延时情况严重。

二是交通基础设施建设缺乏充足的经费支持，资金来源单一。在资金有限的大背景下，越南政府对交通设施建设的投资仍然占有重要份额，但产生的社会经济效益不高。每年的投资及分配额度受限，主要依靠政府开发援助（ODA）。缺乏鼓励国外及国内私人资金投资的政策与机制，而由于公私合营模式（PPP）仍不完善，通过国际金融组织及个人借贷资金的相关手续耗时过长，不能及时到位。由于资金不到位，项目实施进度慢，土地拆迁、赔偿等工作的展开方式脱离实际，设施检查、护养等工作得不到应有的重视。对此，越南经济研究院院长陈庭天博士在 2015 年交通运输部联合越南社会科学院举办基础设施投资论坛的前夕敲响了警钟："基础设施建设严重不足以及缺乏鼓励私人投资的机制，使越南错失融入国际战略所带来的良机。"

与此同时，基础建设投资过于分散，效果不明显。如盖梅—市淮（Cái Mép - Thị Vải）港，目前吞吐量仅为设计的17%—18%。很多空港也面临投资分散的问题，与此同时，内排、新山一机场却负荷过载，而龙城（Long Thành）要到2022年才能建成第一条跑道。一方面是不断减少的政府开发援助（ODA），另一方面是投资过于分散，针对这一现状，陈庭天表示："基础设施投资机制有待改变，要从政府转向个人。由此，项目实施模式也要改变，不能依靠财政。一些新的集资形式将出现，政府可以将基础设施像港口那样进行出售，将开发权转给私人或公私联合进行投资开发。……"交通设施建设依靠政府财政是不够的，问题在于政府要如何吸引私人投资。交通运输部官员阮名辉也表示："越南已经颁布了许多法律及法规，以鼓励私人投资基础设施建设领域。"然而，现实是仍然存在诸多障碍。阮名辉也指出："对于越南目前的信用评级来说，无论何种信用机制或是国外银行投资都要求政府担保以规避汇率风险。但是政府制定的担保法案却没有相关条文。这是亟待解决的问题。"这一问题越南企业论坛下属的基础设施小组也曾经提出过。该小组报告显示，未来10年内越南的基础设施建设将面临严峻的挑战。从现在到2025年，越南基础设施项目每年必须投入50亿美元才能保持对其他东南亚国家的竞争力。①

由此可见，越南基础设施，尤其是交通基础设施建设已经成为制约经济发展的瓶颈问题，财政经费不足、资金来源单一也成为困扰基础设施建设的关键问题。在越南目前的经济水平中要解决这一问题还存在着诸多困难，而外部的牵引和推动或将成为越南突破瓶颈的重要动力。

五、21世纪"海上丝绸之路"与中越合作

"一带一路"建设与中国"亲诚惠容"的周边外交理念是一致的，21世纪海上丝绸之路是参与国家的公共产品，为促进参与国的经济发展、亚洲的互联互通提供了合作的机遇。越南和中国要在21世纪"海上丝绸之路"倡议中切实合作，一个首要条件就是要增进互信。近几年来南海相关

---

① Tư Hoàng, *"VN thiếu hụt cơ sở hạ tầng giao thông trầm trọng"*, http://www.thesaigontimes.vn/135136/VN-thie%CC%81u-hu%CC%A3t-co-so%CC%89-ha%CC%A3-ta%CC%80ng-giao-thong-tra%CC%80m-tro%CC%A3ng.html, 2015-10-07.

方争议不断，自2014年5月爆发“中建南”事件、越南反华打砸事件以来，中越关系逐渐走出低谷，呈现出缓和甚至回暖的趋势，但真正实现合作互信仍然需要一个相当长的时期。而这一时期也正是中国经济有待提振、越南经济突破瓶颈的重要阶段，这就更突显了21世纪“海上丝绸之路”对两国社会经济发展的重要作用和积极意义。越南可以利用21世纪“海上丝绸之路”所提供的资金与技术合作促进国内基础设施建设快速发展，并在此基础上通过2015年10月5日达成的跨太平洋伙伴关系协定（TPP）有效实现贸易自由化。而对于中国来说，相关项目建设将直接或间接地拉动投资和经济增长，有望开启中国第四次投资浪潮。同时，中国企业可以利用越南未来贸易自由化的优惠条件，增加对越南的加工和转口贸易等领域的投资，实现双赢互利。当然，这一切仍要以合作互信为前提。在这一前提下，中越双方需要着眼于合作的务实性，将宏观的战略构想细化为有效的机制和办法，实现“虚、实”结合，为切实合作寻求可行的模式并提供有力保障。

菲律宾与21世纪“海上丝绸之路”

■ 文/邵先成①

阿基诺政府执政以来，菲律宾经济发展较为迅速。但菲律宾国内落后的基础设施和过高的油气与电力价格已成为阻碍其经济可持续发展的不利因素。中国的21世纪“海上丝绸之路”以基础设施的互联互通作为建设的优先领域，因此中国可以在菲律宾改善基础设施建设上发挥重要作用。同时，中国推进21世纪“海上丝绸之路”过程展现出的合作共赢的良好意愿，有利于中菲在未来通过共同开发南海油气资源缓解菲律宾的能源需求。菲律宾通过参与中国的21世纪“海上丝绸之路”，不仅可以为其经济发展提供更多的动力，也可以改善中菲之间的政治关系。

一、菲律宾经济发展引发的基础设施建设和资源开发需求

在阿基诺政府的领导下，菲律宾经济近几年经历了较为快速的发展。充足且较高素质的劳动力资源，丰富的旅游、矿产、海洋等资源为其经济的可持续发展提供了良好的基础。但基础设施陈旧落后、电力贫乏、海洋资源开发不足等问题，却让菲律宾经济的发展前景受到威胁。

菲律宾经济自阿基诺政府2010年执政以来取得了较好的发展。从反映经济发展最为直观的GDP增长率来看，阿基诺2010年执政以来的增长率分别如下：2010年为7.6%，2011年为3.7%，2012年为6.6%，2013

① 作者为暨南大学国际关系学院国际关系专业2013级博士生。

年为7.2%，2014年为6.1%。[①]巨大的人口红利是促进菲律宾经济发展的重要因素。2014年7月27日，菲律宾政府宣布其总人口数量已突破1亿，成为世界上第12个人口过亿的国家。[②]目前，菲律宾的人口结构较为年轻，15周岁以下的少年儿童超过3000万，占总人口的33.4%；15—60周岁适龄劳动人口达5515万，占总人口的近60%。[③]菲律宾的劳动人口大部分受过良好的英语教育，10岁以上人口的识字率达到97.5%；[④]并且菲律宾劳动人口的工资要求较低，其劳动成本大大低于发达国家的工资水平。[⑤]丰富的劳动力不仅使得菲律宾成为出口导向型制造业投资的有竞争力的目的地，也使其成为世界上最大的劳工输出国之一，其海外劳工人数超过1000万，约占全国人口的10%。2014年菲律宾海外劳工汇回国内的资金额达269.24亿美元，同比增长6.2%，创历史新高。海外劳工现金汇款总额相当于国内生产总值的8.5%，成功带动了菲律宾国内消费增长。[⑥]

经济的快速发展对基础设施、电力、油气资源提出了更高的要求，但菲律宾却面临着基础设施建设严重滞后，以及电费和油气价格高昂的困境。首先，基础设施问题已超过腐败问题，成为该国经济发展的主要障碍。汇丰银行在综合分析道路、电信、电力、供水等要素后，对本地区13个国家（地区）的基础设施水平进行分析，菲律宾的基础设施排名最低，甚至低于越南、斯里兰卡、印度等国。[⑦]其次，菲律宾是亚洲电费最贵的国家之一，一方面是因为菲律宾国内的发电厂数量不足而电力需求却

---

① 钱浚雅：《菲律宾：亚洲的下一个经济奇迹？》，界面网，2015年2月2日，http://m.jiemian.com/article/231456.html。

② "Philippine population officially hits 100 million", Rappler, July 27, 2014, http://www.rappler.com/nation/64465-100-millionth-filipino-born.

③ 安邦咨询：《2014年度菲律宾投资风险报告》，共识网，2014年12月17日，http://www.21ccom.net/articles/world/zlwj/20141216117636_all.html。

④ 《菲律宾识字率提升》，中华人民共和国驻菲律宾共和国大使馆经济商务参赞处，2014年1月3日，http://ph.mofcom.gov.cn/article/jmxw/201401/ 20140100450582.shtml。

⑤ 《东盟十国投资指南之六（菲律宾篇）》，广西壮族自治区外事办公室网，2014年11月18日，http://www.gxgg.gov.cn/news/2014-11/78114.htm。

⑥ Mayvelin Caraballo, "OFW remittances hit new high", *The Manila Times*, February 16, 2015, http://www.manilatimes.net/ofw-remittances-hit-new-high/163522/.

⑦ Kristyn Nika M. Lazo, "HSBC cuts PH growth forecast on poor infrastructure", *The Manila Times*, March 12, 2014, http://www.manilatimes.net/hsbc-cuts-ph-growth-forecast-on-poor-infrastructure/82158/.

增长过快，另一方面是因为菲律宾的电力行业被3—4家大的私营机构垄断，从电力生产到分配的费用都很高，而且政府不提供任何补贴。[①]再次，菲律宾作为石油和天然气纯进口国，油气价格一直居高不下。根据彭博社的数据显示，在全球油价负担最高的国家中，菲律宾排名第三，仅次于巴基斯坦和印度。[②]因此，在21世纪“海上丝绸之路”建设中，菲律宾应重点关注的领域包括基础设施、电力、油气资源等领域。

二、菲律宾基础设施建设与21世纪“海上丝绸之路”

菲律宾基础设施建设落后的重要原因是资金投入的严重不足。中国的21世纪“海上丝绸之路”的优先领域之一是基础设施互联互通。中国发起成立的亚洲基础设施投资银行和丝路基金为中国参与菲律宾基础设施建设，提供了坚实的资金基础。[③]同时，中国在投资菲律宾交通、电力等领域已取得一定进展，为中国更好地参与菲律宾基础设施建设提供了有益的经验。

根据研究，菲律宾在基础设施领域的投资赤字为3500亿比索。菲律宾在过去10年间在基础设施等领域投资不足，造成了交通堵塞、航班延误、进口货物入境延迟等问题。[④]根据世界经济论坛公布的东盟6国关键基础设施数据显示，在与印尼、马来西亚、新加坡、泰国和越南等其他5国的比较中，菲律宾基础设施远远落后，其中可获得电力的人口占比为70.2%，输电损耗率为12%，铺面道路占总道路长度的比例为26.9%，以

---

① 《各国出“奇招”节水节电 菲律宾电费亚洲最贵》，新华网，2014年7月7日，http://www.chinanews.com/ny/2014/07-07/6359399.shtml；《菲律宾电价居亚洲首位》，中华人民共和国商务部网站，2011年2月23日，http://www.mofcom.gov.cn/aarticle/i/jyjl/j/201102/20110207414354.html。

② 《2013年全球油价排行：香港第11 中国大陆第45》，网易财经，2013年2月22日，http://money.163.com/13/0222/15/8OB139SB00253G87.html。

③ 《习近平：加快推进丝绸之路经济带和21世纪海上丝绸之路建设》，新华网，2014年11月6日，http://news.xinhuanet.com/politics/2014-11/06/c_1113146840.htm。

④ Cai Ordinario, “PHL underinvesting by 1 trillion pesos”, *Business Mirror*, January 14, 2015, http://www.businessmirror.com.ph/phl-underinvesting-by-1-trillion-pesos/.

上指标均排名最末。[①] 例如，道路建设不足以及部分路段年久失修导致菲律宾首都马尼拉堵车现象十分严重。因为堵车损失的生产力和被浪费掉的能源，给菲律宾造成的损失高达 8760 亿比索，相当于 200 多亿美元。[②]

菲律宾在基础设施建设上长期投入不足主要是受制于较低的经济发展水平以及财政支出不足的影响。因此，新世纪以来，中国大型国有企业借助资金和技术优势，在投资菲律宾交通和电力等行业上取得了一定成就。在参与交通业建设上，中国曾在 2003 年参与菲律宾的北方铁路建设，并在 2004 年 2 月由菲律宾北吕宋铁路公司和中国国家机械设备集团签订了北方铁路工程合同，总造价 5.03 亿美元。但项目最终因为菲律宾的国内政治斗争而没有最终完成。[③] 北方铁路项目的波折并没有阻止中菲在交通业的进一步合作。2014 年 6 月，中国北车下属的大连机辆公司与菲律宾交通部签订出口合同，为马尼拉城市轨道交通 3 号线提供轻轨列车，合同金额约为人民币 5.4 亿元。这也是我国获得的首个菲律宾城铁车辆订单。[④] 电力产业是中国参与菲律宾基础设施建设的另一个重要领域。2009 年，中国国家电网公司获得菲律宾国家电网公司 40% 的股权，并开始 25 年的特许经营。[⑤] 2014 年 5 月，上海电力建设有限责任公司已与菲律宾本土公司 GNPower Kauswagan 签署一项协议，将在该国棉兰老岛承建一座总建设成本 10 亿美元的电厂。[⑥] 中国为菲律宾的电力供应不仅提供了资金和技术，还通过采用国际先进的管理方法和标准，提高了菲律宾电网应对台风等自然灾害的能力以及应急协调指挥的效率。

---

① 《菲律宾基础设施发展水平远远落后邻国》，中华人民共和国驻菲律宾共和国大使馆经济商务参赞处，2015 年 3 月 16 日，http://ph.mofcom.gov.cn/article/jmxw/201503/20150300910799.shtml。

② Floyd Whaley, “Strained Infrastructure in Philippines Erodes the Nation’s Growth Prospects”, *New York Times*, August 3, 2014, http://www.nytimes.com/2014/08/04/business/international/strained-infrastructure-in-philippines-erodes-the-nations-growth-prospects.html.

③ 薛洪涛：《中菲北方铁路项目案始末》，法治周末网，2012 年 10 月 9 日，http://www.legalweekly.cn/index.php/Index/article/id/1090。

④ 国务院国有资产监督管理委员会：《中国北车将为菲律宾设计制造“赤道地铁”》，2014 年 6 月 16 日，http://www.sasac.gov.cn/n1180/n1226/n2410/n314289/15921877.html。

⑤ 《电力是我国与东盟各国合作的重要部分》，新华网，2013 年 9 月 11 日，http://news.xinhuanet.com/power/dlcj/2013-09/11/c_117321450.htm。

⑥ 《上海电建将承建菲律宾 10 亿美元电厂》，中国储能网，2014 年 5 月 22 日，http://www.escn.com.cn/news/show-136374.html。

受益于近几年良好的经济发展形势，菲律宾现在正处于基础设施建设的高峰期。据亚洲开发银行（ADB）统计显示，菲律宾自2010年至2020年存在1270亿美元的基础设施需求，年均资金需求相当于国内生产总值（GDP）的6%，但菲律宾政府在2014年在基础设施上的投资仅为GDP的3%左右。[①] 为了弥补政府财政的不足，菲律宾政府在基础设施建设领域以公私合作伙伴关系项目为主。2015年8月，菲律宾的政府和社会资本合作中心称，在阿基诺总统2016年6月任满下台前，菲律宾政府准备再招标13个公私合作伙伴关系工程项目，投资总金额将高达5410亿比索，项目涉及铁路、港口、机场等，包括投资金额达1707亿比索的菲律宾南北铁路南线工程、1228亿比索的拉古纳湖岸高速公路堤坝工程、405.7亿比索的达沃机场、304亿比索的伊洛伊洛机场、232亿比索的北吕宋高速—南吕宋高速连接道路工程、202.6亿比索的巴科洛德机场工程，以及190亿比索达沃海港现代化工程等诸多大型项目。[②] 为了吸引资金投入，菲律宾投资署在2015年4月发布《2014—2016年投资优先计划实施指南》，公共基础设施、公私合作项目、制造业、物流、节能等领域被列入2014—2016投资优先计划的首选项目，从事上述领域的企业将享受政府的财政和非财政补贴。[③] 因此，菲律宾在基础设施建设上强烈的资金需求，与中国21世纪“海上丝绸之路”强调的基础设施互联互通有天然的契合度。

现阶段，中国参与菲律宾基础设施建设的主要是大型国有企业，投资领域还较为狭窄，投资效果也受到菲律宾国内监管、政治斗争等因素的影响。与中国迅速增加的对外投资规模相比，菲律宾目前只吸引了中国在东南亚总投资的2%左右，仅领先文莱。[④] 未来，菲律宾可以借助21世纪“海上丝绸之路”机遇，改善本国投资环境，增加经济政策连续性，以

① 《菲律宾暂不签署亚投行协议》，日经中文网，2015年6月29日，http://cn.nikkei.com/politicsaeconomy/economic-policy/14989-20150629.html。

② Kris Bayos, “Gov’t to award 13 PPPs before 2016 elections”, *Manila Bulletin*, July 26, 2015, http://www.mb.com.ph/govt-to-award-13-ppps-before-2016-elections/.

③ “Proposed 2014 Investment Priorities Plan”, Board of Investment, Philippines, http://www.boi.gov.ph/files/Proposed%202014%20IPP.pdf.

④ 《非常时期平常做生意 中国对菲律宾投资激增6倍》，环球网，2014年10月31日，http://world.huanqiu.com/exclusive/2014-10/5185698.html。

吸引更多的中国公司投资菲律宾的港口、机场、铁路、公路等基础设施建设。

三、菲律宾的海洋经济与21世纪"海上丝绸之路"

作为群岛国家，海洋资源的利用与开发是菲律宾经济发展的重要基础。同时，发展海洋经济合作也是推动21世纪"海上丝绸之路"的重要途径。因此，中菲在南海的油气资源和渔业资源的共同开发上存在广阔的合作空间，通过经济合作培养良好的互信基础也是缓解南海紧张局势的重要方式。

菲律宾作为石油和天然气的纯进口国，一直希望通过开采油气资源丰富的南海礼乐滩附近海域，以缓解国内能源压力并获得巨额利润。为了能够尽早实现对南海争议水域的油气资源开发，中国海洋石油总公司、菲律宾国家石油公司和越南石油天然气公司在2005年曾签署协议，规定三家石油公司在南海协议区超过14万平方千米的地区从事为期三年的海上地质研究和考察，以确定该地区油气资源的蕴藏情况。[①]但该协议受到菲律宾国内政治斗争的影响，并没有取得进一步的成果。菲律宾曾在2011年3月试图强行勘探礼乐滩但遭到中国两艘巡逻船的阻拦，并最终使菲方石油公司取消海底地质调查。[②]2012年7月菲律宾曾对礼乐滩附近三个板块进行招标，中国向菲方提出严正抗议，最终只有6家公司参与了竞标，其中5家为菲律宾本土公司，大型国际石油开采公司都未参与竞标。[③]在中国坚定的南海维权措施下，菲律宾单方面开采南海油气资源的企图难以实现。

中菲南海主权争端使菲律宾的油气开采计划进展缓慢，这促使菲律宾石油公司试图绕过主权问题，仅通过中菲两国石油公司的商业合作方式开采南海礼乐滩的油气资源。2013年1月，菲律宾菲莱克斯石油公司

---

① 王传军：《中菲越打破僵局开发南海》，载《环球时报》，2005年3月16日（3版）。

② Theresa Martelino-Reyes, "Chinese firm rejects MVP offer for share in PH project in Reed Bank", ABS-CBN News, March 9, 2014, http://www.abs-cbnnews.com/business/03/09/14/chinese-firm-rejects-mvp-offer-share-ph-project-reed-bank.

③《菲竞拍南海油气田大公司无人问津》，载《新京报》，2012年8月1日（A21版），http://epaper.bjnews.com.cn/html/2012-08/01/node_28.htm。

（Philex Petroleum）董事长庞吉里南（Pangilinan）在出席菲律宾外国记者会举办的论坛时表示，继续与中国海洋石油总公司商谈合作是最佳选择，菲莱克斯公司渴望与中国海洋石油总公司合作开发礼乐滩油气资源。庞吉里南证实，有一些美国公司曾对礼乐滩油气资源表示感兴趣，但他强调菲莱克斯正集中与中国海洋石油总公司商谈，目前也仅在与中国海洋石油总公司商讨合作，如果中国海洋石油总公司同意，才会引入第三方参与。① 2013年10月，菲律宾能源部部长皮堤拉（Jericho Petilla）对媒体说，他希望菲莱克斯公司下属的福伦姆能源公司（Forum Energy）和中国海洋石油总公司进行合作。他表示，“一个选项是永远不开发，但我们需要寻找其他的选项，你希望维护自己的主权但同时没有实际损害主权，你可以进行商业开采，因为我们需要这样做”。②

虽然中菲两国都把联合开发作为一个可能的选项，但油气开采中的主权归属仍然是制约中菲石油公司进行联合开采的主要因素。2013年8月，菲律宾外长德尔罗萨里奥在会见越南外长范平明后表示，如果中国坚持对共同开发区域享有主权的话，菲律宾和越南对于不与中国进行油气资源的共同开发持有相似态度。③ 菲律宾总统阿基诺三世针对菲莱克斯公司与中国海洋石油总公司可能达成的协议表示，“与中国达成的任何此类协议都将必须符合菲律宾法律，而礼乐滩确实位于菲律宾专属经济区内”。④ 事实上，现阶段两国石油公司在谈判时也很难避开主权问题。以菲律宾菲莱克斯石油公司在SC-72协议基础上提出的建议为例。SC-72指的是菲律宾政府2010年签署的《第72号合同》，在该项合同中授予菲莱克斯下属的

① Slegfid O. Alegado, “Philex Pet keen on having CNOOC as partner to develop Recto Bank”, GMA News, January 17, 2013, http://www.gmanetwork.com/news/story/290739/economy/companies/philex-pet-keen-on-having-cnooc-as-partner-to-develop-recto-bank.

② Simone Orendain, “Oil Companies Try to Collaborate in Spite of S. China Sea Disputes”, VOANews.com, November 01, 2013, http://www.voanews.com/content/oil-companies-try-to-collaborate-in-spite-of-south-china-sea-disputes/1781315.html.

③ “Philippines, Vietnam discuss sea feud with China”, The Philippine Star, August 2, 2013, http://www.philstar.com:8080/world/2013/08/02/1043091/philippines-vietnam-discuss-sea-feud-china.

④ “Philippines says gas from disputed field should be used domestically”, Reuters.com, October 23, 2013, http://www.reuters.com/article/2013/10/23/philippines-southchinasea-idUSL3N0ID1W620131023.

福伦姆能源公司勘探礼乐滩一块海域的权利。菲莱克斯希望中国海洋石油总公司以转租协议（Farm-In Agreement into SC 72）的形式参与礼乐滩石油开发，但转租协议是油田拥有者和其开采伙伴之间签署的一种合同，接受如此安排有可能被解读为中国海洋石油总公司接受菲律宾是礼乐滩的“拥有者”。所以中国海洋石油总公司在谈判中表示，由于涉及领土问题，在SC-72中增加联合勘探协议的建议不被接受。[1] 2015年3月，菲莱克斯下属的福伦姆能源公司发布公告称，因为菲律宾提交的中菲南海国际仲裁包括SC-72合同所在的礼乐滩，菲律宾能源部已要求福伦姆能源公司停止在礼乐滩的油气勘探活动。[2]

菲律宾在石油和天然气上严重依赖进口，并且其近几年对油气资源的需求受到快速发展的经济、迅速增加的人口等因素的推动，导致菲律宾国内油气价格上涨，已引发了民众的强烈不满。[3] 南海丰富的油气资源对于缓解菲律宾的能源紧张局势有重要意义。菲律宾能源部长阿尔门德拉斯曾透露，礼乐滩海域潜在的油气资源储量可以满足菲律宾近百年的天然气需求。[4] 因此，在中国推进21世纪“海上丝绸之路”，展现中国与东盟国家合作共赢良好愿望的背景下，[5] 菲律宾应摒弃单独开发的企图，暂时搁置中菲双方在南海问题上的主权争议，尽快实现对南海油气资源的共同开发。

与油气资源类似，中菲双方在南海的渔业资源开发上也存在一定的争议。菲律宾近年来对中国渔民在南海的捕鱼活动多次通过骚扰、抓扣等方式进行阻碍。例如，2011年10月，菲律宾军舰在礼乐滩附近海域扣留了

---

① Theresa Martelino-Reyes, “Chinese firm rejects MVP offer for share in PH project in Reed Bank”, ABS-CBN News, March 9, 2014, http://www.abs-cbnnews.com/business/03/09/14/chinese-firm-rejects-mvp-offer-share-ph-project-reed-bank.

② “PHL stops oil and gas drilling in Reed Bank, cites dispute with China”, GMA News Online, March 3, 2015, http://www.gmanetwork.com/news/story/445665/money/companies/phl-stops-oil-and-gas-drilling-in-reed-bank-cites-dispute-with-china.

③ 《国际油价上涨菲国民众慌张》，中国石油新闻中心，2013年9月10日，http://news.cnpc.com.cn/system/2013/09/10/001446985.shtml。

④ 《中国南海争端再起波澜，菲律宾邀外资勘探南海油气》，中国新闻网，2012年6月1日，http://www.chinanews.com/gn/2012/06-01/3933352.shtml。

⑤ 《习近平：中国愿同东盟国家共建21世纪“海上丝绸之路”》，新华网，2013年10月3日，http://news.xinhuanet.com/world/2013-10/03/c_125482056.htm。

中国渔船所拖曳的25艘无人小艇并拒绝归还。[①] 2012年4月，菲律宾军舰在中国的黄岩岛附近抓捕中国渔民，被及时赶到的中国公务船阻止。[②] 2014年5月，菲律宾非法在南沙群岛半月礁附近海域抓扣了一艘载有11名船员的中国渔船。[③] 菲律宾不顾中国提出的“搁置争议，共同开发”的良好意愿，一味地对中国渔民进行骚扰活动，遭到中国南海维权措施的坚决反制。菲律宾的侵权活动引发中菲两国在南海的冲突加剧，反而使菲律宾渔民的“利益”受到损失。[④] 因此，在南海主权争端难以在短期内解决的情况下，菲律宾应该避免采取单方面加剧南海紧张局势的行为，积极响应中国“搁置争议，共同开发”的提议，通过尽快实现南海油气和渔业资源的开发，以满足国内经济发展和民众生活的需求。

四、菲律宾对21世纪“海上丝绸之路”的态度

对于急需资金改善基础设施的菲律宾来说，21世纪“海上丝绸之路”对其有强烈的吸引力。因此在美国《华尔街日报》报道称中国规划的21世纪“海上丝绸之路”地图将绕开菲律宾时，菲律宾外交部副部长劳拉·德尔罗萨里奥（Laura del Rosario）表达了失望之情。[⑤] 但由于中菲之间存在南海争端，阿基诺政府在参与中国的“21世纪海上丝绸战略”时表现出一定的矛盾心态。菲律宾的这种矛盾心态在其参与中国主导的亚洲基础设施投资银行（简称“亚投行”，下同）筹建过程得到明显体现。

“亚投行”作为落实中国21世纪“海上丝绸之路”战略重要的资金平

① Joseph Santolan, “Philippine gunboat rams Chinese fishing vessel in South China Sea”, World Socialist Web Site, October 25, 2011, http://www.wsws.org/en/articles/2011/10/scsd-o25.html.

② 《中国海监在黄岩岛保护中方被困渔船渔民》，中国新闻网，2012年4月11日，http://www.chinanews.com/gn/2012/04-11/3812345.shtml。

③ Marlon Ramos and Tarra Quismundo, “Philippines nabs 11 Chinese poachers”, Inquirer.net, May 8, 2014, http://globalnation.inquirer.net/103759/philippines-nabs-11-chinese-poachers/.

④ 《38名菲律宾渔民投诉中国不让在黄岩岛附近捕鱼》，参考消息网，2015年6月26日，http://www.cankaoxiaoxi.com/world/20150626/830176.shtml。

⑤ Andrew Browne, “China Bypasses Philippines in Its Proposed ‘Maritime Silk Road’”, *The Wall Street Journal*, November 10, 2014, http://www.wsj.com/articles/china-bypasses-philippines-in-its-proposed-maritime-silk-road-1415636066.

台，对基础设施落后的菲律宾具有明显的吸引力。菲律宾作为亚洲基础设施投资银行的创始国家，参与了“亚投行”的筹建工作。但2015年6月，阿基诺表示，需要确定“亚投行”的经济援助不会受制于中菲两国间变化不定的政治关系和领导的支持。[①]因此，在6月底的“亚投行”签字仪式上，菲律宾决定暂缓加入“亚投行”。对此，菲律宾财政部长塞萨尔·普里西马（Cesar V. Purisima）表示，菲律宾“仍在考虑加入亚投行的利弊得失，将到今年年底再做决定”。[②]

阿基诺政府在“亚投行”政策的观望态度，一方面是受到中菲南海争端的影响，另一方面是因为日本和美国对其经济支持减弱了其对中国资金的需求。日本在帮助菲律宾改善基础设施上提供了丰厚的资金支持。2015年5月，日本首相安倍晋三宣布将与亚洲开发银行合作，在今后5年里投入约1100亿美元用于亚洲的基础设施建设。[③] 7月，作为安倍提出该计划后做出的第一笔投资，日本政府计划向菲律宾首都马尼拉规划铁路建设项目提供约2400亿日元的贷款。[④]日本对菲律宾基础设施的大规模投资可以较为有效地满足菲律宾的资金需求。

美国长期以来是菲律宾最为重要的贸易伙伴之一，而阿基诺政府在经济与外交政策上具有明显的亲美倾向。因此阿基诺政府更为看重美国主导的“跨太平洋战略经济伙伴协定”（简称TPP），而不是中国推行21世纪“海上丝绸之路”战略和“亚投行”。虽然曾有媒体报道称阿基诺政府将退出TPP的谈判，[⑤]但2015年6月，菲律宾贸易部长格雷戈里·多明戈

---

① “Aquino wants to ensure China-led AIIB isn't prone to politics”, MSN News, June 3, 2015, http://www.msn.com/en-ph/news/other/aquino-wants-to-ensure-china-led-aiib-isnt-prone-to-politics/ar-BBkCWQ0.

② Ben O. de Vera, “PH remains prospective AIIB member”, June 29, 2015, http://business.inquirer.net/194328/ph-remains-prospective-aiib-member.

③ Tatsuo Ito, “Japan Plans to Expand Infrastructure Investment in Asia”, *The Wall Street Journal*, May 21, 2015, http://www.wsj.com/articles/japan-plans-to-expand-infrastructure-investment-in-asia-1432206297.

④ “Japan to loan nearly $2bn for Philippine rail project”, *Nikkei Asian Review*, July 28, 2015, http://asia.nikkei.com/Politics-Economy/Economy/Japan-to-loan-nearly-2bn-for-Philippine-rail-project.

⑤ “Aquino government won't seek to join, trade chief says”, *Nikkei Asian Review*, March 31, 2015, http://asia.nikkei.com/Politics-Economy/International-Relations/Aquino-government-won-t-seek-to-join-trade-chief-says.

（Gregory Domingo）在总部设在华盛顿特区的智库“战略和国际研究中心”举办的一个会议上，明确表示菲律宾希望加入TPP，强调与其传统的主要贸易伙伴和盟友美国开展经济协定谈判至关重要。[①] 10月6日，多明戈再次表示菲律宾有兴趣加入TPP，并透露菲律宾此前已与包括美国在内至少6个参与TPP谈判的国家讨论过有关事宜，“我们正在等待TPP开放吸收新成员，一旦开始吸收新成员，我们就会正式启动相关磋商”。[②] 在中菲南海争端的背景下，菲律宾与美日关系的增强，减少了其参与中国21世纪“海上丝绸之路”和“亚投行”的积极性。

对于阿基诺政府在加入“亚投行”上的犹豫不决，菲律宾国内存在不同的意见。菲律宾工商总会理事长蔡其仁认为，阿基诺政府在考虑“亚投行”时应该把南海争议放在一边，因为这个国家需要基础设施建设以保持经济发展。[③] 菲律宾前总统、现任马尼拉市市长埃斯特拉达（Joseph Ejercito Estrada）也表示，菲律宾目前亟须改善基础设施，应当加入中国倡议筹建的亚洲基础设施投资银行，而且中国近几十年的成功发展也能够为菲律宾提供经验。[④] 可见菲律宾国内存在着期望与中国进一步改善关系的力量。考虑到阿基诺的总统任期即将在2016年6月结束，菲律宾下一届总统可能会在经济上提出更加与中国合作的政策。

五、菲律宾在21世纪“海上丝绸之路”建设中的挑战

受到武装叛乱、分裂以及恐怖主义势力的影响，菲律宾的国内整体安全环境一直比较恶劣，这也对中国投资人员的安全带来了威胁。菲律宾国内家族政治引发的政治斗争可能影响政府经济政策的连续性，尤其是中菲

---

① Prashanth Parameswaran, “Confirmed: Philippines Wants to Join TPP”, *The Diplomat*, June 25, 2015, http://thediplomat.com/2015/06/confirmed-philippines-wants-to-join-tpp/.

② Othel V. Campos, “PH close to joining Trans-Pacific Partnership”, *Manila Standard Today*, October 6, 2015, http://manilastandardtoday.com/2015/10/06/ph-close-to-joining-trans-pacific-partnership/.

③ “Blind Loyalty and Total Disconnect”, *The Daily Tribune*, July 2, 2015, http://www.tribune.net.ph/commentary/editorial/blind-loyalty-and-total-disconnect.

④《菲律宾前总统埃斯特拉达：我要祝贺中国》，中国新闻网，2015年8月27日，http://www.chinanews.com/gj/2015/08-27/7493503.shtml。

大型基础设施合作可能成为政治斗争的牺牲品。官员的腐败问题以及政府较低办事效率可能增加中国企业在菲投资的经济成本。

1. 动荡的国内安全局势

菲律宾国内的武装叛乱和分裂势力已经存在了数十年。政府与这些分离组织之间既有和平谈判，也有武装冲突。2014 年 3 月，菲律宾政府与最大反政府武装摩洛伊斯兰解放阵线（Moro Islamic Liberation Front）签署了和平协议，但协议能否有效执行尚存疑问。[①] 同时，以摩洛伊斯兰自由斗士（The Bangsamoro Islamic Freedom Fighters）和阿布沙耶夫组织（Abu Sayyaf Group）为代表的反叛组织仍然时常与政府军发生冲突，并频繁造成了普通平民的伤亡。菲律宾国内反叛武装与国际恐怖组织联系密切，摩洛伊斯兰自由斗士和阿布沙耶夫组织在 2014 年 8 月宣布效忠并加入国际极端恐怖组织“伊斯兰国”（ISIS）。[②] 而菲律宾警方在 2015 年 1 月抓捕恐怖分子时与“摩伊解”和摩洛伊斯兰自由斗士发生交火，造成了 44 名特警队员身亡的惨剧，更是在随后引发了菲律宾军方与摩洛伊斯兰自由斗士的大规模武装冲突。[③]

菲律宾国内安全局势还存在绑架、谋杀、政治暗杀等规模较小却对个人安全极具威胁的挑战。2014 年全球和平指数（Global Peace Index 2014）显示，在受到恐怖主义影响的 162 个国家中，菲律宾位列第 9 位，比 2013 年又上升了 1 位，其严重程度超过东盟的其他国家。菲律宾有着本地区最严重的恐怖主义问题，其国内的绑架问题和叛乱导致的致命暴力活动也最严重。[④] 值得注意的是，菲律宾国内针对中国公民的刑事案件有

---

① Christian V. Esguerra, TJ Burgonio, “Philippines, MILF sign peace agreement”, *Philippine Daily Inquirer*, March 28, 2014, http://newsinfo.inquirer.net/589706/bangsamoro-rising.

② “BIFF, Abu Sayyaf pledge allegiance to Islamic State jihadists”, GMA News Online, August 16, 2014, http://www.gmanetwork.com/news/story/375074/news/nation/biff-abu-sayyaf-pledge-allegiance-to-islamic-state-jihadists.

③ Karlos Manlupig, “BIFF on AFP all-out war: We will die fighting”, Inquirer.net, February 25, 2015, http://newsinfo.inquirer.net/675290/biff-on-afp-all-out-war-we-will-die-fighting.

④ Alexis Romero, “Terrorism impact: Phl ranks 9th”, *The Philippine Star*, November 21, 2014, http://www.philstar.com:8080/headlines/2014/11/21/1394139/terrorism-impact-phl-ranks-9th.

增多的迹象。仅在2014年的前9个月，就有18名中国公民在菲律宾遇害或遭遇意外死亡。其中有4名中国公民意外身亡，另有14人在不同的绑架案和谋杀案中遇害。这一人数是过去几年的近3倍。① 鉴于菲律宾安全形势恶化，中国外交部多次提醒中国公民在菲律宾采取预防措施，以保护人身财产安全。②

2. 国内政治斗争对经济合作的影响

以家族政治为特点的菲律宾政坛，各政治家族之间的斗争和分化现象十分严重，导致中菲之间的经济合作容易成为菲律宾国内政治斗争的牺牲品。在阿罗约政府时期，中国与菲律宾在基础设施建设上曾签署了北方铁路建设项目，但该项目随后遭到菲律宾国内反对派的无端指责。反对派甚至要求菲律宾最高法院对该项目重新审核。菲律宾国内的政治斗争导致该项目进展缓慢并最终在阿基诺政府上台后终止。③ 在南海油气资源的共同开发上，中菲曾在2005年联合越南签署《在南中国海协议区三方联合海洋地震工作协议》，这一协议原本可以实践三国政府做出的使南海地区变为“和平、稳定、合作与发展地区”的承诺，推动各方最终实现在南海的共同开发。但该协议也因为菲律宾国内的政治斗争，导致未取得进一步的进展。④ 政治家族的特征使菲律宾新一任总统上台后，常常采取各种措施打击前任政府的官员，颠覆前任政府的政策。阿基诺政府在2010年上台后，以反腐之名对阿罗约时期的南海政策进行了颠覆，明确拒绝与中国在南海上的合作开发。因此，如何避免国内政治斗争对中菲经济合作产生不利影响，保证中国投资的安全性和可持续性，将是菲律宾参与中国21世纪“海上丝绸之路”建设时亟须改进的部分。

---

① Amanda Fernandez, “18 Chinese nationals die in 2014 while in PHL, sudden spike alarms China”, GMA News Online, September 20, 2014, http://www.gmanetwork.com/news/story/380051/news/nation/18-chinese-nationals-die-in-2014-while-in-phl-sudden-spike-alarms-china.

② 《外交部发言人再次提醒：中国公民暂勿前往菲律宾》，国际在线，2014年9月12日，http://gb.cri.cn/42071/2014/09/12/6891s4690106.htm。

③ 薛洪涛：《中菲北方铁路项目案始末》，法治周末网，2012年10月9日，http://www.legalweekly.cn/index.php/Index/article/id/1090。

④ Paterno Esmaquel II, “Why China prefers Arroyo over Aquino”, *Rappler*, July 24, 2012, http://www.rappler.com/nation/9128-how-china-views-aquino,-arroyo.

3. 菲律宾官员的腐败和较低的政府办事效率

家族政治的特征使得菲律宾官员的个人利益和家族利益的最大化被置于国家和集体利益之上，导致菲律宾国内腐败严重。[①] 阿基诺政府以反腐为竞选口号上台，但阿基诺政府的预算部长阿巴德（Butch Abad）及农业部长阿卡拉（Proceso Alcala）等多位现任高官却被曝卷入被称为“猪肉桶案”的贪腐丑闻。[②] 阿基诺政府力推的“支出加速方案（Disbursement Acceleration Program）”也因擅自挪用预算资金而被菲律宾最高法院裁定违反宪法。[③] 根据透明国际公布的2014年清廉指数榜中，菲律宾的排名在175个国家和地区中位于第85位，被认为缺乏有效且有力的反腐领导力。[④] 腐败导致政府部门办事效率低下，特别是使外资企业在同菲律宾当地企业竞争时处于不利地位。[⑤] 根据世界银行10月份发布的《全球经商环境报告》（*Doing Business 2015*），菲律宾经商便利度指数排全球第95位。报告显示，10项评分标准中，2014年菲律宾在“跨境贸易”、“保护中小投资者”和“纳税”等8项得分均有下降。[⑥] 冗杂的政府办事手续已成为

---

① 查雯：《菲律宾南海政策转变背后的国内政治因素》，载《当代亚太》，2014年第5期，第126页；《安邦咨询：2014年度菲律宾投资风险报告》，共识网，2014年12月17日，http://www.21ccom.net/articles/world/zlwj/20141216117636_all.html。

② “猪肉桶案”，也称“政治分肥”丑闻案，是指菲律宾女商人纳波利斯（Janet Lim-Napoles）勾结部分议员和政府官员，采用虚立项目、伪造非政府组织和基金会等名目，骗取“优先发展援助基金”拨款的贪腐案件。参见 Ben Rosario, “Clamor mounts for PNoy's men to quit”, Tempo News, May 28, 2014, http://www.tempo.com.ph/2014/05/28/clamor-mounts-for-pnoys-men-to-quit/.

③ Mark Meruenas, “SC strikes down certain provisions of DAP as unconstitutional”, GMA News Online, July 1, 2014, http://www.gmanetwork.com/news/story/368123/news/nation/sc-strikes-down-certain-provisions-of-dap-as-unconstitutional.

④ “Corruption Perceptions Index 2014”, Transparency International, https://www.transparency.org/cpi2014/results.

⑤《安邦咨询：2014年度菲律宾投资风险报告》，共识网，2014年12月17日，http://www.21ccom.net/articles/world/zlwj/20141216117636_all.html。

⑥ *Doing Business 2015: Going Beyond Efficiency*, The World Bank, October 29, 2014, http://www.doingbusiness.org/~/media/GIAWB/Doing%20Business/Documents/Annual-Reports/English/DB15-Chapters/DB15-Report-Overview.pdf.

影响菲律宾商业环境的重要因素。①

六、结语

中国的21世纪“海上丝绸之路”战略以及由中国主导成立“亚投行可以为菲律宾的基础设施建设提供急需的资金支持。中国在推进21世纪“海上丝绸之路”过程中展现出来的与周边国家合作共赢的良好意愿，则再次向菲律宾表明通过“搁置争议，共同开发”可以让中菲双方尽快利用南海丰富的资源。现阶段，阿基诺政府因中菲南海争端，导致其在与中国的合作上存在一定的矛盾心态。菲律宾国内的安全局势、政治斗争以及政府低效的办事效率等因素，也限制了中国在菲律宾的投资规模。随着2016年总统大选临近，菲律宾部分总统候选人表达了与阿基诺政府不同的对华政策。反对党领导人比奈（Jejomar Binay）公开表示，希望与中国共同开发南海的油气资源。②另一位热门总统候选人格雷丝·傅（Grace Poe）也表示应该与中国在各方面维持良好的关系。③因此，菲律宾国内存在着在未来改变阿基诺政府对华政策，推动菲律宾更加积极参与中国21世纪“海上丝绸之路”建设的政治力量。

---

① Catherine N. Pillas, “Corruption still hurting FDI flow”, *Business Mirror*, March 24, 2014, http://www.abs-cbnnews.com/business/03/24/14/corruption-still-hurting-fdi-flow.

② Vito Barcelo & Sara Susanne D. Fabunan, “Binay open to PH-China joint deals”, *Manila Standard Today*, April 26, 2015, http://manilastandardtoday.com/2015/04/26/binay-open-to-ph-china-joint-deals/.

③ Jam Sisante, “Grace Poe: PHL shouldn’t rely on US in West Philippine Sea”, GMA News Online, June 11, 2015, http://www.gmanetwork.com/news/story/502574/news/nation/grace-poe-phl-shouldn-t-rely-on-us-in-west-philippine-sea-dispute.

东帝汶与 21 世纪“海上丝绸之路”

■ 文 / 张倩烨[①]

一、前言

东帝汶是“21 世纪海上丝绸之路”的重要沿线国家，地处东南亚努沙登加拉群岛最东段，西部与印尼西帝汶相接，南隔帝汶海与澳大利亚相望。国土面积 1.49 万平方千米。2002 年 5 月 20 日，东帝汶民主共和国成立，同年加入联合国。据世界银行数据，截至 2014 年，全国人口约 121 万。[②]

在“21 世纪海上丝绸之路”的各沿线国家尤其是东南亚诸国中，东帝汶情况较为特殊：第一，东帝汶是东南亚地区最年轻的国家——2002 年取得独立；第二，人口与经济规模在地区内与其他国家相比较小，可探索的合作空间相对有限；第三，复杂的历史与地缘政治关系影响东帝汶目前的政治与外交。

中国谋求“一带一路”倡议下与东帝汶的合作，应从东帝汶官方、媒体、民间等多角度分析利弊，对于特殊的国情与风险做出预见性评估。

二、东帝汶各界对 21 世纪“海上丝绸之路”的反响

总体来看，自从中国国家主席习近平提出“一带一路”倡议后，中国

---

① 作者是安邦咨询马来西亚研究中心（吉隆坡）信息部门主管。

② 《对外投资合作国别（地区）指南（2014 年版）》，中华人民共和国商务部网站。

方面在各种国际场合争取机会向东帝汶宣介“一带一路”，在官方表态层面也得到了东帝汶的积极回应。

在2014年4月召开的博鳌亚洲论坛上，东帝汶时任总理凯·拉拉·夏纳纳·古斯芒称，“一带一路”沿线的部分国家和地区还缺乏现代化的铁路和公路基础设施，建设“一带一路”的倡议有很大的潜力来推动基础设施的发展。“在这个框架内，发展中国家有机会期待改善基础设施建设，包括道路、铁路、港口、电信和石油以及天然气输送管道。”①

东帝汶驻美大使Domingos Sarmento Alves于2015年4月在接受The Diplomat采访时表示，东帝汶面临地区安全、自然灾害与疾病等多重因素挑战，因此，支持中国复兴“海上丝绸之路”与东帝汶应对上述挑战是一致的。

东帝汶驻美大使认为，“海上丝绸之路”有助于减贫，实现共同繁荣，巩固民族关系，促进并培育宽容、和平与理解。鉴于东盟预计在2015年底整合单一市场，中国又是东盟最大的贸易伙伴，海上丝绸之路可成为资本、货物、劳动力流动的高速公路，促进交通与通信等互联互通基础设施的改善；同时也将为促进地区安全稳定提供更广阔的机会，为共同打击恐怖主义与跨国犯罪提供合作框架。

在谈到东帝汶可发挥的作用时，东帝汶驻美大使表示，东帝汶在其中可扮演联通亚洲与太平洋诸岛国的角色，作为区域内唯一的葡语国家，东帝汶亦可成为亚洲与非洲葡语国家之间的桥梁。②

2015年6月，东帝汶驻华大使张芬霞在接受中国日报访问时强调，在习近平主席提出“一带一路”倡议之后，东帝汶即全力地支持。张芬霞表示：“东帝汶本来就是海上丝绸之路的国家之一，我们国家也支持习主席提出的‘21世纪海上丝绸之路’的想法。根据东帝汶现在的地理位置来说，东帝汶地处南太平洋、印度洋之间，北邻亚洲国家，南面澳大利亚、新西兰，海上资源丰富，可以成为一个邻近地区的连接点，首要是基础设施建设。中国已经有了亚投行，丝绸之路的发展基金，可以把东帝汶

① 《一带一路战略交通为基础，沿线国家渴望互联互通》，经济网，2014年7月7日，http://www.ceweekly.cn/2014/0707/86330.shtml。

② “Diplomatic Access: Timor-Leste”, March 27, 2015, http://thediplomat.com/2015/03/diplomatic-access-timor-leste/.

的地理位置与中国的资源连接起来。未来的工作很多，希望两国之间建立合作平台，推广进一步合作。”①

2015年6月，东帝汶计划与战略投资部部长古斯芒在澳门表示，东方将“一带一路”战略视作是一种多边及多层次的战略，其中最重要的组成部分是基础设施建设。古斯芒说：“去年四月，我见到了习近平主席，之后在另外一次国际会议上见到了李克强总理。我们都就丝绸之路进行了非常深入的讨论”，“历史现在又翻了一页，我们不断发展丝绸之路沿线国家基础设施建设是恰逢其时的。”②

据媒体报道，早在2009年，东帝汶便已经提出了自己加强区域互动的战略方案，其中对基础设施的定义为“一个国家发展的基础”，包括道路、桥梁、港口、机场、水路运输和通信等方面的建设，有了这些设施人民生活才能提高，人民的生活提高以后，就能和邻国建立非常好的联系。古斯芒表示：“‘一带一路’通过路陆空三个维度实现互联互通。让整个国际社会的未来呈现不一样的场面，应该抓住这样的机会和战略节点。”③

当然，在对“一带一路”表态支持的同时，东方也关注“一带一路”倡议及实施的可行性。

2015年4月16日，来自130个国家驻华使馆的198名高级外交官，和109家跨国企业的137名代表参加了中联部举行的“一带一路专题解读吹风会”。会上，东帝汶驻华公使表达了对“一带一路”的关切。东帝汶公使提问，美国、世界银行、欧洲都有类似的欧亚开发计划或中亚开发计划，“中国是否考虑过‘一带一路’规划和既有的国际开发规划有重复或交叉？联合国经常会做许多矛盾的开发，做重复建设，中国如何避免这种局面?”对此，国务院推进“一带一路”工作领导小组办公室负责人欧晓理回答：各国在国际上有不同倡议，不同诉求很正常。的确“一带一路”和以往的开发有一定重合之处，但我们可以通过多边谈判来对接各种

---

① 《东帝汶大使谈一带一路》，中国日报网，2015年8月14日，http://video.chinadaily.com.cn/2015/0814/6282.shtml。

② 上证报“一带一路”调研报道组：《点赞“一带一路”：沿线国家的表情和声音》，2015年6月23日，http://news.cnstock.com/news/sns_yw/201506/3469092.htm。

③ 上证报“一带一路”调研报道组：《点赞“一带一路”：沿线国家的表情和声音》，2015年6月23日。

规划。比如说蒙古国有一个草原之路倡议，也和欧亚大陆桥相关。我们在中蒙俄元首会议上就建议把这个倡议变成中蒙俄的三方合作。“一带一路”也一样，我们寻求最大公约数，不冲突，不对立，保证所有国际开发都有利于沿线人民。[1]

与东帝汶官方的热情表态相比，东帝汶媒体对“一带一路”罕有报道。媒体反应相对冷淡，一方面与东帝汶相对有限的媒体市场与读者群体有关；另一方面，“一带一路”中，中国与东帝汶的合作尚处起步阶段，需要更多时间的考验。此外，中方应与东帝汶各语言支配的媒体进行广泛接触，使东帝汶各界对中国的了解更全面深入。

三、东帝汶的投资环境

根据中国商务部组织中国驻外使馆、商务部投资促进局和商务部研究院共同编写的《对外投资合作国别（地区）指南（2014年版）》[2]，东帝汶投资环境有以下特点：

其一，东帝汶经济落后。该国国民经济以农业为主，80%的人口生活在农村地区，农村地区适龄劳动人口40%处于失业状态，全国失业率高达32.7%。根据东帝汶政府公布的《2014年国家预算报告》，2013年名义GDP总量（不含石油收入）约15.34亿美元，增长8.0%。但高增长未带来快发展，经济稳定的基础不牢，粮食安全问题远未解决。由于绝大部分日用品依赖进口及美国量化宽松货币政策影响，2013年东帝汶通胀率达7.6%，经济增长并未惠及广大民众。

其二，基础设施落后，粮食不能自给，没有工业体系和制造业基础。2010年，东帝汶政府颁布国家2011—2030年中长期战略发展规划。2012年8月，东帝汶新一届宪法政府履职后，采取积极务实的经济发展政策，国家建设步伐加快，道路、机场、码头、市政、通信、农业设施等项目得

① 《“一带一路”官方解答：面向下一个35年》，观察者网，2015年4月28日，http://www.guancha.cn/Neighbors/2015_04_28_317612.shtml。

② 《对外投资合作国别（地区）指南——东帝汶》，中国国际贸易促进委员会网页，2015年3月23日，http://www.ccpit.org/Contents/Channel_3590/2015/0323/ 452180/content_452180.htm。

以着手规划实施。

其三，东帝汶经济结构单一。该国约 80% 的财政收入来源于油气收入。截至目前，东帝汶石油基金滚存至约 160 亿美元，为国家发展提供了坚实基础，推动经济持续保持增长势头。但经济严重依赖石油收入的这种单一经济结构短期内难有改观，民众缺乏谋生手段的现状依旧，高失业率、高文盲率和高通胀率的"三高"问题严重阻碍了东帝汶的持续发展。

其四，市场比较开放。东帝汶重视吸引外资，力争建立较完善的法律体系以改善投资环境。建国以来，东帝汶已陆续颁布实施了《劳动法》、《国民投资法》、《外国投资法》、《石油基金法》、《石油法》、《石油活动法》、《商业注册法》、《进出口货物检验检疫法》、《矿产法》、《土地法》、《环境管理法》等一系列法律。2013 年，东帝汶全年进出口贸易总额约 9.23 亿美元，出口不足 8000 万美元。

四、东帝汶的政治与外交及其挑战

分析东帝汶与中国在"一带一路"倡议下的合作机遇，对东帝汶的国内政治与外交应有所了解。历史上，东帝汶曾被葡萄牙、荷兰殖民，二战时期被日本占领，战后重归葡萄牙管理，1975 年印度尼西亚出兵东帝汶，次年宣布东帝汶为印尼第 27 个省，2002 年，东帝汶脱离印尼独立。中国于 2002 年宣布承认东帝汶并与之建交。

外交方面，尽管东帝汶与印尼存在边界争端，印尼仍是东帝汶加入东盟的主要支持者。东帝汶于 2006 年申请加入东盟，但一直被列为观察员身份。难以成为正式的东盟成员国的一个重要原因是在多个领域没有达到东盟的要求；此外，东帝汶也没有在全部东盟成员国设立大使馆。新加坡认为东帝汶加入东盟后，将会成为东盟的巨大经济负担。[①]

澳大利亚是东帝汶另一个重要的外交伙伴，是东帝汶最大的双边援助国，并曾支持东帝汶独立。但东帝汶与澳大利亚在海上石油开采问题上存在分歧，主要分歧在于 Greater Sunrise 海洋油田，该油田处于东帝汶与澳大利亚之间尚未确定分界线的石油开发区域。因分界问题尚未解决，该油

① Michael Leach, "Timor-Leste in 2013: Charting its own Course", in Daljit Singh edited, *Southeast Affairs 2014*, ISEAS Publishing, 2014, pp.339-352.

田项目仍未展开。[①]

此外，东帝汶与葡语国家、中国等也保持密切关系。近年来中国通过国际援助的方式，开始在东帝汶展现国家影响力。

尽管独立后的东帝汶政局渐趋稳定，考察中国与东帝汶在“一带一路”中的合作仍需注意政治风险。基于上述信息，在考量与东帝汶进行相关合作时，应注意如下方面的问题：第一是国内政治风险。东帝汶议会实行一院制，总理、各部长常来自不同的政党，各党派间的合作程度仍有待提高。第二是东帝汶并不完全成熟的民主制度下的人事变动，例如前总理宣布提前结束任期。第三是东帝汶的外交关系，印尼与澳大利亚对东帝汶施加的影响若处理不当可能再度引发东帝汶国内甚至地区出现乱局。

五、东帝汶面临的石油风险

东帝汶石油储量虽不比全球石油大国，但海洋石油储量与一般国家相比仍然可观，这也是包括中国在内的诸多国家寻求与东帝汶进行经济合作的重要缘由之一，包括中国新疆油田在内的多家外国企业正谋求与东帝汶进行石油合作。

根据中国商务部2014年数据，帝汶海探明石油储量约1.87亿吨，天然气约7000亿立方米。丰富的油气资源为独立不久的东帝汶提供了充足的资金力量。在2003年至2014年期间，东帝汶政府从石油及天然气中收入201亿美元，其中60亿美元用于支出，其余存入石油基金。

东帝汶石油基金成立于2005年8月，将国家来自石油的税收用于投资海外金融资产；石油基金唯一的流出是国家预算支出，须国民议会批准。在过去12年中，东帝汶石油基金创造了25亿美元的财富，并滚存回石油基金。截至2015年6月底，东帝汶石油基金总值168.6亿美元。

但石油基金的增速正在减缓。警报在2014年第三季度首次拉响：在石油基金十年的历史中，这是第一次基金总资本没有比前季度有所增长。[②]

---

① 《石油产量下跌削弱东帝汶国库收入》，Macau hub，2015年5月11日，http://www.macauhub.com.mo/cn/2015/05/11/石油产量下跌削弱东帝汶国库收入/。

② 数据来自东帝汶中央银行网站，https://www.bancocentral.tl/PF/Roports.asp。

2015年第二季度，石油基金收入增长几近停止。根据东帝汶国家银行报告，截至2015年3月31日，石油基金总额为168亿美元；然而到6月30日，即第二季度末，基金资本只增加了6000万美元。第二季度亏损额为2500万美元，这与过去十年中石油基金资本的迅速增长形成鲜明对比。①

国际危机组织2013年一份报告指出："石油基金使得东帝汶在决定优先任务时有独立权，无需过多考虑捐助国的意愿。石油基金也让东帝汶有充分的财政自由，不必举债即可增加开支。"②

与相对随意的财政支出相比，更令研究者担忧的是东帝汶现有石油资源面临枯竭。支持这一判断的理由之一是东帝汶政府财政收入为数不多的油田来源之一——Kitan油田已接近枯竭。Kitan油田位于距东帝汶约170千米的帝汶海，由东帝汶和澳大利亚共同运营，油田于2011年开始出产，预期寿命只有7年时间。2015年，该油田对东帝汶石油基金的贡献降至每月1500万美元，还不到2013年贡献水平的四分之一。③预计到2020年，投资该油田将无利可图。④据《东南亚事务2015》分析，主要有如下因素导致东帝汶石油基金表现欠佳：

首先，有限的石油供给、汇率损失以及国际油价下跌导致石油收入下降，特别是石油收入转化为国家财政预算；其次，东帝汶政府认为在国内经营的主要石油公司有逃税行为并为之采取法律行动，但地方法庭并没有给予明确支持；此外，东帝汶与澳大利亚的油田争端也延迟了相关油田的开发。因此，东帝汶的石油产量与石油基金前景并不乐观。⑤

---

① 数据来自东帝汶中央银行网站，https://www.bancocentral.tl/PF/Roports.asp。

② 国际危机组织：《东帝汶：稳定的代价?》，2013年12月18日，http://crisisgroupchina.blog.caixin.com/archives/65239。

③ Angela Macdonald-Smith, "Inpex Corporation writes down value of Kitan oil field in Timor Sea", *The Sydney Morning Herald*, March 25, 2015, http://www.smh.com.au/business/mining-and-resources/inpex-corporation-writes-down-value-of-kitan-oil-field-in-timor-sea-20150323-1m62q0.

④ "Drop in oil production reduces Timor-Leste's revenue", Macau hub, May 11, 2015, http://www.macauhub.com.mo/en/2015/05/11/drop-in-oil-production-reduces-timor-lestes-revenue/.

⑤ "Timor-Leste: The Two Sides of Success", by Rui Graça Feijo, *Southeast Asian Affairs 2015*, published by ISEAS Publishing.

东帝汶财政收入过于依赖石油收入，令外界有理由担心其国家经济稳定程度。世界银行2015年全球经济展望称：“东帝汶的GDP总量（包括石油部门）比非石油经济部分大3倍，并且极不稳定，对世界石油价格变化和当地的生产水平非常敏感。”[①] 国际危机组织建议东帝汶石油基金进行多元化投资，同时建议捐助国“继续支持东帝汶国内的公民社会，以及东帝汶政府提出的优先任务，尤其要协助旨在与东帝汶政府合作改善政策制定及立法工作”[②]。

六、结语

尽管“一带一路”倡议受到东帝汶官方积极回应，东帝汶媒体与民间对“一带一路”的关注度仍然不高。中国企业寻求在东帝汶的投资合作机会时，应对其复杂的历史、政治背景做充分了解，同时准确评估投资的各种成本，如基础设施建设水平低、员工须应对疟疾等多种地区疾病等。对于广受国际企业追捧的石油行业，中国企业在投资前应对东帝汶的石油储量、石油基金投资多元化等方面有全面评估。

① 《世界银行：今年东帝汶非石油部门增长》，Macau hub，2015年1月15日，http://www.macauhub.com.mo/cn/2015/01/15/世界银行：今年东帝汶非石油部门增长7/。

② 国际危机组织：《东帝汶：稳定的代价？》，2013年12月18日，http://crisisgroupchina.blog.caixin.com/archives/65239。

缅甸与21世纪“海上丝绸之路”

■ 文/杜　兰[①]

2013年10月，习近平主席在出席亚太经济合作组织（APEC）领导人非正式会议期间，在印度尼西亚国会发表演讲时提出中国愿同东盟国家加强海上合作，共同建设“21世纪海上丝绸之路”的倡议。这与2013年9月习近平访问哈萨克斯坦提出“丝绸之路经济带”一脉相承，目的是密切中国与东南亚、中亚、西亚、欧洲各国的关系，促进中国与这些国家的经贸合作，提升对外开放水平。

中国两千多年前就开辟了西南丝绸之路，连接中国西南与最早与中国发生交往关系的地区——缅甸，而它也是双边陆上交往关系最为频繁、持续时间最长的国家。而今天，作为中国的传统友好邻邦和全面战略合作伙伴，缅甸在21世纪海上丝绸之路和作为丝绸之路经济带一部分的“孟中印缅经济走廊”中将继续发挥独特的建设性作用。中国非常重视缅甸在海上丝绸之路中的重要地位。习近平主席在会见缅甸总统吴登盛时多次表示，中方欢迎缅方参与“21世纪海上丝绸之路”建设，开展经济开发区、基础设施互联互通等合作，同时推进“孟中印缅经济走廊”建设。

缅甸对于加入“一带一路”倡议亦十分积极，也是首批加入中国发起成立的亚洲基础设施投资银行（简称“亚投行”）的21个国家之一。正在推行经济改革的缅甸将从“一带一路”、“孟中印缅经济走廊”和“亚投行”等倡议中受益良多，除了巨大的经济效益外，还可以更充分地发挥

---

① 作者供职于中国国际问题研究院。

其东南亚—印度洋的桥梁作用，提升其地区影响力。但当前缅甸国内民主转型尚不明朗，国内和解还未完成，经济条件较差，基础设施落后，西方势力渗透较深，民众对华存在负面情绪，这些都意味着中缅经贸合作将面临重重挑战。在这种情况下，我们更需要加强对缅甸国内形势的研究，对在缅投资风险予以足够重视，从政治、经济、文化各领域推进中缅关系发展，以把握住缅甸这一重要支点，为建设21世纪“海上丝绸之路”打通重要一环。

一、缅甸在“21世纪海上丝绸之路”中的优势

多数国内学者认为，建设“21世纪海上丝绸之路”需要把握住几个战略支点，或者说需要打造支点国家。而不论从战略位置、经济利益还是双边关系的重要性而言，缅甸在“一带一路”战略中都是一个不可替代的关键支点。

（一）缅甸的重要地缘政治地位

1. 缅甸的战略位置

缅甸位于东亚、东南亚和南亚三地交接处，北部与中国毗邻，西面与印度、孟加拉国相接，东部与老挝、泰国交界，西南面濒临孟加拉湾和安达曼海，是中国进出孟加拉湾和印度洋的重要陆上通道。中国经中亚、南亚通往西半球的其他路线不仅距核心地区太远，交通和物流费用也比途经缅甸更高。而涉及中亚国家的丝绸之路经济带在短、中期内可能面临较多安全方面的不确定性。中巴经济走廊因为途经巴基斯坦俾路支省，该地区分裂势力和宗教极端武装并存，境内还有海拔两万英尺的喀喇昆仑山脉，同样面临严峻的安全挑战。[①] 从中国自身来说，向西发展除了面向中亚、俄罗斯的西北战略通道以外，便是面向南亚、东南亚的西南战略通道。缅甸的地缘条件恰恰决定了其对于中国的战略重要性。

同时，缅甸扼守印度洋与太平洋要道——马六甲海峡的出入口。中国的海上能源运输绝大部分是要通过马六甲海峡来实现的，而海盗、恐怖主

① 吴哥哥莱：《中缅关系要走双赢之路》，载《世界知识》，2015年第11期，第18页。

义以及美国对该海峡的潜在控制都对中国的能源安全构成了威胁。因此，绕过马六甲海峡的中缅油气运输通道使缅甸的地缘战略地位更加突出，成为中国必不可少的战略安全资产和至关重要的海外利益。2010年6月，中缅两国正式启动了修建从缅甸皎漂港到中国西南地区的石油天然气管道项目，原油管道的设计能力为2200万吨/年，在缅甸境内段长771千米，在中国境内段干线长1631千米；天然气管道的输气能力为120亿立方米/年，缅甸境内段长793千米，在中国境内段干线长1727千米。天然气管道已于2013年7月28日投产通气，缅甸天然气开始大量销往中国，原油管道工程缅甸段也已基本建成，于2015年1月举行了试投产仪式。

缅甸也是实现中国与东南亚、南亚互联互通的重要枢纽。航道安全是21世纪"海上丝绸之路"持续稳定发展的关键，而港口码头是保障航道安全的重中之重。如同古代丝绸之路上的驿站一样，港口码头就是21世纪"海上丝绸之路"的"海上驿站"。① 缅甸的海岸线很长，拥有许多天然深海港，仰光、皎漂等优良的港口为中国海外贸易西出印度洋直接进入波斯湾、红海提供了可能。而缅甸最大河流伊洛瓦底江经过适当疏通后，可自缅甸北部的八莫形成3000吨级货船的水陆联运大通道，直达印度洋。中缅公路和铁路也将成为连接东南亚、南亚地区的国际大动脉。

2. 地缘政治因素

长期以来，缅甸是中国在国际舞台上的重要"盟友"。因为中缅都与西方主流社会所认可的发展模式不同，客观上使得中缅相互依靠，避免陷入孤立状态。中国也始终呼吁西方国家取消对缅甸的孤立和制裁，帮助缅甸融入国际社会。2007年，美英向联合国安理会提交缅甸问题决议草案，再次指责缅甸国内存在人权、艾滋病、毒品等问题，称这些问题对地区安全造成威胁，要求缅甸政府尽快改善国内状况。对于该提案，中国和俄罗斯共同投下了反对票，使得美英的提案未获通过。

出于地缘政治战略的考量，美国、日本等区域外大国都希望把缅甸作为围堵中国的一枚棋子。尽管美方一再声称，"美国并不是有意要拉缅甸来遏制中国"，"美国与缅甸接触并非针对中国，美国关心的只是缅甸的民

① 刘赐贵：《发展海洋合作伙伴关系 推进21世纪海上丝绸之路建设的若干思考》，载《国际问题研究》，2014年第4期。

主化进程”。[①] 但这显然只是欲盖弥彰的托词。由于政治制度和国家利益的对立、意识形态及价值观的不同，“拉缅制华”、“以压促变”，构筑所谓“C形”包围圈制衡中国，以及迫使缅甸从军人政权转向民主以影响中国的政治发展，一直是美国对缅甸政策的主要目标之一。

保持良好可持续的中缅关系，才能确保中国西南边疆的稳定甚至是国内和平发展的大局。中缅边境线长达2185千米，边界上有很多跨境杂居的少数民族。缅北一旦爆发冲突，炮弹落入中国境内、大量缅甸难民越界逃往中国都是常有之事，这不仅给中国边民造成生命财产损失，而且还极大地威胁西南边疆的安全与稳定。缅甸也是跨境犯罪如走私贩毒频发地区，给中国西南地区的社会稳定和经济发展产生了严重的负面影响，加强中缅中央和地方政府间的合作才能有效祛除这些社会毒瘤。而经济上来说，中国西南腹地的繁荣需要稳定的周边环境，一个贫穷落后、混乱分裂的缅甸对中国西南地区的经济发展不利。[②]

（二）缅甸的经济发展潜力

缅甸国土面积达67万平方千米，为东南亚面积第二大国家、中南半岛面积最大的国家。缅甸自然禀赋条件优异，境内资源型矿产主要有锡、钨、锌、铝、锑、锰、金、银等，宝石和玉石享有盛名。石油和天然气在内陆及沿海均有较大蕴藏量。据缅甸能源部统计，该国共有49个陆上石油区块和26个近海石油区块，原油储量32亿桶、天然气储量89万亿立方英尺。缅甸水力资源丰富，伊洛瓦底江、钦敦江、萨尔温江水系纵贯南北，潜在水能资源超过1亿千瓦，开发率却只有2.54%。[③] 缅甸生态环境优越，森林覆盖率41%，拥有林地5亿多亩，是世界第一大柚木出口国，硬木也是缅甸第三大出口品，仅次于天然气与成衣。在经济结构方面，缅甸依旧属于农业社会，农业耕地面积1.5亿亩，素有“稻米之国”的美

---

① 《希拉里访缅称未将此行视为与中国竞争》，载《环球时报》，2011年12月3日，http://world.huanqiu.com/roll/2011-12/2229885.html。

② “Unrest in Kachin: China’s Mixed Blessing”, *Asia Sentinel*, March 6, 2013, http://www.asiasentinel.com/politics/unrest-in-kachin-chinas-mixed-blessing.

③ 《资料：缅甸国家概况》，中国网，2014年11月11日，http://news.china.com.cn/world/2014-11/11/content_34021502_2.htm。

称，农业部门就业人口则占劳动总人口 70%。

除了丰富的资源蕴藏外，劳动力结构优势也是外界看好缅甸发展的重要原因之一。据估计，缅甸总人口达 6000 万，全球排名第 25 位；劳动人口约为 3431 万，全球排名第 19 位。在人口组成结构方面，缅甸 15 岁至 65 岁人口占该国人口总数 69.3%，全国年龄中位数为 27.9 岁；识字率则为 92.7%（15 岁以上男性识字率为 95.1%，女性则为 90.4%）。[①]

此前，在西方的制裁和孤立下，缅甸经济多年未得到发展。因此，2011 年新政府上台以后，将经济改革与政治改革放在同等重要的地位，实施了多项务实的改革措施，为外国投资提供了有利环境：一是规范市场经济制度，加快国有企业私有化，放宽对电信、能源和金融等领域的控制；二是鼓励出口，降低出口税，并开放了 318 种商品的进出口限制；三是实行统一汇率制，自 2012 年 4 月 1 日起将相差百倍的黑市汇率和官方汇率并轨为有管理的浮动汇率制度，并推出新的大面值货币，为缅甸开放市场、吸引外资提供了基本条件。此外，缅甸先后颁布了《缅甸联邦共和国外国投资法》、《外国投资细则》等法律法规，进一步放宽对外资有利的吸引政策，如规定外方持股比例可以由缅外合资双方商议决定，将 100% 批准出口企业和开放 70% 的服务行业，允许外国人租用缅甸国有及私有土地，对外国投资者将给予 8 年免税待遇，并准许外资投资电力、石油和天然气、制造业和交通运输等重点行业。

亚洲开发银行 2012 年发布了题为《转型中的缅甸：机遇与挑战》的报告，该报告预计缅甸未来 20 年年均经济增长率将达到 7%—8%，人均国内生产总值将在 2030 年增加到目前的 3 倍（达到 2000—3000 美元）。[②] 国际货币基金组织（IMF）预测，缅甸 2015 年的经济增长率有望达到 8.5%，成为亚洲乃至全球经济增长最快的经济体之一。

中缅经济发展阶段相异、资源禀赋不同，经济合作互补性强、潜力巨大、前景广阔。如在贸易领域，中国主要向缅甸出口成套设备和机电、纺

---

① 《安邦东盟：缅甸投资风险报告》，共识网，2015 年 1 月 15 日，http://www.21ccom.net/articles/world/bjzd/20150114118991.html。

② "Myanmar in Transition: Opportunities and Challenges", Asian Development Bank Report, August 2012, http://www.adb.org/sites/default/files/publication/29942/myanmar-transition.pdf.

织、化工、金属、车辆配件等领域的产品，缅甸主要向中国出口矿产、农产、木材、水产、珠宝等领域的产品，两国的贸易互补性极高。而且，缅甸对外来投资需求迫切，是中国企业“走出去”的重要目标国。

二、中缅合作的坚实政治基础

与沿线国家友好稳固的双边关系是建设“21世纪海上丝绸之路”的重要前提。中缅多年来保持着紧密的关系，不是盟友胜似盟友。虽然自缅甸民主化转型以来，双边关系经历了一些波折，但缅甸仍然是中国周边重要的邻国，双边合作在政治、经济、军事、文化等各领域都保持着良好的发展势头。

（一）新中国成立以来中缅关系的发展

中缅关系历史积淀深厚，两国山水相连、文化相通、民族相融，人民自古亲密交往。中缅于1950年6月8日正式建交，2015年是建交65周年。缅甸是第一个承认新中国的亚洲非社会主义国家，第一个同中国解决边界问题的国家，第一个同中国签订友好和互不侵犯条约的国家。1954年6月，周恩来总理首次访问缅甸，发表了著名的和平共处五项原则联合声明，成为两国外交史上的一个重要里程碑，缅甸也因此成为与中国具有共同国际关系理念的重要伙伴。[①]

1950年建交到1962年间，中缅政府高层频繁交往，两国建立和发展了“胞波”（paukphaw）情谊，为中缅关系奠定了基础。周恩来总理9次访缅和缅甸总参谋长吴奈温12次访华被两国人民传为佳话。1962年奈温军人集团通过政变上台执政到1988年期间，中缅关系一波三折，经历了1967年缅甸镇压华人华侨等事件，但进入70年代后逐渐恢复正常，基本保持了平稳发展，双方往来正常。

自1988年缅甸新军人集团上台执政后，西方国家对缅甸实行了严厉的经济贸易制裁，为打破外交上的孤立困境，缅甸努力发展同周边国家

---

① 贺圣达：《中缅关系60年：发展过程和历史经验》，载《东南亚纵横》，2010年第11期。

的关系，尤其是与中国的关系。两国逐渐建立了紧密的关系，开展全方位合作，主要表现在高层互访频繁、外交上互相支持，在政治、经济和安全等方面密切合作。特别是2000年以来，由于中国的经济持续高速增长，对外援助和投资能力明显增强，中缅两国在经贸领域的合作深度和广度都达到了前所未有的密切程度，签署了上百个协议，中国成为缅甸的最大外资来源和最大贸易伙伴，也是缅甸最大援助和贷款来源。中缅贸易额1989—1990年度仅有2.2亿美元，到2008年已上升到26.26亿美元，2009年达到29.07亿美元。①

（二）缅甸转型后的中缅关系

2011年3月，吴登盛任总统的文人政府通过选举上台。吴登盛政府对内推行政治、经济和社会改革，对外积极融入国际社会，与美国等西方大国改善关系。中缅关系发生了许多变化，特别是在经济合作领域出现了诸多变数，但对华关系仍然是缅甸外交的重点，中缅关系也进入一个新的历史时期，保持着良好的发展势头。

政治方面，两国保持高层交往，政党、议会、军队、社会友好交流深入发展。2011年5月，吴登盛总统上任后首次出访就选择中国，两国元首发表联合声明，将双边关系提升为全面战略合作伙伴关系，使两国关系进入了一个新阶段。此后吴登盛总统多次访华，包括2012年9月应邀出席第九届中国—东盟博览会并赴陕西和广东参观，2013年4月来华进行国事访问并出席博鳌亚洲论坛2013年年会，2014年6月出席和平共处五项原则发表60周年纪念活动，11月出席加强互联互通伙伴关系对话会，2015年9月还应邀出席中国人民抗日战争暨世界反法西斯战争胜利70周年阅兵仪式。吴登盛总统上任五年间六次访华，体现出其对中缅关系的高度重视。缅甸其他高层领导人如副总统赛茂康、议长吴瑞曼、三军总司令敏昂来也多次访华。2014年11月，李克强总理赴缅出席东亚合作领导人系列会议期间对缅甸正式访问，签署了双边经贸、农业、金融、能源等领域总额约80亿美元的合作文件，进一步巩固和提升了双边战略合作

① 贺圣达：《中缅关系60年：发展过程和历史经验》，载《东南亚纵横》，2010年第11期。

关系。

当前，中缅经贸关系发展势头加快，中国已成为缅甸第一大贸易伙伴。根据商务部数据，2014年中缅双边贸易额达249.7亿美元，同比增长144.9%，其中中方出口额93.7亿美元，同比增长27.7%，进口额156亿美元，同比增长446.2%。[①]中国还是缅甸最大的外资来源国。截至2014年3月，中国累计向缅甸投资140亿美元，占缅甸吸收外资金额的近1/3。中国企业在缅甸投资合作涵盖了科技产业、基础工业、基础设施、通信、卫生、交通、农业、物流、文化等各个领域。

中缅关系的深化不止体现在政治和经贸领域，人文交流也日益密切。中缅间学者、青年学生、媒体、非政府组织人士的交流明显增加。中国医疗机构在缅多次举办“光明行”活动，给千名缅甸失明患者送去光明。缅甸成功举办第27届东南亚运动会和第7届东盟残运会，成为两国文体合作的一大亮点。两国文化交流频繁，中国电视剧翻译成缅文播出后大受欢迎，佛教交流也成为联系两国民众的关键纽带，这些都对改善缅民众对华认知产生了积极影响。2015年缅甸遭受洪灾，中国立即组织开展紧急人道主义救援行动以及灾后重建行动，受到缅甸民众的热烈欢迎。

（三）中缅关系的发展前景

缅甸军政府转型以来，吴登盛政府实施均衡外交政策，加大了同美欧日等西方国家的外交联系，中缅外交似乎变得没有从前紧密，两国之间过去一直存在的深层次矛盾也随之表面化，双边关系受到空前冲击。但是，我们仍然有理由对中缅关系发展的前景看好。

首先，中国仍是对缅甸影响最大的国家，两国有着深厚的传统友谊，关系基础牢固。中国一直是支持缅甸经济社会发展的重要邻国，与缅甸执政党、军队都有良好的关系，高层互访一直非常频繁，政治互信较为成熟。缅甸改革后，中国支持他们发展经济、改善民生，鼓励其走温和的改革道路，逐步实现国内政治和解、民族和解，深度融入东盟，中国的政策受到了缅方的肯定和欢迎。

---

① 《中国同缅甸关系》，外交部网站资料，http://www.fmprc.gov.cn/mfa_chn/gjhdq_603914/gj_603916/yz_603918/1206_604498/sbgx_604502/。

其次，与其他一些东南亚国家与中国存在海上领土纠纷不同，缅甸已经同中国解决了边界问题，双方不存在领土争议，也没有其他根本利益冲突，这为两国发展友好关系提供了重要保障。而且，随着缅甸国内改革的深入及其在东盟事务中的地位不断提升，缅甸将成为中国发展同东盟关系的重要纽带。

再次，中国也在调整对缅外交，同缅甸各派政治势力和社会各界保持接触。2015年6月，中国高规格邀请缅甸最大在野党、全国民主联盟主席昂山素季访华，体现出中缅关系正朝着成熟理性的方向转变。目前缅甸国内政治精英对中国的认识和态度已经基本稳定，即中国是缅甸无可选择的最大邻国，缅甸无法忽视中国的存在，必须与强大的中国保持顺畅的关系，并继续借重中国的资金、技术优势来促进缅甸的现代化进程，也愿意与中国在“一带一路”框架下开展深度合作。[①] 即便是一些对中国与缅甸军政府关系持强烈批评态度的组织和个人，也大多认可两国之间保持良好关系以及中国对缅甸的投资是有利于缅甸的稳定与发展的。

从现实看，中缅关系并没有越变越糟，而是在中缅友好关系主调不变的情况下，双边关系正变得更加务实和成熟。可以理解，缅甸不能只依赖中国，不愿中国在缅独大，因此，缅甸将利用其独特的地缘政治条件，借用美、印、日、欧、东盟的力量来平衡中国的影响。但是，“朋友可以选择，邻居不能选择”。中缅关系是由民族交融与地缘政治决定的，无论谁担任总统，都不可能改变这一点。缅甸今后的执政者必定还将实行对华友好与合作的政策，不会主动和中国进行对抗。当然，中缅关系也不可能回到过去缅甸对中国相对“依赖”的状态，双边关系将保持友好而不过分亲近的状态。

三、缅甸对“21世纪海上丝绸之路”的积极态度

（一）缅甸方面的表态

自中国领导人提出“一带一路”倡议后，缅甸方面就表达出加入“一带一路”建设的强烈意愿，对于与之配套的丝路基金和“孟中印缅经济走

① 李晨阳：《2015年大选会对中缅关系产生重大影响吗》，载《世界知识》，2015年第6期，第24页。

廊”计划也都积极响应。缅方还作为创始成员国加入了“亚投行”。2014年11月，吴登盛总统来华出席加强互联互通伙伴关系对话会时表示，缅甸能够从亚洲基础设施投资银行的设立中受益，同时也支持“一带一路”。吴登盛说，基础设施建设给亚太地区带来了重大的经济发展。互联互通在促进地区合作包括贸易与交通、信息与电信、能源基础设施和人文交流中发挥了关键作用。基础设施网络发展将帮助连接本地区和国际市场，而缅甸正在参与亚洲高速公路和泛亚铁路的建设，缅甸同时还是“孟中印缅经济走廊”等次区域网络的成员。缅甸赞赏中国提出建设“丝绸之路经济带”和“21世纪海上丝绸之路”的倡议，认为这将为本地区乃至世界带来和平、稳定与繁荣。①

缅甸副总统年吞2014年出席中国—东盟博览会时也表示：“我们对中方所提出的把海上丝绸之路和丝路经济带建成区域内贸易网络的倡议表示欢迎。”他认为，共建21世纪海上丝绸之路是一个非常及时的议题，目前东盟国家基础设施建设状况差异较大，中国提出“海上丝绸之路”建设将有助于提高缅甸、柬埔寨等东盟国家的基础设施建设水平。②

2015年9月18日，缅甸副总统赛茂康在第十二届中国—东盟博览会的开幕式上讲话时也提出，中国倡导的21世纪“海上丝绸之路”将成为东盟互联互通的补充，并且有助于东盟共同体的基础设施发展和一体化。“我们很高兴地看到中国将会出资400亿美元，设立丝路基金，我们会进一步促进东盟成员国之间，以及包括中国在内的对话国之间进行互利互惠的合作，同时继续发挥东盟在不断变化的地区格局中发挥核心和积极的作用。”③

缅甸学者和媒体也普遍对“21世纪海上丝绸之路”倡议予以高度评价。缅甸战略与发展研究院主席吴·暖芒森在第八届中国—东盟智库战略对话论坛上就表示，缅甸希望能够有机会加入到“一带一路”的建设当中。“海上丝绸之路”将会促进东盟的经济发展，也能够帮助东盟的互联

---

①《缅媒体称赞丝路基金》，载《光明日报》，2014年11月10日（8版）。

②《缅甸副总统年吞：“海上丝绸之路”为东盟与中国合作创造新机遇》，新华网，2014年9月16日，http://news.xinhuanet.com/world/2014-09/16/c_1112506737.htm。

③《缅甸副总统表示海上丝绸之路将促进中国与东盟合作》，新华网，2015年9月18日，http://www.gx.xinhua.org/newscenter/2015-09/18/c_1116607894.htm。

互通和总体规划的进一步发展，能够加强人民之间的交流。[①]

（二）缅甸与中国合作的需求

中国对缅甸有重要战略价值，缅甸在经济发展和政治安全上均需要中国。缅甸对于“21世纪海上丝绸之路”倡议如此积极，也主要是出于维护中缅关系稳定的政治原因和发展国内经济、融入地区合作的经济原因。

政治上，中国作为缅甸的最大邻国、最大外资来源国和最大贸易伙伴，在缅甸外交中的重要地位仍无可取代。缅甸的民主化转型虽然有减少对中国依赖的考虑，但并不想与中国交恶，其外交很难做到完全的等距离。积极发展中缅关系，维护稳定的周边环境，对于缅甸的改革十分重要，缅甸解决北部边境少数民族武装问题亦需中国的协调帮助和资金支持。而且缅甸对美国仍有戒心，美国在对缅合作的很多方面“口惠而实不至”，与发展缅美关系相比，与周边大国中国的关系更重要。

经济上，中国的经济活动是缅甸经济增长的重要推动力，对缅甸经济的方方面面均有影响，缅甸实现国内经济改革和发展离不开中国的参与。前驻缅甸大使杨厚兰对此做了全面的总结。一是货物贸易。海上丝绸之路将给沿线国家物流运输带来极大的便利，缅甸可以利用其地区枢纽的优势与包括中国在内的各国进行广泛的经贸合作，缅甸商品也将有更多机会走出国门。二是产业布局。包括缅甸在内的海上丝绸之路和孟中印缅经济走廊沿线国家都将获得一次产业结构调整升级的良好机会，将自身经济、社会、文化发展等融入到地区共同繁荣之中。三是人力资源。缅甸将为上述合作人员流动提供重要平台和发展舞台。当缅甸接入21世纪海上丝绸之路、“孟中印缅经济走廊”之后，利用其后发优势，一方面可以跳过部分壁垒和阶段，实现跨越式发展，另一方面也将同包括中国在内的地区合作伙伴以适应本地区传统历史文化和当前发展需求的全新模式开展合作。[②]

此外，正像中国在改革开放之初曾经斟酌于应该借鉴哪个国家的发展模式一样，缅甸内部如今也在广泛探讨，本国的转型之路应该走印度模

---

① 《缅甸战略研究专家：缅希望加入“一带一路”建设》，中国新闻网，2015年9月15日，http://www.chinanews.com/gj/2015/09-15/7525310.shtml。

② 《驻缅大使杨厚兰：传承“胞波”情谊，共建海上丝路》，人民网，2014年9月22日，http://finance.people.com.cn/n/2014/0922/c387602-25706029.html。

式、中国模式，还是东南亚模式？毋庸置疑，作为当今世界发展最快，在改革开放短短三十多年就跃升为世界第二大经济体的国家，中国的发展经验对缅甸有很强的吸引力和借鉴意义。不少缅甸人对中国改革开放以来积累的丰富经验颇为重视，认为能够为缅甸未来改革提供重要借鉴，尤其是随着改革的深入，缅甸需要更多向中国取经。从这方面来说，中国对缅甸的影响力，恰恰会因为缅甸的改革而得以提升。

四、“21世纪海上丝绸之路”建设中来自缅甸的挑战

尽管中缅在21世纪海上丝绸之路建设中有诸多合作机遇，但由于缅甸仍处于转型初级阶段，政治、经济和社会改革前景变数较大，社会矛盾增多，政府控局能力减弱，对中国的认识和对华政策也易受到西方势力等外界干扰和民众的左右。

（一）来自缅甸国内的因素

1. 大选前政治博弈激烈，改革前景不明朗

缅甸自2010年展开大选后开始了从威权政府向民主政府过渡的步伐。经过几年大刀阔斧的改革后，当前缅甸民主改革已进入到深水区，剩下的基本都是修改宪法、民族和解等“难啃的硬骨头”，涉及军人集团的核心利益。虽然缅甸在转型之路上倒退的可能性很小，但今后是否会遭到国内既得利益者的反弹仍然是其政局发展的一个变数，未来政治改革之路任重道远。

2015年11月8日，缅甸即将举行新一次大选，此次大选将不同于2010年底那次被批评为“操纵选票”的选举。反对派全国民主联盟的呼声很高，对拿下多数议会席位信心满满，而执政党巩发党也不甘示弱，力争保住席位。缅甸各派针对此次大选的政治博弈日趋激烈。2015年6月，联邦议会宣布，未能通过对宪法中有关总统任职资格的修订草案，这意味着昂山素季将没有资格竞选总统。8月，执政党派系斗争升级，爆发“党变”，与总统吴登盛闹不和的巩发党主席、议长吴瑞曼突遭革除党职，吴登盛重新担任主席，热门人选吴瑞曼基本已失去角逐总统的实力。吴登盛

的行动受到了许多批评，外界普遍将此视为缅甸四年来民主化转型的重大挫折，甚至有人怀疑缅甸的民主化进程会走回头路。

缅甸2008年宪法规定，宪法中重要条例的修改，需先获得国会75%的赞成票，再进行全国公投后才能通过。而6月修宪法案将国会内75%的赞成票条件改为70%，军方在国会内占有25%席位的条款没有修改，因此未来在军方不同意的情况下，任何重大条例的修改仍无法实现。可以看出，缅甸依然没有摆脱军人独大的局面，处于新旧体系激烈博弈、未来尚不确定的时期。从菲律宾、泰国民主化进程的历史经验来看，很难指望缅甸的民主化会是一帆风顺。[①]

2. *经济基础十分薄弱，投资环境仍然较差*

随着民主转型和西方制裁的纷纷取消，缅甸一夜之间似乎成了投资"热土"。事实上，经历多年的制裁和孤立，缅甸经济多年未有显著发展，各方面投资条件都十分落后，成为真正的投资市场尚需时日。世界银行发布的《全球营商环境报告》（*Doing Business 2014*）从10个方面对各国营商环境进行了评估，缅甸在189个参评经济体中仅排名第182位。[②]

首先，缅甸工业区发展缓慢，中央政府与地方政府分工不清，基础设施差，缺乏市场化战略。最大问题就是该国基建落后，交通、通信、电力等设施较差，严重制约当地发展，特别是公共电力供应不稳定。缅甸拥有丰富的天然气资源，可是火力发电在该国公共供电系统所占比重不足30%，水力发电才是主要的电力来源。每年10月至来年2月的干旱季节，停电情况十分严重，每天可以断电长达18小时；即使在4月和5月雨量较多的月份，供电也仅限于每天约5小时。

除硬件外，缅甸在政府治理、法律与制度建设、专业人才等软件方面也较为欠缺。长久以来，僵化的体制使得缅甸政府治理能力严重不足，在缺乏法治观念且官僚体系专业能力不足情况下，缅甸政府经常难以调解纷

① 李晨阳：《2010年以来的缅甸政治转型评析》，载《领导者》，总第47期（2012年8月）。

② *Doing Business 2014-Understanding Regulations for Small and Medium-Size Enterprises*, October 29, 2013, http://www.doingbusiness.org/~/media/GIAWB/Doing%20Business/Documents/Annual-Reports/English/DB14-Full-Report.pdf.

争。军政府施政方式根深蒂固，腐败情况较为严重，官员常通过受贿、暗中经商等非法手段敛财。根据非政府组织"透明国际"公布的腐败感受指数，缅甸官僚系统腐败情况在东盟国家间居后段位置。缅甸政府缺少管理经济的经验，税收法律制度不健全，财政赤字和高通胀长期困扰缅甸经济。法律体系亦不完善，执法机关的作用有待提升。

缅甸公民社会发展迅速，民主改革虽受到更多民众认可，但政府施政必须更多考虑民意和各派意见，威权色彩逐步降低，控局能力比军政府时期弱化。当前在缅很多外国投资都遭遇民众的抗议。一是因为民众民主和环保意识增强，希望在项目协议签订之前表达声音，要求谈判过程更透明，能充分了解项目对环境和当地人民生活的影响。二是拆迁移民问题突出，土地所有权不明确，农民虽有权使用但无权拥有土地，却又反对国家收回土地。而且民众法制观念很差，认为法律与自己无关，只关心自身利益不受损。三是劳工对工资和工作环境要求提高。缅甸的最低工资法例是在半个世纪前订立的，最低工资水平为每月不足20美元，但随着民众民主意识的觉醒，近年来工人频频示威游行要求提高工资待遇。自2015年9月1日起，缅甸已在全国境内实行每日3600缅元（约合2.8美元）的最低工资标准，劳动力成本优势明显减弱。[①]

3. 国内统一尚未完成，局部地区动荡

缅甸拥有135个民族，自1948年摆脱英国殖民统治获得独立后，多民族的特性使缅甸陷入了长期内战。面对多年内战，缅甸政府也试图与各路武装促成和谈。然而，2008年，缅甸通过新宪法，一些少数民族认为新宪法没有赋予其充分的自治权，武装冲突重新开始愈演愈烈。吴登盛政府上台后，多次重申推行民族和解路线，并积极推动全国范围内停火协议的谈判，经过多轮谈判后，协议有望在2016年签署。

然而，由于问题的复杂性，缅甸少数民族地方武装与中央政府的冲突短期内似乎无法根本得以解决，即使在2015年大选能够达成象征性的全国停火协议，未来的政治对话和民族和解之路似乎仍遥遥无期。民族和解事关缅甸改革和稳定的大局，少数民族地方武装的存在以及族群冲突有可

① 《缅甸将实行最低工资标准》，新浪网，2015年9月2日，http://finance.sina.com.cn/roll/20150902/060123145545.shtml。

能阻碍缅甸的政治转型，甚至还可能完全逆转民主转型。而且，少数民族武装占据的地区多与中国接壤或邻近，中国修建通往缅甸的联通设施通常要经过冲突频发地区，这些地区也是缅甸矿产、水力等天然资源大量蕴藏的地方。如缅甸国内冲突问题不解决，将严重影响中国对缅大型投资项目的可行性和安全性。

此外，近年缅甸国内民族宗教争端出现恶化现象，大批罗兴亚（Rohingya）难民开始向泰国等东南亚邻国逃亡。罗兴亚人是在英国殖民期间自孟加拉移民到缅甸的，信奉伊斯兰教，从外观以至文化上皆属南亚人。自2012年起，缅甸佛教徒与罗兴亚人间爆发多次冲突，已造成200余人死亡，逾十万罗兴亚人流亡在外。主流缅族佛教徒与穆斯林之间的暴力冲突，已经引起国际社会的强烈关注和批评，严重影响了缅甸国际形象，未来也仍将会是影响缅甸社会稳定、国家发展的一大因素。

（二）来自西方的竞争

缅甸进行民主改革后，美国、欧盟、日本、印度等国纷纷向缅甸伸出橄榄枝，从政治、经济、安全、文化等领域对缅施加影响，在官方、民间各层面强化渗透，以推动缅甸的转型。在经济上，美欧等西方国家部分解除对缅甸制裁，日本、韩国等东亚国家也不断加强对缅甸的经济援助和投资。面对缅甸巨大的市场空间，美、欧、日、韩等大型经济体都把缅甸视为最后一块投资处女地，希望尽快参与到缅甸的现代化进程中，在其市场中占有一席之地。随着西方国家投资逐渐进入缅甸市场，缅甸在投资合作伙伴上有了更多选择，中国将遇到更多市场竞争对手。为拉拢更多西方投资和援助，减轻对中国的依赖，缅甸政府对中缅之间的合作也变得更加谨慎，把西方的态度和反应作为重要考量因素，甚至在必要时刻会选择牺牲中方利益。

美国企业希望在石油、天然气、电信、生活消费品等部门进行投资，很多美国大型跨国企业已对缅进行多次考察，可口可乐等公司已在缅投资建厂。缅甸也积极拉拢美国投资，于2014年6月在美国纽约举办缅甸投资论坛，向美国投资者介绍缅甸投资规则和在缅投资的利益。日本也对缅投资十分积极，已成为缅甸的重要投资国，其最大动作就是联合开发缅甸迪洛瓦经济特区。该项目位于缅甸最大城市仰光以南16英里处。日本政府和日本企业拥有49%的权益，缅甸政府和企业拥有另外51%的权益。2015年9月，迪洛瓦经济特区举行了启动仪式，已有13个国家和地区的47家企业决定进驻，其中约半数是日企。

除了加大投资外，美欧日等国还通过各种方式加大对缅甸改革的影响，并改变缅甸民主对华认知，削弱中缅合作的基础，其手段包括帮助缅甸进行顶层设计、对公务员、媒体等开展各类培训、控制舆论导向、拉拢青年精英、通过官方和民间层面进行援助等。美国对缅援助中包括对公民社会、教育、医疗等领域的投入，以此与反对派和当地非政府组织建立联系。日本在经济不景气情况下，对缅援助不减反增，企图将缅甸打造为在东南亚的战略新支点。美国等域外国家对中国“一带一路”倡议持负面看法，认为倡议背后是中国的战略考量，甚至采取行动阻碍中缅的相关合作。中缅密松电站项目被搁置、莱比塘铜矿受阻等事件的背后就均有美国的影子。这也使中国与缅甸就“一带一路”倡议开展合作面临更多挑战。

（三）中缅关系的困境

就在吴登盛上台后的2011年，缅甸政府以民意为由，单方面停掉了中国在缅甸投资的密松水电站。密松水电站装机容量600万千瓦，总投资超过36亿美元，是中缅近年来最大的合作项目之一。吴登盛政府宣布水电站停建的消息一经报道，在国内外引起了巨大反响，中国方面对此感到震惊。

随后，2012年，万宝矿产公司投资10亿美元的莱比塘铜矿项目自奠基初期起便遭遇当地居民以及环保团体抗争。随着铜矿进入开采阶段，当地居民抗议拆迁以及环境污染事件频传，抗议者占据万宝矿产公司以及铜矿矿场，生产活动被迫中断。2014年7月，缅甸铁路运输部发布消息称，中缅“皎漂—昆明铁路”项目遭到搁置。该项目原本是中缅两国共同实施的“皎漂—瑞丽通道计划”的一部分，于2010年提出，全长1500千米，是中国与东南亚互联互通战略的重要组成部分。中国在缅一系列合作项目的受挫，反映出中缅传统友好关系因为缅甸政治转型正在遭遇挑战，中缅关系在一定程度上陷入了困境。

中缅在经贸合作上遇到的障碍体现出一个更深层次的问题，即缅甸社会中存在的反华情绪开始发酵。缅甸民众的权利意识逐渐兴起，公民社会团体开始质疑甚至挑战前军政府引进的外国投资项目，认为这些项目并不符合缅甸国家和民众的利益，并把矛头对准了与军政府合作密切的中国。西方民主与价值观对缅甸民众的影响在不断扩大，缅甸民众对中国的认同感在逐渐下降。而且中国强大后，缅甸民众有一种被中国掠夺、威胁的感觉，在社交网站上，人们发表评论，给中国贴上掠夺的标签，给缅甸政府贴上背叛国家利益的标签。

缅甸公众意识的觉醒给民选的新政府形成了很大的压力，加之公众、媒体的舆论影响，越来越多的人在负面舆情的影响下开始质疑中国企业在缅甸开发的真正受益方，给中国的投资蒙上了阴影。随着言论的开放，执政者为了得到民众支持，不得不对中缅关系有所牺牲。

五、中缅在海上丝绸之路建设中的合作领域与建议

虽然中缅关系目前遇到一些困难，但我们还是要看到中缅合作中的重要机遇和优势，外界对中缅合作的干扰仍然有限。如果中国政府能采取合理、得体的方式帮助缅甸顺利举行新的大选，并与缅甸各种政治力量形成良好的互动，2015 年缅甸大选将不会对中缅关系产生大的影响，未来中缅关系的发展将能保持合作的基本面。[①] 以“海上丝绸之路”建设为契机，中缅两国可继续增进合作，扩大经贸往来，实现互惠互利。

（一）中缅可以合作的重点领域

习近平主席在哈萨克斯坦纳扎尔巴耶夫大学做演讲时提出共同建设“丝绸之路经济带”的做法包括政策沟通、道路联通、贸易畅通、货币流通、民心相通，这也是“21 世纪海上丝绸之路”建设的基本方式和方法。中缅在“五通”涉及的诸多领域都有合作空间和潜力。例如，中缅两国可以建成从太平洋到印度洋的运输交通网络，加强道路联通；可以围绕经济

① 李晨阳：《2015 年大选会对中缅关系产生重大影响吗》，载《世界知识》，2015 年第 6 期，第 24 页。

发展战略和对策、政策和法律进行沟通、协调，加强政策沟通；也可以就贸易和投资便利化进行磋商，促进人民币国际化和自贸区战略的延伸，加强贸易畅通和货币流通。并且，中缅扩大经贸往来符合两国人民的共同利益，也为加强民心相通、增进友谊提供了坚实的基础。[①]

具体来说，缅甸非常欢迎中国企业投资农业、林业、水产畜牧、基础设施建设、酒店与旅游业等。其中基础设施建设将是未来中国可以投资的一大重点。缅甸的基础设施落后，高速公路和铁路设施不完善。从仰光到土瓦经济特区600千米的陆地距离，甚至没有直达汽车。在能够构建“全国一盘棋”的基础设施建设方面，缅甸需要大量投资。而“一带一路”建设中，基础设施领域是优先领域，其中交通运输行业起到了基础和支撑作用。未来国内建筑工程、机械装备、能源等行业的“走出去”，正可以迎合缅甸的需要。

除了道路建设外，电力行业也是一个非常值得投资的领域。目前缅甸仅能供应30%的电力，还存在70%的电力缺口，未来缅甸发展必须克服电力供应不足的瓶颈。而中国在这方面经验丰富，可以帮助填补缅甸电力方面的空缺。缅甸通信方面的基础设施也十分落后，是全球移动电话和互联网普及率最低的国家之一，市场前景可观。中兴、华为等中方企业在缅通信领域市场份额不断提高，2014年华为在缅已占有约50%的市场份额。

此外，缅甸当前急需发展经济、改善民生，涉及民生的农业、金融、制造业等行业也是中国投资可以发力的领域。其中，农业是一个有前景并受欢迎的行业。缅甸农业资源丰富，未开发土地很多，发展潜力巨大，但其农业技术落后，农业人才缺乏。而中国在市场、技术、种植水平方面都有很多优势。在中国耕地日益紧张，粮食安全面临挑战的情况下，中缅两国农业合作面临重要机遇期。双方可以进行优势互补，开展农业合作，例如为缅甸企业提供农机装备和农业贷款、传授种植技术、培养技术人才等，以更好地惠及当地百姓。

① 李敦瑞：《中缅经贸合作前景及其战略价值》，载《学习时报》，2015年9月7日（2版）。

（二）对加强中缅合作的一些建议

如何加强中缅关系，推动中缅合作，对于中国的周边外交和建设21世纪海上丝绸之路将是一个重要的考验。中国应总结对缅外交工作中的得失，努力发展双边关系，改善对缅投资，从而建立更加稳固的中缅全面战略合作伙伴关系。

“一带一路”的建设原则是共商、共建、共享。中缅两国的经济技术合作必须建立在互利与自愿的基础上，并对缅甸的国情有充分的了解。在中缅两国的经济技术合作中，需要缅甸兼顾和考虑各方利益，包括缅甸的地方和中央的关系、少数民族与缅族的关系、缅甸的国家利益与西方国家的利益、投资项目的经济效益和社会效益，都应考虑在内。可发挥民营企业的作用，让部分企业到香港、澳门乃至新加坡注册之后再进入缅甸，以降低敏感度。

中国企业尤其是大型国企进入缅甸要加强协调和管理，合理规划、统筹开发，有序地对缅甸进行投资。在能源类投资受阻的情况下，投资可更多转向缅甸迫切需要的基础设施建设、农业、金融业、劳动密集型产业。中国可同缅甸共同探讨企业社会责任行为准则，并带头执行。缅甸对中国改革开放经验非常感兴趣，中国可积极回应缅方诉求，增加对缅甸的经验援助。

确保信息公开透明，让缅甸民众知晓投资益处。中国在缅甸投资的一些大型资源项目受阻，在很大程度上是因为缺乏民意的支持，而民意的反对大多来源于对项目本身的不了解。中国企业应首先要与当地民众多交流，在项目实施之前，走访项目沿线周边，了解当地民众对搬迁、征地的要求；其次，向当地民众说明项目对当地的实际效益，落实项目的环境评估报告，甚至可选派民众代表参与到谈判进程中；最后，切实履行企业社会责任并做好宣传工作，改善中资企业的形象。中方也需多与缅方协调，要求缅甸政府公开透明项目信息，并请权威机构或媒体发布项目公告，让民众对中国的投资有更大的知晓度。

从现实条件和国际经验来看，要做好对缅工作，不仅要靠政府和企业，还应充分发挥非政府组织作用，尤其是利用好非政府组织民间身份、方式灵活、专业性强和直接面对普通民众的特点和优势，把非政府组织开展境外公益活动纳入援外工作支持范围，既能提升国家形象和软实力，也能提高援外综合效益，维护我国在缅投资安全。

虽然中国与缅甸的关系在新政府实施改革后遇到了新问题，出现了一些困难，但这并不意味着两国关系就此发生了颠覆性的逆转。“海上丝绸之路”本就是一个包容性极强的战略平台，本着“亲诚惠容”的理念和求同存异的精神，中国可以与缅甸寻求共同利益的汇合点，与其他各国协调利益关系，以务实合作实现互利共赢。在增进互信、深化合作的基础上加强经贸往来、实现互联互通，最终打造命运共同体和利益共同体仍是中缅两国关系发展的大趋势。只要中国对缅采取积极、主动的外交战略和灵活的策略，同时正视在发展对缅关系中存在的不足，努力解决对缅合作中存在的问题，改善中国在缅甸的形象，就能够推动中缅关系继续朝着健康稳定的方向发展。

柬埔寨与 21 世纪“海上丝绸之路”

■ 文 / 邵建平　刘　盈[①]

柬埔寨位于东南亚中南半岛南部，东部和东南部同越南接壤，北部与老挝交界，西部和西北部与泰国毗邻，西南濒临泰国湾。从地理位置来看，柬埔寨处于大湄公河次区域合作的中心，是我国在中南半岛推进 21 世纪“海上丝绸之路”的“中路”，是必须突破的国家。此外，中柬两国关系是中国与东盟成员国关系的典范，也是大国与小国关系的榜样。近年来，中柬两国全面战略合作伙伴关系得到不断务实和深化。因此，柬埔寨是中国 21 世纪“海上丝绸之路”的核心国家。

一、柬埔寨在 21 世纪“海上丝绸之路”中的优势

（一）柬埔寨对 21 世纪“海上丝绸之路”持肯定和支持态度

柬埔寨自古就在海上丝绸之路中占据着举足轻重的地位[②]，与中国保持着非常密切的贸易关系。中国提出 21 世纪“海上丝绸之路”倡议后，柬埔寨官方对之持肯定、支持态度，并对 21 世纪“海上丝绸之路”倡议对柬埔寨发展的意义给予高度期许。2014 年 4 月 25 日，柬埔寨副首相兼外交国际合作大臣贺南洪在接受中国新闻社组织的“新世纪丝绸之路华媒万里行”记者团专访时表示，“作为东盟成员国之一，柬埔寨支持共建

① 作者供职于云南红河学院政治学与国际关系学院。

② 杨保筠：《21 世纪海上丝绸之路与柬埔寨》，载《中国海洋报》，2014 年 6 月 30 日（A3 版）。

‘21世纪海上丝绸之路’”，“柬中两国的合作不仅是政治和经济层面，我们希望，通过‘海上丝绸之路’建设，能将柬中两国的各方面合作提升到更高水平”①。2014年9月16日，在南宁举办的第11届中国—东盟博览会上，柬埔寨西哈努克自治港主席兼首席执行官娄吉春表示：“共建21世纪‘海上丝绸之路’的建议非常英明，它是中国与东盟各国更加紧密地联系到一起的开端。”② 2014年11月9日，柬埔寨洪森首相在APEC工商领导人峰会上表示：“柬埔寨愿意支持中国计划，包括‘一带一路’，我们愿意在各方面加强我们的努力和支持，包括政治、经济，促进区域内人员、贸易、资金的流动。”③ 2015年3月28日，在博鳌亚洲论坛北京共建21世纪“海上丝绸之路”分论坛上，柬埔寨公共工程与运输部大臣陈尤德明确表示：“柬埔寨积极支持并参与共建21世纪‘海上丝绸之路’和中国—东盟海洋合作年活动。”④ 2015年5月6日，广东省21世纪“海上丝绸之路”国际博览会在柬埔寨举行推荐会，柬埔寨参议院议员刘明勤勋爵在会上表态：“相信在21世纪海上丝绸之路的指引下，柬中无论是政府还是民间都能合作默契，走出一条互尊互信、合作共赢、文明互鉴之路，为亚洲和世界和平作出更加积极的贡献。”⑤

从官方的公开表态来看，柬埔寨愿意积极融入中国的21世纪“海上丝绸之路”战略，并希望能够从21世纪“海上丝绸之路”战略中获益。根据洪森首相、贺南洪副首相等官员对21世纪“海上丝绸之路”的看法和态度，柬埔寨将会努力与中国的“一带一路”战略实现对接，推动国家发展、中柬关系深化。

---

①《柬副首相：柬埔寨支持共建“21世纪海上丝绸之路”》，2014年4月25日，http://news.sina.com.cn/c/2014-04-25/151530011586.shtml。

② 王化雨：《东盟国家欢迎“共建21世纪海上丝绸之路”合作倡议》，国际在线，2014年9月17日。

③ 董冠洋：《柬埔寨首相洪森：支持中国“一带一路”计划》，中国新闻网，2014年11月9日。

④《共建21世纪海上丝绸之路分论坛与会嘉宾齐聚一堂：畅谈合作 共话发展》，载《中国海洋报》，2015年3月30日。

⑤《海上丝绸之路博览会柬推介会圆满结束》，中华人民共和国驻柬埔寨王国大使馆，2015年5月9日，http://kh.chineseembassy.org/chn/jpzzx/t1262236.htm。

（二）柬埔寨在南海争端问题上持绝对中立的态度

21世纪“海上丝绸之路”，是习近平总书记2013年9月访问印尼在印尼国会演讲时提出的倡议。我国国务院授权，国家发展改革委、外交部、商务部3月28日联合发布的《一带一路愿景与行动》指出：“21世纪海上丝绸之路重点方向是从中国沿海港口过南海到印度洋，延伸至欧洲；从中国沿海港口过南海到南太平洋。”因此，东南亚地区是21世纪“海上丝绸之路”的起点，而南海海域是21世纪“海上丝绸之路”的关键点。目前，南海问题复杂化、国际化、多边化，成为影响中国与东南亚相关国家合作开展和深化的最主要因素，也是推进21世纪“海上丝绸之路”的最大障碍。

柬埔寨是南海问题的“局外人”，与中国没有任何争端，而且柬埔寨对南海问题一直坚持绝对的“中立”态度，不希望南海问题影响中国—东盟关系的大局；不希望南海问题复杂化、扩大化；赞同通过“双轨思路”解决南海问题，支持争端方之间通过和平方式解决争端。柬埔寨对南海争端的超脱态度为其顺利参与21世纪“海上丝绸之路”奠定了基础。

（三）中柬关系的不断深化

中国和柬埔寨关系源远流长，早在2000多年前两国就开始了友好交流与贸易往来。1958年建交以来，中国和柬埔寨在外交上的共同点越来越多，在许多国际问题上采取一致行动，相互支持[①]，西哈努克与新中国老一辈领导人也结下了深厚的友谊。1979年，越南占领金边后，中国坚决支持柬埔寨的抗越斗争，并为柬埔寨问题的成功解决发挥了重要作用。

1993年柬埔寨新政府成立以来，中国和柬埔寨的双边关系在两国老一辈领导人建立起的友谊基础上进入了新的发展阶段。2000年以来，在两国领导人频繁互访的推动下，中国和柬埔寨关系得到全方位发展和深化。

在政治关系方面，中柬两国领导人2000年后保持了密切的互访，并就两国关系、两国共同关心的问题适时进行沟通和磋商。2000年11月，

① 卢光盛等：《柬埔寨》，北京：社会科学文献出版社，2014年版，第343页。

中国国家主席江泽民访问柬埔寨，两国签署了《中柬关于双边合作的联合声明》，双方确认将以“《联合国宪章》、和平共处五项原则、《东南亚友好合作条约》所确立的原则及公认的国际法原则”作为两国关系的指导原则。双方表示尊重对方的核心利益关切，柬埔寨重申继续奉行一个中国的政策；中国也重申尊重柬埔寨王国的独立、主权和领土完整。2006年4月，温家宝总理访问了柬埔寨，双方签署了联合公报，两国继续表示支持对方的核心利益要求，两国关系也升级为“全面合作伙伴关系”。在2000年两国联合声明的基础上，柬埔寨“反对包括‘法理台独’在内的任何形式的‘台湾独立’，支持中国政府为捍卫国家主权与领土完整所作的一切努力，希望中国早日实现国家统一”；中国也表示“尊重柬埔寨人民自主选择符合本国国情的发展道路，愿继续向柬埔寨经济建设提供力所能及的帮助”。2010年11月，柬埔寨首相洪森访问中国，两国领导人表示将双边关系升级为“全面战略合作伙伴关系”，继续增进互信，尊重对方的核心利益。2012年3月30日至4月2日，中国国家主席胡锦涛对柬埔寨进行了国事访问，双方再次签署了联合声明，继续深化战略互信，推动两国政治、经济、军事、安全、社会和文化各个领域的合作，丰富了两国全面战略合作伙伴关系的内涵。2013年4月，柬埔寨王国首相洪森对中国进行正式访问，双方发表联合新闻公报。2014年5月，洪森访华并出席亚信第四次峰会。

在具体实践中，中国和柬埔寨切实落实两国数次联合声明中的精神，推动了两国政治关系的不断深化。国家领土和主权完整、经济发展、政治稳定和不断提升的地区国际地位，是柬埔寨的核心利益；而国家主权、国家安全、领土完整、国家统一、中国宪法确立的国家政治制度和社会大局稳定、经济社会可持续发展的基本保障，是中国的核心关切。中国在实际行动中尊重柬埔寨的领土和主权完整，尊重柬埔寨人民自主选择符合本国国情的发展道路，支持柬埔寨加入各种地区组织和国际组织，提升柬埔寨的地区国际地位。柬埔寨也一样，积极支持中国维护自己的国家核心利益，不仅在原则上一直反对台独，支持中国的国家统一。在具体实践中也极力维护中国的利益。如2009年11月，22名维吾尔叛乱分子逃往柬埔寨寻求政治庇护，柬埔寨认为他们是非法移民，将他们遣返回中国；2009年以来，在各方因素共同作用下，菲律宾和越南等东南亚国家采取各种方式继续侵犯中国南海海域的权益，由于他们在南海问题上与中国的博弈是非对称博弈，因此他们主张东盟抱团在南海问题上对付中国，推动南海问题多边化、地区化和国际化。而柬埔寨极力反对南海问题地区化，希望争端方之间通过和平方式解决争端。在菲律宾和越南试图用南海问题在东盟系列外长会议上绑架东盟时，柬埔寨作为东盟轮值主席国认为："东盟外长会议不是法庭，不适宜讨论争端，更不能解决争端。"中国和柬埔寨相互支持，不断增进互信，尊重和维护对方的核心利益关切，将两国名副其实的全面战略合作伙伴关系推向了更深的层次。

经济关系方面，中国和柬埔寨一直保持了较为密切的经济往来。中国无附加条件的援助对柬埔寨国家经济的恢复和发展发挥着重要的作用。据统计，从 1956 年至 1969 年，中国对柬埔寨的经济和技术援助累计达人民币 2.15 亿元[①]。近年来，随着中国—东盟自由贸易区的建成、大湄公河次区域合作的不断推进，中国和柬埔寨在地区、次地区框架内的合作更加广泛，两国间的贸易额、中国对柬埔寨的投资也不断攀升。2014 年，中柬两国贸易额达到了 37.6 亿美元[②]。在投资方面，据柬埔寨发展理事会统计，自 1994 年至 2011 年，中国（除台湾、香港）成为柬埔寨最大的外资累计来源国，投资额达到 88.49 亿美元，是美国 2.82 亿美元的 40 多倍[③]。据中国商务部统计，2012 年上半年中国企业对柬埔寨非金融类直接投资额达到了 2.58 亿美元，同比增长了 68.2%[④]。在援助方面，中国也是柬埔寨最重要的援助国，不仅援助领域广，而且援助额大。2012 年 4 月，胡锦涛主席访问柬埔寨时承诺向柬埔寨提供至少 7000 万美元的援助和贷款，至 2012 年，中国向柬埔寨提供的优惠贷款总额已经达 20 亿美元[⑤]。

① 卢光盛等：《柬埔寨》，北京：社会科学文献出版社，2014 年版，第 343 页。

② 《2014 年中柬双边贸易情况》，中华人民共和国驻柬埔寨大使馆经济商务参赞处，2015 年 7 月 16 日。

③ 《中国成为柬埔寨最大投资来源国》，中国—东盟在线，2011 年 9 月 8 日，http://asean.gxnews.com.cn/staticpages/20110908/newgx4e6871f2-4112941.shtml。

④ 《2012 年上半年中国企业对柬投资情况》，中华人民共和国驻柬埔寨大使馆经济商务参赞处网站，2012 年 8 月 3 日，http://cb.mofcom.gov.cn/aarticle/zxhz/sbmy/201208/20120808267320.html。

⑤ Simon Lewis, "Hun Sen Denies China Influencing Cambodia", *the Cambodia Daily*, April 4, 2012.

此外，中国对柬埔寨提供的资金和技术援助没有附带任何条件。中国对柬埔寨的投资和援助对柬埔寨经济社会发展发挥了重要的作用，成为柬埔寨在过去10年里经济增长速度一直保持在9%左右的重要保障。

中国和柬埔寨不断深化的双边关系为柬埔寨参加21世纪"海上丝绸之路"奠定了基础。

（四）柬埔寨政局日趋稳定

1993年至2013年，柬埔寨一共举行了5次全国性大选。2013年第五次大选后，反对党救国党认为选举存在舞弊行为，拒绝承认大选结果，抵制国会，导致柬埔寨出现半年多的政治僵局。但是救国党领袖桑兰西与首相洪森通过政治对话结束了政治僵局。2014年7月，救国党和人民党通过谈判达成共识，同意建立两党协调合作机制。2015年2月28日，通过谈判，救国党和人民党就《选举法》改革方案达成一致。新《选举法》其中一条规定"各政党间均不得发表攻击性言论"，4月9日，人民党和救国党又就新国家选举委员会成员达成一致。柬埔寨前首相、现任奉辛比克党党首拉纳烈表示，人民党和救国党已经进入"蜜月期"。2015年7月11日，柬埔寨执政党人民党主席、总理洪森和反对党救国党主席桑兰西在金边举行了史无前例的朝野领袖家庭聚餐。其标志着柬埔寨政局将维持较长一段时间的稳定。柬埔寨政局趋稳是其积极参与21世纪"海上丝绸之路"的根本保障。

二、柬埔寨在21世纪"海上丝绸之路"建设中的挑战

（一）柬埔寨基础设施落后

1998年后的柬埔寨历届政府推行自由开放的政策，大力争取外来援助和贷款推进国内基础设施建设，尽管取得了较大的成效，但柬埔寨基础设施总体情况仍然不乐观。公路、铁路、内河航运、港口吞吐量都具有极

大的改善空间。目前，柬埔寨公路网总长度约为38257千米[①]，大部分为乡村公路，全国还没有分隔式高速公路。铁路方面，柬埔寨国内目前就只有两条铁路，而且都是修建于20世纪60、70年代，目前几乎处于停运状态。水运方面，柬埔寨的河运和海运都没有能够充分利用自己的有利条件。如在港口方面，最大的港口西哈努克港都正在维修中。

此外，柬埔寨的电力设施发展也非常落后。电力完全不能满足柬埔寨社会经济发展的需要。由于无电力设施或电力设施落后，除首都金边外，电力供应主要集中于大城市和主要省城，农村基本处在无电力供应，仍依靠燃油灯或电瓶照明度日的状况[②]。与电力基础设施落后形成鲜明对比的是，柬埔寨近年来电力需求不断增加，只能从周边邻国老挝、泰国和越南进口大量的电力。据2014年统计，柬埔寨从泰国进口电力5.80亿度，从老挝进口1363万度，从越南进口13.59亿度[③]。

因此，柬埔寨的电力税费在东南亚国家是最贵的。

基础设施的滞后将对柬埔寨参与21世纪"海上丝绸之路"具体项目构成限制和制约。

（二）中柬一些具体合作项目受资源环境民族主义影响难以推进

资源民族主义是一种对国家资源矿产的民族主义情绪，认为资源国政府应牢牢掌控国家战略资源，不让外国资本榨取本国资源并从中获得高额利润。环境民族主义是泛环保主义的产物，是一种对国家生态环境问题的民族主义情绪，认为外国投资者不能为了营利而对投资国的生态环境造成任何影响。近年来，柬埔寨和缅甸等其他国家一样，环境民族主义都有所抬头。尤其在西方国家背景的NGO鼓动下，一些不明真相的民众被教唆起来对中资企业投资项目进行抗议示威（如下表所示），试图给政府施加

① Transport in Cambodia, http://web.worldbank.org/WBSITE/EXTERNAL/COUNTRIES/EASTASIAPACIFICEXT/EXTEAPREGTOPTRANSPORT/0,,contentMDK:20458706~menuPK:2066305~pagePK:34004173~piPK:34003707~theSitePK:574066,00.html.

② 《东南亚部分国家情况推介——柬埔寨》，湖北农垦信息网，2015年5月5日，http://www.hubeifarm.com/hwkf/hwzx/5702.htm。

③ 《柬埔寨国家电力电网建设现状分析》，中华人民共和国驻柬埔寨大使馆经济商务参赞处，2015年8月17日，http://cb.mofcom.gov.cn/article/zwrenkou/201508/20150801082421.shtml。

压力。

表6 中柬合作中遭受抗议的主要合作项目

事件	时间	投资方	抗议原因	抗议情况
甘寨水电站	2007年	中国水利水电建设集团	负面的环境和社会影响，包括环境和社会管理措施不透明，未及时提交全面环境评估报告等	上访、抗议、请愿
优联地产旅游项目	2009年	优联集团	安置问题矛盾突出	居民从2009年即开始上访、抗议、请愿。当地非政府组织联合开展了两次大范围调查行动，媒体也始终追踪事态进展
金边万谷湖房地产开发	2010年	鄂尔多斯集团	环境问题和安置问题	当地居民开始集体向中国大使馆请愿，向中资企业发公开信，甚至呼吁抵制中国货物
石油勘探项目	2011年	中海油	留给柬NGO研读环评报告的时间太少	柬NGO拒绝参加柬埔寨环境部组织的中海油石油勘探项目环境影响评估报告讨论会
柴阿润水电站	2013年	中国国电集团	环境问题，社会安置问题	致函洪森首相，要求终止柴阿润水电站建设

资料来源：毛薇：《中柬合作被忽视的力量——NGO》，广西大学中国—东盟研究院，2014年5月4日，http://cari.gxu.edu.cn/info/1087/1989.htm。

其中，柴阿润水电站因为遭受当地村民、僧侣和NGO的抗议不得不暂停建设。柴阿润水电站位于国公省境内的柴阿润河上，水电站装机容量108兆瓦，年均发电量5.95亿千瓦时。项目建成后将有力解决柬埔寨电力短缺的问题，为当地经济发展、生活改善发挥重要作用。然而，一些批评者认为柴阿润水电站和其他中柬合作项目一样，只是为了参与各方谋取利益，而且项目建设过程中非法采伐获得的分红和回扣只会让企业和官员受益①。还有多个NGO组织则联合致信洪森首相，批评该水电站项目耗资大、收益小，而且还会破坏当地生态②。在资源环境民族主义的压力下，

① 贝丝·沃尔克：《柬埔寨中资水电项目因被抗议而中断》，https://www.chinadialogue.net/blog/6837-Protests-halt-Chinese-backed-dam-in-Cambodia/ch。

② 《国公省柴阿润水电站：民间组织联署吁终止》，载（柬埔寨）《星洲日报》，2013年12月21日。

洪森首相不得不于2015年3月宣布搁置该水电站的建设，并表示在2018年前不会开工建设。

在柬埔寨积极参与和融入21世纪“海上丝绸之路”过程中，柬埔寨基础设施建设，包括交通、能源、电力等将继续成为中柬两国合作的重点领域。然而，柬埔寨的环境民族主义将会继续发酵，进而对具体合作项目的开展和推进构成威胁。

（三）域外大国的干涉

过去几年，中国和柬埔寨关系的不断深化已经引起了美国、日本的高度重视。美国借“亚太再平衡”战略、日本重拾“价值观外交”都加强了与柬埔寨的全方位合作。国家之间关系的发展和深入本身无可厚非，但美国和日本极力推进与柬埔寨关系居心不良，有将中国作为防范对象的考量。如在第六届“湄公河下游行动计划”部长级会议上，美国国务卿克里一味强调湄公河流域开发的环保问题。此外，美国和日本等域外大国不惜通过资金、人力等形式，支持柬埔寨境内的NGO煽动中柬项目合作地的民众开展反对项目建设的游行示威。

21世纪“海上丝绸之路”战略能够全面贯彻习近平总书记在周边外交工作会议上提出的“亲诚惠容”周边外交新理念，将中国自身的发展惠及周边国家。毫无疑问，随着21世纪“海上丝绸之路”战略的推进和实施，中国和周边国家命运共同体的理念将愈发深入，将会为中国的继续崛起营造更加有利的环境。然而，在亚太国际格局变动背景下，域外大国如美国、日本等不会坐视中国与周边国家关系继续深化而无动于衷。他们将会想方设法通过各种手段对中国与柬埔寨之间的合作进行破坏，扰乱中国21世纪“海上丝绸之路”项目的实施。

三、21世纪“海上丝绸之路”建设中的中柬合作

根据《推动共建丝绸之路经济带和21世纪海上丝绸之路的愿景与行动》，强化互联互通，即政策沟通、设施联通、贸易畅通、资金融通、民心相通，将是“一带一路”的合作重点。结合柬埔寨和中柬合作的具体实

际，在21世纪“海上丝绸之路”建设中，中柬可以将基础设施建设合作、能源合作、人文交流与合作等三个领域作为重点领域和早期收获项目予以推进。

(一) 强化基础设施建设领域的合作

如上文所述，柬埔寨基础设施落后是其参与和融入21世纪“海上丝绸之路”的障碍和挑战，但正因为如此，柬埔寨基础设施建设项目也是21世纪“海上丝绸之路”战略下中柬合作的重点。

柬埔寨公共工程与运输部国务秘书林赛登（Lim Sidenine）2015年6月4日在第六届国际基础设施投资与建设高峰论坛上透露，柬埔寨已经制定了六大战略规划与中国的“一带一路”对接，其中包括提升道路的多元化方式、发展城市路网；建设轻轨；道路再造；改造地区道路，使道路延伸到内陆，包括偏远地区；维护目前农村地区的交通路网以及铁路轨道运输等①。因此，在21世纪“海上丝绸之路”战略背景下，柬埔寨交通基础设施的改造和提升将为中国相关企业走出去提供更多的机会。中柬两国也有必要利用多种融资渠道为中国企业走出去参与柬埔寨技术设施建设提供便利和支持。

(二) 切实推进中柬电力合作

如上文所述，柬埔寨电力基础设施落后，严重制约了柬埔寨经济发展。近年来，柬埔寨将电力作为优先发展的领域予以推进。中资企业已经在柬埔寨的电力发展中扮演着非常重要的角色。2014年中资电力企业发电量20.5亿度，增长95%，占柬自发电量的70.2%②。但是，正如上文所述，中资企业在柬埔寨的电力投资项目也面临柬埔寨资源民主主义者的抗议和阻挠。此外，一些企业的投资无法取得预期收益、柬埔寨相关法律法

---

① 王宇洁:《柬埔寨部长：对接“一带一路”柬埔寨制定六大战略规划》，载《中国证券报》，2015年6月5日。

②《柬埔寨国家电力电网建设现状分析》，中华人民共和国驻柬埔寨大使馆经济商务参赞处，2015年8月17日，http://cb.mofcom.gov.cn/article/zwrenkou/201508/20150801082421.shtml。

规不健全和不透明、社会治安条件有待改善等影响了中资企业的投资信心。在柬埔寨融入21世纪“海上丝绸之路”过程中，中国和柬埔寨有必要加强政策沟通，继续将电力合作，尤其是水电项目合作作为重点项目予以推进。

（三）加强中柬人文交流与合作

“国之交在于民之亲”，加强中柬人文交流与合作是柬埔寨顺利融入21世纪“海上丝绸之路”的根本保障。目前，中国和柬埔寨已经开展了诸多人文交流与合作。如中国接待柬埔寨百人青年团访华，向柬方提供赴华留学奖学金；在柬埔寨办孔子学院、汉语中心等，有力地推动了柬埔寨各阶层对中国的了解。但是在“一带一路”倡议背景下，中柬两国间人文交流与合作力度还有必要继续加强。比如中柬两国要在高等教育合作、旅游便利化合作等方面为两国人民的往来提供更多的便利。

老挝与21世纪“海上丝绸之路”

■ 文/潘　岳　高星羽①

21世纪“海上丝绸之路”建设中，政府、学界、企业对东南亚的关注大多集中在南海周边的越南、泰国、菲律宾和印度尼西亚等国，从老挝角度来分析21世纪“海上丝绸之路”建设的研究成果相对较少。着眼于此，笔者希望从老挝的视角出发，探讨老挝在21世纪“海上丝绸之路”中的优势，梳理老挝对21世纪“海上丝绸之路”的态度，剖析老挝在21世纪“海上丝绸之路”建设中的机遇与挑战，并就21世纪“海上丝绸之路”建设中的中老合作展开论析。透过分析，笔者认为，老挝在21世纪“海上丝绸之路”建设中的作用突出。

一、老挝在21世纪“海上丝绸之路”建设中的优势

（一）老挝的地理位置及其地缘优势

老挝是21世纪“海上丝绸之路”三航线（东南亚航线、南亚及波斯湾航线、红海湾及印度洋西岸航线）之一——东南亚航线的重要一环。老挝位于东南亚中南半岛，是东南亚唯一一个内陆国，与中国云南、缅甸、泰国、柬埔寨和越南等接壤。即将开工的中老铁路是泛亚铁路的重要路段，是中国连接中南半岛乃至东南亚的重要铁路路线，战略位置重要。

① 作者简介：潘岳，供职于广西民族大学东盟学院；高星羽，广西民族大学东盟学院2013级研究生。

（二）老挝的国内环境与经济发展需求

老挝国内85%的民众信奉南传佛教，政治稳定，社会治安良好。老挝矿产资源丰富，金、银、铜、铁、钾盐、铝土、铅、锌等矿藏储量可观①，且大部分处于没有勘探、开采阶段，亟待发展。老挝自然风光资源和人文资源也相当丰富，适合开发旅游项目。2012年加入世界贸易组织（WTO）以来，老挝获得了更多的经济援助和发展机会。从老挝政府正在起草的中长期规划来看，未来五年（2016—2020年）经济增速将不低于8%，未来十年（2016—2025年）不低于7.5%，经济发展潜力巨大。目前，老挝基础设施落后，没有高速公路，铁路仅有3.5千米（从泰—老友谊大桥到万象市塔那凌桥）。老挝的货运和客运主要依赖公路运输，老挝的公路共有23条，其中，1号、7号、8号、9号和13号为公路主干道，公路总长为12223千米，贯穿老挝南北只有一条公路——13号公路。21世纪"海上丝绸之路"的建设和发展将会帮助老挝建设、完善基础设施，尤其是陆上交通建设，为老挝经济发展保驾护航。老挝国家主席朱马利也积极响应中国的21世纪"海上丝绸之路"建设。2014年11月8日，中国国家主席习近平会见了老挝国家主席朱马利。在交谈中，朱马利表示，老挝党、政府和人民十分珍惜老中传统友谊，感谢中方给予的支持和帮助，希望与中方加强交流与合作，加强基础设施建设，老方愿意积极参与亚洲基础设施投资银行的筹建工作。中老铁路将于2015年11月开始开工。鉴于老挝独特的地理位置和落后的基础设施，中老两国经济互补性强，双方合作前景广阔。

（三）老挝的文化与价值观

自古以来，中国与东南亚各国来往密切，中国与老挝历史上经济文化交流密切，也因同属中华文化圈，文化有着内在的一致性，老挝人民都能充分理解、接受和认同中国提出的21世纪"海上丝绸之路"的理念和价

---

①《对外投资合作国别（地区）指南——老挝》，中国国际贸易促进委员会网页，2015年3月23日，http://www.ccpit.org/Contents/Channel_3590/2015/0312/450533/content_450533.htm。

值观。老挝与中国政治互信度高，互利双赢。老挝民众希望通过中国的带动来促进国内经济的发展。

二、老挝对21世纪“海上丝绸之路”的态度

（一）老挝政界的态度

老挝政治稳定，经济发展迅速，交通设施滞后，政府参与21世纪“海上丝绸之路”意愿十分强烈。老挝国家主席朱马利对于中国政府提出的21世纪“海上丝绸之路”表示支持和积极参与，支持中国帮助21世纪“海上丝绸之路”沿线国家发展基础设施建设，实现经济的共赢。

2014年11月8日，朱马利与中国国家主席习近平举行了会谈。会谈中，朱马利十分支持中国这一举措，并表示希望“亚投行”成立后可给老挝贷款，老挝需要建铁路连接中国和东盟国家。2014年2月12日，老挝总理通邢对21世纪“海上丝绸之路”进行表态，他表示，丝绸之路的复兴无疑会给本地区带来更大发展，给本地区人民带来繁荣和幸福。老挝全力支持“一带一路”倡议，将与各国一道，深入参与区域合作。[①]

（二）老挝商界的态度

当前经济全球化背景下，发展是时代主题。随着老挝加入WTO，经济发展迅速，老挝商界意识到要积极抓住这一发展高速期。适逢中国政府提出要建设21世纪“海上丝绸之路”，惠及周边国家，能够促进沿线经济发展。因此，老挝商界积极关注21世纪“海上丝绸之路”这一创举，采取了一系列措施积极参与经济的发展。

老挝华人华侨也从事商业和中小企业，涉及餐饮、服饰、电子器材，糖果、日用品工厂和自成系统的进出口、批发、零售等小型工商业。因此，他们对于21世纪“海上丝绸之路”建设可谓是欢迎之至。

① 《国外政要如何看中国海上丝绸之路》，人民网，2015年2月10日，http://world.people.com.cn/n/2015/0210/c1002-26539192.html。

（三）老挝普通民众的看法

老挝国内民众普遍信奉佛教，民风淳朴，支持和平和发展。另外，中国西南边境云南省与老挝国土接壤，跨国民族相处和谐，关系密切，两国民众认同度高，十分理解和赞同中国提出的21世纪“海上丝绸之路”的用意和价值观。

21世纪“海上丝绸之路”政策中的一个重要环节——中老铁路、中泰铁路和昆曼高速公路等交通基础设施的建设，为老挝民众的出行提供了便利。

三、老挝在21世纪“海上丝绸之路”建设中的机遇

（一）有利的国内和国际环境

老挝国内政局稳定，社会治安良好，经济发展快速，为老挝参与21世纪“海上丝绸之路”建设提供了良好的国内环境。国际上，老挝积极改善与周边国家关系，在地区和国际舞台上享有一定的地位，具体体现在：（1）2009年9月9日，中老两国一致同意将双方关系提升为全面战略合作伙伴关系，中老关系呈现全面发展的良好态势，一直保持着友好的政治经济文化联系。（2）1997年7月23日，老挝加入东盟，2012年顺利成为世界贸易组织成员国，为老挝经济的发展提供了良好的平台。近年来，老挝通过承办东南亚运动会、亚欧峰会及东盟相关会议，提升了老挝在地区和世界的地位。有利的国内和国际政治社会经济环境，为老挝顺利参与21世纪“海上丝绸之路”奠定了坚实基础。老挝将中国提出的21世纪“海上丝绸之路”视为重要的发展机遇，借此得到中国、“亚投行”等各方资金、技术、人才的支持，推动老挝社会经济发展和国际合作。

（二）老挝人才发展面临的重要机遇

老挝社会经济落后，是世界上经济最不发达国家之一，据老方统计，2014财年老挝共获得官方发展援助项目784个，金额共计7.95亿美元，

较前一年增长2.3%，超额完成计划32.83%。[①] 人才是企业、民族乃至国家兴旺发达的不竭动力和重要的智力支持，亦有“十年树木，百年树人”之说。人才的培养培育，不是一蹴而就的，是国家、社会、学校、家庭及个人多方面综合作用的产物。老挝急需人才，尤其是兼具现代化、专业化的复合型人才。

近些年来，由于老挝经济大环境的改善，经济发展趋好，已有泰国、柬埔寨、菲律宾等东南亚国家的人才输入到老挝，参与交通、矿业、水电站、商贸等方面的建设和发展，也有来自欧美的高技能人才来到老挝参与社会经济建设。随着21世纪“海上丝绸之路”的开展和老挝加入东盟自贸区，老挝出现普通劳动力不足和技术工人严重缺乏的现象，急需大量的专业型人才、复合型人才。同时随着21世纪“海上丝绸之路”沿线国家之间经济、教育、文化等方面深入而持续的交流与合作，将促成老挝国内人才与中国、泰国、新加坡等国家的人才交流与合作，提升本国人才的现代化水平和专业化水平，更好地服务于本国和跨国经济建设。

（三）老挝国家建设在资金、技术方面前景美好

就老挝本国来说，严重缺乏发展经济的资金和技术。随着21世纪“海上丝绸之路”建设的开展和实施，中国将先进的基础设施建设等高精尖技术用于中老铁路、公路建设中，实现了技术的输出和输入。同时，基础设施建设本是个投入资金多、收益回报慢、造福于大众的社会福利建设，需投入大量的资金，然而老挝国内经济不足以支撑此基础设施建设。因此，中国向老挝投资大量的资金用于建设中老公路、铁路，完善泛亚铁路，对老挝国内来说是便民利民的好事，是不可多得的机遇，俗话说“要想富，先修路”，四通八达的交通便民网无疑为经济的外向发展提供了便利的运输途径。

（四）老挝在资源国际合作方面潜力无限

老挝自然资源丰富，有金、铜、锡、铅、钾、铁、金、石膏、煤、盐

① 中国驻老挝参赞处:《2014年老挝经济发展简况》，2015年6月1日，http://la.mofcom.gov.cn/article/zwjingji/201506/20150601009466.shtml。

等矿藏。迄今为止，锡、石膏、钾盐、煤等矿产资源得到了少量开采。老挝境内有20多条流程为200千米以上的河流，最大的是纵贯全国、全长为4800千米的湄公河，其每秒流量可高达15000立方米，可见老挝境内水量大。老挝地势北高南低，西北部向东南部倾斜，山地、高原占全国总面积的80%，河水落差大。因此，老挝水力资源丰富。老挝的森林面积约900万公顷，全国森林覆盖率约42%，产柚木、花梨木、酸枝等名贵木材。

丰富的矿产资源、水力资源和森林资源，为老挝在21世纪“海上丝绸之路”建设中，发展国内经济和开展国际间经济合作提供了物质条件。

四、老挝在21世纪“海上丝绸之路”建设中的挑战

（一）老挝市场经济发展水平较低

老挝政府市场经济知识不足、监管能力较低，威胁着老挝经济的可持续发展。老挝实行社会主义制度，1986年才实行对外开放政策，2001年制定经济发展奋斗目标为到2010年基本消除贫困，至2020年摆脱不发达状态。老挝的市场经济发展比较晚且缓慢，经济发展先天的不足导致了老挝政府市场经济知识的欠缺和监管措施不到位、监管不力，不利于老挝经济的可持续发展。

（二）老挝对外贸易运输成本高

老挝地处中南半岛内陆，没有出海口。这一地理现状，对老挝海外贸易的发展造成了诸多限制。老挝国内的货物商品不能直接通过自己国家的港口进行海路运输，而需绕道到越南的港口海运到其他国家，这就会造成海上运输成本较高，海外贸易风险较大。

（三）老挝国家经济发展脆弱性

老挝国内经济发展比较落后，与东南亚其他发展中国家的经济差距大，尤其在金融贸易领域，国内弱势资本极易受到国外强势资本的冲击，在短时间内国内劳动力密集型产业和传统工业易首当其冲受到影响。老挝

的进出口贸易中进口产品主要以矿产、电力和农产品为主，受制于国际市场价格波动。另外，国内产业比重失衡，以农业为主，工业、服务业和交通等行业薄弱。如何平衡参与21世纪“海上丝绸之路”建设后的成效与心理预期，如何协调21世纪“海上丝绸之路”建设与本国的实际现状，如何协调老挝与国外企业的参与程度等等，都是老挝在共建21世纪“海上丝绸之路”过程中需要考虑和解决的问题。

五、21世纪“海上丝绸之路”建设中的中老合作

从以上的分析可看出，在21世纪“海上丝绸之路”建设中，老挝既有发展优势又存在发展不足和问题，中老合作会在问题中前进，有着广阔的合作前景。

（一）中国—老挝目前的合作现状

自从1989年中老关系正常化以来，双边关系得到全面恢复和发展，两国在政治、经济、文化、教育、卫生等领域的交流和合作发展迅速，成效显著。

政治方面，2009年9月，中老双方就进一步发展两党两国关系达成广泛共识，一致同意把两国关系提升为全面战略合作伙伴关系。近年来，中老两国高层领导人往来不断，有力地推动了两国经贸关系的发展。

中老两国在双边贸易合作方面，贸易额从1989年的713万美元增加到2013年的27.4亿美元，增长383倍。随着双边贸易额的不断增长，双方交换的商品品种日益增多，包括烟草、纺织品、车辆、电力机械、电器零件、工业机械设备、矿产等。目前，中老两国已签署了一系列的经济合作协议，包括经济合作、技术合作、金融合作、边贸合作等一揽子协议，为共建21世纪“海上丝绸之路”打下了良好的经济合作基础。

中国对老挝投资方面，截至2013年11月，中国对老挝的投资额达到50亿美元，跃升为老挝最大的投资国。2015年11月计划动工的中老铁路，投资额将达到70亿美元，中国也将承担其中的部分金额。

司法方面，中老两国签订了《中老民事刑事司法协助条约》和《中老

引渡条约》等条约，确保司法的严肃性。

在禁毒方面，因为中老边境地处金三角区，早在2001年两国就签署了《中老禁毒合作谅解备忘录》，2006年又签署了《中老卫生合作谅解备忘录》和《中老关于禁止非法贩运和滥用麻醉品和精神药物的合作协议》等，对禁毒合作关注度高。

因此，在共建21世纪“海上丝绸之路”过程中，中老之间仍然要加强已有的在政治、经济、教育、司法、禁毒等方面的合作，结合21世纪“海上丝绸之路”实际，确保合作的时效性和有效性。

（二）中老合作的相关优势

老挝有其独特的投资吸引力，包括自然资源、投资优势、竞争优势方面，可以为在老挝推行21世纪“海上丝绸之路”提供良好的投资环境。

首先是自然资源优势。

第一，农业资源、土地资源。据2014年统计，老挝人口密度为28人/平方千米，气候属热带季风气候，雨量充足，日照时间长，有大量肥沃的农业用地。第二，矿产、森林资源。矿产资源多未开发，矿产丰富，有金、银、铅、铜铁、铝土等矿产资源。森林面积约900万公顷，覆盖率约42%。第三，水电资源。正如文章中提到的，老挝国土面积中水面面积多达6000平方千米，东南亚乃至亚洲重要的跨国水系——湄公河流经老挝，在老挝境内流域面积为20.2万平方千米，多年平均流量每秒5270立方米。其水能理论蕴藏量为5800万千瓦，可开发水能估计为3700万千瓦，年发电量为1800亿千瓦·时，其中的33%在柬埔寨、51%在老挝。目前，已开发的水能不到1%。由此可以看出，老挝境内的湄公河水能蕴藏量十分丰富且开发潜力巨大。第四，自然风光和人文资源。湄公河上有许多景点，如湄公河最长的险滩——锦马叻险滩、湄公河的最大瀑布——孔瀑布等。老挝的古迹佛塔和寺庙，老挝式的高脚屋建筑，法国殖民时期留下的法式建筑物，以及老挝独特的民俗民风等，都是不错的人文资源。

其次是投资优势。

老挝的投资优势体现在与区域间和国际间的经贸融合上。老挝是东盟的成员国，是中国—东盟自贸区（10+1）成员和大湄公河次区域（GMS）

合作成员，与包括中国在内的27个国家签订双边投资协议，于2012年正式加入世界贸易组织（WTO），发展后劲强大。

再者是竞争优势。

第一，政治环境稳定。老挝实行社会主义制度，唯一政党是老挝人民革命党，1991年党“五大”提出坚持党的领导和社会主义方向。1991年《宪法》规定，国家权力属于人民。因此，老挝是东南亚区域内政治比较稳定的国家。

第二，金融环境和社会经济稳定。金融环境相对宽松，外汇管制逐渐放宽，给中方投资者以良好的金融环境。又据2010年老方统计，宏观GDP达59.67亿美元，增长7.9%，比预期目标高了0.3个百分点；2013年老挝GDP达101.9亿美元，同比增长8%；2014年，老挝GDP增长7.5%。对于缓慢发展的世界经济和东南亚其他国家来说，老挝保持了较快的发展增速。

第三，社会安全，犯罪率低。相较于东南亚其他国家，老挝犯罪率低，人们信奉小乘佛教，民风淳朴，家家户户甚至可以开门而居。老挝人民对中国比较友善，没有任何歧视，中国企业设立于此，安保方面有保障。

第四，与周边国家相比，劳动力成本低廉。2013年老挝适龄劳动力达371万，劳动力素质总体偏低，技术劳动力严重不足。老挝为东南亚乃至全世界经济最不发达地区，总体的经济不发达也导致了劳动力工薪偏低，且每年还约有几万熟练劳动力赴泰国打工，使得老挝国内的劳动力尤其是熟练劳动力数量更少。低廉的劳工成本，可使中方企业在转移国内过剩的产能或制造业方面，减少劳动力成本的支出，获利增加。对老挝劳动力来说，劳工可以得到充分利用，甚至熟练劳动力可以留在本国的中方企业或合资企业中，以减少本国劳动力外流。

第五，出台了一系列包括《投资促进管理法》、《关税法》、《进出口管理令》、《进口关税统一与税率制度商品目录条例》等与贸易有关的法律法规，为中方投资营造了良好的投资法律环境。中国与老挝之间有着良好的政治关系，都是社会主义国家，都坚持“长期稳定、睦邻友好、彼此信赖、全面合作”的外交方针，积极拓展各领域合作。[①]这就首先确保了两国经济合作是在良好的政治大前提下开展的。老挝的投资优势则是吸引中方企业投资的动力。

（三）中国—老挝双方合作的现存问题

首先是贸易不对称问题。在中老两国经贸合作关系快速发展的同时，双边贸易也存在一些问题，如果不能得到及时妥善解决，必将影响到中老关系的进一步发展和合作。老挝市场容量有限，中老双边贸易结构单一且不平衡。中老两国在经济贸易方面，由于两国产业结构不平衡，造成了两国贸易差大，老挝出现贸易赤字，且有上升趋势。一方面，老挝是一个农业国，矿产资源丰富，工业基础薄弱，出口的多是农产品和矿产品，进口多为工业产品；另一方面，由于中老两国进出口商品价值不同，老挝主要出口的是附加值较低的农产品和矿产品，而中国经济较为发达，出口的是高附加值的交通设施、建材、电子产品、化肥、汽车等产品。这就造成了中老两国经贸发展的不平衡。

其次是交通基础设施方面。由于交通基础设施建设不是一蹴而就的，施工的时间比较长，而且在施工的过程中可能会出现与当地发展相矛盾的情况。因此，从陆路上看，目前老挝国内的公路仅有23条，铁路仅有3.5千米，严重制约社会经济发展。中国边境口岸从磨慈、江城、曼庄、苗寨进入老挝的公路只有4条，其中除了磨憨—磨丁（国家级口岸的公路）能全年通车外，其余3条公路受气候和路况影响很难实现全年通车，需要不断维护才能确保畅通），而且老挝境内的道路不是高速公路（仅类似于中国的三级公路），因地势复杂和自然灾害等原因，老挝公路运输的安全性很难保障，从中国边境口岸到老挝万象等主要城市普遍存在路途长、安全风险较大、运输成本偏高等诸多问题[②]；如果是水路运输，可以通过区域内大河——湄公河来实现运输，但受制于气候，旱季运输的话水位很难达到大宗货物运输的标准，难以通航，且途经金三角地区时，贩毒、走私、

---

① 李好：《未来几年老挝投资环境及投资建议》，载《广西大学学报（哲学社会科学版）》，2014年第3期，第44页。

② 宋达拉：《老中经济关系发展研究》，武汉：华中师范大学，2013年。

抢劫等跨国犯罪问题也会不利于船只的通航。

老挝的基础设施建设比较落后、不健全，以致运输成本高。老挝近三分之二的国土面积是山区，交通运输、能源、通信等基础设施落后。[①]这就存在着运输成本较高的风险。而在中老经贸合作中，运输成本成为阻碍双方经贸发展的重要因素，尤其是在石油价格高的时候，运输成本就会更高。中国与老挝山水相连，在商品运输上具有地缘优势，但实际上，由于老挝缺乏现代化的交通运输设施，老挝境内现有的公路年久失修，路面崎岖不平，塌方和毁坏路段很多，致使商品运输不但费时费力，损坏也不少，运输成本随即增加[②]。较高的运输成本必然降低了商品在市场上的竞争力，特别是大型机械设备和精密仪器更是难以运送，也就谈不上提升市场竞争力和占有率。

再者是“外商投资法”的限制。随着21世纪“海上丝绸之路”的建设和发展，越来越多的外商将会进驻老挝，这就需要完善行之有效的法律尤其是外商投资法等法律。但是，当前老挝投资法和司法体系中尚存在许多问题和不足：外资投资的法制体系还不完善，存在有法不依、执法不严的现象；政府管理效率较低；外汇管制方面问题丛生。

最后是双方合作面临人才匮乏的难题。在中老合作过程中，劳动力缺口大，严重缺乏技术型、复合型的高技术人才，这就严重影响中国企业的投资及中老经贸的发展。

（四）中老合作展望

纵览全局，中老合作前景广阔。可在诸如政治、基础设施、经济、企业、民间等方面开展交流和合作。

第一，中国和老挝应继续加强两国政治互信与交流。在政治上，中老两国一直以来都保持着良好的政治往来，政治互信度高，中老双方是全面战略合作伙伴关系。目前老中关系正处于历史最好时期，也正迎来又一个发展良机——21世纪“海上丝绸之路”。老挝人民革命党“九大”提出

① Methta Phanthavong、徐敏丽：《中国企业在老挝投资的机遇与挑战——以南塔省为例》，载《经济研究》，2013年第10期，第51页。

② 陈社明、李益敏：《中—老缅泰结合部次区域交通网路体系建设研究》，载《经济地理》，2000年第6期，第84—87页。

的任务目标的实现，在很大程度上得益于中国强有力的帮助、支持和配合。中老两国政府应进一步加强、拓宽中老两国全方位、宽领域的交流与合作，增强政治互信。一方面，可以加强双方政府高层的来访与交往，进一步加强老挝中央及地方等部门与中国相关部门的交流与合作，不断拓展两国在政治、外交领域的交往渠道，以提升合作水平。如2014年12月3日下午4点，由中国交通运输协会、中国远成物流集团、联合国计划开发署南南合作项目专家、昆明泛亚交通物流研究院及昆明市国际物流金融学会组成的中国交通运输协会物流投资代表团，在老挝万象拜见了老挝工贸部部长开玛尼·奔舍那女士。在洽谈中，中国远成物流集团董事长黄远成先生就提出了公司有意助力老挝打造大型物流配载中心，建设万象国际陆港城市，对此开玛尼·奔舍那女士表示十分欢迎。另一方面，重视拓展两国在军事、地区安全、环保、打击跨国犯罪、文化宣传、教育培训等非经济领域的交流合作，增强非经济因素在老中关系发展中的支撑和推动作用。①

第二，中国—老挝应继续完善基础设施建设，加强中老泰经济走廊建设，实现互联互通。老挝的基础设施薄弱，公路、铁路设施不健全，通过21世纪"海上丝绸之路"，完善老挝的陆路基础设施建设，使老挝真正地发挥作为中国陆路上通往泰国等东南亚国家的枢纽作用。在完善基础设施基础上，打造中、老、泰全面发展的经济走廊，实现互联互通。

第三，中国和老挝应制定和落实与中老经济合作和发展相适应的"一河、一路、两区"方针路线。"一河"指沿湄公河两岸发展产业，从资源入手，搞深加工和轻纺工业；"一路"指沿中老铁路布局相关产业，并且与我国云南、广西的产业规划相衔接；"两区"指加快推进中老边境磨憨—磨丁跨境经济合作区和老挝赛色塔综合开发区建设，实现优势互补、合作交流、共同发展。②

第四，中国—老挝的合作需要老挝国内法律的建立健全。一则在外商投资法律上，需不断地健全法律机制，为中资企业、中老合作企业提供顺畅的法律便利条件。老挝已经加入了世界贸易组织，在享受世界贸易组织

① 宋达拉：《老中经济关系发展研究》，武汉：华中师范大学，2013年。

② 王军：《可把老挝作为一带一路战略突破口》，新华网，2015年4月1日，http://news.xinhuanet.com/fortune/2015-04/01/c_127644703.htm。

便利的同时，必然会受国际市场的冲击。因此，更应该建立竞争法、涉外保障法、广告法、反倾销法、证券法等法律，并在本国实际下随着形势的发展变化做出适时的调整修改。二则老挝劳动力低廉，国民识字率不高，素质普遍较低，因而在老挝投资办厂的企业很难实现生产要素的有效结合。故而，老挝政府应制定相关的法律法规，有意识地提升本国劳动力水平，开展文化扫盲教育活动，甚至可在中老两国的有意培养下，培养出一批既懂技术又懂两国语言的高技能人才。三则在金融方面，由于老挝现在还没有形成完善的金融体系，金融服务业发展还处于初级阶段，尚未建立个人信用体系，普遍存在着银行数量少、覆盖率低、贷款利率非常高、银行实力不强、经营方式单一、金融产品不丰富、信用卡尚未普及等现象。所以，老挝要完善金融体系建设和金融服务业。所幸老挝政府也意识到这个问题，决定于2015年扩大开放领域，其中就包括金融服务业，因此，中方有实力的银行有机会进军老挝市场，丰富老挝银行业、金融服务体系，在竞争与合作中使当地的银行体系得到提升与完善。故而，中老两国更要加强金融方面的合作，共同寻求金融方面的合作点，使双方的金融体系建设服务于中老21世纪“海上丝绸之路”建设。

第五，中国—老挝两国应努力促进民间团体间的交流与合作，运用民间的力量交流情感与见解，达成共识。中老两国的民间舞蹈家或舞蹈团体、艺术团体可以互相来访，交流情感；民间社区团体可以举办各种形式的联谊会、寻亲会，增进友谊和亲情。

第六，以加速滇老合作的发展进程来促进中国—老挝合作。滇老合作是中国云南省与老挝的合作，体现的是地区和国家间的合作。可在人才、媒体、旅游等方面加强滇老合作。其一，人才方面的合作。老挝政府和企业可通过与云南省高校如云南大学、云南民族大学进行合作办学。老挝政府可采取一些积极措施鼓励高校莘莘学子来老学习、交流，云南省的高校可采取“3+X”的教学方式鼓励学生走出去，老挝企业可以积极入滇进行社会招聘和校园招聘、校企合作，由于云南省小语种比较发达，精通小语种的人才众多，老挝许多企业如老挝三江集团前身就是云南的企业，因此许多企业可以通过校企合作的方式，招入高校大学生在老挝实习，来实现人才的聘用，高效便捷、人尽其用。

其二，媒体方面的合作。媒体在现今社会中以其时效性和导向性发挥着越来越重要的作用。从纸媒来看，云南省与老挝之前就有过合作，云南曾出口杂志期刊到老挝、在老挝设立华文书局等。云南出口至老挝的杂志期刊以老挝文期刊《占芭》为主。该杂志主要内容为中国经济建设的政策方针，在经济、政治、文化等多个领域的最新成就。该杂志成为老挝人民了解当前中国社会发展情况和中国文化的重要窗口[①]。随着国外汉语热，老挝也不例外，中国可以将中文图书、杂志、报纸等通过转赠或出售等方式到达老挝境内，加强双方的纸质交流。从电媒来看，云南广播电视台国际频道在老挝开播，就播放了老挝语版的《木府风云》，讲述的是云南大理土司的风采，成功地使云南民众与老挝民众形成情感上的共鸣。网络上也将富有中国宫廷色彩的经典大型宫廷剧《甄嬛传》配以老挝语与老挝语字幕，供人们观看、欣赏。因此，随着电视新闻媒体的广泛发展，云南老挝可以将更多的大众喜闻乐见的经典电视剧互译互播，也可互相邀请和举行大型实景文艺演出、播放记录云南人和老挝人生活和节庆的纪录片。

其三，旅游业方面的合作。一是云南省以合资的方式在老挝的重要旅游地如首都投资旅馆、餐饮业，扩大云南建筑材料及工程建设量；二是云南方面帮助老挝改善如航空、水运等方面的服务能力，在旅游旺季向老挝租赁飞机和客轮，通过在游客运送、住宿、餐饮方面提供配套服务，全面参与老挝的旅游资源开发；三是尽快促使业已成熟的中、老、缅、泰湄公河次区域“金四角”环绕旅游线路的开通和相关投资的运作[②]。

第七，加强中国—老挝在旅游方面的合作。旅游业属第三产业，在国民经济中发挥着越来越重要的作用。在旅游业方面，老挝有发展旅游业先天的优势——自然旅游资源丰富，有佛塔寺庙建筑文化、天然瀑布、热带森林资源、节庆仪式等。经过多年的发展，旅游业已初具规模，且政府支持力度大，开发价值高，发展潜力巨大。中方投资企业可以在旅游细节处多思考、多实践，如在旅游服务配套设施方面，可结合其他国家如新加坡等的成功案例，寻找可以开发出具有旅游市场潜能的地方。近年来，随着中国经济的飞速发展，国民收入增多，生活水平提高，逐渐兴起了出境游热，老挝与中国接壤，有着天然的旅游资源，但交通道路的不畅通和旅游

① 吕慧钧：《云南老挝合作多点开花》，载《昆明日报·东盟南亚》，2014年3月23日（3版）。

② 宋达拉：《老中经济关系发展研究》，武汉：华中师范大学，2013年。

政策、措施的不完善，使得中国公民到老挝旅行望而却步。因此，为了旅游业的兴旺发展，中老双方要努力促进交通的发展，以及旅游政策、措施的不断完善。

第八，充分利用好现有的合作机制和WTO机制促进中老合作。老挝已于2012年加入WTO，至此，作为WTO成员国的中国与老挝，一切经贸活动都需在WTO的规则下进行，并在WTO规则下不断完善双方的贸易机制、规范贸易管理体系，促进中老双边贸易的和谐发展。同时要利用好现有的中国—东盟自贸区、大湄公河次区域合作等合作机制，为双方企业提供更多的合作商机，加强农业合作，携手创造区域内新的增长力，还要充分发挥我国云南—老北合作机制的作用，促进双方相互支持、携手发展。

第三部分　专题

导读

21 世纪“海上丝绸之路”倡议落实，包括在中国—东南亚国家共建 21 世纪“海上丝绸之路”的过程中，有诸多方面的课题值得我们去关注，去重视。为此，我们既需要对 21 世纪“海上丝绸之路”与东南亚国家的反应进行整体、系统的分析，也需要重点抓住该倡议落实过程中的地区安全格局、南海议题、地缘政治格局等议题，当然也需就理论指导和行业领域等层面进行深入剖析。不仅如此，以广西为代表的中国地方在服务中国—东南亚国家共建 21 世纪“海上丝绸之路”中的角色与功能，同样值得深思。

关于21世纪海上丝绸之路建设的若干思考

■ 文/傅梦孜　楼春豪[①]

2013年10月3日，习近平主席访问印尼期间在印尼国会发表题为“携手建设中国—东盟命运共同体”的演讲，提出“愿与东盟国家共同建设21世纪‘海上丝绸之路’”[②]，与此前9月7日访问哈萨克斯坦时提出的“丝绸之路经济带”相呼应，“一带一路”战略构想已然成形，引起世界关注。21世纪海上丝绸之路涉及国家、地区众多，海情地域复杂，政策关联性强，值得学界深入研究。本文拟探讨21世纪海上丝绸之路内在逻辑与意涵、面临的挑战与路径选择，以期对推进这项战略提供某种有益的参考。

一、21世纪海上丝绸之路及其时代意义

所谓丝绸之路，是指中国经陆路连通中亚、西亚、南亚至欧洲，或由中国沿海经南海到印度洋沿岸的文化交流与商贸路线，古代中国有“丝绸国”之称，这条路线因此得名。这些路线已历两千多年，但囿于西方中心主义视域的局限，加之近代中国相对落后，其学术概念直到一个多世纪前

---

① 傅梦孜，中国现代国际关系研究院副院长、研究员；楼春豪，中国现代国际关系研究院海洋战略所所长助理、副研究员。

② 习近平：《携手建设中国—东盟命运共同体》，载《人民日报》，2013年10月4日（1版）。

才出现[①]，国内外从政治、经济、外交与国际关系等方面对此进行系统的理论探讨也显得极为不够。与经济利益网络化拓展相伴随的是，国家海上力量的崛起与"走出去"战略的实施。新航路开辟后西方的殖民扩张及与之相应的制海权争夺，就是最好的注脚。马汉的海权论强调海上军事力量的重要性，本质上是为了维护海上贸易通道和海外利益；西班牙、葡萄牙、英国乃至美国，也将维护贸易通道作为海上力量重要职责。

随着中国经济利益和经济存在的对外拓展，中国对海外资源和市场的需求更强，国家战略也必然要遵循前行。与历史上西方殖民扩张不同的是，中国倡导和平、互利、合作，中国提出的海洋强国目标内涵是和平、和谐、合作的新型海洋安全观，海上丝绸之路"要推动建设的是基于海上航行开放自由、海上共同安全和海洋资源共同开发的新秩序，是合作发展的沿海经济带"[②]，21世纪海上丝绸之路构想反映了时代特点，为古代海上丝绸之路注入新的内涵。有学者在论述"一带一路"时提出了"离岸一体化"的概念，认为"要超出传统的地缘经济合作的视野，将生产、货币、金融、贸易、投资、劳务等领域的整合性制度安排，推向全球所有对中国的发展或长期经济增长而言具备战略重要性的地区，增加中国与这些地区之间以及这些地区通过中国的相互依赖，使得中国成为联通这些重要领域和重要地区的一体化枢纽"[③]。

中国成长为世界第一制造大国，由此带动生产要素的国际流动比以往任何时候更为频密，打造或完善贸易通道、推进中外良性互动并释放更大产能比任何时候更为紧迫，由此产生的溢出效应既利于中国，也有利于世界。

首先，海上丝绸之路的构建将增强中国经济"生命线"——海洋通道的安全系数，是中国经济持续增长和加强对外联系的保障。中国经济的成长与外部紧密性不断增强，"在贸易、投资、金融和制度等方面都对国际

① 一般认定，"丝绸之路"这个概念由德国地理、地质学家费迪南·冯·李希霍芬（Ferdinand von Richthofen）在其五卷本巨著《中国——亲身旅行和据此研究的成果》第二卷（1882年柏林出版）中首先提出，他把张骞出使西域的古道称为"丝绸之路"。

② 张蕴岭：《如何认识"一带一路"的大战略设计》，载《世界知识》，2015年第2期，第29页。

③ 冯维江：《丝绸之路经济带战略的国际政治经济学分析》，载《当代亚太》，2014年第6期，第79页。

或地区经济体系存在很强的结构性依赖”[①]，也有学者甚至将中国经济称为“依赖海洋通道的外向型经济”[②]。中国对外贸易的90%都需要经过海上通道，尤其是原油、铁矿石、铜矿石、煤炭等能源资源进口严重依赖海运。以原油进口为例，2012年，中国原油进口额为2203.95亿美元，其中通过海运进口额为1991.68亿美元，占总量的90.37%，其中80%左右要经过马六甲海峡。预计2020年时中国进口石油将占总需求的66%以上，2040年将达到72%。因此，确保能源安全事关中国的命脉，对马六甲海峡的严重依赖造成“马六甲困境”。除马六甲海峡外，其附近的龙目海峡、望加锡海峡也直接关系到海上丝绸之路的延伸区域——南太平洋，大部分不能通过马六甲海峡的巨型油轮，只能途经这两条海峡。虽然修建经过缅甸和巴基斯坦的两条输油管，可减轻对马六甲海峡和龙目海峡—望加锡海峡的依赖，但仍无法取代海上能源供应线。为破解“马六甲困境”，中国只能寻求扩大与其他国家的海上合作，以保证通道的可选择性。

其次，海上丝绸之路将进一步密切新时空背景下中外经济良性互动，强化中国与沿线国家经济合作网络。改革开放前，由于严峻的国际环境，中国经济布局的重心放在内陆地区，与外部世界经济联系有限，甚至可谓半封闭状态。改革开放后，中国逐步打造全方位、高水平、宽领域的开放格局，与外部世界的融合日益深化，尤其是沿海地区凭借区位优势，有效调动外部生产要素，实现较快经济增长。经过30多年的改革开放，中国经济“正在实行从引进来到引进来和走出去并重的重大转变，已经出现了市场、资源能源、投资‘三头’对外深度融合的新局面”[③]。以东盟为例，1997年金融危机后，中国—东盟经济合作步入快车道，自2009年以来，中国连续五年成为东盟最大贸易伙伴。据中方统计，中国—东盟双边贸易额2012年达4001亿美元，是2002年的7.3倍，2013年增至4436亿美元。截至2014年9月底，中国与东盟双向投资累计达1231亿美元，其

① 潘忠岐、黄仁伟：《中国的地缘经济战略》，载《清华大学学报（哲学社会科学版）》，2008年第5期，第119页。

② 倪乐熊：《从陆权到海权的历史必然——兼与叶自成教授商榷》，载《世界经济与政治》，2007年第11期，第27页。

③《习近平主持召开中央财经领导小组第八次会议强调加快推进丝绸之路经济带和21世纪海上丝绸之路建设》，载《人民日报》，2014年11月7日（1版）。

中东盟国家对华投资超过900亿美元。① 目前，双方正在启动自贸区升级版谈判，努力打造双边关系“钻石十年”。中国与南亚、南太平洋地区等丝绸之路沿线国家的经贸合作也发展迅速。印度战略家拉贾·莫汉（Raja Mohan）表示：“中国的政治经济利益已不再局限于南中国海，而是涵盖整个印度洋区域，这是个自然延伸的过程。”②

再者，海上丝绸之路作为一种互通互利的贸易通道，可以对沿线国家经济发展释放更多的“正能量”。基于巨大的人口优势和市场潜力，中国产业可能比任何国家同类产业具有更大规模，产能的累积自然导致过剩，由此形成中国开辟或扩大多元贸易通道的内生动力，古代的瓷器、丝绸、茶叶等行业和今天更多的产业发展皆遵循这个逻辑。美国、欧洲和日本等发达国家是中国传统出口市场，但其增量空间已不大，而“一带一路”沿线广大发展中国家则蕴藏着巨大的市场潜力，有助于消化中国的富余优质产能。时值中国经济面临产能过剩和产业链升级问题，而“一带一路”沿线国家面临制造业落后、难以有效解决劳动力就业问题，相互之间就形成了中国过剩产能转移的供需局面和态势。

比如，海上丝绸之路沿线国家多为发展中国家，具有强劲的发展需求，一些国家出台了经济发展规划，但却面临基础设施不够完善、发展资金捉襟见肘等问题。中国拥有雄厚的外汇储备，且是“世界上独一无二的‘基础设施国家’”③，亟须寻找合适的投资渠道。印度尼西亚是一个群岛国家，2011年就曾提出推动国内六大经济走廊建设，即爪哇、加里曼丹、苏拉威西、巴厘、巴布亚和马露姑，并以此带动印尼全国经济发展，涉及大量的基础设施建设和融资需求；现任总统佐科2014年10月上台后提出了“海洋轴心战略”，力图促进国内基础设施互联互通与海洋资源开发，将印尼打造成“印太中心”和“世界海洋轴心”，对资金技术的需求也很

---

① 根据东盟方统计，2013年双方贸易额达3505亿美元，占东盟贸易总额的14%，同比增长9.7%。中华人民共和国外交部：《中华人民共和国和印度共和国关于构建更加紧密的发展伙伴关系的联合声明》，http://www.fmprc.gov.cn/mfa_chn/ziliao_611306/1179_611310/t1193043.shtml。（上网时间：2014年12月24日）

② C. Raja Mohan, “Sino-Indian Naval Engagement”, *ISAS Brief,* Institute of South Asian Studies, National University of Singapore, No.103, April 16 2009, p.3.

③ 郑永年：《中国丝绸之路的优势》，载《联合早报》，2015年1月20日，http://www.zaobao.com/forum/expert/zheng-yong-nian/story20150120-437404。

高。印尼总统外交顾问利扎尔·苏克马（Rizal Sukma）就认为，印尼的海洋轴心战略与中国海上丝绸之路建设存在项目重叠性，双方可以加强合作。[①] 还有，中国能源进口需求大，而海上丝绸之路沿线的中东、北非以及澳大利亚则蕴藏丰富的能源资源，沙特、阿曼、伊拉克、伊朗、阿联酋、科威特位列中国石油进口前十大来源之中，澳大利亚则是最大铁矿石进口来源国。这种能源资源生产地与需求地之间的失衡，加上海洋作为自然障区的阻隔，也需要通过加强海上互联、互通予以克服。[②] 此外，经济发展存在国家与市场间的矛盾，"市场的逻辑是在最有效率、最有利可图的地方开展经济活动，而国家的逻辑是控制经济发展和资本积累的过程，以便增加本国的权力和经济福利，市场逻辑和国家逻辑之间必然发生这种冲突"[③]。中国凭借独特的社会制度，在平衡处理市场与国家关系过程中积累了很多经验，可为沿线发展中国家提供借鉴。此外，丝绸之路沿线许多国家并未在经济上摆脱对西方的依赖，西方国家在国际金融、贸易和生产体系中具有优势地位，而许多发展中国家被迫依附于这些体系。

海上丝绸之路构想的重要目的，就是强化中国对外部经济的正向外溢作用，同时解决双方互动过程中资源配置不均或受阻的失衡问题，通过向发展中国家提供资金、基建、技术等领域援助，促进中国与沿线地区和国家生产资料的有效配置，"在巩固现有周边自然经济区域的基础上，在潜在的地缘经济空间上，进一步发展新的跨界区域经济合作，创建更多的经济联合体和市场共同体"[④]。互联互通作为海上丝绸之路的重要内容，是促进贸易投资自由流动的前提和基础，在当今新的时代不再只是传统意义的基础设施建设，而是基础设施、制度规章、人员交流三位一体，是政策沟通、设施联通、贸易畅通、资金融通、民心相通五大领域齐头并进，是

---

① 中国现代国际关系研究院代表团与印尼战略和国际问题研究中心（位于雅加达）学者的座谈，地点在印尼战略与国际问题研究中心，2015年1月20日。

② 陆卓明：《世界经济地理结构》，北京大学出版社，2010年版，第41页。

③ [美] 罗伯特·吉尔平：《全球政治经济学：解读国际经济秩序》，杨宇光、杨炯译，上海人民出版社，2006年版，第73页。

④ 潘忠岐、黄仁伟：《中国的地缘经济战略》，载《清华大学学报（哲学社会科学版）》，2008年第5期，第122页。

全方位、立体化、网络状的大联通。[①]为此，中国政府倡议成立亚洲基础设施投资银行和丝绸之路基金，优先支持互联互通项目，打通丝绸之路的血脉经络，中国政府还将设立100亿美元的中国—东盟基础设施专项贷款。

最后，海上丝绸之路建设有利于克服外向型经济中生产要素流通的两种失衡或挑战。一是沿海地区能够更有效地利用外部资源，导致国内经济布局在沿海与内地之间的失衡，沿海地区发展水平明显高于内地。二是对外依赖引发的敏感性与脆弱性问题，尤其是漫长的海上通道面临多种风险挑战。中国历史上多次遭受陆上强敌的入侵和占领，但最终都将它们融入中华文化的泱泱大潮，唯有从海上入侵的强敌使中国彻底沦为半殖民地。当前，中国的外部安全威胁主要来自海上，而对外经济依赖度高也意味着受制于人的风险较大。换句话说，经济的沿海化，强化了中国对海外市场和海外资源的高度依赖。沿海化经济造成对海上通道的严重依赖，这是制约中国经济安全乃至国家安全的重大瓶颈。[②]就连长期以来皆非中国海洋战略重点的印度洋作为“能源通道”、“贸易通道”在中国的整体发展与安全中也愈发占有重要地位。[③]海上丝绸之路的构建有助于消除或缓解上述两大失衡。海上丝绸之路并非局限于海上，而是与陆上丝绸之路相辅相成的，嫁接桥梁就是孟中印缅经济走廊和中巴经济走廊。通过参加两大走廊建设、融入“一带一路”建设，新疆、云南等内地省份可以更有效地吸引更多生产要素，成为沿边开放高地。比如，云南可通过西南通道进出印度洋，从内陆省份变为间接的沿海省份，对外开放通道更加畅通。此外，海上丝绸之路倡导共商、共建、共享，主张与沿线各国加强海上互联互通，通过构筑利益共同体和命运共同体，为海上通道安全营造良好的外部环境。

---

① 习近平：《联通引领发展　伙伴聚焦合作——在“加强互联互通伙伴关系”东道主伙伴对话会上的讲话》，载《人民日报》，2014年11月9日（2版）。

② 王湘穗：《倚陆向海：中国战略重心的再平衡》，载《现代国际关系》，2010年庆典特刊，第55页。

③ 中国现代国际关系研究院海上通道安全课题组：《海上通道安全与国际合作》，北京：时事出版社，2005年版，第330页。

二、共建21世纪“海上丝绸之路”面临的挑战

21世纪海上丝绸之路是共商、共建、共享的和平繁荣之路，对中国以及沿线地区和国家来说是莫大的善举。但是，客观地说，海上丝绸之路建设及其安全面临诸多困难与挑战，如大国海洋秩序博弈、海洋权益争端、沿线国家治理之困、海上非传统安全威胁等。

首先，海上丝绸之路建设可能引发现有海上强权的担忧与疑虑。21世纪海上丝绸之路倡导更加公平的海洋秩序与和平、合作、和谐的海洋观。但是，美国为了维护其全球海洋霸权而可能对中国的海上丝绸之路建设难以释怀，加上海上丝绸之路还涉及印度洋地区，印度对海上丝绸之路的真实意图也半信半疑，这是海上丝路建设需要妥善应对的战略挑战。

美国视海上霸权为其全球霸权体系的重要支柱，并通过“岛链战略”长期对中国进行海上牵制。中国建设海洋强国、推进海上丝绸之路的努力，难免遭遇美方反弹乃至反制。美国的“亚太再平衡”战略和“印度洋—太平洋构想”，客观上都是全面强化其在海上丝绸之路沿线的战略部署。美国虽然不是丝绸之路沿线国家，但却凭借其同盟体系、军事实力等，对丝绸之路沿线的地区事务乃至一些国家的内政都拥有巨大影响力，且拥有可用来施加干扰的诸多资源。美国太平洋司令部下属亚太安全研究中心（APCSS）学者莫汉·马利克（Mohan Malik）坦承：“中国对南海和东海的扩张性‘主权诉求’，以及反介入和区域拒止军事战略的推行，对美国及其盟友以及地区伙伴的利益构成了挑战，对全球公域的安全也构成威胁。……考虑到美国海军面临预算缩减和责任增大间的失衡，中美紧张局势将会加剧。”[①] 中印安全互信依然缺失，印度不少人担心中国构筑包围印度的“珍珠链”，一些战略界人士认为“中印海上对抗不可避免”，“中国是印度在印度洋的最大对手”等，结果即导致印度加强自身军事外交、强化对印度洋的主导权，而这会被北京视为“阻止中国进入印度洋”。[②] 特别是随着斯里兰卡、马尔代夫、巴基斯坦等国纷纷表示乐于参加

① Mohan Malik, ed., *Maritime Security in the Indo-Pacific: Perspectives from China, India and the United States*, London: Rowman & Littlefield, 2014, p.8.

② C. Raja Mohan, *Samudra Manthan: Sino-Indian Rivalry in the Indo-Pacific*, Washington: Carnegie Endowment for International Peace, 2012, p.130.

海上丝路，印度担忧之心日增。印度的中国研究所副所长郑嘉宾（Jabin Jacob Thomas）承认，“一带一路”为中印两国提供巨大的机遇，但认为印度在乎的是“中国在多大程度上承认印度在其所倡导‘一带一路’地区的历史的角色和影响力，中国能多大程度上理解印度在陆地和水域的切身利益和敏感所在”①。印度媒体披露，莫迪政府有意启动代号为“季风工程”（Project Mausam）的项目，“与中国的海上丝绸之路相竞争”②。

美国重申对其倡导的新丝绸之路和印太经济走廊的战略承诺，而这两者与中国的“一带一路”在地理范围、项目内容上均有很大重叠，即使美国不至于公开反对中国的海上丝绸之路建设，但其举措无疑将加剧中美海洋秩序方面的战略博弈。2014年9月底莫迪访美时发表的联合声明强调维护海上特别是南海地区安全、航行与飞越自由的重要性。③这是美印两国官方文件中首次提及南海。2015年1月奥巴马访印，双方发表《美印关于亚太和印度洋的联合战略展望》，将两国在该区域的战略合作扩展至“从非洲到东亚”的更广范围。美国拉住印度加强在西太平洋的战略协调，存在对华制衡的音符。有印度学者称：“让印度支持一个更遥远的美国‘亚太再平衡’战略不符合印度的利益。因为，印度与中国都是多极世界中的重要中心。”④这反证了美印海洋战略协调的弦外之音。

其次，南海争端个别有关方无所顾忌的升级行为有碍中国—东盟务实合作。东盟是海上丝绸之路建设的第一站也是最重要一站，争取东盟国家的支持和参与，对海上丝绸之路的顺利推进至关重要。当前，中国与东盟及其各成员国的关系总体良好，东盟各国领导人“赞赏中方提出建设

---

① 郑嘉宾（Jabin Jacob Thomas）:《21世纪海上丝绸之路构想的价值和意义：印度的视角》，载《“21世纪海上丝绸之路国际研讨会”论文摘要》，国务院新闻办2015年2月11—12日在泉州举办，第133页。

② Akhilesh Pillalamarri, “Project Mausam: India’s Answer to China’s ‘Maritime Silk Road’”, http://thediplomat.com/201409/project-mausam-indias-answer-to-chinas-maritime-silk-road/; Sachin Parashar, “Narendra Modi’s ‘Mausam’ Manoeuvre to Check China’s Maritime Might”, *Times of India*, September 16, 2014.

③ “Joint Statement During the Visit of Prime Minister to USA”, September 30, 2014, http://www.mea.gov.in/bilateral-documents.htm?dtl/24051/Joint+Statement+during+the+visit+of+Prime+Minister+to+USA.（上网时间：2014年10月6日）

④ M. K. Bhadrakumar, “Modi Can Handle China Ties Without US Help”, http://www.deccanchronicle.com/150202/commentary-ope-ed/.

中国—东盟命运共同体和共建21世纪海上丝绸之路的倡议"①，双方还正在探讨签署"睦邻友好合作条约"，应该说中国—东盟关系蕴藏巨大机遇。但越南、菲律宾等持续挑起南海争端，中国的维权举措又被其炒作成"海上威胁"，成为中国—东盟关系的弦外杂音。

南海争端仅是中国与部分东盟成员国间的矛盾，而且只是中国与争端国关系的一部分，但一旦被与"中国威胁论"、"中国海上威胁"挂钩，其负面影响就可能外溢至中国—东盟关系大局，干扰海上丝绸之路建设。

一是可能使海上丝绸之路构想被误解为强化对东盟经济影响力的"战略武器"。有越南舆论指责："中国正利用郑和15世纪初的海上丝绸之路航线，作为其对黄沙（即中国的西沙群岛，下同）和长沙（即中国的南沙群岛，下同）两个群岛'开辟、确立并行使'的'主权'的立论基础。……中国的21世纪海上丝绸之路倡议带有多种政治内涵，经济内容只是个'帽子'，掩盖其深层次的政治算计，其目的是实现使中国成为海上超强国家的目标，挑战美国的'独尊'地位。"②另有学者指出："即使海上丝绸之路是纯粹的经济战略，也将带来明显的战略影响。中国的行为已经证明，其不会回避使用经济胁迫的手段寻求利益，使经济投资成为潜在武器。……立足军事的'珍珠链'和贸易导向的'海上丝绸之路'的区别有所缩小。"③

二是可能使中国陷入"维权"与"维稳"的困境。中国一直重视睦邻外交政策，倡导和平、合作、和谐的新海洋观，但是又不能无视越南、菲律宾等国的挑衅行为，也要避免维权政策被曲解、被炒作。中国方面2014年提出以"双轨思路"解决南海问题，有助于将主权争端与南海和平问题相切割，但主权争端具有很强的不可调和性，对双边关系将构成长期、负面影响。中国面对的相关声索方仍在断续线、法理仲裁、岛礁工程、"南海行为准则"（COC）等问题上向中国施压。近年来，南海争端

---

① 中华人民共和国外交部：《第十七次中国—东盟领导人会议主席声明》，http://www.fmprc.gov.cn/mfa_chn/zyxw_602251/t1215662.shtml.（上网时间：2014年12月20日）

② "Be Keenly Alert to China's '21st Century's Maritime Silk Road' Initiative", June 9, 2014, http://www.southchinasea.com/analysis/746-be-keenly-alert-to-chinas-21st-centurys-maritime-silk-road-initiative.html.

③ Shannon Tiezzi, "The Maritime Silk Road Vs. The String of Pearls", http://thediplomat.com/2014/02/the-maritime-silk-road-vs-the-string-of-pearls/.

持续升温，加大了中国将南海建设成和平、友谊、合作之海的难度，甚至使自身海上通道安全面临更多干扰。因此，谋求与有关方双边关系的好转、避免南海争端对睦邻外交全局的干扰，已成为推进海上丝绸之路建设的重要一环。

三是美国、日本等打着维护地区安全、海上航行自由和通道安全的旗号，插手南海争端，对中国构成战略压力。其中最突出的是，美、日等国乘南海争端升级之机，加强在东南亚地区的安全力量存在，抢夺中国在地区安全制度安排上的话语权。2015年1月29日，美第七舰队司令罗伯特·托马斯（Robert Tomas）表示，欢迎日本把空中巡逻范围扩至南海，以制衡中国海军力量崛起。与此同时，越南、菲律宾等国国内的“脱中派”、“反华派”，也借着南海争端排挤国内友华派，其国内的民族主义情绪不断高涨，对中国发展与各国的关系造成民意压力。特别是越南，从海洋石油981平台诱发越国内反华示威就可见一斑。显然，南海争端为美、日等介入南海乃至东南亚事务，为周边个别国家挑衅中国，提供了借口。

另外，海上丝绸之路途经众多地区和广阔海域，面临各种区域性的传统与非传统安全挑战。

海上丝绸之路大致有两条线路，一条是途经东南亚（南海）—南亚（印度洋）直至西亚北非（西印度洋）和欧洲，另一条是途经东南亚（南海）南下进入南太平洋（澳、新等）。南线主要是澳大利亚和新西兰，政治安全形势相对稳定，但西线途经地区国家众多、民族林立、文化各异、国情不一，一些地区存在国家间矛盾，一些国家正经历转型阵痛，一些海域面临复杂的非传统安全威胁，对海上丝绸之路的安全、顺畅提出挑战。

一是若干地区热点难以“降温”。东南亚地区情况较好，东盟共同体建设稳步推进，酝酿将于2015年建成经济共同体，但成员国之间差异性大，政治制度、宗教文化、经济发展水平各不相同，部分国家之间甚至存在领土纠纷，这些都不利于地区整合。即便在南海问题上，各国政策也不尽相同，越南、菲律宾是挑起争端的急先锋，通过外交、军事、法理等渠道，不断侵蚀中国的南海权益；马来西亚和文莱态度更加低调、温和，主张东盟用同一个声音说话，同时保持与中国的沟通、磋商；印尼虽非南海争端方，但以重要利益相关方自居，希望在争端解决中发挥更大作用；其他非争端方如缅甸、老挝持中立态度，泰国、柬埔寨与中国关系较近，并曾在东盟峰会制止越南、菲律宾推动南海问题东盟化的企图。因此，各方对海上丝绸之路的态度冷热不一。在南亚，地缘政治格局的基本特征是印巴对峙，长期拖累区域一体化，也对中印巴三边关系带来复杂影响。2014年10月，印巴在克什米尔争议地区又爆发数次冲突，是2003年达成停火协议以来最严重的军事冲突。印巴关系的走向，牵涉海上丝绸之路和“两个走廊”（即孟中印缅经济走廊和中巴经济走廊）建设。此外，西亚北非地区的地缘政治博弈和民族、宗教矛盾也非常复杂。

二是部分沿线国家存在“治理之难”或者“转型之困”。在东南亚，中南半岛面临的“颜色革命”压力增大，美西方利用新媒体和非政府组织，操纵“民主”、“人权”、“环保”等议题，扶持有关国家国内的亲美派，持续推进“颜色革命”，并对中国与相关国家的关系造成冲击。在南亚，巴基斯坦、阿富汗安全形势不容乐观，政治斗争、经济颓势、安全乱局短期难以结束；斯里兰卡局势较稳，但倘若政府无法有效推进民族和解，则不排除两大民族间的对立再度升级的可能；孟加拉、马尔代夫和尼泊尔的政局走向也存在不稳定性。巴基斯坦坚定支持海上丝绸之路建设，但其国内动荡局势至今没有完全扭转，国家治理能力建设任重道远。在西亚北非，2010年以来，“茉莉花革命”从突尼斯席卷至整个阿拉伯世界，引发地缘政治格局、伊斯兰教派关系的动荡和重组，伊拉克、叙利亚等国内安全形势难见好转。中国在该地区的利益因此面临巨大风险，加上部分国家市场经济欠发达，在劳工、土地、融资等方面的法律法规不健全，许多中国企业（特别是民企）不愿意赴相关国家投资，这都需要在海上丝绸之路建设中予以充分考虑。

三是沿线国家间或国家内部各种矛盾相互交织，催生了形形色色的暴力犯罪，如恐怖主义、毒品贩卖和军火走私等，对海上通道和航行安全构成威胁。印度洋“是人员和货物非法活动的主要传导地带”，“军火、毒品和人口的贩卖走私在印度洋地区非常明显”。[①] 该海域“涵盖从撒哈拉沙漠到印度尼西亚群岛的整个‘伊斯兰之弧’，既有索马里、也门这类‘战争

① Australian Strategic Policy Institute, Sam Bateman, Anthony Bergin, *Our Western Front: Australia and the Indian Ocean*, March 2010, p.28.

导火索’，又有猖獗的全球恐怖主义、海盗和毒品走私网络”①。特别是西印度洋地区也门、索马里等国内动荡，中东地区局势紧张，威胁该海域的咽喉要道（如霍尔木兹海峡）。南海海域近年来海盗问题日益突出，仅东南亚海域2014年海盗袭击量就有124起（索马里海盗仅11起），约占全球海盗袭击总量（245起）的50.6%。② 因此，“航道安全是21世纪海上丝绸之路持续稳定发展的关键”③。

最后，海上丝绸之路建设面临与沿线国家的战略对接难题。海上丝绸之路倡导的互联互通，不是狭义的建路搭桥，而是实现政策沟通、设施联通、贸易畅通、资金融通、民心相通的“全方位、立体化、网络状的大联通”，其中以政策、制度、规则、民心等领域的软性联通为最难。海上丝绸之路沿线国家发展战略不一，很难用单一的对接战略开展合作，有时甚至需要“一国一策”。巴基斯坦、缅甸、泰国等国倚陆向海，可能需要统筹推进陆海互联互通，甚至陆上互联互通更为重要。像斯里兰卡、印尼这样的岛屿国家，则更重视港口经济和海上走廊建设。还有，一些国家对海上丝绸之路构想仍然是不甚了解，要使沿线国家与中国海丝战略有效对接仍需要进一步加强政策沟通。④

三、共建21世纪“海上丝绸之路”的重点与政策建议

经过一段时间的酝酿、规划与充实后，中国“一带一路”构想由倡议、规划逐渐步入政策实践阶段。习近平主席提出以亚洲国家为重点方向、以经济走廊为依托、以交通基础设施为突破、以建设融资平台为抓

① Robert D Kaplan, “Center Stage for the Twenty-first Century: Power Plays in the Indian Ocean”, *Foreign Affairs*, Volume 88, Issue 2, March/April 2009, p.13.

② “SE Asia Tanker Hijacks Rose in 2014 Despite Global Drop in Sea Piracy, IMB Report Reveals”, https://www.icc-ccs.org/news/1040-se-asia-tanker-hijacks-rose-in-2014-despite-global-drop-in-sea-piracy-imb-report-reveals.（上网时间：2015年2月2日）

③ 刘赐贵：《发展海洋合作伙伴关系 推进21世纪海上丝绸之路建设的若干思考》，载《国际问题研究》，2014年第4期，第6页。

④ Kristine Kwok, “China's ‘Maritime Silk Road’ Linking Southeast Asia Faces a Rocky Birth”, *South China Morning Post*, October 18, 2013.

手、以人文交流为纽带的指导思想，[①]为海上丝绸之路建设明确了方向。为此，要推进海上丝绸之路建设，重点需要注意以下几方面的问题。

首先，海上丝绸之路有其特殊性，较之于陆路（公路、铁路），早已"路"在脚下（水域），需要的不是开山移土，而是由线到点，再由点到点的网络通道。它需要进行港口桥梁建设、设施配套、海洋科技、海洋经济和海洋环境保护等关联发展，更需要内外统筹、海陆统筹、多面推进。海洋强国的兴起要有陆上力量支撑，中国要想成为海洋强国必然要以国内陆区发展为基础，海上丝绸之路的建设需要与陆上丝绸之路经济带统筹呼应。历史上，葡萄牙、西班牙、荷兰等海洋强国为陆地资源匮乏所限而昙花一现。美国依靠丰富的陆地资源成为强大的陆权国家后大步走向海洋，称霸世界至今，"避免了欧洲殖民国家单纯依靠海洋支撑经济的不稳定情形"[②]。中国具有海陆复合型地缘特性的优势，具备崛起为海陆强国的条件，海上丝绸之路的构建需要更好地统筹国内国外两个大局、两大市场、两种资源。"中国不能仅仅停留在传统海洋发展模式、海洋主权宣示等静态层面，需要适应时代要求立足于陆地经济发展基础上积极开发海洋、开拓新的增长极，也需要海洋在能源供给、贸易通道、生存空间等方面提供有力支持。"[③]当前，国内各省区踊跃参与"一带一路"建设，多数省区在其发展规划中都加入相关内容，中央层面可以通过宏观政策手段鼓励相关省区开展相应合作，借助"一带一路"的走出去倒逼国内互联互通与资源市场的优化配置。此外，海上丝绸之路建设要高度重视与陆上丝绸之路经济带的衔接，尤其要建设好兼具海陆特征的孟中印缅经济走廊和中巴经济走廊。

其次，海上丝绸之路建设应该充分发挥亚洲基础设施投资银行、丝绸之路基金等机制作用，政府搭台，企业唱戏，用足市场力量。布局上可以多方面同时着眼，具体措施上由近及远，协调好短中长线建设，逐步顺畅国际生产要素流通途径。其中，必须突破制约各国资源、技术、劳动力等

---

① 习近平：《联通引领发展　伙伴聚焦合作——在"加强互联互通伙伴关系"东道主伙伴对话会上的讲话》，载《人民日报》，2014年11月9日（2版）。

② 孙悦民、张明：《海洋强国崛起的经验总结及中国的现实选择》，载《国际展望》，2015年第1期，第61、63页。

③ 孙悦民、张明：《海洋强国崛起的经验总结及中国的现实选择》，载《国际展望》，2015年第1期，第53—54页。

要素流通的瓶颈，既包括硬件的基础设施，也包括软性的规则和标准，这需要与相关国家进行长期有效的政治沟通。由于中国的周边国家多为穷国、小国、弱国，一个发展起来的中国需要也能够为扶助这些国家的发展来做出自己的贡献。中国可以借助亚洲基础设施投资银行、丝绸之路基金等，为沿线国家基础设施建设提供资金援助。因为，“亚洲基础设施投资银行主要任务是为亚洲基础设施和‘一带一路’建设提供资金支持，是在基础设施融资方面对现有国际金融体系的一个补充，要抓紧筹建。丝绸之路基金要服务于‘一带一路’战略，按照市场化、国际化、专业化的原则，搭建好公司治理构架，尽快开展实质性项目投资”①。通过这些机制，鼓励中国企业参与沿线国家基础设施建设，以取得双赢局面。一些西方学者也认为，亚投行2015年将投放的第一笔融资——为泛亚（海上）天然气管道建设提供贷款，“就可以促进中国与东南亚邻国在南中国海的共同开发”。② 尤其是要抓住沿线国家港口发展机会，参与港口修建乃至运营，推进国内港口与沿线重要港口的“友好港口”建设。“‘海上驿站’不仅要具备货物装卸的码头功能，还要为船舶和人员提供补给和后勤服务，更要保障周边航道安全，为各国提供安全、便捷的海上通道。”③ 在软件方面，要完善与沿线国家的贸易便利化措施，推进自由网络建设与人民币走出去，“逐步构筑起立足周边、辐射‘一带一路’、面向全球的自由贸易区网络，积极同‘一带一路’沿线国家和地区商建自由贸易区”④。

再次，海上丝绸之路建设事关中国的海缘经济战略方向，要坚持与各相关国家合作共建、共同发展、持久发展原则。具体地说，合作共建、共同发展、持久发展的大原则应该体现为，既要与沿线国家寻求政治、经济共识，尽可能争取与有关国家发展战略对接，也要争取与现有地区乃至全球性主导性大国的理解与认同，有效与现有地区安排或机制相互衔接，继

① 《习近平主持召开中央财经领导小组第九次会议强调，真抓实干主动作为形成合力确保中央重大经济决策落地见效》，载《人民日报》，2015年2月11日。

② Stewart Taggart, “Asian Infrastructure Investment Bank’s First Loan”, *China & US Focus Digest*, Vol.5, February 2015, p.31.

③ 刘赐贵：《发展海洋合作伙伴关系　推进21世纪海上丝绸之路建设的若干思考》，载《国际问题研究》，2014年第4期，第6页。

④ 《习近平在中共中央政治局第十九次集体学习时强调加快实施自由贸易区战略　加快构建开放型经济新体制》，载《人民日报》，2014年12月6日（1版）。

续妥善处理好与个别国家的争端，战略延伸有度，避免盲目推进。海缘经济是指国家或地区海洋之间相互联系形成的经济活动，一国和地区主导国家都会尽可能营造有利于自己的海缘经济环境。历史上，国际政治语境中的大国崛起往往伴随地缘拓展。当今全球化时代，唯有善意的、注重和平发展、共同发展、合作发展的地缘拓展才符合历史潮流。过去，“大英帝国即使不像西班牙那样如此严重地依赖其殖民地的财富，她仍然依赖其非常庞大的市场份额、原材料来源及海外投资市场，而且帝国的海上航线极容易受到他国的威胁。大英帝国自身，就像西班牙一样，提供了……‘战略过度扩张’的典型例子：一个国家承担了无数的防务压力和义务，却没有相应的能力加以维持。”[①] 美国从开国至今虽不乏开疆拓土和黩武主义倾向，但相对“汲取了早期欧洲殖民主义凭借武力攻城略地、最终遭拒被逐的失败教训，以‘自由、民主、平等、人权’等所谓‘普世价值’认同取代领土占有，从而在远东建立起以美式文明为主体的统治秩序或曰新宗藩关系”[②]。对于中国而言，在海上丝绸之路建设中坚持合作共建，共同发展、持久发展理念，有利于处理好与沿线国家、主导性大国的关系，有助于与地区与全球性相关机制的相互配合、相互衔接，进而使国际海洋秩序日益完善、合理、有序。

---

① ［英］保罗·肯尼迪：《英国海上主导权的兴衰》，沈志雄译，北京：人民出版社，2014年版，第374页。

② 郑海麟：《建构“海上丝绸之路”的历史经验与战略思考》，载《太平洋学报》，2014年第1期，第6页。

东南亚国家与“一带一路”倡议

■ 文/郭秋梅[①]

中国提出“丝绸之路经济带”及“21 世纪海上丝绸之路”（简称“一带一路”）的合作倡议引起了国际社会的广泛关注。“一带一路”是促进共同发展、实现共同繁荣的合作共赢之路，需各国携手努力，朝着互利互惠、共同安全的目标相向而行。数据显示，2014 年东盟与中国贸易额达 4803.94 亿美元，中国已连续多年成为东盟的最大贸易伙伴，而东盟也同样连续多年成为中国的第三大贸易伙伴。[②] 这说明“一带一路”的建设对于东南亚国家与中国双方而言都是十分重要的。考察东南亚国家对“一带一路”的认知与评价，有助于理性预判和科学筹划“一带一路”建设过程中可能遇到的挑战和问题，进而有助于“一带一路”愿景的实现。

一、中国提出“一带一路”战略与东南亚国家的回应

（一）“一带一路”战略的提出

2013 年 9 月、10 月，国家主席习近平在出访哈萨克斯坦、印度尼西亚时，相继提出建设“丝绸之路经济带”、“21 世纪海上丝绸之路”的合作倡议。这一构想融通古今、连接中外，在国际社会备受瞩目。自从倡议提出之后，中国政府积极推动“一带一路”建设，加强与沿线国家的沟通

① 作者供职于贵州师范大学，教授。

② 《广西构筑“海丝”新门户》，人民网，2015 年 4 月 7 日，http://gx.people.com.cn/n/2015/0407/c370562-24415568.html。

磋商，实施了一系列政策措施来推动与沿线国家的务实合作。2015年3月28日，为推进实施“一带一路”重大倡议，让古丝绸之路焕发新的生机活力，国家发改委、外交部、商务部联合发布了《推动共建丝绸之路经济带和21世纪海上丝绸之路的愿景与行动》(以下简称《愿景与行动》)。《愿景与行动》从时代背景、共建原则、框架思路、合作重点、合作机制等方面阐述了“一带一路”的主张与内涵，明确了共建的方向与任务。这标志着“一带一路”倡议已然从概念提出、理念设计到整体战略规划，从顶层设计走向逐步落实。《愿景与行动》的公布为国际社会更好地理解和认知它提供了一个蓝本。这份规划围绕“愿景”和“行动”两个关键问题，回应了国际社会对“一带一路”提出的目的以及如何展开实践等问题的关注。

1.“一带一路”建设的目的

“共建‘一带一路’旨在促进经济要素有序自由流动、资源高效配置和市场深度融合，推动沿线各国实现经济政策协调，开展更大范围、更高水平、更深层次的区域合作，共同打造开放、包容、均衡、普惠的区域经济合作架构，实现沿线各国共同发展与繁荣。”[①] 由此可见，“一带一路”倡议是中国提出的，但共同建设的目的是发展的共享、利益的共赢。对于中国而言，推进“一带一路”建设既是中国扩大和深化对外开放的需要，也是加强和亚欧非及世界各国互利合作的需要；对于沿线国家而言，共建“一带一路”致力于亚欧非大陆及附近海洋的互联互通，实现沿线各国多元、自主、平衡、可持续的发展，让各国人民相逢相知、互信互敬，共享和谐、安宁、富裕的生活；对于国际社会而言，共建“一带一路”符合国际社会的根本利益，是国际合作以及全球治理新模式的积极探索，将为世界和平发展增添新的正能量。

2.“一带一路”建设的实践

“一带一路”建设是开放的、包容的，欢迎世界各国和国际、地区组

① 附录二。

织积极参与。① 在建设原则上，恪守联合国宪章的宗旨和原则、坚持开放合作、和谐包容、市场运作、互利共赢的原则。在建设的核心内容上，是以“五通”——政策沟通、设施联通、贸易畅通、资金融通、民心相通为主要内容展开合作。在建设的合作机制上，积极利用现有双边和多边合作机制，促进区域合作蓬勃发展。在建设的途径上，以目标协调、政策沟通为主，不刻意追求一致性，可高度灵活，富有弹性，是多元开放的合作进程。

（二）东南亚国家对“一带一路”战略的回应与评价

从2013年中国提出“一带一路”战略之后，东南亚国家政府、学者以及媒体等行为体通过不同方式做出回应。

1. 东南亚国家政府领导的公开表态

老挝领导人多次在公开场合表示支持“一带一路”建设。老挝总理通邢表示，丝绸之路的复兴将会使亚洲地区成为推动全球经济增长更重要的推动力，并且给本地区的人民带来幸福和繁荣。② 老挝国家主席朱马利表示，老挝党、政府和人民珍惜老中传统友谊，感谢中方给予的支持和帮助，希望同中方加强交流合作，促进本国农业、基础设施建设，加快经济社会发展步伐。老方愿意积极参与亚洲基础设施投资银行筹建工作。③

柬埔寨首相洪森表示，柬方全力支持中方举办加强互联互通伙伴关系对话会和亚太经合组织领导人非正式会议，希望借助“一带一路”建设，拉动本国基础设施建设和经济发展，参与区域一体化进程，促进地区和平稳定。④ 在柬埔寨卜迭棉芷省波比市沙干拉分区安隆特摩铭村、沿柬泰边界的第58号公路动工仪式上，洪森首相对中国倡导的“海上丝路”

① 附录二。

② 《“一带一路”博鳌热词——记“丝绸之路的复兴：对话亚洲领导人”分论坛》，载《人民日报》，2014年4月11日（3版）。

③ 《习近平分别会见缅甸总统、孟加拉国总统、老挝国家主席、蒙古国总统和巴基斯坦总理》，载《人民日报》，2014年11月9日（2版）。

④ 《习近平会见柬埔寨首相洪森》，载《人民日报》，2014年11月8日（1版）。

给予高度评价，认为其为柬埔寨发展提供了新机遇。[①] 柬埔寨公共工程与运输部大臣陈尤德说："柬埔寨政府坚决支持中国政府'一带一路'的举措！"[②]

2014年11月14日上午，缅甸总统吴登盛在内比都会见到访的中国国务院总理李克强时表示，缅方愿以此访为契机，同中方进一步加强交流合作，支持并将积极参与孟中印缅经济走廊、"一带一路"和亚投行建设，开展大项目合作，密切人文交流，推动两国关系取得新的发展。[③] 2014年11月8日，缅甸总统吴登盛来中国参加加强互联互通伙伴关系对话会时表示，缅方感谢并支持中方举办加强互联互通伙伴关系对话会，相信会议一定能够推动地区国家共同发展。缅甸作为东盟轮值主席国，愿意为促进东盟—中国关系做出贡献。[④] 缅甸执政党联邦巩固与发展党（巩发党）副主席吴泰乌2015年4月7日在该党总部接受新华社记者专访时说，中国"一带一路"倡议是非常好的构想，对此感兴趣，并表示支持。吴泰乌说，现代丝绸之路计划就是有关国家加强互联互通，增加贸易往来和投资机会，就是合作共赢。他说，这对于缅中两国来说，或者对于整个地区来说，都是非常有利的。[⑤]

越共中央总书记阮富仲于2015年4月7日访华时表示，越方正积极研究参与21世纪海上丝绸之路建设，希望同中方加强农业、制造业、基础设施、互联互通等领域合作。[⑥]

---

① 《中国1.22亿美元助柬58号公路建设 洪森："海丝之路"为柬提供发展新机遇》，载（柬埔寨）《华商日报》，2015年3月18日。

② 《"一带一路"是区域内国家共同利好（图）》，载《海南日报》，2015年3月29日（A8版）。

③ 《李克强同缅甸总统吴登盛举行会谈时强调 全面提升中缅战略合作水平 两国永做好邻居、好朋友、好伙伴，结束缅甸之行回到北京》，载《人民日报》，2014年11月15日（1版）。

④ 《习近平分别会见缅甸总统、孟加拉国总统、老挝国家主席、蒙古国总统和巴基斯坦总理》，载《人民日报》，2014年11月9日（1版）。

⑤ 《缅甸执政党支持中国"一带一路"倡议》，人民网，2015年4月8日，http://gs.people.com.cn/cpc/n/2015/0408/c345040-24427694.html。

⑥ 《习近平同越共中央总书记阮富仲举行会谈 双方强调珍惜和维护中越传统友谊 共同推动中越全面战略合作伙伴关系持续健康稳定发展》，载《人民日报》，2015年4月8日（1版）。

泰国总理巴育表示，泰方正在探索走符合国情的发展道路，希望同中方交流互鉴，深化合作，特别是借助丝绸之路经济带和21世纪海上丝绸之路建设，推进农业、铁路合作，促进地区互联互通，扩大泰国农产品对华出口，促进民间交往，加强人才培训。泰方已经积极参与亚洲基础设施投资银行，赞赏中方成立丝路基金。① 泰国工商总会副主席李桂雄表示，“一带一路”战略构想对相关国家来说是个大好机会。中国政策好、发展快、市场大，相关国家由于有地缘优势，能够更加便利地共享中国快速发展的成果。② 泰国副总理兼外长他那萨表示，中国提出的“一带一路”倡议，能帮助包括泰国在内的区域内国家改善基础设施的联通。因此，泰国支持中方的倡议。③ 泰国副总理兼国防部长巴维说，泰方高度重视发展泰中全面战略合作伙伴关系，将继续推动泰中铁路合作，积极参与“一带一路”建设，深化各领域交流，推动泰中关系全面深入发展。④

2014年9月16日上午，新加坡总理李显龙在广西南宁表示，新加坡对中国提出的建设中国—亚细安自贸区升级版，成立亚洲基础设施投资银行和共建21世纪海上丝绸之路等促进中国—亚细安经济合作的倡议表示赞赏和欢迎，并期待与中国密切合作，就相关细节做进一步探讨。⑤ 2014年11月10日，习近平主席会见新加坡总理李显龙，李显龙总理表示，新方相信，在习近平主席主持下，本次亚太经合组织领导人非正式会议一定会取得成功。在区域一体化加速发展的时代背景下，新方以更加积极、长远眼光发展新中合作，契合“一带一路”建设，不断创新合作理念，丰富合作内涵。新方愿意建设好新中自由贸易区，积极参与中国西部大开发。亚洲基础设施投资银行是现有多边开发机构的有益补充，新方大力支持。

---

① 《习近平分别会见印度尼西亚总统、加拿大总理、泰国总理和新加坡总理》，载《人民日报》，2014年11月10日（1版）。

② 《国际上高度评价习主席出访“一带一路”构想获认可》，载《人民日报》，2014年9月20日（2版）。

③ 《“一带一路”是区域内国家共同利好（图）》，载《海南日报》，2015年3月29日（A8版）。

④ 《张高丽分别会见土库曼斯坦副总理和泰国副总理》，载《人民日报》，2015年4月10日（1版）。

⑤ 明永昌：《21世纪海上丝绸之路 新中合作新契机》，联合早报网，2014年9月15日，http://www.zaobao.com/special/zbo/story20140915-389292。

新方愿意同中方一道，促进东盟—中国关系健康发展，维护地区和平稳定。①

2015年3月28日，习近平会见马来西亚总理纳吉布，纳吉布表示，马方欢迎中国银行在马开办人民币清算行，支持中方提出的亚投行和21世纪海上丝绸之路的倡议。马方将以外交和务实态度处理两国关系中出现的问题。马方愿意在担任东盟轮值主席国期间，促进东盟同中国关系和各领域合作深入发展，推动东盟成员国积极参与21世纪海上丝绸之路建设。② 马来西亚外长阿尼法·阿曼认为："作为活跃的对话伙伴，我们欢迎这一倡议，期待与中国就此密切合作……21世纪海上丝绸之路会有助于改变这个地区的面貌，使之成为一个紧密联系在一起的经济动力区域。"③

东帝汶总理沙纳纳说，丝绸之路的伟大价值在于，将通过一个具体的倡议加强新兴经济体之间的贸易经济关系，同时促进国际合作、和平与友谊。④

2014年11月10日，国家主席习近平在人民大会堂会见文莱苏丹哈桑纳尔。哈桑纳尔表示，中国是文莱可依赖的朋友。文方高度评价习近平主席提出的建设丝绸之路经济带和21世纪海上丝绸之路的倡议，赞赏中方为维护地区和平稳定做出的重要贡献，支持中方制定的本次亚太经合组织领导人非正式会议议程，愿意同中方一道，促进东盟同中国团结合作，推进亚太一体化进程。作为创始成员国，文方将积极参与亚洲基础设施投资银行建设。⑤

2014年11月9日，国家主席习近平在人民大会堂会见印度尼西亚总统佐科。佐科表示，印尼和中国有悠久的交往历史和丰富的合作资源。印

① 《习近平分别会见印度尼西亚总统、加拿大总理、泰国总理和新加坡总理》，载《人民日报》，2014年11月10日（2版）。

② 《习近平会见马来西亚总理纳吉布》，载《人民日报》，2015年3月28日（1版）。

③ 《财经观察："一带一路"对接合作进行时》，新华网，2015年6月2日，http://news.xinhuanet.com/2015-06/02/c_1115485530.htm。

④ 《"一带一路"博鳌热词——记"丝绸之路的复兴：对话亚洲领导人"分论坛》，载《人民日报》，2014年4月11日（3版）。

⑤ 《习近平会见文莱苏丹哈桑纳尔》，中华人民共和国外交部网站，2014年11月10日，http://www.fmprc.gov.cn/mfa_chn/zyxw_602251/t1209084.shtml。

尼方希望推进两国全面战略合作，不断提升双边关系水平。双方要以海上和基础设施建设等领域为重点，带动两国整体合作。印尼支持成立亚洲基础设施投资银行，希望早日加入。[①] 应中国国家主席习近平邀请，印度尼西亚总统佐科·维多多将于2015年3月26—28日对中国进行国事访问。其间，印尼总统佐科表示，表达了同样的观点，并希望亚投行为地区经济发展做出贡献。[②] 2015年4月22日下午，中国国家主席习近平在雅加达会见印度尼西亚总统佐科。佐科表示，印尼希望扩大同中国各领域的合作，愿深入研究探讨中方“21世纪海上丝绸之路”构想和印尼新的发展战略给双方合作带来的契机，欢迎中方加大对印尼基础设施的投资。[③]

从中国提出“一带一路”战略以来，菲律宾政府官员并未对其做出积极反应。菲律宾前驻巴基斯坦大使杨巴奥（Jaime J. Yambao）认为，中国提出的“一带一路”及亚投行的建设是其在全球“安全建构”的重要举措，将会取代美国在世界上建构的秩序。如果菲律宾跟着美国拒绝加入亚投行，它就会发现其将会错失21世纪的马歇尔计划和失去与亚洲共同发展的新机遇。[④]

2. 东南亚国家学者、媒体的评价

第一，对中国提出“一带一路”意图、动因的猜测与判断。菲律宾中国研究协会研究员路斯科·皮托（Lucio Blanco Pitlo III）认为，“一带一路”远远超过了简单的共享经济繁荣——它具有明显的政治和安全的基础。[⑤] 越南外交学院南海 / 东海研究所副所长阮雄松（Nguyen Hung Son）发表言论说，中国“21世纪海上丝绸之路”的提出是来自15世纪郑和的

① 《习近平分别会见印度尼西亚总统、加拿大总理、泰国总理和新加坡总理》，载《人民日报》，2014年11月10日（1版）。

② 《李克强会见印尼总统佐科并共同出席中国—印尼经济合作论坛》，载《人民日报》，2015年3月28日（2版）。

③ 《习近平见证中国印尼签署高铁项目合作文件》，21世纪经济报道，2015年4月23日，http://finance.ifeng.com/a/20150423/13656399_0.shtml。

④ Jaime J.Yambao, “Joining the Marshall Plan of the 21st century?”, April 11, 2015, http://www.manilatimes.net/joining-the-marshall-plan-of-the-21st-century/174690/.

⑤ Lucio Blanco Pitlo III, “China’s ‘One Belt, One Road’ To Where? Why do Beijing’s regional trade and transport plans worry so many people?”, February 17, 2015, http://thediplomat.com/2015/02/chinas-one-belt-one-road-to-where/.

和平南海之行历史的延续，不是为了拓展领土，而是进行扩大贸易和传播文化。但由于中国在南海上的一系列强势行为，使东盟国家觉得中国要打造友谊之海、和平解决南海争端的愿望与实践发出的信号是相悖的；并认为中国不愿意固守现在的地位，而是要寻求重建中国在东南亚地区秩序的主导权。① 缅甸资深媒体人吴温丁认为，中国领导人高瞻远瞩，提出了“一带一路”设想，这也是为了解决和平发展、共同发展的问题。新加坡拉惹勒南国际关系学院专家李明江认为，中国不论是搞“一带一路”或是亚洲基础设施投资银行，在一定程度上是回应美国的“亚太再平衡”战略，意在削弱美国在本区域的影响力，但中国无意与美国对抗。② 新加坡国立大学东亚研究所所长郑永年认为，中国提出“一带一路”一方面是中国从区域大国到世界强国的必由之路；另一方面，中国能“走出去”，也基于外部环境的客观需求。在“一带一路”沿线国家中，有一定数量的国家需要资本来发展经济，基础设施建设亟须支援。③《曼谷邮报》认为“21 世纪海上丝绸之路”不仅是中国政府与西方世界在地缘政治力量上再平衡，也是中国高速经济增长结束后急需经济转型升级的结果。④ 泰国的《民族报》发表评论称，中国提出的“新丝路”是与美国在经济、政治、军事领域竞争的体现，但“新丝路”的提出及亚投行的建立是资本与市场推动的结果，中国正在通过经贸实力为自己争取朋友和提高影响力。⑤

第二，对推进“一带一路”建设及其东南亚国家扮演角色的分析。印度尼西亚中国研究协会会长雷内指出，在中国提出建设“21 世纪海上丝绸之路”的同时，印尼也提出“全球海洋轴心线”理念。从地区角度看，2015 年东盟共同体将建成，这两个战略立足于海上问题，力图在新形势

---

① Nguyen Hung Son, “China‘sending mixed signals to ASEAN’”, May 29, 2014, http://en.vietnamplus.vn/Home/China-sending-mixed-signals-to-Asean/20145/50757.vnplus.

②《外媒热炒“中国版马歇尔计划”：削弱美国影响力》，参考消息网，2014 年 11 月 7 日，http://china.cankaoxiaoxi.com/2014/1107/557149.shtml。

③ 郑永年：《中国资本“走出去”是客观需求》，新华网，2015 年 2 月 15 日，http://news.xinhuanet.com/world/2015-02/15/c_127499762.htm。

④ “China’s vision of a 21st century ‘Maritime Silk Road’ is vital to ASEAN”, October 6, 2014, http://www.bangkokpost.com/business/news/.

⑤ Reuters, “China’s Silk Road poses challenge to US dominance on continent”, December 1, 2014, http://www.nationmultimedia.com.

下建立新的合作机制，构建新的政治和安全机制，符合域内各国利益，有益于促进区域和平稳定。新加坡国立大学东亚研究所所长郑永年指出，要把“海上丝绸之路”建成以企业为主导的开发平台，同时做好媒体和智库建设，有效传播中国声音。[①] 印度尼西亚建国大学国际问题专家约翰内斯·赫尔利扬托说，印尼目前也致力于通过海洋发展贸易，与此同时，印尼处在太平洋和印度洋两大洋之间，战略位置重要，中国和印尼可以在构建“新海上丝绸之路”这一框架下开展各种合作。[②] 菲律宾雅典耀大学教授、曾是菲首批驻华外交官之一的林智聪，在谈到菲中在“一带一路”的合作前景时说，菲律宾在外交方面“长期对美国言听计从”。他认为，菲律宾要做到既坚持南中国海主权声索，又争取中国经济合作的两手平衡，出路是搁置南中国海主权争议。[③] 新加坡《联合早报》发表《21世纪海上丝绸之路 新中合作新契机》一文，认为在发展海上丝绸之路方面，新加坡可以扮演跟区域加深互相理解、加深沟通的一个桥梁。[④]《文莱时报》集团副总编辑丘启枫说，东盟将从“一带一路”中受惠，文莱也可以分享到中国发展繁荣带来的红利。[⑤]

第三，对“一带一路”建设的制约及未来前景的分析与判断。越南社会科学院中国研究所前副所长冯氏惠说，东盟国家发展程度不平衡影响着此战略的计划内容及建设进程，中国与周边国家政治信任等问题也是需要考虑的因素。[⑥] 新加坡国立大学东亚研究所研究员陈刚认为，由于沿路的东南亚等地区都是地缘政治非常复杂、各种国际矛盾和利益交汇的地区，中国政策的制定者和实施者必须小心翼翼，尽量采取和平与宽容的姿

---

① 《学者探讨21世纪海上丝绸之路合作方向与中国作为》，人民网，2015年2月10日，http://fj.people.com.cn/n/2015/0210/c369655-23861217.html。

② 《外国专家热议21世纪海上丝绸之路》，新华网，2014年8月29日，http://news.xinhuanet.com/world/2014-08/29/c_1112284088_2.htm。

③ 沈泽玮：《中国学者：亚细安国家对“一带一路”普遍审慎观望》，联合早报网，2015年4月13日，http://www.zaobao.com/news/china/story20150413-467895。

④ 明永昌：《21世纪海上丝绸之路 新中合作新契机》，联合早报网，2014年9月15日，http://www.zaobao.com/special/zbo/story20140915-389292。

⑤ 《海外专家学者认为“一带一路”有利于地区繁荣发展》，人民网，2015年2月12日，http://politics.people.com.cn/n/2015/0212/c70731-26558137.html。

⑥ 《学者探讨21世纪海上丝绸之路合作方向与中国作为》，人民网，2015年2月10日，http://fj.people.com.cn/n/2015/0210/c369655-23861217.html。

态，才有可能避免各种险滩暗礁，实现自己的战略构想。[①]新加坡南洋理工大学拉惹勒南国际关系学院专家李明江指出，中国以何种方式与个别国家展开双边合作，将影响东南亚国家对“一带一路”的态度，比如中国若在合作项目上坚持占最多股份，可能让相关国家感到中国太强势而产生顾虑。[②]越南社会科学院教授杜森进说，在“一带一路”建设中，合作仍然是中国—东盟关系的主流，双方应借此机会完善认知，制定新的合作发展措施。[③]菲律宾最大的华文媒体《世界日报》2015年3月29日发表社论，认为“一带一路”的实施将重现古代海上丝绸之路的盛况，使亚非欧三洲人民成为互联互通的友好伙伴，促成共赢互利的美好愿景。[④]印尼的《雅加达邮报》称，“一带一路”赢得了世界范围的肯定与支持。[⑤]泰国的《民族报》发表评论称，亚投行有助于亚洲的经济发展。[⑥]

3. *初步的实践探索*

从2013年“一带一路”提出至今，东南亚国家除了在言论上发表对“一带一路”的看法外，还通过与中国务实的项目合作给予跨区域双边及多边合作的互联互通建设以稳固的实践基础，并为“一带一路”建设增添了新的动力。

第一，政策沟通：签署合作框架。部分国家与中国签署了共建“一带一路”合作备忘录，一些毗邻国家与中国签署了地区合作和边境合作的备忘录以及经贸合作中长期发展规划。2014年2月初，云南省政府与老挝

---

① 陈刚:《南中国海局势与“海上丝绸之路”》，联合早报网，2014年4月7日，http://www.zaobao.com/forum/views/opinion/story20140704-362151。

② 沈泽玮:《中国学者：亚细安国家对“一带一路”普遍审慎观望》，联合早报网，2015年4月13日，http://www.zaobao.com/news/china/story20150413-467895。

③《学者探讨21世纪海上丝绸之路合作方向与中国作为》，人民网，2015年2月10日，http://fj.people.com.cn/n/2015/0210/c369655-23861217.html。

④《国外媒体：“一带一路”和亚投行是亮点》，载《光明日报》，2015年3月30日（12版）。

⑤《外媒高度关注2015博鳌论坛“一带一路”成最热词》，人民网，2015年3月27日，http://finance.people.com.cn/n/2015/0327/c1004-26759203.html。

⑥ “Is Infrastructure Bank China’s new Marshall Plan for Asia?”, March 30, 2015, http://www.nationmultimedia.com/opinion/Is-Infrastructure-Bank-Chinas-new-Marshall-Plan-fo-30257016.html.

科技部签署科技合作备忘录。[①] 2015年3月底，佐科访华时，中国国家发展和改革委员会与印尼国有企业部签署了《中印尼基础设施与产能合作谅解备忘录》和《中印尼雅加达—万隆高铁合作谅解备忘录》。[②]

第二，设施联通：基础设施建设的节点路段共建逐步展开。2015年3月18日上午，在柬埔寨卜迭棉芷省波比市沙干拉分区安隆特摩铭村、沿柬泰边界的第58号公路进行了动工仪式。据悉，这条由中国提供1.22亿美元援助修建的公路，是开通柬泰边境经济战略公路，将为协调边界地区人民的交通往来和发展社会经济打下基础。[③] 2015年4月22日下午，中国国家主席习近平在雅加达会见印度尼西亚总统佐科，双方见证了两国高速铁路项目合作文件的签署。[④]

第三，贸易畅通：贸易投资便利化提上日程。2015年3月27日，由中国贸促会和印度尼西亚工商会共同主办的中国—印度尼西亚经济合作论坛在北京举行，共同探讨“贸易投资便利化”、“基础设施合作”、“中印尼企业共同开拓东盟市场”等中印尼经贸合作的热点问题。中印尼参会企业（或地方政府）签署各类合作协议30项，总金额近400亿美元。[⑤]

第四，资金融通：金融合作不断推进。2014年1月22日，富滇银行子银行——老中银行在老挝万象正式挂牌营业。[⑥] 2015年3月31日，亚投行会员截止的日子，东盟十国在之前就宣布集体“入行”。

第五，民心相通：人文交流深入拓展。中国与东盟国家之间广泛开展文化交流、学术往来、人才交流合作、媒体合作、青年和妇女交往、志愿者服务等。2014年1月25日，云南广播电视台国际频道在老挝开播，成

① 《响应“一带一路”建设 云南老挝经贸合作多点开花》，宣威市商务局，2014年3月24日，http://xuanwei.mofcom.gov.cn/article/dongtai/201403/20140300526606.shtml。

② 《中华人民共和国和印度尼西亚共和国关于加强两国全面战略伙伴关系的联合声明》，新华网，2015年3月26日，http://news.xinhuanet.com/2015-03/26/c_127625705.htm。

③ 《中国1.22亿美元助柬58号公路建设 洪森：“海丝之路”为柬提供发展新机遇》，载（柬埔寨）《华商日报》，2015年3月18日。

④ 《习近平见证中国印尼签署高铁项目合作文件》，21世纪经济报道，2015年4月23日，http://finance.ifeng.com/a/20150423/13656399_0.shtml。

⑤ 《中国—印度尼西亚经济合作论坛在京举行》，新华网，2015年3月27日，http://news.xinhuanet.com/photo/2015-03/27/c_127630013_3.htm。

⑥ 《响应“一带一路”建设 云南老挝经贸合作多点开花》，宣威市商务局，2014年3月24日，http://xuanwei.mofcom.gov.cn/article/dongtai/201403/20140300526606.shtml。

为老挝首家老挝语中国电视频道。2014 年 3 月初，老挝三江集团、老挝勐赛赢泽电子公司等企业来到昆明招聘人才。[①]

二、东南亚国家对“一带一路”评价的特征与影响因素

（一）东南亚国家对“一带一路”评价的特征

第一，东南亚国家的国家元首、政府领导的公开言论多对“一带一路”建设持支持态度，学者、媒体对“一带一路”的评价更为具体、多元。尽管印尼总统佐科在上台后，提出了海洋强国的理念，但习近平指出，佐科总统提出的建设海洋强国理念和中国提出的建设 21 世纪海上丝绸之路倡议高度契合。印尼总统佐科也不否认这一观点。[②] 东南亚国家和中国在战略发展的重叠，并不必然意味着冲突，“不谋而合”或更能促进合作，实现联动的可能性增大。东南亚国家的学者、媒体从不同角度对“一带一路”进行了解读，无论是从“一带一路”提出的动因，还是“一带一路”建设及东南亚国家扮演的角色，抑或是“一带一路”建设的制约和未来前景等，虽呈现多样化趋势，但总体上对“一带一路”持肯定态度。

第二，东南亚国家政府对“一带一路”的认知由陌生到熟悉，话语层面的认同逐步转向可操作的实践。从“一带一路”建设具体操作实践来看，老挝、柬埔寨、印尼的行动更为积极和主动，多数国家还只是停留在口头表达上。这说明部分东南亚国家在“一带一路”建设实践上仍保持审慎观望的态度。伴随着一些国家已经开始与中国展开了“一带一路”初步探索实践，在之后的建设过程中，或将可能出现“溢出效应”，吸引更多东南亚国家参与进来，并通过各项措施、项目促进在“五通”上的沟通与合作。

第三，东南亚国家媒体对“一带一路”的关注并不均衡。相对来说，新加坡、马来西亚、泰国等国的英文、华文媒体，如新加坡的《联合早

---

① 《响应“一带一路”建设 云南老挝经贸合作多点开花》，宣威市商务局，2014 年 3 月 24 日，http://xuanwei.mofcom.gov.cn/article/dongtai/201403/20140300526606.shtml。

② 《习近平会见印度尼西亚总统佐科》，人民网，2014 年 11 月 9 日，http://world.people.com.cn/n/2014/1109/c1002-25999454.html。

报》、《海峡时报》等，马来西亚的《马尼拉邮报》、《马尼拉公报》，泰国的《曼谷邮报》、《民族报》等对“一带一路”的关注较高，有较多的新闻和评论文章。其他如印尼、缅甸、文莱、越南、老挝、柬埔寨与菲律宾的英文、华文媒体的报道则相对不足。总体来看，相较于中国国内“一带一路”的宣传和知名度而言，东南亚国家的整体关注度偏低，“一带一路”在东南亚的影响力有待提升。

第四，东南亚国家对“一带一路”也存在类似“狼来了”的负面评价。东南亚国家无论官方还是学者、媒体对“一带一路”虽总体持肯定态度，但并非“叫好一片”。越南通讯社网站和菲律宾的《马尼拉公报》、《马尼拉时报》有较少的新闻报道和评论文章使用马歇尔计划来形容中国提出的“一带一路”战略。从前文考察的学者、媒体评价可以看出，对中国提出“一带一路”战略的目的和动因上存在误读、误解。

（二）东南亚国家对“一带一路”评价的影响因素

1. 国家发展利益是影响其对“一带一路”认知的根本因素

东南亚大部分是发展中国家，都正处于工业化和城镇化快速推进时期，发展越来越受到基础设施落后和资金不足的制约。据亚洲开发银行统计数据，2010年至2020年，亚洲各经济体的基础设施如果要达到世界平均水平，至少需要8万亿美元基建投资，而现有国际金融体系难以满足上述需求。[①] 如马来西亚等东盟国家更关注的是，如何借机让更多的本国企业走进中国。“因为马来西亚对中国是存在贸易逆差的，越多企业进入中国市场开发，就越能平衡贸易逆差。”[②] 就印尼而言，一方面，印度尼西亚基础设施建设发展严重滞后，已成为制约经济增长和投资环境改善的主要瓶颈。在2014—2015年度的《全球竞争力报告》中，印尼基础设施的整体得分为4.2，位居全球第72位，成了印尼经济竞争力的一大短板。亚洲开发银行的一份报告指出，糟糕的道路交通和电力供应是印尼基础设施的关键问题。另一方面，加强基础设施建设也是近年来保证印尼经济能够

① 《44国申请加入 亚投行打开亚洲经济增长新窗口》，人民网，2015年3月31日，http://hi.people.com.cn/n/2015/0331/c231187-24337083.html。

② 《马来西亚借“一带一路”逆袭 东盟抱团瞄准中国》，大公网，2015年2月10日，http://news.takungpao.com/world/exclusive/2015-02/2917437.html。

年均增长 6% 的重要因素。目前，建筑业是印尼的第二大产业，建筑业产值约占 GDP 的 10%，在 2009—2013 年间平均增长率达到 7%，是印尼经济增长的主要动力；而基础设施建设又是建筑业中的主要部门，2013 年基础设施建设产值占建筑业总产值的 53.8%。[①] 菲律宾也存在同样的问题和需求，2015 年 3 月 30 日，菲律宾公共工程与公路部长辛松在东京接受采访时表示，菲律宾国内基础设施建设的需求很大。[②] 由此看来，东南亚大多数国家的基础设施薄弱，急需资金、技术改善本国的现状，大多数政府对“一带一路”的支持也就成为必然。

2.“中国崛起”效应是影响其“一带一路”认知的外部因素

“一带一路”战略更多的是经济战略、市场与资本的行为，却常被贴上“政治标签”。大多数东南亚国家的领导及学者普遍认为，中国的强大已是实实在在的事实。因此，一方面，东南亚国家继续搭乘“中国发展快车”，分享发展红利的战略期望不仅未变，反而有所上升；另一方面，应对“中国崛起”的危机感、焦虑感和紧迫感也同时上升，对华心态更趋敏感，疑虑与戒备、防范和牵制增多。[③] 这一悖论使东南亚国家政府在公开讲话中，大都认同“一带一路”战略，然而在与中国展开具体建设的谈判中却呈现出复杂的一面。出于防范中国在东南亚地区影响力扩张过快的目的，以及长期以来东盟国家形成的“大国平衡战略”思想的影响下，即使会在“一带一路”建设中配合中国，但在项目合作上不会只依赖中国，亦会“借力”域外大国参与项目的投标与建设，以“平衡”中国对该地区的影响力。出于国家利益的考虑，东南亚国家的学者亦会从防范中国的角度来探讨“一带一路”战略的建设。

---

① 印尼千岛国际：《“一带一路”专题：印尼基础设施行业研究》，2015 年 4 月 7 日，http://mp.weixin.qq.com/s?__biz=MjM5MzUwNTg4Mg==&mid=208647694&idx=4&sn=fd8a741bb15562fc81463fa87197de1c&scene=5#rd。

② 《菲律宾阿基诺政权放弃加入 TPP》，新浪财经，2015 年 3 月 31 日，http://finance.sina.com.cn/world/20150331/115521853081.shtml。

③ 马小军：《中国特色大国外交战略轮廓显现》，人民网，2015 年 2 月 6 日，http://cpc.people.com.cn/n/2015/0206/c187710-26521353.html。

3. 域外大国的立场是影响其对“一带一路”认知的舆论因素

“一带一路”提出后，引起国际社会广泛关注，“外部反应”不一。尽管大多数国家能客观认知中国提出的“一带一路”战略，但仍有国家并不认可。尤其是域外大国如美国的媒体误读、曲解者有之，过度解读“一带一路”的政治动机有之。美国《世界日报》发表社论分析，中国参与兴建的中南半岛（泛亚）铁路，也是中国落实“一带一路”策略重大布局的第一步，有助中国突破西方的海上围堵。① 美国《华尔街日报》认为，“一带一路”意在重塑以中国为中心的亚洲秩序，进而冲击现有国际秩序。美国“耶鲁全球化”在线杂志刊登文章表示，“一带一路”将抗衡美国的亚洲轴心战略与TPP。美国东西方中心高级研究员丹尼·罗伊认为，“一带一路”所倡导的互利共赢不是中国真正的意图。② 这些负面的言论，形成一种对“一带一路”的否定性舆论，在一定程度上消解了中国“一带一路”宣传的实际效果，并不利于东南亚国家对“一带一路”的客观认知。

三、思考与中国的应对

由于中国崛起的效应与域外大国对“一带一路”负面、否定性言论等多方面因素的影响，部分东南亚国家对“一带一路”建设仍存在顾虑和担忧。因此，即使“一带一路”的倡议在道义上秉持着平等、合作、共赢的义利观，也并非一定能吸引相关国家积极参与合作。尽管东南亚政府、学者以及媒体对“一带一路”的态度总体比较积极，但东南亚国家在“一带一路”建设上也并非完全的“一团和气”，“一带一路”建设也并非“一帆风顺”。2014年南海局势紧张，东南亚国家如越南、菲律宾表现强势，中国981钻井平台被越南、菲律宾等国认为是以强欺弱。“和平之海”、“友谊之海”建设难度大增，这可能会成为“一带一路”战略扬帆出海的重要挑战。目前这一战略构想还处在探索阶段，东南亚国家处于了解、认知阶

---

① 《美媒：亚投行力推铁路建设 破西方海上围堵》，中国新闻网，2015年4月7日，http://www.chinanews.com/hb/2015/04-07/7187384.shtml。

② 冯巍、程国强：《国际社会对“一带一路”倡议的评价》，中国经济新闻网，2014年7月15日，http://www.cet.com.cn/plpd/zfff/1249914.shtml。

段，务实合作也处于初级阶段。因此，中国应该加强与东南亚国家之间的积极互动，推动东南亚国家对“一带一路”的认同。

第一，关注国际舆论，大力宣传“一带一路”的核心价值理念。“一带一路”的国际反应与评价关系着沿线国家对其的认同，从而影响到沿线国家参与其中的积极性问题。中国应该高度关注国际舆论，尤其是域外大国政府、学者以及媒体的舆论分析，对误读、误解应进行及时反驳与批判；同时，明确“什么是‘一带一路’、怎样建设‘一带一路’”这一基本问题，《愿景与行动》中明确了“一带一路”提出的目的以及如何展开实践等，已经解决了这一基本问题，这便需要借助多种传播方式和多种语言大力向国际社会传递这一基本问题的核心价值理念。在“怎样建设‘一带一路’”问题上，应加强与东南亚国家之间的沟通与交流，给东南亚国家一个明确的预期。

第二，广泛开展人文交流、夯实民意基础。“一带一路”在国内媒体和学者的宣传下，民众对这一词语的关注度比较高。本文通过网络查找东南亚国家媒体如英文、华文报刊以及网络新闻网站时，发现媒体的关注度并不是很高。2015 年 3 月 28 日《愿景与行动》发布，而且恰逢博鳌论坛的召开，本应成为关注度较高的新闻。但就多数东南亚国家媒体来说，并未有太多的关注，那么对于受众来说也就不可能有较高关注度。对于当地人和非政府组织来说，可能关注和了解的也不是很多。因此，要想实现“五通”之民心相通，除了必要的人员往来、留学生的互换之外，也需要国内媒体通过不同的语言，国内学者通过参与国际性会议向国际社会进行宣传。东南亚华侨华人约占全世界华侨华人总数的 80% 以上，是全球华人聚居最多的地方。因此，充分发挥东南亚华侨华人的独特优势，充分借力华文媒体、华商、华人社团，支持、鼓励与引导他们在居住国开展与“一带一路”相关的活动，比如与挖掘古丝绸之路历史与精神、“一带一路”核心价值理念宣传、命运共同体的历史承继等相关的报道、绘画展览等活动。基于此，以凝聚共识，形成合力，使各国人民相逢相知、互信互敬，为深化“一带一路”夯实人文和民意基础。

第三，中国在“一带一路”合作中的建设主体应履行社会责任，建构良好的中国形象。中国在东南亚国家的企业的社会责任表现不容乐观，引发所在国民众和政府的不满。在东南亚的中国企业，延续了在国内的一些企业行为，如个别中国企业将国内的工作模式如劳动时间、工作待遇与条件、安全生产意识等搬到东南亚国家，造成不良影响。个别中国企业制售假冒伪劣产品，损害东道国人民利益等问题也时有发生。因此，这些中国企业应该考虑当地民族以及社会文化发展状况，丰富相关宗教信仰、文化传统、风俗习惯等方面的知识储备。同时，积极融入当地社会，进行一些力所能及的公益活动，履行社会责任。这些将会使所在国民众和政府由此构建出一个负责任的中国国家形象，有利于“一带一路”建设。

亚太安全格局与21世纪“海上丝绸之路”

■ 文/胡　波[①]

一、引言

“亚太”是一个不断变大的概念，亚太地区通常是指东亚与东南亚等太平洋西岸的亚洲地区、大洋洲以及太平洋上的各岛屿，广义上的亚太扩展到整个环太平洋地区。近年来，随着东亚和南亚两个次地缘板块的同步崛起和相互联系的增强，亚太的概念逐渐扩展至北部印度洋地区，“印太”作为一个地缘概念频频出现在美国、印度、澳大利亚等国学者、官员的言论，甚至是官方文件之中。从地缘政治及安全格局上来看，印太越来越成为一个单一的战略整体。由于21世纪海上丝绸之路（以下简称“海丝路”）的建设重点恰好在印太地区，因此，从一个大亚太或印太的地缘视角考察该地区安全格局与“海丝路”的关系就显得十分必要。在本文的表述中，“亚太”即是指“印太”，是一个大亚太的概念。

2013年10月3日，中国国家主席习近平访问印度尼西亚期间，在印尼国会大厦发表演讲，指出中国致力于加强同东盟国家互联互通建设，倡议筹建亚洲基础设施投资银行，同东盟国家发展好海洋合作伙伴关系，共同建设21世纪“海上丝绸之路”。[②] 2014年3月28日，中国政府发布的《推动共建丝绸之路经济带和21世纪海上丝绸之路的愿景与行动》，对

---

① 作者供职于北京大学海洋研究院，研究员。

②《习近平：携手开创中国—东盟命运共同体美好未来》，新华网，2013年10月4日，http://news.xinhuanet.com/mrdx/2013-10/04/c_132771877.htm。

“海丝路”的范围做了大致界定，其重点方向是从中国沿海港口过南海到印度洋，延伸至欧洲，此为西线；从中国沿海港口过南海到南太平洋，此为南线。一般认为，“海丝路”的涵盖范围涉及东南亚、南亚、西亚乃至中东欧，核心区是东南亚，重点区是南亚次大陆及北部印度洋岛国。

所谓安全格局，主要是指体系内主要力量的对比及相互安全关系的总体态势。总的来看，亚太地区存在最激烈的力量对比变迁以及相应的权力转移问题，多极趋势已显，但从单极到多极的转换过程充满风险和不确定性；该地区还有着当今世界上最为复杂、最为多样，也最为难解的“安全困境”问题，中美印等主要力量间关系质量较低，特别是中美战略猜忌愈演愈烈，未来关系存在较大不确定性；此外，各式各样的热点问题也充斥着该地区，朝鲜半岛局势、台海形势、南海争端、印巴对峙等任何事态失控，都有可能引发亚太整个安全格局的剧变。对于“海丝路”建设而言，有关安全格局的以下三大特征及其影响特别值得关注。

二、21 世纪“海上丝绸之路”沿线地缘态势

冷战结束以来，亚太安全一直由美国及其领导的同盟体系所主导，特别是海上事务，其他力量几乎难以置喙。而近年来，随着美国相对实力的下降，中国、印度等力量的崛起，日本、东盟、澳大利亚等力量地缘地位的强化，亚太地区安全格局越来越呈现出一种“多极”的状态。中国在西太平洋地区崛起，印度在印度洋地区崛起，美国虽依旧在整个大亚太地区保持着力量及政治上的相对优势，不过其在西太平洋、北部印度洋地区受到了中国和印度的严峻挑战，为弥补力量的不足，美国也不得不大幅加大了对日本、澳大利亚等盟国的依赖。中国的崛起愈来愈不可忽视，整体实力上虽与美国相距甚大，但在毗邻的局部区域，越来越具备与美国分庭抗礼的实力和底气。从地缘规律和国际政治的经验来看，只要中国保持目前的崛起势头，将迟早会取得在东亚地区的战略优势。与美国、中国相比，印度综合实力尚不在一个层次，然而，印度在印度洋具有得天独厚的地缘优势，奉行独立自主的外交传统，发展潜力巨大，也是亚太地区另一大重要力量。长远来看，美国在印度洋有可能遭遇类似今天在西太平洋面临中国力量的挑战。

中印等国海上力量的强大迫使美国在该地区行事不得不更加审慎：一方面在非传统安全领域的兴趣和能力下降，不愿意承担过多国际责任义务；另一方面在整个区域内实行战略收缩，集中精力针对中国等崛起大国，在其他事务上则极力避免代价过大的介入或干预，以防止再次陷入战争泥潭而致中印等国乘机“坐大”。而中印及东盟等力量的平衡与牵制，也使得美国很难在该地区自行其是。

中印等国则属于将强未强，在维护地区和平与稳定方面受到美国和其他力量的牵制和掣肘，难以有大的作为。这样，从日本海到马六甲海峡，再到波斯湾的广袤环形海域及其沿岸地区，就处于一个热点危机密布、多元力量牵制并存的次安全区域。其中，中美间的矛盾增加了中国在东南亚地区的困难，而中印间的战略猜疑和印巴间的潜在对抗加大了中国经营北部印度洋地区的难度。而中美印三方力量对比及相互关系的变化，客观上为印太地区的区域强国、中小国家等其他行为体提供了更宽松的外交安全空间，他们的参与更加剧了该地区的纵横捭阖，这导致一些地区热点问题很难得到有效解决。

安全治理的失序或破碎化是多极化带来的另一大负面效应。“海丝路”的西线处于国际上公认的“不稳定动荡弧形地带”，特别是也门、叙利亚、伊拉克、利比亚、索马里、阿富汗等国的政府已无力维护国家稳定，滋生了各式各样的恐怖主义、极端势力和跨国犯罪集团。如果美国继续在西亚、北非地区进行战略收缩，采取推卸责任的政策，国际社会没有采取有力措施和方案提升该地区的治理水平，海盗、国际恐怖主义、地区极端势力还可能会扩散到整个“海丝路”沿线。

三、亚太“安全困境”与美印等国的牵制掣肘

无论整个亚太地区，还是东亚、南亚等次区域，都遍布着各式各样的“安全困境”。其中，崛起国与主导国、崛起国与崛起国、地区大国与中等强国间的安全防范是常态。该地区虽然也建立了东南亚国家联盟、南亚区域合作联盟、东亚峰会、东盟地区论坛等综合或安全机制，但这些机制通常没有太强的约束力，特别是大国在地区治理问题上仍有着相当大的自由，例如美国还在继续强化其地区同盟体系，这无疑与建立地区安全共同

体的呼声直接相悖。

在“海丝路”沿线，美国和印度是最为举足轻重的两个大国，中美、中印间的安全困境也最值得重视。出于与中国权力竞争和安全防范的考虑，两国必然会采取一些措施进行牵制、阻扰和对冲。

毋庸讳言的是，中美都已经将对方当成是最大的战略竞争对手。中美的国力虽各有各的弱点和问题，但世界其他力量与中美间的差距将越来越大，中美间已然是世界老二与世界老大的关系。两国军事及安全矛盾的焦点集中在西太平洋，两国在西太平洋的战略竞争走向几乎决定了中美在整个世界的海上军事博弈态势。

对于中国而言，捍卫领土主权、维护海洋权益、反对强敌干涉是自己的基本权利，在近海空间追求与自身国力相称的权力地位也是海洋强国建设的应有之义。对于美国而言，作为西太平洋的长期主宰者，其对中国权力的增长极为敏感焦虑，美国已将中国当成未来最大的长期战略竞争对手，并开始对中国的崛起做提前预置，比如频繁指责中国进行海洋“扩张”，开始在钓鱼岛和南海问题上改变其“No position”的模糊中立政策，推动“亚太再平衡”战略，贯彻“空海一体战”作战概念等。

中国的反强敌干预战略与美国类似“空海一体战”的进攻性威慑战略正日渐针锋相对。两国的军事战略均尚待完善，内容也待充实，但方向不会发生变化。中国提防美国介入台湾问题和涉华海洋争端，美国则担心中国越来越自信，进而危及美国在亚太的军事安全主导地位。这种战略分歧是制约两国战略互信改善的最大原因。值得高度警惕的是，在中美两国正积极构建“不冲突不对抗、相互尊重、合作共赢”新型大国关系的背景下，中美军事战略对抗的风险却在攀升。[①]

美国与中国的这种战略竞争和对抗，给中国的周边外交带来了严重的负面影响。美国在亚太强大同盟体系的存在本身会持续性地对中国形成战略和军事安全上的压力，使中国进一步崛起和发展的安全环境难以获得根本性的改善。美国的亚太同盟体系加剧了中国与一些周边国家之间安全关系与经济关系的不同步性，使中国“以经促政”的政策效果受到很大局

① 胡波：《2049年的中国海上权力》，北京：中国发展出版社，2015年版，第119—120页。

限。[①] 自美国2009年重返亚太以来，中国与东南亚国家的关系就频遭挫折，政治安全关系甚至出现倒退。中国与东南亚国家间的关系有其自身的发展逻辑，中国在该地区遇到的困境不能完全归咎于美国，但美国确是最大的外部干扰因素。

而且，美国正非常明显地将牵制中国的联合阵线扩展到了印度洋地区，这些年美国拉拢印度很大程度上与中国的崛起有关。美国炒作“印太”概念，一方面固然是因为西太平洋地区和印度洋地区的联系日渐强化，另一方面也是因为权力竞争的需要。美国是全球大国，有着世界性的政治安全及军事资源，而中印的主要资源和优势都集中在其毗邻地区，随着中印的崛起，美国在西太平洋和印度洋地区的权力都可能遇到挑战。当然，目前最大的挑战来自中国，随着东亚及西太平洋地区的力量对比的急剧变化，美国现有的力量和同盟体系已日渐无法制衡中国的崛起，未来美国在印度洋地区还可能遭遇类似的情形。在这种情况下，扩大权力竞争的地缘范围既能削弱中印的区位优势，发挥美国的全球战略优势；同时还能加大中印两国间的相互牵制、相互掣肘，消耗两国的战略资源，以便美国能始终处于主动地位。

虽然美国官方始终对“一带一路”未置可否保持缄默，但美国的态度仍不难窥测。在美方看来，出于抗衡美国“亚太再平衡”等一系列考虑，中国提出陆海并进的“一带一路”倡议，一方面在战略空间上可以实现向西拓展，另一方面也能满足中国快速增长的能源资源进口需求及急迫的海上通道安全需求。此外，中国在双边关系、地区及全球事务上拉拢俄罗斯，意在振兴欧亚地缘板块，在政治、经济等诸多方面打造“去美国化”的地区及全球秩序。[②]“海上丝绸之路”的目的在于联通西太平洋与印度洋海域及海上基础设施，使中国的海上力量进一步西进。[③] 对此，奥巴马在2015年的国情咨文中明确表示：“中国正在书写世界经济增长最快地区的规则，这对我们的工人和商业非常不利，我们不会容许那样的事情发

---

① 周方银：《美国的亚太同盟体系与中国的应对》，载《世界经济与政治》，2013年第11期，第13—16页。

② 龚婷：《“一带一路”：美国对中国周边外交构想的解读》，载《中美外交：管控分歧与发展合作》，北京：时事出版社，2014年版。

③ Shannon Tiezzi, “The Maritime Silk Road Vs. The String of Pearls”, Feb.13, 2014, http://thediplomat.com/2014/02/the-maritime-silk-road-vs-the-string-of-pearls/.

生的。”[①] 而美国杯葛亚投行的行为更是从行动上表明了美国对“一带一路”的态度。

不过，由于美国在亚太地区的经济影响力已大不如从前，而且，“海丝路”沿线大部分国家的投资环境也不为美国资本青睐，美国在经济上并没有太可行的反制措施，即便美国着力推动的跨太平洋伙伴关系协定（TPP）也很难对“海丝路”形成重大的制约。美国很可能采取的是外交上抵制、安全上防范、军事上威慑的综合战略，即所谓“经济上不足，用安全来补”。随着“海丝路”的推进，美国必然会进一步推进“亚太再平衡”战略，这将恶化“海丝路”的安全环境，并破坏合作氛围。[②]

中印关系总体稳定，发展态势积极，但两国间依然存在安全互信缺失的问题，印度国内不少人或担心中国利用军事优势“侵占”争议领土，或担心中国在印度洋构筑包围印度的“珍珠链”，对中巴关系的走近更是非常警觉。[③]

中国与印度间并无直接的海洋利益冲突，然而双方在海洋战略上的相互猜测与防范却是实实在在的。中印两国作为世界海洋政治格局中的后起之秀，正同时进行海上崛起，两国的海洋动作不可避免地成为世界的关注重点，“龙象之争”更是格外吸引眼球。当两国的势力开始影响印太地区海权时，两国的海军版图出现交叉，中国进入印度洋，印度进入西太平洋，使得长期围绕着中印竞争的相互包围论再次复苏。[④]

有关中国加强在印度洋活动是为了包围印度的报道和分析充斥着印度媒体，而有关印度可能威胁中国海上交通线并伺机介入南海问题的报道在中国也不鲜见。罗伯特·卡普兰甚至在2009年第2期的《外交事务》杂志上撰文预测，“中印将在21世纪正式打响印度洋的制海权争夺战”。

伴随中国海军走向远洋，特别是中国舰船日益频繁地航行在印度洋

---

① President Obama's 2015 State of the Union Address, https://www.whitehouse.gov/photos-and-video/video/2015/01/20/president-obamas-2015-state-union-address.

② 李骁、薛力：《21世纪海上丝绸之路：安全风险及其应对》，载《太平洋学报》，2015年第7期。

③ 楼春豪：《21世纪海上丝绸之路的风险与挑战》，载《印度洋经济体研究》，2014年第5期，第9页。

④ [印] 拉贾·莫汉：《中印海洋大战略》，朱宪超、张玉梅译，北京：中国民主法制出版社，2014年版，第161页。

上，印度表示出了极强的警惕和猜忌。中国公司在印度洋沿岸国家苏丹、巴基斯坦、孟加拉国和缅甸等国承包的一些港口改扩建工程，被印度和一些西方国家解读为中国正在实施包围印度并控制印度洋的“珍珠链战略”的一部分。值得寻味的是，“珍珠链战略”的始作俑者并不是印度，它是由美国国防部咨询公司博思艾伦（Booz Allen）2004年最先提出的，并随即被美国学者和智库渲染炒热。该概念自问世起，就得到了印度媒体的争相附和，成为“中国威胁”的又一大代名词。印度官方虽在公开场合对此不置可否，但在实际政策上确实表达了这种怀疑和担忧。印度对中国海军在印度洋的活动明确表示出不欢迎的态度，在印度洋海军论坛、各类多边演习机制中均极力排斥中国。

除“安全困境”外，印度还有很强的“瑜亮情节”，中印两国同时在亚太地区崛起，虽在地缘上各有侧重，但仍不可避免存在一定的权力竞争关系。核心焦点是中国进入印度洋，而印度进入西太平洋。印度不会对中国采取全面敌视的态度，但暗地里总是铆足力气与中国较劲。对于中国提出的“海丝路”倡议，印度很难淡定，更不用说明确支持。在行动上，印度已经进行一定程度的反制，提出了“季风计划”和“香料之路”，并在斯里兰卡、马尔代夫等地强化了与中国的项目竞争。

相比美国，印度更有能力在印度洋地区给“海丝路”制造麻烦。印度天然是南亚大国，印度次大陆向印度洋有很大的突出部，无论是在地缘、宗教、文化，还是经济联系上，印度对北部印度洋各国都有非常强的影响力甚至是支配能力。

四、领土争端与海域划界问题影响21世纪“海上丝绸之路”共建

亚太各国多在近代遭受过西方列强、帝国主义和霸权政治的凌辱，民族自尊心极强，在领土及主权权益问题上往往都采取最大化主张，极难做出巨大让步。历史上，中国本着互谅互让的原则，基于暂时大战略和睦邻友好的考虑做出的让步，也很少能获得周边国家的认可及善意。

目前，影响“海丝路”发展的涉主权问题主要是南海问题和中印边界争端。南海争端的激化对中国睦邻政策、中国—东盟关系、中美博弈等都

带来负面影响，是中国海上丝绸之路面临的最直接、最现实的挑战。[①] 边界问题是制约中印关系发展的最大障碍，也是印度对华战略担忧的深层次根源，并直接影响印度对“海丝路”的态度。推进“一带一路”与维护主权及主权权益似乎存在一个“二选一”的悖论，不少观察家都认为，为了推进“海丝路”，中国在“维稳”与“维权”之间应该更侧重于“维稳”。

（一）南海问题

东南亚地区是中国周边外交的重中之重，是“海丝路”出境之后的第一站；而南海问题长期是影响中国与东盟国家安全互信改善的最大制约因素，其形势的发展将对“海丝路”的建设产生重大影响，不少人甚至断言，南海问题的发展走向是“海丝路”能否成功的关键。[②]

就目前情况来看，南海问题对“海丝路”的影响尚不是很明显，但如果南海问题持续发酵，甚至进而“破局”，那么丝路倡议就很可能因此遭遇重大挫折。不过，依笔者看来，当前南海局势虽仍旧十分紧张，但未来失控的可能性却很低。理由如下：

一是中国在南海的控局能力显著增强，对越南、菲律宾等国的挑衅动作形成强有力威慑。近年来，南海力量对比发生了重大变化，中国对南海的控制虽仍有困难，但已非“吴下阿蒙”，越、菲等国已难以与中国相抗衡。越、菲等国的武力挑衅将再难成功，黄岩岛及中建南对峙事件也标志着中国在南海的控局和开发能力得到了急剧增强。2013 年以来，南海的形势走向很大程度上已取决于中国的行动与政策。在这种情况下，“攻守之形”异位，美、菲版本的“搁置争议”出台，无论是美国的“冻结”提议，还是菲律宾的“三步走”方案，其实质都是为了以退为进，试图通过此类外交行动抵消中国的实力优势，缓解中国在南海愈来愈强的维权及开发动作。

二是经过 2009—2014 年五年的激烈较量，各方对稳定的政策需求上

① 楼春豪：《21 世纪海上丝绸之路的风险与挑战》，载《印度洋经济体研究》，2014 年第 5 期，第 12 页。

② 可参见朱锋：《南海争端已成“海上丝路”安全障碍》，http://ihl.cankaoxiaoxi.com/2015/0126/641518.shtml；薛力：《21 世纪海上丝绸之路建设与南海新形势》，http://www.21ccom.net/articles/world/zlwj/20150305121803_4.html。

升。从中国的角度来看，随着总体实力的增强，作为实力远超对手的一方，中国在南海维护主权及实现利益的方式更加丰富多样，也越来越没有发起对抗的需求。因而从2014年下半年开始，中国积极倡导“双轨”思路。对越、菲等国而言，其政策空间在不断被收紧，以往在南海中南部对中国的局部非对称优势不在，已无法凭借强力手段与中国周旋，转而加大了对外交及国际法的倚重。随着力量的进一步失衡，以及菲律宾所提南海仲裁案的尘埃落定，越、菲终将接受现实，回归谈判解决问题的路径。

三是非争端方的作用有限，难以改变南海局势发展的大方向。不可否认，美国“重返”亚太，推行“再平衡”战略；日本南进，并试图利用南海问题牵制中国；印度东进，在南海谋求经济利益及对华的战略平衡等外部因素，客观增添了菲、越等国与中国较量的底气，刺激了局势的发酵及升级。但南海问题毕竟不关系到这些国家的核心重大利益，中国又奉行非武力的策略，因此这些国家所能做的无非是军事援助、外交帮腔及法理支援，他们不可能冒着与中国全面对抗的风险去为菲、越等国火中取栗。美、日等非争端方的介入会使得南海问题进一步国际化，但这并不能对局势本身产生根本性的影响。对于这一点，经过黄岩岛和中建南等事件之后，菲、越已有清醒的认识。至于菲、越以外的东盟其他方，包括马来西亚和文莱都一直与菲、越等国的立场和做法保持着相当的距离，东盟内部在南海问题上形成针对中国统一立场的可能性微乎其微，这不仅不符合东盟的原则理念，也不符合大部分国家的国家利益。

因而，我们有理由对南海未来的总体形势保持谨慎乐观，南海争端定然不会消弭，局势很可能会反复甚至爆发新的激烈对抗，但合作已是大势所趋，再经过5年左右的政策博弈，海上安全合作将会得到加强，在争议地区的共同开发可能会有突破，各方对抗的冲动将大幅降低。

总的来看，南海争端的存在肯定会给“海丝路”带来负面影响，但这种影响依然是可控的。只要维持“斗而不破”的局面，南海问题对“海丝路”的影响就会比较有限。实际上即便是菲、越，也奉行着两面政策：一方面在南海问题上表现强硬，竭力与中国对抗；另一方面又积极搭中国发展的“便车”，并不想因南海问题影响两国的整体关系，特别是不想影响与中国的经济合作。

（二）中印边界问题

中印边界问题由来已久，最早可追溯至英国殖民者对中国西藏地区的侵略，而后印度的极端民族主义更加重了该问题解决的困难。中印边界主要包括东段、锡金段、中段和西段，西段约600千米，中段约450千米，东段约650千米，总计争议领土面积达12.5万平方千米。1962年两国因边界争端爆发了一场边界战争。几十年来，虽然中印政府一直在寻找公平、合理解决边界争端的方式方法，但至今未能取得突破性进展。

近些年来，两国政府都高度重视中印边界问题，双方根据中印关系的发展需要和边境地区的实际情况，在维护边境地区的和平与安宁方面采取了积极步骤，达成许多重要共识，也取得一些积极成果，包括签署《中印边防合作协议》。应该讲，中印边界问题总体上是可控的，不过双方在边界类似帐篷对峙、拆除对方设施等的摩擦却一直没有停止。

边界问题是中印两国关系中的最大“负资产”，是两国建立战略互信的最大障碍。然而，中印边界问题太过复杂，要想在近期找到一个双方都能接受的公正、公平、合理的最终解决方案难度非常之大。

不过，中印边界争端“悬而不决”倒不至于对“海丝路”造成重大影响。一方面，双方在边界的摩擦从规模、性质和影响来看，都是可控的。另一方面，印度对中国海上行为的立场和态度有相对独立的逻辑，陆地边界摩擦会影响印度与中国合作的情绪，但尚不会改变印度在海上与中国关系的大方向。

不可否认，这些涉及主权问题的纠纷定然会影响“海丝路”倡议的实施及质量，但这并不意味着两者完全水火不容。“海丝路”本质上是一个经济合作倡议，它会受到主权及安全考虑的影响，但其有着自身的发展逻辑。更何况，即便中国有决心有魄力为了“一带一路”做出重大让步，这些问题也不太可能得到很快解决。

领土争端和海域划界问题无疑会影响中国与相关国家的战略互信，能解决自然是很好；而在暂时不能解决的情况下，最佳策略是进行适当的控制，使之不至于对中国“海丝路”建设及对外战略全局构成大的破坏。

五、结论

必须承认的是，亚太安全格局总体上对“海丝路”的建设是不利的。与丝绸之路经济带沿线的安全环境大有不同，“海丝路”面临的权力斗争和安全挑战将更加严峻。大国间的结构性矛盾、安全困境、地区动荡、领土争端及海域划界问题都会不同程度地制约中国的努力。而“海丝路”沿线也缺乏类似上海合作组织这样的安全信任机制，推进“海丝路”过程中的安全保障缺失问题分外凸显。

其中，中美战略竞争的烈度和广度，中印战略互信的提升情况是最为重要的两大变数。对于中国而言，若想“海丝路”得以基本顺利地推行，首先就必须与美建立“不冲突不对抗、相互尊重、合作共赢”的新型大国关系，至少也需要将中美战略竞争的范围控制在西太平洋。若中美战略博弈演变成全球范围内的对抗，“海丝路”的定位和实施方法就应做大的调整；中国还需要控制与美国对抗的强度，若两国长期在西太平洋保持高强度对抗或是爆发大规模冲突，必然会影响到东南亚、南亚及南太平洋国家在“海丝路”问题上的战略选择。其次，中国必须争取印度对“海丝路”的理解和支持。印度是南亚天生的大国或主导力量，在地缘、宗教、文化、经济等方面有着先天的优势，如果印度反对中国进入印度洋，中国将在该地区举步维艰；印度还是能对西太平洋局势发挥一定影响的大国，中国在东南亚的布局也难以忽视印度的存在。

当然，如上所述，要改善与美国和印度的战略互信远不是那么容易。中国在推进“海丝路”过程中，一是要加强对自己长远目标特别是安全目标的阐释，寻求与美国及印度建立起码的战略透明和相互安全保证；二是充分保持“海丝路”的开放特征，可主动拉美国、印度入伙，与其加深利益捆绑，合作推进相关计划或项目。

最后需要指出的是，当前亚太安全格局对“海丝路”的负面影响是结构性的，无论中国如何努力，如何应用智慧，都无法从根本上改变“海丝路”的安全环境。与丝绸之路经济带的建设不同，“海丝路”的建设很可能长期伴随着低战略互信、高安全风险和强政治阻力。在这种背景下，“海丝路”要想成功，就必须超越目前丝绸之路经济带“政治挂帅、一揽子协议、大项目大工程”的经营模式，淡化战略色彩，凸显开放性和包容性，坚持市场主导。

南海问题与 21 世纪海上丝绸之路

■ 文 / 蔡鹏鸿[①]

作为构建全方位对外合作新格局的战略构想，“21 世纪海上丝绸之路”正进入规划落实倒计时。为推动丝路建设，中国政府牵头创建了亚洲基础设施投资银行，注资 400 亿美元启动了“丝路基金”，或许还有更多的项目将昭示天下，要与亚欧非国家共享发展机遇，海上沿线许多国家大多表达了积极参与的态度。

“21 世纪海上丝绸之路”犹如即将拔锚扬帆的巨轮，让古老的丝绸之路焕发青春，更要构筑崭新的秩序系统。但是，出航之前很有必要对可能面临的风险和挑战进行评估，找到克服挑战的工具，让沿线各种矛盾得以缓解、抵牾情绪得以消除、对立要素得以融合。笔者以为，可能牵动全局的难点及其提出的挑战，或许就在自家的门口，这就是，如何有效地清除南海问题形成的若干障碍，平衡维权维稳的尺度、协调南海周边国家的关系，将南海地区塑造成和平稳定与合作共赢之海，以利于这艘巨型航船顺流南下，远渡重洋。

一、南海问题引发的挑战及其原因

中国政府最初是向东南亚地区提出共建“21 世纪海上丝绸之路”这一倡议的。其背景是，东亚地缘政治格局进入了新的整合与发展时期，周

① 作者供职于上海国际问题研究院，研究员。

边海上安全环境呈现出前所未有的新内涵、新条件和新趋势，其中许多不安定因素大多汇聚于南海及其周边地区。它们给全面落实“21 世纪海上丝绸之路”的战略构想形成若干挑战。

第一，变动中的地区秩序和地缘战略格局对南海问题的解决带来困难，对实施海丝之路的战略构成挑战。战后形成的全球性和区域性地缘战略格局正处于深刻变化之中，在这样的背景下，南海地区尽管在地理空间上只是整个大区域中的一部分，但这里是地区政治、外交和安全等等诸类矛盾的交汇处，也是大国政经利益和矛盾交织之地，人们担心这里成为大国博弈、争夺霸权的“大熔炉”①，大国之间相互争斗，争夺主导权，有引发战争的危险。

第二，海上丝绸之路惠及周边的政策或许正在遭遇挑战。近年来，我国在南海地区的海洋权益继续受损。中国的岛屿被菲、越、马、文等国家占领，这些国家不仅强行开发油气资源，有的还要强力阻挠中国企业在西沙群岛所辖的中建南海域进行正常施工，有的在南沙海域抓扣殴打中国渔民。中国的海洋权益在明显受损的新条件下，海上丝绸之路及其配套措施在更多惠及周边时，是否也要善待有关争议方？

第三，法律上引起的挑战。自从菲律宾 2013 年提出所谓的“仲裁案”后，国际上对南海断续线的法律地位和法理依据出现了一系列的质疑声，一些人借机恶意攻击中国的南海政策及实际行动，中国已经成为南海众多矛盾的主要方，正处于南海旋涡的中心。现在越南也要步菲律宾后尘，向国际司法机构提出仲裁。甚至连印尼也认为，南海断续线切入印尼纳土纳群岛，影响印尼的“领土完整”，印尼军方因此要加派军力“驻扎”纳土纳群岛。中国能否借助海上丝绸之路，避开南海法理斗争的风口浪尖？

第四，“东盟抱团”新趋势。根据东盟的规划，2015 年是建成东盟共同体的目标年，尽管因其内部原因而将共同体建成的目标推迟到 2015 年底完成，但是，为实现东盟共同体，东盟内部对一些尚未达成一致的争论问题保持高频率的协调步骤，其中包括如何统一南海政策。现在东盟国家在南海问题上的看法趋于一致，基于国际法解决争端的观点形成共识，东盟与中国在南海问题上的分歧或“不一致”正成为影响南海问题的新因

① 罗伯特·卡普兰（Robert Kaplan）:《亚洲大熔炉：南中国海与太平洋稳定的终结》（*Asia Cauldron: The South China Sea and the End of a Stable Pacific*）。

素，东盟抱团对我国的新趋势不容忽视。

第五，地缘政治上，这里已经成为中美角力的新高地。南海问题长期以来并未成为影响中美关系的核心障碍，即使冷战期间1974年发生过西沙海战，美国当时依然保持沉默，在前盟友南越海军溃败之际竟然“见死不救”，不肯伸手拉一把。但是，2010年以来，美国放弃了长期奉行的所谓“不介入政策”，开始转向“选边站队”，倾向性表达日益清晰。2014年初，美国国务院高官公开指责中国的南海政策，几个月后针对中国抛出“冻结南海行动倡议”①，到2014年末，美国国务院发表官方报告《海洋界限：中国的南海主张》，毫不含糊地支持菲律宾的南海仲裁案。美国在南海问题上，公开站在中国的对立面，公开否认中国的南海断续线，公开声称美国在南海拥有国家利益，奥巴马甚至公开声明美菲同盟关系就是美国的核心利益，南海似乎已经成为美国核心利益的组成部分②。奥巴马行政当局甚至向越南解除部分致命性武器，鼓励越南对抗中国。美国政策变脸，日澳等盟国见色行事，纷纷指责中国的南海政策，拉拢菲律宾、越南，迫不及待地向他们提供军事装备。南海已经成为中美地缘政治角力的新高地。

形成这些挑战的基本动因是什么？从对海上丝绸之路途经的印太特别是南海的海上环境看，崛起中的新兴大国中国在亚太地缘经济格局中的引领作用令人瞩目。中国已经是一个经济总量居世界第二位的大国，未来几年之内上升到第一位的趋势不会改变。中国经济实力的增长和国际地位的上升，不仅有开展具有自身特色大国外交的需求，也有发展与大国地位相适应的军事力量。中国的海军力量日益强大。为维护国家的核心利益和海外利益，中国既要冲破海上遏制，还要获得近海远海制海权。加上民族主义情绪在一些国家内部发酵，一方的行动有可能导致另一方采取反行动。美国趁机提出了亚太新战略，要实现再平衡，试图以各种手段维持现有秩

① Daniel R. Russel, “Maritime Disputes in East Asia”, Testimony Before the House Committee on Foreign Affairs Subcommittee on Asia and the Pacific, available at http://www.state.gov/p/eap/rls/rm/2014/02/221293.htm.

② The White House, Office Of The Press Secretary, Remarks By The President At West Point Academy Commencement Ceremony, U.S. Military Academy–West Point West Point, New York, May 28, 2014, available at http://translations.state.gov/st/english/texttrans/2014/05/20140528300220.html#axzz33FIXr88R.

序，保障美国的霸权地位得以继续维持。

二、对新局势下南海问题的新认识

我国新一届领导人向东南亚地区提出21世纪海上丝绸之路倡议，是在其在对南海新态势、新趋势有了充分了解的基础上提出的。习近平主席清楚地知道，中国同相关国家关系“因南海问题面临严重困难”。[①] 因此，21世纪海上丝绸之路这一倡议是建设南海和平之海的伟大指引，对南海动荡局势将发挥无可取代的缓解作用，因此也是对地区和平与安全做出的重大贡献。

笔者以为，提出这一倡议的基本判断是，要实现中国梦这个大战略，周边稳定是第一位的。而要稳定周边，则必须在外交上主动谋划、努力进取，以适应变化中的新局势，这就是，以软实力对冲外部势力的硬介入、以“亲诚惠容”理念及建设性倡议处理好同菲、越等国发生的有关问题，为中国同南海周边国家关系的健康发展创造条件。这一创举来自21世纪海上丝绸之路战略构想，它是中国政府从战略高度重视周边外交的产物，它不只是对“继续韬光、积极作为”外交战略的延续，更是对近年来国内国际的各种正面要求做出的一种突破性回应，让国内民众看到了维护国家主权、民族尊严的坚定意志，向国际社会表达了中国愿意积极承担国际责任解决地区热点的姿态，让周边国家深切感受到可以分享中国发展机遇的中国气派。

为使21世纪海上丝绸之路这条“巨龙”乘风扬帆，一路顺风，须对新局势下的南海问题再思考，并在取得新认识的基础上，趁风使帆，建设包括南海海域在内的海上合作新秩序。

首先必须再次确认，中国在历史和法理上对南海岛礁及附近海域拥有主权和管辖权。浩渺的南海及其璀璨的岛礁始终是镶嵌在中华国土上闪烁的明珠，自古以来一直见证并守护着浩浩荡荡往来于海上丝绸之路上的中国船队。当下，任何外国不要幻想中国会拿核心利益做交易。

其次，中国崛起让中国具有了一定的经济优势，但是这并不是说中国

① 《习近平同菲律宾总统阿基诺简短交谈》，载《人民日报》，2014年11月12日（2版）。

在经济和军事上获得了绝对优势。有人说，国家驾驭海洋的能力可以根据硬实力的指标加以判断。当古代中国较之其他国家的经济更加发达、文明程度更高的时候，中国的制海能力强。可是，国家一旦出现衰弱，从海上通路上开始收缩，西方海洋大国立即扑向东方，从海上丝绸之路的另一端逆向行驶，疯狂地奔向中国，南中国海首先遭殃，本土受凌辱、遭宰割。现在，科技发达和人类文明程度到达历史的巅峰，国家间的竞争占优条件和事物发展的内在逻辑完全不同于古代。尽管中国崛起为世界经济老二，但是中国国际地位的两重性十分显眼，尚未摆脱发展中国家的帽子。作为发展中国家，中国保持一心一意谋发展的战略鼎力不变，以保障中国的根本利益得以获得、保持和延续，保障中华民族的伟大复兴得以实现。鉴于此，在对外关系上，中国要设法把可能导致冲突的因素限制在必要的底线上，以确保中国梦的实现有一个稳定、和平的发展环境。

第三，与此同时，随着中国在国际上的大国地位得到承认，中国甚至已经被视作是超级大国，中国自身确立了建设海洋强国的坚强意志。由此可以认为，中国的战略重心难再集中于国内发展、国内建设。中国同外部世界的经济、人文交往和互动关系，密切和频繁程度业已达到了历史最高水平，以至于中外两方无法轻易割裂，中美之间不能割裂，中日之间也不能割裂，中国与南海周边更是如此。由于中国迅速上升为全球瞩目的“大块头”，外部世界和周边国家对中国“冷眼”相看或许属于正常。当中国这个新崛起的大块头自己似乎还没有完全意识到或者准备好的时候，它同外部世界打交道的过程中可能会有某些不成熟或者行为欠佳的表现。我们最早划定南海断续线，这无疑是英明远见之举，但是缺乏紧接着的后续行动，为什么不在西沙海战大捷之后迫使南越政府把断续线改画成直线？邓小平三十年前说过，我国同一些国家在南沙地区存在领土争议，解决的办法有两个，一是使用军队把这些岛屿统统夺回来，一是搁置争议，共同开发。中国现在面临一个与过去不同的战略机遇期，而邓小平的诤言依然有效。现在中国这个大块头对海洋权益的重视程度超过以往任何时候，加上南海东海的争议事件，中国被迫提升军事力量以及可能的干预能力，因此遭遇来自区域内或区域外各种势力的怀疑和反对，在他们无法理解中国的和平发展用意之前，他们有可能倾向于把中国的言行解读为“扩张”甚至“威胁”，中国因此同美国这个超级大国、其他利益相关者以及南海争端方发生的竞争及其内涵也就增加了其他多种负面因素。我们反对零和博弈，反对权力竞争，但是对方并不认同。于是中国面临冲突因素上升的局面。在运筹21世纪海上丝绸之路的时候，对此应该心中有数，要为应对地缘政治和权力竞争准备投入更多的资源、力量和智慧。

第四，在南海问题上要有打一场法律持久战的思想准备。近些年来，中国在固有领土西沙群岛及其附近海域施工、在1948年公布的南海断续线内驱赶外国勘探船只、坚持“不接受、不参与”菲律宾单方面提起的南海问题仲裁案。对于此类行动和表态，国际上一些人和国家抱怨中国外交咄咄逼人，非常强势；而国内一些民众则认为，中国硬实力指标以及强大的海上力量足以收回被占领的岛礁，可是中国似乎还是按兵不动，不少人由困惑、抱怨而直截了当地提出批评，认为中国外交太软。一强一弱的说法形成鲜明对照。笔者以为，为了顺利推进21世纪海上丝绸之路这一伟大工程，不能用短平快方式解决南海争议问题，而要做好打一场法律持久战的思想准备。采用法律方法，就是通过确定岛屿归属和划分大陆架、专属经济区的分界线，以及国家间海上国界线来确定各自的主权和海洋管辖权，消除主权争议和海洋权益纷争。从国际法层面来看，国际海洋法的发展进程本身也是产生南海海域争议的一个特殊因素。越南曾经公开承认中国在南海地区拥有主权和海洋管辖权，后来否定自己的声明，就是明证。但是，众所周知，法律毕竟是一个相对稳定的制度，一旦制定后就难以再行修改，即使存在修改的必要性和可能性，实施和完成过程也需要很长的时间，从这个意义上讲，法律仅仅是一把静态性的尺子，法律斗争将是一个长期的过程，不可能一蹴而就。当前，在各国都可以利用国际法提出各自主张的背景下，南海依法划界将是一场旷日持久的谈判，因此，即使从技术层面来分析，法律方法也将是一个长期的过程。既然21世纪海上丝绸之路不是一个短期行为，而是一项长远的战略，就需要以法律方法来捍卫南海的海上权益，并以此来推进21世纪海上丝绸之路发展。

第五，提供公共产品应有时不我待的紧迫感、关怀度和细腻心，否则将影响构想的实施。公共产品包含诸多内容，包括基金、机制等，比如亚洲基础设施投资银行，经中国倡导建立后，备受东盟国家的欢迎。现在我们应有更多的忧患和惠及周边意识，让这些倡议尽早落实。中国在多个场合多次提出“中国—东盟海上合作基金”，但是一些东盟人士依然不明确如何申请和使用，缺乏透明度和宣传力度。“中国—东盟海上合作基金”是推进21世纪海上丝绸之路的重要支撑力量，东盟国家一些学者倾向于申请海上联合执法训练、航运安全等课题。但是，由于误解或者透明度不够，也有的学者猜测，中方可能比较倾向于提出不敏感的课题，如生物多样化保护等问题。在实施构想过程中，中国应该加快步子，多多提供一些更加务实的操作渠道以及细致的操作措施，顺利推进新海上丝绸之路计划。

三、利用21世纪“海上丝绸之路”把南海建成和平之海

历史经验揭示，无论陆上还是海上，建长城都不可能一挥而就。有道是，“千里之行，始于足下”。陆上长城破土于脚下，由近及远，国家主权范围内的陆上长城，甚至可以由远而近构筑，远近两地相向而行。但是，海上筑长城——构筑跨越洲际的海上丝绸之路，战略上可以谋划远达千里甚至万里以外的目标，但是，“破土动工”即航船或船队出发只能起始于一国的海岸，起航于本国的港湾，首先从南海地区的海上通道出发，再出海峡进入更远地方。那么，在上文分析海丝之路在南海地区面临的挑战，以及对南海问题树立新认识之后，下文研讨应对之策，看看如何利用海丝之路把南海建成和平发展、稳定安全之海。

首先，变动中的地缘政治格局并没有激发中美等大国发生传统意义上的军事对抗，相反，这些国家试图建立互为接纳的区域过渡期秩序。在这样的大趋势和背景下，南海周边国家必定要逐渐融入新的潮流，同大国一起走向新型的区域政治秩序之中，甚至是安全合作架构之内。形成中的新型政治与安全秩序，或许还不能说是一种持久稳定的亚太秩序，但这是一种特有的亚太大环境，在其中，大国都有互相接纳对方的愿望。尽管亚太地区尚未建立具有约束性、机制化特征的安全区域机制，但是冷战时期亚太大国相互排斥、冷战之后相互防范的严峻气氛已经缓和，安全领域的相互接纳成为事实，美国已经认定中国在全球和区域事务中发挥着不可或缺的结构性作用，中国也已经接纳美国进入东亚合作轨道，亚太地区新型的过渡期秩序正在形成之中。因此，从大的格局看，南海地区发生的问题，根本上是过渡期大国之间相互展示决心的表现。美国作为守成大国一定要

维持其既有的主导地位，会同其盟国和伙伴国家对崛起中的国家加以制约甚至遏制，比如，采取密集型攻击方式，不断地指责中国的南海政策和行动。面对这样的压力，中国也必定要做出反应，否则，中国的国家形象和国家利益就会遭遇伤害和损失。中国应该利用海上丝绸之路倡议这一难得的机会，通过建立政治和军事互信机制，包括非传统安全合作等，让中国的和平发展、合作共赢理念和政策实践在推行海上丝绸之路进程中进一步推广、融合。

其次，21世纪“海上丝绸之路”是中国“主动谋划、努力进取”新型外交的重要实践。通过海丝之路注入必要的资金非常重要，把“亲诚惠容”的理念转化为具体措施更有意义。在中国对东盟政策中，我们经常采用换位思考的方法，要设法让对方获得相应舒适度的结果。这要求我们对待南海周边国家要“亲”，达到亲切、亲和的水平；要“诚”，应做到心中有诚意、做事要诚恳；要“惠”，就是要实现优惠、优待、互惠；要“容”，就是要有风度和深度，对待南海周边国家，特别是与我国在南海存在争议的国家，要有关怀、容纳之心。在操作层面，可考虑中国在东盟国家设立产业、经贸合作区时，尽可能让利东盟方；考虑东盟国家在中国设立产业园区时，也尽可能让利东盟方。东盟国家要求“亲诚惠容”四字以惠为核心。我国践行四字方针时，应以消除贸易赤字为先，以对方感受实惠为先。

再者，积极利用21世纪“海上丝绸之路”深化中国—东盟海上合作。我军对南海周边国家应该加强海军外交，增加海军港口访问。随行军乐队可在甲板招待东盟国家民众，也可上岸表演；海军医疗船的医生可进入社区提供服务；随时准备向东南亚国家提供海上搜救、防灾、救灾行动。从安全上看，中国在南海，应强化南海前沿军力部署和军事存在，旨在提高威慑水平，给业已胆怯的部分东盟成员造成震慑。加强中国—东盟海上合作应精心筹划，使之成为中国—东盟合作新亮点。抓紧磋商，尽早启动2015年为“中国—东盟海洋合作年”。中国—东盟海上合作应是长期的年度合作项目，起始之年，应着重于非传统安全合作；以共同建设21世纪海上丝绸之路引领海洋经济、海上联通等领域的交流与合作。

再有，在南海地缘政治上，中美存在角力，但是，中国应有同美国合作的自信。中国现在已经明确不再依赖某个中心国家如美国作为关键，更加强调周边，我国的“东盟为中心”应继续保持，以反制美国拉拢中小国家的企图。中国心中清楚美国正试图使那些被拉拢的国家成为其筹建的对抗性集团分子。但是中国反其道而行之，建立21世纪海上丝绸之路主要通过不结盟但广泛结伴的方式实现。要努力通过这个方式，致力于将南海周边国家引导到相互依赖度高、关系紧密到不可分离的程度。

最后，利用区域机制搭建战略平台。如前所述，打造21世纪海上丝绸之路还存在一些风险和挑战，但“丝绸之路”沿线国家加强与中国合作是大势所趋，而合作确实能给双方带来实惠，双方关系本质上是互利共赢的。中国坚持相互尊重、互不干涉内政的原则来处理同海上丝绸之路沿岸国家的关系，在这些地区不谋求势力范围，不搞排他性合作，不追求利益最大化。实施策略可以从利用现有区域合作机制着手，把这些国家和地区串联起来，搭建战略平台，坚定不移地构建海上丝绸之路，为实现中华民族伟大复兴的中国梦做出贡献。

从战略上看，海上丝绸之路的实施涉及同中国相邻的东南亚，甚至印度洋更广阔的海域，即大约几十个陆上和海上邻国及大周边国家。中国可利用的区域合作机制应该限定在政府间经济合作机制、功能性合作机制，甚至安全合作机制，以及由政府发挥主要影响力的论坛机制，如博鳌论坛等，这类机制有20个左右。原则上应先近后远，当前着力于东南亚，并且以经济合作机制为主。

其一，利用亚太经合组织（APEC）平台，把陆上丝绸之路经济带和海上丝绸之路两大构想连接起来，使中国新一轮改革开放鸿雁在亚太地区最重要的政府间组织中最先展开两翼，任其“扑扑”之声首先在中国2014年的“主场外交”——APEC峰会中响起，即成为APEC峰会议题之一，将其作为推进区域一体化和互联互通的组成部分推出，把“一带一路”的基本内涵、目标和实施路径公布于世，特别是与之相关的项目一并推出，不仅让中国周边外交的惠边新政落到实处，得到周边国家的积极回应，还要在更加广泛的亚太地区得到注目向往，甚至是非APEC成员如印度也要参与连接远东地区的“海上丝绸之路”新倡议。由于APEC是一个年度活动，因此有必要使之成为常年性的一个合作议题。

其二，利用中国—东盟自贸区合作平台，把海上丝绸之路议题列入中国—东盟合作进程。中国—东盟自贸区都是双方各自对外建立的第一个自贸区。2013年10月李克强总理在文莱出席中国—东盟领导人会议期间，倡议启动中国—东盟自贸区升级版谈判。升级版谈判议程将包括建设21世纪海上丝绸之路以及相关的海上基础设施建设项目。中方已向东盟方提交了升级版倡议草案，获得东盟方的积极评价。打造中国—东盟自贸区升级版，将海丝之路项目充实期间，进一步提升双方贸易投资自由化、便利化水平，实现共同发展。支持东盟经济共同体建设和互联互通计划。

其三，利用并整合现有功能性合作机制和项目，甚至可以把“一带一路”结合起来，使两大丝绸之路比翼齐飞。比如，在中亚，利用现有项目，推进欧亚交通网络建设。该网络是由铁路、公路、航空、油气管道、输电线路和通信网络组成的综合性立体互联互通的交通网络。包括与俄罗斯、哈萨克斯坦和土库曼斯坦以及东盟国家合作规划建设纵贯中国南北的石油和天然气管道，使俄罗斯能源资源进入东盟市场，中亚国家进入世界市场；对横贯中国东西经过中亚进入欧洲的第二欧亚大陆桥进行现代化改造，特别是在软件方面可以考虑组建沿线跨国货物联运公司，减少中间环节和代理费用，缩短运输时间，降低运输成本，提高沿线各国海关、检疫等环节的通关效率；积极推动从中国新疆喀什经吉尔吉斯到乌兹别克斯坦安集延的“中吉乌铁路”，形成东亚、东南亚通往中亚、西亚和北非、南欧的便捷运输通道。

其四，积极推动“孟中印缅经济走廊”建设，并向北延伸经巴基斯坦、伊朗、土耳其进入欧洲，形成第三欧亚大陆桥。打通泛亚铁路网的东南亚走廊，将中国与越南、柬埔寨、马来西亚、新加坡乃至印尼连接起来，覆盖整个东盟国家。这些交通线路的建设将会迎来整个地区基础设施建设的高潮，增加各国的就业，逐渐形成为这些交通网络服务的和相关的产业集群，并由此通过产业集聚和辐射效应带动沿线国家的经济发展，提升相互依存度。两个“丝绸之路”比翼齐飞，可以综合交通干线为架构，依托沿线交通基础设施和中心城市经济，对域内贸易和生产要素进行优化配置，促进区域经济一体化，实现区域经济和社会同步发展。推进贸易投资便利化，深化经济技术合作，建立自由贸易区，将引领来自亚太和欧洲的国家共同参与欧亚大陆经济整合的新格局，从而对当前世界经济版图产生重要影响，促进新的全球政治经济秩序的形成。

其五，在实施上，建议设立区域金融机构，为新海上丝绸之路建设融资。毫无疑问，海上基础设施建设需要巨额资金的投入，需要各国的共同参与，通过谈判筹建亚洲基础设施投资银行；在西部加快组建上合组织开发银行，或另行组建“丝绸之路开发银行”、“开发基金”、“投资基金”、“风险基金”等跨国金融机构。

其六，整合自贸区建设，推进各国贸易便利化，坚持国际标准和规则，完善和规范海关程序，实现通关便利化，在商品检验检疫、食品安全、质量标准、电子商务、法律法规透明度等领域开展贸易投资便利化合作；扩大成员国之间贸易规模，改善贸易结构，提高高新技术产品等高附加值产品在各国贸易中的比重；提高服务贸易的比重，发展加工贸易和产业内贸易。

总之，21 世纪海上丝绸之路设想构成了中国面向太平洋全方位对外开放的战略新格局和周边外交战略新框架，这一战略构想已经写入了 2013 年 11 月 12 日中共中央十八届三中全会通过的《中共中央关于全面深化改革若干重大问题的决定》，要求“加快同周边国家和区域基础设施互联互通建设，推进丝绸之路经济带、海上丝绸之路建设，形成全方位开放新格局”。全球经济竞争历来就是对资源和市场的竞争。如今，为了压制中国的崛起，美国将战略重心转向亚太地区，在经济领域，通过打造跨太平洋伙伴关系协定（TPP）设法阻碍中国崛起。建设 21 世纪海上丝绸之路打破现有的贸易体系，扩大中国在亚太地区的贸易伙伴关系，为实现两个中国梦奠定基础。

地缘战略视角下的“一带一路”战略[①]

■ 文/凌胜利[②]

“一带一路”正在由倡议不断落实，逐渐成为新时期中国的一项综合性战略。[③]不过由于战略过程的复杂性、不确定性、多元性，其未来实施也将面临诸多困难与挑战。“一带一路”战略的实施将对周边地缘环境产生重大影响，推动周边地缘环境的重塑。“一带一路”的战略目标涉及塑造周边稳定繁荣、推进全方位对外开放格局形成、促进中国权势转化等目标，将极大影响周边的地缘政治、地缘安全、地缘经济、地缘情感，增强中国的地缘塑造能力，打造更加有利的周边地缘环境，进而有助于中国的和平发展。

一、“一带一路”重塑周边地缘环境

地缘政治主要探讨地理与政治之间的关系，国家的重大战略能够释放

---

① 本文是教育部社科青年项目“联盟的转型与中国的对策研究”（项目编号15YJCGJW004）、北京市社科青年项目“亚洲新安全观与周边命运共同体构建”（项目编号15KDC043）的阶段性成果。

② 作者供职于外交学院国际关系研究所。

③ 关于“一带一路”到底是倡议、构想还是战略，国内学界存在分歧。中国政府更多用倡议、构想，而学界则有不少人认为是战略。从战略视角来看，“一带一路”的战略雏形初具，无论是战略目标、战略资源、战略手段等战略要素规划都已基本具备，学界对其战略定位的担忧更多地源自“一带一路”在实施过程中面临着诸多困难，能否持续下去也令人质疑，但不能因此否认其具备战略定位的可能性。

巨大的地缘能量，具有深远的地缘影响。正如拿破仑所言："了解一个国家的地理就懂得了这个国家的外交政策。"充分利用本国地缘禀赋，积极运筹地缘战略对于一国对外关系的开展大有裨益。"一带一路"是新时期中国的重要战略，主要聚焦周边国家，尽管其并非完全是一项地缘战略，但其地缘能量不容忽视，将起到重塑周边地缘环境的作用，具体可分为以下五个方面：

一是拓展周边地缘环境。传统意义上，我国的周边地区主要是指与中国地理接壤、文化相近的国家和地区。随着中国实力的增强、海外利益的拓展，有关"大周边"的呼声日益高涨。一般而言，"大周边"涉及东北亚、东南亚、南亚、中亚、西亚和南太平洋地区"六大板块"，其中东北亚、东南亚、南亚、中亚这四个"板块"与中国陆海直接接壤，自然属于中国周边范畴。此外西亚和南太平洋地区也应纳入中国的"大周边"视野中。①尽管确立了"大周边"的概念，但对周边国家还需里外有别，根据与中国利益关系的密切程度建立起以中国为内核的"同心圆"结构，实现"三环"布局，进而才能有利于中国周边战略的层层推进。"内环"是指与中国陆地接壤的14个邻国，因特殊的地缘意义和历史原因，对中国而言具有无可替代的重要性。"中环"是由"内环"扩展出去的海上邻国、中东地区、太平洋地区，这些将是拓展中国周边影响的关键地带；"外环"则是继续向外扩展的非洲、欧洲、美洲一圈。②不过更为重要的是，中国需要加强与大周边各国的联系，真正实现"地缘周边"而非"地理周边"，"一带一路"的实施则成为关键因素。通过"一带一路"战略的实施，中国可以极大地增强与距离相对遥远的中东、中东欧等地区的联系，将大周边逐渐落实。中国"大周边"战略构建的重要目标之一便是提升中国的国际影响力，这就需要借助一定的实力转化机制来增强战略能力，而"一带一路"则可以成为有力的实力转化机制。通过"一带一路"的实施，开展互联互通、深化经济合作，可以不断加强中阿之间、中欧之间合作，发挥各自比较优势，实现互利共赢，推动大周边成为利益共同体、责任共同

---

① 祁怀高、石源华：《中国的周边安全挑战与大周边外交战略》，载《世界经济与政治》，2013年第6期，第44页。

② 袁鹏：《关于新时期中国大周边战略的思考》，载《现代国际关系》，2013年第10期，第31页。

体、命运共同体。

二是融合周边地缘政治、安全、经济。"一带一路"战略的实施有利于化解中国所面临的经济压力和安全压力。经济压力主要是如何解决我国产能过剩、资本过剩等经济问题，安全压力则是因中国崛起而引发的大国和周边国家对中国的猜忌与防范。此外，中国周边地区还存在地缘政治、地缘安全和地缘经济相分离的现象。长期以来，中国推行睦邻友好的周边外交政策，试图以经济合作促进中国与周边国家的政治、安全关系。不过效果并不理想，这也导致周边地区许多国家形成了"经济上靠中国、安全上靠美国"的二元格局。东盟国家可视为典型代表。长期以来，中国与东盟国家经贸关系密切，人文交流频繁，但安全合作进展有限，部分国家对中国的担忧和防范依然存在，这也导致中国与东盟国家经济合作的政治安全外溢效应有限。

中国与周边国家的地缘经济合作并未带来相应的地缘政治、地缘安全的改善，如何融合三大地缘要素是新时期中国周边外交亟须解决的问题。通过"一带一路"的实施，可以将中国过剩的产能和资本输出，极大地发挥地缘经济能力。不过更为关键的是，"一带一路"将向周边沿线各国分享发展红利，促进周边各国共同发展，增加周边各国对中国的亲近感和认可度，更能促进周边地缘政治、安全和经济的融合。不过对于陆上丝绸之路和海上丝绸之路经济带在地缘经济和地缘安全上可以适当有所侧重，具体而言，陆上丝绸之路更应侧重地缘经济建设，海上丝绸之路则更应加强地缘安全建设。

三是拉近地缘情感。地缘情感是指不同地区间的认知态度，类似于地缘文明，但相对于地缘文明而言，其也受政治、宗教、经济等因素影响，从而形成一种情感上的总体态度。中国周边国家众多，对中国的情感不一，存在明显的地缘情感差异，影响到周边国家对中国的认同度、亲近感。对于中国周边外交而言，面临的一个重要问题是大国与小国关系的处理。"一带一路"沿线的许多国家都是小国，在漫长的朝贡体系时期，很多国家甚至是中国的藩属，并非一种现代国际关系意义上的平等关系，许多国家对中国的历史记忆也并非完全美好。中国与周边国家虽文明相近，历史上人文交流密切，但受中国崛起影响，周边国家对中国实力强大的担忧也日益明显，这也意味着"一带一路"战略的实施必须关注地缘情感。

"一带一路"将"民心相通"视为重要目标，传承和弘扬丝绸之路友好合作精神，广泛开展文化交流、学术往来、人才交流合作、媒体合作、青年和妇女交往、志愿者服务等，为深化双多边合作奠定坚实的民意基础，这非常有利于拉近地缘情感。对于"一带一路"实施而言切勿见利忘义，而是需要在实现经济互利共赢的同时也加强人文、教育、卫生等民生工程建设，增强中国对周边国家的感召力、亲和力和凝聚力，加强地缘情感培植，促其成为"一带一路"的强力黏合剂。

四是加强地缘联系。地理磨损原理认为："要衡量一国对他国的影响力特别是战争力量时，就必须考虑距离和地理通达性两个因素，因为它们会使影响力和战争力量在传输过程中受到磨损和削弱。"[①] 换言之，从地缘政治视角考虑，大国权力影响随地理距离增加而减弱。因而如何减少地缘效应递减，加强地缘联系成为周边外交的重要任务。"一带一路"的实施使得中国与周边国家的地缘联系更为紧密，通过"一带一路"的大力实施，互联互通将逐步落实，促进天涯若比邻。互联互通工程是基础设施、制度规章、人员交流三位一体，政策沟通、设施联通、贸易畅通、资金融通、民心相通五大领域齐头并进的全方位、立体化、网络状的大联通，是生机勃勃、群策群力的开放系统。"一带一路"并非简单的点线布局，通过互联互通可以实现四通八达的网状布局。通过三条陆上线路、两条海上线路、六条经济走廊，联通不同次区域，通过大量的人员、产品、资本流通，中国的周边地缘联系将更加紧密，大周边也将真正实现。这也符合当前中国外交"重势轻利"的导向，中国外交布局反映的是围棋思维，重大局谋长远，不计较"一城一池"之得失。

五是释放地缘经济能量。"一带一路"的实施将极大地释放中国的地缘经济能量，将过剩的产能、资本、人力向周边国家进行输送，实现中国与周边国家的互利共赢，推动更加开放包容的合作格局形成。"一带一路"沿线许多国家受限于基础设施落后、资本缺乏等，发展相对落后。通过亚洲基础设施投资银行和丝路基金，中国将为"一带一路"建设提供大量的资本支持。"一带一路"的实施可以激发这些国家的发展潜力，促进资源优势互补，更大程度地释放周边地缘经济能力。一是将为中国经济开拓创

① 楼耀亮：《地缘政治与中国国防战略》，天津人民出版社，2002 年版，第 62 页。

造更具全方位特点的开放格局，共同打造开放、包容、均衡、普惠的区域经济合作架构，增强中国经济发动机对周边的辐射作用。二是创造培育国内、区域以至全球范围的新经济增长点，有助于中国与沿线国家更好实现经济较快可持续发展的目标。[①] 三是促进周边地区经济制度发展，为周边地缘经济合作提供制度保障。四是推进人民币国际化的历史进程，促进周边地区金融的合作推进，实现"币缘政治"效应。

二、"一带一路"带来的潜在周边地缘风险

"一带一路"战略在重塑周边地缘的同时，也带来了一系列地缘风险挑战，主要体现为大国地缘竞争加剧、周边沿线国家地缘风险传导增加和疆独、藏独分裂势力的内外联动增多。

一是大国地缘竞争加剧。"一带一路"的实施使得大国对中国周边地区更为关注，地缘竞争更加激烈。美国视中国的"一带一路"为地缘挑战，试图控制欧亚大陆的中心地带，对美国的世界霸权构成挑战，与美国的"新丝绸之路"战略和亚太再平衡战略形成对冲。"地缘政治在美国影响深远，根植于人们的意识中，成为政治家、战略家们观察国际事务、思考战略问题的一种习惯性观念。在美国的国家安全战略中，始终隐含和贯穿着深厚的地缘政治思想，它的战略是以稳定的地理考虑为基础的。"[②] 对于美国的世界霸权而言，其将欧亚大陆出现挑战性国家或联盟视为首要挑战，在战略应对上则是竭尽全力地阻止敌对联盟形成和限制敌对或潜在敌对国家的发展。这也使得美国在这些国家的周边地区积极介入并谋求扩大影响。在中国丝绸之路谋求重点突破的陆上区域南亚和中亚，美国一直不遗余力地谋求加强地缘影响。在南亚，美国通过与巴基斯坦和印度的均衡外交，逐渐建立和扩大了影响。在中亚地区，美国以反恐战争为契机也不断加强介入。从2005年下半年开始，美国不断加强其南亚和中亚政策统合，美国国务院新设了南亚与中亚事务署，试图以阿富汗为中心整合中

---

① 卢锋：《"一带一路"的影响、困难与风险》，载《奋斗》，2015年第7期，第45页。

② 陆俊元：《美国国家安全战略中的地缘政治思想》，载《人文地理》，1999年第3期，第61页。

亚与南亚，打造一个“大中亚”地区。[①] 2011年7月，希拉里提出“新丝绸之路”计划，进一步统合美国的中亚和南亚政策，具有浓厚的意识形态色彩和显著的地缘战略意图。与此同时，美国亚太再平衡战略的实施则是谋求抵消中国在亚太地区影响力的增强，继续维持其在亚太地区的优势地位。中国“一带一路”从陆海两个方向进行着力，正好与美国的两大战略实现地缘重合，无疑会加剧两国之间的地缘竞争。

中俄两国互为友好邻邦和全面战略协作伙伴，但“一带一路”战略的实施需要处理好两国在地缘方面可能形成的竞争。俄罗斯是一个深受地缘政治影响的国家，俄罗斯横跨欧亚，幅员辽阔，地缘政治深刻地影响着俄罗斯的内政外交。在俄罗斯的历史发展上，“以地理扩张以及由此催生的救世使命为根本内核的地缘政治思想在保障国家安全方面打下了不可磨灭的烙印”[②]。俄罗斯一直认为周边地区是俄罗斯大国地位的地缘依托。在欧洲，俄罗斯的地缘战略构想是可以允许波罗的海三国、波兰、捷克等国加入北约和欧盟，但对前苏联加盟共和国这一俄罗斯的“周边”势力范围却严格控制，加强反击力度。在亚洲，俄罗斯加紧了对高加索地区的地缘控制，打击格鲁吉亚的离心倾向，对中亚地区的地缘重视也在近年得到加强，对东北亚地区的地缘战略运筹力度加大。“冷战后俄罗斯的中亚地缘政治战略以远交伊朗、近联哈萨克为重点；以打击阿富汗恐怖势力，全面控制吉、塔为掩护；以缓解土、乌分离倾向，纳入一体化轨道为阶段目标。”[③] 2011年，俄罗斯提出了“欧亚联盟”，后逐渐演变为“欧亚经济联盟”，其目的在于通过经济合作加强俄罗斯与周边国家的关系，增强俄罗斯对前苏联地区的影响。俄罗斯的“欧亚经济联盟”与中国的“一带一路”存在许多重叠之处，俄罗斯也比较忌讳中国进入其传统地缘势力范围。尽管当前俄罗斯对中国“一带一路”持欢迎态度，但在具体合作上如何减少摩擦还需谨慎运作。为了实现中俄两国战略对接，需要发挥各自比较优势，寻求合作契合点，化解两国的地缘竞争。中国对此需要采取务实

① 曾向红：《重塑中亚地缘政治环境：2005年以来美国中亚政策的调整》，载《外交评论》，2008年第3期，第65页。

② 宋德星：《地缘政治、民主转型与俄罗斯外交政策》，载《太平洋学报》，2004年第12期，第52页。

③ 杨雷：《冷战后俄罗斯的中亚地缘政治战略》，载《新疆大学学报》，2002年第1期，第70页。

态度，利用中国的经济优势，照顾俄罗斯的传统地位，积极推进中国的"一带一路"与俄罗斯的"欧亚经济联盟"对接，促进经济互利共赢，淡化地缘竞争色彩。

日本是中国的重要邻国，其地缘战略运筹对中国具有重要影响。日本国土主要散布在海洋上，呈狭长带形，自然灾害频繁，这些地缘环境特点塑造了日本民族的性格，也促成了日本的地缘战略运筹。当前中日关系比较紧张，因历史问题、钓鱼岛争端持续发酵，现实利益与历史情感相互交织，中日关系短期内恐难好转。中国"一带一路"更是被日本视为战略挑战，将进一步削弱日本在亚洲地区的影响。日本对此并不甘心，在东南亚、中亚等地区与中国展开地缘竞争。在东南亚地区，日本基于地缘经济积极开展地缘战略运筹，具体而言，一是通过与东南亚国家积极进行能源合作，获取油气资源；二是密切与东南亚各国的经济联系，维护日本在东南亚的经济优势；三是推动东亚区域经济合作，谋求主导东南亚地区经济；四是日本利用南海争端困局激化钓鱼岛争端，并与菲、越等国串联，对华共同施压。[①] 在地缘政治方面，谋求控制海上战略通道、谋取政治大国的资本和谋划东亚地区主导权，是日本在东南亚地缘战略运筹的主要目标。[②] 由于能源需求增加，日本也加强了对中亚地缘战略的关注。"2006年8月小泉首相在卸任之前出访中亚两国，标志着日本中亚外交的深化。"[③] 在中亚地区，日本主要推行"丝绸之路外交"，通过对外援助、能源合作，加强日本在中亚地区的影响。可以预计，中日两国在中国周边地区的地缘竞争将长期化、常态化。

南亚是印度地缘战略运筹的重心所在。南亚地区地缘位置显赫，联通中亚和东亚，扼守印度洋，左右中东石油运输路线。这既给印度提供了运筹地缘战略的空间，也容易招致其他域外国家的地缘竞争。这种复杂的地缘政治的现实决定了印度对自身的安全威胁评估主要受两大地缘政治现实

---

① 凌胜利、曲博：《世界大国地缘战略运筹与中国大战略》，载《世界经济与政治论坛》，2015年第2期，第78—82页。

② 何火萍：《冷战后日本与东南亚合作的地缘战略思考》，载《湖北经济学院学报》，2009年第1期，第82—83页。

③ 徐建华：《日本的中亚战略》，载《深圳大学学报》，2007年第3期，第67页。

的影响：来自陆上的压力和来自海上的挑战。[①]印度长期习惯于从地缘政治和国家安全的角度来审视中国在印度洋和南亚的一举一动。在某些印度精英看来，“一带一路”将冲击印度在其南亚势力范围的主导地位，孟中印缅经济走廊将威胁印度东北地区的安全。“21世纪海上丝绸之路”则被视为是围堵印度的海上“珍珠链”，威胁到印度在印度洋的安全和地位。[②]印度一直将南亚视为天然的“势力范围”。“一带一路”建设无疑有助于加强中国与南亚国家的联系，在一定程度上稀释印度在南亚的影响力，冲击印度在南亚地区的主导地位，这显然并非印度所愿。由于印度将中国的“一带一路”视为地缘挑战，如何做好印度工作，利用两国各自优势和诉求，加强各领域的务实合作很有必要。

二是周边沿线国家的地缘风险传导。除了大国地缘竞争有所加剧外，“一带一路”周边沿线国家的地缘风险传导对中国的影响需要引起注意。

（一）政治风险。“一带一路”周边沿线国家政治制度差异大，老人政治、强人政治大为存在，许多国家因国内派系斗争而政局时有动荡。“一带一路”主要集中于交通运输、电力、能源、网络等基础设施建设，存在投资大、周期长、收益慢的特点，有赖于有关合作方的政治稳定性、政策延续性和对华关系状况。[③]近年来，颜色革命已成为影响周边国家政治稳定的重要因素，一些国家因此政治风险加剧，由此产生的地缘风险传导也会对“一带一路”产生重要影响。中国的海外投资多次因被投资国政局变动而利益受损严重，在中国坚持不干涉内政的外交原则的情况下，如何更为有效地维护自身海外利益面临新的考验。

（二）安全风险。“一带一路”周边沿线国家还存在民族宗教矛盾复杂，非传统安全威胁突出的情况，构成了安全风险或潜在的安全风险。中东、中亚等地区的国际恐怖主义、宗教极端主义、民族分裂主义势力和跨国有组织犯罪活动猖獗，地区局势长期动荡不安。此外，一些国家因宗教冲突、资源争端还存在爆发战争的可能性，这些安全风险极易影响“一带

① 宋德星：《南亚地缘政治构造与印度的安全战略》，载《南亚研究》，2004年第1期，第20页。

② 甘均先：《“一带一路”：龙象独行抑或共舞？》，载《国际问题研究》，2015年第4期，第97页。

③ 吴志成、李金潼：《践行区域合作共赢与全球协商共治的中国方案——中央政府主导下的“一带一路”建设》，载《当代世界》，2015年第5期，第19页。

一路”的实施，增加了中国海外利益的保护难度。

（三）工程管理风险。“一带一路”主要是政府引导，企业唱戏，企业将成为“一带一路”的主要参与者，这也意味着中国“走出去”战略迈入新阶段。不过受限于经济匮乏、人文差异等因素，中国企业“走出去”面临着诸多困难，如何与当地国人民友好共处，尊重当地文化习俗和保护当地环境是中国企业“走出去”所面临的重要问题，不仅关系到工程能否顺利进行，也事关中国良好国际形象的塑造。

三是疆独、藏独等地缘风险内外联动。长期以来，疆独、藏独等民族分裂运动对我国西部边疆的政治稳定、经济发展等造成了重要的负面影响，其内外联动使得我国不得不从国际国内两个方面共同对其进行治理。尽管内因是关键因素，但这些问题已渗入了复杂的国际因素，随着“一带一路”的实施，这些问题将成为影响周边地区安全环境的重要因素，对此必须格外关注。随着“一带一路”战略逐步实施，互联互通也有可能被疆独、藏独势力所利用，增加其内外联动性、穿插渗透性、流窜隐秘性，使得中国反恐面临新的挑战。（一）恐怖势力发展国际化。“东突”老巢在中亚一带，可能借“一带一路”战略的宽松政策加快发展组织。越来越多的迹象表明，新疆“东突”等“三股势力”正逐渐与国际极端组织“伊斯兰国”同流合污。（二）恐怖组织手段网络化。“一带一路”战略使得中国和沿线国家网络联通条件大为改善，恐怖组织发起的网络攻击成本更低、手段更加隐秘灵活、破坏更大。[①]（三）恐怖目标多元化。“一带一路”战略的实施使得中国在沿线国家的人员、工程等都有可能成为攻击目标。

三、“一带一路”战略的地缘效应应对

从地缘视角考察“一带一路”，该战略如能顺利实施，将产生巨大的地缘战略效应，与此同时也面临着大国地缘竞争等挑战与风险，这就需要加强“一带一路”的地缘效应应对。

一是以地缘经济为主导、兼顾其他地缘效应。从“一带一路”的规划来看，其主要是一个经济大战略，旨在通过加强交通、能源、网络等基础

---

① 王晶：《“一带一路”战略视野下新疆反恐政治工作的几点思考》，载《西安政治学院学报》，2015年第3期，第60—62页。

设施建设，促进经济要素有序自由流动、资源高效配置和市场深度融合，推动沿线各国实现经济政策协调，开展更大范围、更高水平、更深层次的区域合作，共同打造开放、包容、均衡、普惠的区域经济合作架构。不断促进地缘经济能量释放是“一带一路”持续合作的动力所在，而其地缘要素方面的噪音主要来自地缘政治、地缘安全等方面。对于“一带一路”的实施而言，一些国家对其的地缘政治、地缘安全等效应的担忧和报道在所难免。（一）他们对中国存在由来已久的偏见，这在短时间难以根除。（二）中国的发展令他们感到不适，中国实力的增强使他们无法及时调整心态。对此中国需要凸显“一带一路”的地缘经济价值，让沿线国家分享中国发展红利，实现互利共赢、共同发展。对于沿线国家对“一带一路”的地缘政治、地缘安全担忧要加强沟通，争取理解、增信释疑，促进战略互信、安全共享。

二是以规则合作为原则、减少地缘风险。“一带一路”沿线许多国家还存在政治不稳定、法律不健全等现象，给“一带一路”战略的实施带来了潜在的不确定性因素。中国企业“走出去”如果还是因袭传统思维走上层路线，将会导致两种负面影响：（一）因沿线国国内政治变动导致上层路线坍塌，如中国与缅甸、菲律宾等之间的一些合作常因这些国家政局变动而搁浅；（二）忽视走基层路线导致社会基础薄弱。对于“一带一路”实施中面临的沿线国家的政治风险、安全风险、工程管理风险，中国需要以规则合作为原则，减少人为因素、地缘风险，这就需要做到以下四点：（一）要恪守联合国宪章的宗旨和原则，遵守和平共处五项原则；（二）要遵循市场规律和国际通行规则，充分发挥市场在资源配置中的决定性作用和各类企业的主体作用，同时发挥好政府的协调作用；（三）要加强多边合作机制，发挥中国与“一带一路”沿线各国参与的诸多多边机制的协调作用；（四）在具体合作项目上加强法律规则保护，切实保护有关各方的合法权益。

三是以整体视角为指导、实现多重地缘统筹。“一带一路”不是一盘散沙，要注重整体统筹，最大可能地塑造和谐周边、繁荣周边、安全周边。在周边地缘塑造上，需要实现三大统筹。（一）陆海统筹。中国是一个兼具陆海地缘复合型大国，有关中国到底是以陆权为主还是海权为主的争论经久不息。事实上，这并非一个非此即彼的选择。中国的地缘战略应该随着中国的地缘塑造能力发展而与时俱进，陆海地缘可以统筹并举。“一带一路”战略的实施实际上就是要推进中国陆海地缘的统筹，通过中国—中南半岛等国际经济合作走廊、孟中印缅等经济走廊实现陆海连接，促进陆海统筹。只有不断实现海上丝绸之路经济带和陆上丝绸之路的对接，才能实现中国周边地区的地缘统筹，进而能够更加灵活地实行周边地缘战略运筹。（二）大小周边统筹。“一带一路”极大地拓展了中国的周边地缘，加强了“大周边”的地缘联系，不过相对于“小周边”与中国的传统关系、文化亲近而言，“大周边”的外线国家与中国的差异更大，地缘联系更弱，这就需要统筹大小周边，借助互联互通建设加强地缘联系。（三）各种地缘要素统筹。“一带一路”重塑周边地缘并非只是单纯地追求地缘经济效应，而应兼顾地缘政治、地缘安全、地缘情感等其他地缘要素，实现地缘经济的互利共赢、地缘政治上的相互尊重、地缘安全上的安全共享、地缘情感上的命运相连。

四、结论

“一带一路”是新时期中国实施的一项重要的综合性战略，并非仅仅只是一项经济战略，也具有重要的地缘影响。本文主要从地缘战略的视角探讨了“一带一路”战略对于周边地缘的重塑作用。对于未来“一带一路”战略的实施而言，大国地缘竞争加剧不可避免，但相对而言是旧问题，中国更应关注周边沿线国家地缘风险传导等新问题。“一带一路”战略是提升中国战略能力的重要实力转化机制，如能成功将对中国大战略目标具有重要促进作用。不过该战略实施将面临诸多不确定性，因而亟须注意相关战略环节的细节把握，在地缘战略应对上既需要实现地缘政治、安全和经济的融合，也需有所侧重。

“海上丝绸之路”与中国海外军事基地建设评估[①]

■ 文/［美］摩根·克莱门斯　译/葛红亮　庞　伟[②]

2013 年“海上丝绸之路”战略性倡议提出后，中国在新加坡以西海域的海上航线安全再度成为焦点。以此为背景，文章就中国在新加坡以西海域发展军事保障基地与建立、扩大军事存在的动机和目标进行了探讨，及从多层次阐释了中国建立海外军事面临的多方面约束与挑战。在此基础之上，文章重点对未来十年中国在新加坡以西海域发展军事基地进行了预测性评估以及就 2025 年以后的情势进行了展望。文章认为，中国在建立海外军事保障基地方面的态度是务实的，未来这项工程在推进速度上很可能会很慢，而规模上或极具有限性。

---

① 本文原题《“海上丝绸之路”与中国人民解放军》，原文分两期分别刊登在詹姆斯敦基金会（the Jamestown Foundation）《中国简报》2015 年第 6、7 期。See Morgan Clemens, “The Maritime Silk Road and the PLA: Part One”, *China Brief: a Journal of Analysis and Information, the Jamestown Foundation*, Vol.XV, No.6 (March 19, 2015), pp.6–9; Morgan Clemens, “The Maritime Silk Road and the PLA: Part Two”, *China Brief: a Journal of Analysis and Information, the Jamestown Foundation*, Vol.XV, No.7 (April 3, 2015), pp.10–13.

② 作者简介：摩根·克莱门斯（Morgan Clemens），美国乔治·华盛顿大学亚洲研究所毕业，研究员，任职于美国国防集团公司（Defense Group Inc.，位于美国华盛顿，专门研究国家公共安全与国防安全），专攻中国防务力量与国防工业研究；他曾在中国清华大学与浙江工业大学做过访问学者。译者简介：葛红亮，供职于广西民族大学东盟研究中心；庞伟，广西民族大学东盟学院 2014 级国际关系专业硕士生。

一、引言

过去十年，有关中国军队在印度洋（及其他海域）存在军事意图的推测泛泛而在，其中很大一部分是围绕“珍珠链”战略进行的。相关的推测或炒作一知半解，甚至近乎狂热，以至于有些西方观察家预测中国会对印度洋实施入侵。虽然如此，但十分肯定的是，海洋航线对中国的经济作用日趋明显，而中国也对海上航线周边日益保持军事存在与开展军事活动有着日渐浓厚的兴趣。2013年秋，中国国家主席习近平基于古代丝绸之路，提出了新的“一带一路”战略。这进一步加剧了上述类似的推测与猜想。确实，这包含着特别多的海洋元素，而这总体体现在“21世纪海上丝绸之路”及经由南中国海、印度洋抵达东地中海，地域上覆盖东亚、东南亚、东非与近中东的海上贸易与运输航线。透过“海上丝绸之路”，我们可以断定，未来几年中国在这条通向西方的海上航线上将拥有日益增加的海上战略利益，当然随之增加的，还有中国人在沿线邻国工作的人数和这些中国海外工作人员受到攻击的可能性。

重要的是，中国在这些航线上开展经济活动频繁的程度，或将转化为日益增加军事行动与形式不一的军事存在，其中永久性军事设施与后勤支持军事基地最为突出。这就需要对中国在海上丝绸之路航线增强军事存在的动机及其面临的各种限制进行评估。本文认为，中国未来十年极有可能在印度洋周边扩大军事存在，但是中国很可能将会以比较缓慢的速度推进，且可能不会发展明确的军事设施与基地以支撑其军事存在，而会持续保持对商业性港口的依赖。① 尽管如此，中国可能继续着力利用国有企业，保持对新加坡以西地区商业性港口的发展与运营控制，以期确保为沿“海上丝绸之路”远航的中国海军远洋舰队提供便捷补给。② 此外，关于军事基地发展话题的争论应该不会立即有结果，但是中国的类似海外基地很有可能首先出现在中国拥有足够行动自由空间和外交战略腾挪余地的东非

① 中国人似乎并未有在地中海地区保持海军军事存在的必要，而在苏伊士运河以东，中国人的感觉则相反，中国在地区的投资与人员安全及其他更明显地受到直接的威胁。——笔者注

② 尽管“海上丝绸之路”穿过南中国海海域，但新加坡以东地区中国的军事基地与存在并不在本文的讨论之内。——笔者注

地区。[①]

二、中国在新加坡以西建立军事存在的动机

“海上丝绸之路”是中国获取战略资源，包括石油、铁矿与铜矿的重要通道，也给中国开辟了融入三大主要经济区块（东南亚、南亚与中东）的通路。因此，“海上丝绸之路”向世人展示了中国最重要的海上交通线。最为重要的是，与海上丝绸之路沿线国家发展战略伙伴关系与经济合作互惠互利关系，将有助于（在中国人看来如此）规避美国“重返亚洲”战略带来的日益增强的牵制与围堵。事实上，部分中国军方学者甚至将“海上丝绸之路”航线视为“中国崛起的关键战略方向”，因此他们认为“海上丝绸之路”航线的发展将对中国的国家整体发展至关重要。[②]类似的评论很容易让西方分析者相信，中国非常希望很快实现对这些海上航线的控制。只不过，要实现这一目标也并非易事，它需要数倍于现有水平的中国海军规模，而海军发展与装备建造又需大量耗资，因此没有几十年（如果有的话）将很难实现这个目标，且同时西方的发展被假设处于暂停状态。[③]但是，如果我们考察中国领导人的讲话——他们经常说中国目前仍是发展中国家，无法给国家的军事现代化发展开具空头支票——就会推断出，对中国来说，军事控制“海上丝绸之路”沿线并非胜券在握。

再有就是，似乎中国在新加坡以西现今的与未来的军事活动也并不以控制海上航线为目标，而是维护海上航线的安全。观察家指出，在未来几年，中国海军行动的实施将是小规模、低烈度的，而且当中国在“海上丝绸之路”沿线采取海军行动时，行动安排也将是临时发生的，集中针对低级别威胁（包括恐怖主义、海盗、毒品走私和其他跨国犯罪）。不仅如此，中国海军的海上行动也自然是多边的。中国介入其他国家间冲突的可能性确实存在，但这种可能性被认为很低。[④]更坦率地说，依据解放军军事科

① 事实上，随着吉布提海外军事保障基地被媒体广泛报道与提上日程，作者的预测已经成真。——译者注

② 《国防参考》2015 年 2 月 11 日报道。

③ 在这里，“控制”意味着对海上通道的完全垄断，并有能力阻止其他国家在沿线的干扰。——笔者注

④ 《新浪军事》2014 年 12 月 9 日报道。

学院的一位学者分析，"中国在印度洋只有两个目标：经济利益和航线安全"。[①] 在"海上丝绸之路"沿线，中国及人民解放军的目标或许可以简要地从一名商船船员的感言中窥知一二。如中国海军官方报刊报道，一名船员在印度洋亚丁湾航行时受助于中国海军，获得了医疗救助，因此他表示："无论身处何方，有祖国的军舰在，我们就有安全感！"[②]

鉴于中国对海上航线安全（而非控制）与应对低级别安全威胁的强调，有一点非常清晰，这就是大型的、功能齐全的作战后勤保障基地，类似于美国在全球多处设立的军事基地，或将远远超出中国海军维护"海上丝绸之路"安全的需要。虽然如此，恰如其他学者指出的，"海上丝绸之路"沿线军事行动的要求要远远超过现有的基准，因此我们无法指望中国继续仅仅依赖于由国内军事专员订立的当地商用设施与在特定基础之上的交通运输条件。[③] 与此同时，犹如西方学者不时（近期有些中国学者也曾很坦率地指出）指出的，中国的兴趣在于获得使用军事设施与基地的权利，而非寻求建立完全属于自己的军事基地（《中美聚焦》，2014 年 2 月 11 日）。[④] 因此，我们可以预见，虽然类似的军事设施或基地会有所发展，但总体来说是极为有限的。在中国的相关文献中，包括前国家海洋局局长刘赐贵在 2014 年 7 月发表一篇的文章中说，"基础设施互联互通"被明确视为"海上丝绸之路"建立的核心部分。在文章中，刘赐贵认为，"航道安全是 21 世纪海上丝绸之路持续稳定发展的关键，而港口码头是保障航道安全的重中之重"，及中国必须帮助沿线相关国家建立"海上驿站"，以期满足沿线船只航行与实现安全所需的支持与补给。接着，他继续指出，这样的"海上驿站"大多可以新建，沿线相关国家自己建设或者中国援助

---

① 《中美聚焦》2014 年 2 月 11 日报道。

② 《"有祖国的军舰在，我们就有安全感"——第十九批护航编队同日为两艘商船提供紧急医疗援助侧记》，载《人民海军》，2015 年 1 月 7 日。

③ Christopher D. Yung, et al, *Not an Idea we Have to Shun: Chinese Overseas Basing Requirements in the 21st Century*, Washington: National Defense University Press, November 2014; Andrew S. Erickson and Austin M. Strange, *No Substitute for Experience: Chinese Anti-piracy Operations in the Gulf of Aden*, Newport: Naval War College Press, November 2013, pp.51, 124-127.

④ Daniel J. Kostecka, *"Places and Bases: The Chinese Navy's Emerging Support Network in the Indian Ocean"*, *Naval War College Review*, Vol.64, No.1 (Winter 2011).

建设，当然中国也可以考虑租用现有的港口与设施。[①]

考虑到这样的官方背景，这些言论无疑可以确定中国未来十年在“海上丝绸之路”沿线建立军事设施与基地的有限性。虽然如此，一些半官方背景的资料却表明，与前述相反的想法也存在。作为持有这一类想法的典型代表，中国国防大学教授、战略家梁芳则认为，“海上丝绸之路”沿线的军事存在必须服务于对抗可能潜在的敌人，最为重要的是，海上航线的安全唯有借助远洋航母战斗群才可以得到保障。[②]此类想法或许仅仅可能代表中国人民解放军内关于解放军使命的“多数派”看法，这些人希望通过海军行动来证明一支大型航母编队的合理性。然而，这必须考虑到未来中国内部领导层在战略与预算方面的争论，缓解中国发展顽疾与在“海上丝绸之路”沿线建立军事存在之间，哪个更具可能性值得思考。虽然如此，前述讨论的“有限”观点目前处在上风。这意味着，接下来十年中国将会继续这样做下去，当然也会通过长期的努力来建立与发展必要的军事力量来使“多数派”的观点成真。

鉴于此，中国确实有在印度洋海域扩大军事存在的动机，但是动机却具有天然的有限性。更为重要的是，受限于现实方面与战略层面诸多的限制，中国在“海上丝绸之路”沿线的军事存在将以很慢的速度增长。

三、中国在新加坡以西海域建立军事存在的掣肘

当然，很有必要就中国在实现上文目标过程中遇到的挑战进行准确评估。下文将就这些挑战与限制性条件进行评估，并以此对未来做出初步预测。

首先，也是最重要的是，中国面临着身份定位的掣肘，中国领导人如何实现自我定位值得考察。恰如许多学者分析指出的，中国领导人长期以来强调“不干涉他国内政”，并把这视为中国外交政策的原则。迄今，这一原则仍然被完整地运用。但如今，在“海上丝绸之路”沿线国家获得与

① 刘赐贵：《发展海洋合作伙伴关系　推进21世纪海上丝绸之路建设的若干思考》，载《国际问题研究》，2014年第4期，第5—6页。

② 《国防参考》2015年2月11日报道。

保持保障性军事基地将需要中国付出艰巨努力。[①] 更为重要的是，中国正在以一个国际秩序“修正者”的形象展现于国际舞台，不情愿成为一个激进主义者，更倾向于通过缓慢、渐进的方式来改变现有地缘政治秩序，以此来更好地适应国家的战略需求。此外，中国对在地区保持与印度间的良性竞争关系一直很清醒，避免因地区军事存在的快速发展引致中印两国间现有的战略竞争态势出现恶化局面。[②] 当然，不得不考虑美国的因素，如若中国在印度洋地区或者中东建立军事保障基地，美国自然不会在外交与政治上保持沉默。

除上述自我约束条件外，“海上丝绸之路”沿线国家不情愿他国在自己国土上设立任何军事基地的可能性（非常有可能）也必须要考虑。正如一些西方学者分析指出，沿线许多国家领导人已经多次直接表示，未来数十年他们不会允许中国在自己的国土上建立军事基地。还有，如果中国确实曾有考虑过“珍珠链”战略，那么这一战略的实施已然因在过往十多年时间内没有实际性进展而招致事实上的失败。[③] 在这方面，中国政府实际上也有非常清醒的认识，意识到沿线大多数国家经历过殖民统治，而这使这些国家对国家主权问题与外国入侵（军事方面或其他形式）都如鲠在喉。[④] 当然，中国或许确实有办法，例如通过慷慨大方的经济馈赠与发展援助，来克服这些难题与挑战。但是，沿线的地区国家寻求加强与中国经济、贸易的同时，也没有停止和美国、印度及其他国家在安全领域的密切合作。[⑤]

当然，最具有决定性的牵制还是来自美国，退一步来讲，沿线其他国家凭借在地区的现有军事存在也足以形成约束。一些西方学者分析指出，2008 年 20 来人的中国人民海军护卫小组在亚丁湾执行任务时，亚丁、吉布提与塞莱拉等港口已经被这支武装力量用以后勤补给，而这在一定意义

① Daniel J. Kostecka, “Places and Bases: The Chinese Navy’s Emerging Support Network in the Indian Ocean”, *Naval War College Review*, Vol.64, No.1 (Winter 2011).

② 《中国新闻》2015 年 2 月 12 日报道。

③ Christopher D. Yung, et al, *Not an Idea we Have to Shun: Chinese Overseas Basing Requirements in the 21st Century*, Washington: National Defense University Press, November 2014, p.27.

④ 《中国新闻》2015 年 2 月 12 日报道。

⑤ 《外交官》，2015 年 1 月 30 日。

上隐含着这些港口有可能发展为人民海军在地区的后勤保障基地。[①]尽管这十分可能，但一旦提起这些港口也是美国及其他国家海军舰只使用最普遍的港口，就会意识到中国在同样的港口发展海外保障基地是非常难以想象的事情。[②]这并不是说，中国不会在这些港口发展海外保障基地以支撑人民海军在地区执行任务，而更愿意相信这些很可能不是用于军事用途。

四、下一个十年的预测

最近，来自美国国防大学的克里斯托弗·杨（Christopher D. Yung）及其他的研究者在一份关于中国海外基地设立的详尽报告中，阐述了六种中国可能选择的模式，从现如今依据协议安排获得的商业性港口，到完全按照美国的方式、规模建立的军事保障基地。在他们的分析报告中，杨和他的同事特别指出，如果中国无意在印度发起大规模的海军军事行动，“两用保障军事基地”模式可能最受中国青睐。在该种方式下，中国在地区的一个保障基地往往具有多种功能，例如提供医疗服务、用于生鲜产品的冷冻储藏功能、通信联络站与船只维修及休息、娱乐等。这样的话，基地规模与占地不用很大，能容纳大概一两百人就足以。[③]此种分析十分合理，建立“两用”军事基地最能实现目标、限制、能力等方面的平衡关系。

然而，由这个结论引申出一个非常合理（或是较小）的分析，这就是这一类型的基地，特别是在初期，或许没有必要具有明确的军事属性。解放军使用“驿站”[④]这一传统称谓来形容早期中国在“海上丝绸之路”沿

① Christopher D. Yung, et al, *Not an Idea we Have to Shun: Chinese Overseas Basing Requirements in the 21st Century*, Washington: National Defense University Press, November 2014, pp.30-31.

② 在亚丁长期驻守着西方国家海军的同时，法国、美国也有军事基地在吉布提。即使在塞莱拉也有美国军队驻守，而且美国日渐将这一军事基地视为发展的重点。——笔者注

③ Christopher D. Yung, et al, *Not an Idea we Have to Shun: Chinese Overseas Basing Requirements in the 21st Century*, Washington: National Defense University Press, November 2014, pp.14, 43.

④ “驿站”在中文语境中，指的是古代常见的邮递站，官差或者邮差中途在驿站更换马匹。——译者注

线“海上交通站”的事实表明，这一类“海上交通站”在功能与目的上极具有限性。同时，这也潜在地表明，人民海军或可通过中国运营的海外商业港口构筑的网络，例如那些由中国远洋运输集团（COSCO）建设与运营的商业海港，开展“背驮式”运输。[①] 在此背景下，中国在地区投资和对沿线国家发展的慷慨援助可能被利用起来，一来确保在地区的商业性港口能满足需求，二来确保来自中国国企的雇员（在我们看来，这些雇员与国家公务员无异）能够直接参与这些港口的日常运营。当然，明确军方在运营管理中的地位也是确保中国军方能够获得在一个更为一致、可靠的基地上使用相关设施的路径。或许，这意味着，如果这是一个军事基地，人民海军只能获得最低限度的使用权限，那么至少会采取一些举措以获得对港口的使用权，以期实现某种意义上的平衡，而非依赖于有限的军事基地使用权。

前文已经就中国的基本目标与大致存在的挑战做了阐述，因此我们有理由相信，未来十年中国在新加坡以西地区的军事存在势必会增强，但是中国的军事力量也可能只会达到满足维护印度洋航线安全的水平。与之对等的还有，中国在地区的后勤保障基地也只是具有有限的规模，且很可能不是纯粹的军事基地。或者，从反方向看，中国在新加坡以西的军事存在缺乏一个成比例的基础设施保障。鉴于这些束缚与挑战，我们可推断，中国的“海上丝绸之路”沿线的基础设施建设将以较慢的速度推进，因此中国在地区的军事存在增强幅度在总体上也将是渐进的。

当然，这一推断或许在一个地理区域的概率将很低，这就是东非地区。过去十多年，中国在肯尼亚、坦桑尼亚、马拉维、马达加斯加和塞舌尔群岛等地区，已经稳步而有序地扩大了其战略性与经济方面的影响力。事实上，这些地区至今也并未有美国大规模军事存在进驻，也未与美国建立特别稳固的战略关系。[②] 因此，东非也许目前是“海上丝绸之路”沿线中国战略自由度最高的地区。在这里，中国尚未受到美国压倒性的牵制。

---

① 中国远洋运输集团目前在“海上丝绸之路”沿线四个地点拥有海外中转站的管理权：安特卫普、比雷埃夫斯、苏伊士与新加坡。此外，该集团还在其他海域拥有其他形式的管理公司。在该集团的规划中，管理权扩大是一项既定政策。——笔者注

② 在文章中，东非并不包括“非洲之角”的几个国家，例如索马里与埃塞俄比亚等。——笔者注

最为重要的是，中国与东非各个国家有着长期的外交关系（乃至军事合作关系）；加之，这些国家向来以贫穷著称（即便与“海上丝绸之路”沿线其他国家相比也很穷），中国在该地区的投资与发展援助将能够获得“货真价实”的回报，也就能轻松地获得使用相关港口基地的权利。因此，如若中国希望在“海上丝绸之路”沿线建立纯粹的军事保障基地，那么东非——中国与美国、印度及其他地区大国至少目前并不存在紧张关系，或可能是最优先的选择。[①]

五、展望 2025 年之后

如文章开端所述，目前的分析对于展望未来十年是有限的。尽管这样，这至少与分析影响中国十年后在海外建立军事基地与采取军事行动的态度变化的基本因素密切相关。因此，任何超过这一时间节点的预测，所依据的都是一系列现有的尚不可知的影响变量，而最终归结为徒劳无功。

在一系列现有变量中，中国的动机，也即中国领导人对是否值得花费政治、外交与财政支出在海外基地建设与海外军事行动上的认知，将是首要的。如果是值得的，中国很可能会力图在海外基地的地理延伸与数量上做出努力；当然，如果不值得，中国或许会保持相当克制与谨慎（至少不会进一步投入）。

其次，中国领导人对海外军事基地的建设与运作是否有净效用做持续观察，而这也触发一个疑问，就是中国是否有能力维持与巩固海外的保障基地。归根到底，在海外建设军事保障基地与保持军事存在，依赖国内保持基本的、长期的经济发展活力，而未来十年正是观察中国历史性的快速经济发展能否保持在一个更为稳定发展轨道上的关键时期。鉴于此，未来十年中国是否有能力持续扩大在海外的军事存在，将很大程度上依赖于中国领导人当下及接下来在国内做出的政治决定。

最后的一个影响因素就是地区其他主要大国，特别是美国、印度将会如何采取应对之策。如前文所言，未来十年中国不可能在地缘真空中运作海外基地与扩大军事存在，中国的行动与举措势必会引起地区其他大国的

---

① 中非合作论坛，2014 年 1 月 9 日；（南非）防务网站，2014 年 11 月 18 日。

一系列的政治、外交与经济反弹。例如，如若美国或者印度（抑或是两个国家）将中国在新加坡以西的军事存在视作一个严重的问题，美国或印度势必会与地区的关键国家建立特殊关系与建立重要据点来限制中国。[①]

如果上述情况发生，未来十年，中国即便有决心和有能力去扩大在海外的军事存在，或许也会发现难以找到必要的机遇。

六、结论

最后，值得强调的是，中国在“海上丝绸之路”沿线扩大海外军事存在的可能性微乎其微。对任何一个国家来说，在海外建立与维持一个军事基地将是代价高昂的、旷日持久的负担，也会在政治与外交上陷入投入与风险的担忧。

虽然，对美国来说，在当下可以很好地运作好全球范围的海外军事基地网络，并将之视为如今全球地缘秩序天然的组成部分，但是实际情况并不理想。不仅如此，这些基地也是在不正常的状况下获得的。美国如今使用的大多数海外军事基地都是其1940年至20世纪70年代在极度紧张与动荡的时期获得的。面对二战与冷战头十年严峻的威胁，在海外军事基地上花费大量的政治与财政投入被大打折扣，而正常情况下最有可能将美国视为潜在扩张威胁的英国、法国却被迫默许美国这么做（事实上他们是美国的盟友）。因此，尽管美国在国内外均有着极端有利的政治条件，但是这并未降低美国在海外建立与维持军事基地所付出的代价。

要知道，中国并没有类似的有利条件，哪怕是条件相似也好。未来十年，如若现存国际关系秩序未有重大和难以预料的转变，中国仍将难有有利条件。鉴于此，中国尽管很可能会去寻求扩大在新加坡以西地区的海外军事存在，但是由于一系列纯粹的战略、政治与相关潜在挑战未来十年依旧存在，很可能将会以极其缓慢的速度推进地区军事存在的扩大，且在规模上也将保持有限性。

① 这并非作者的预测，而仅仅是观察。——译者注

关于“中国—东盟命运共同体”的若干思考

■ 文 / 葛红亮　吴英姿[1]

2013 年 10 月 2—5 日，中国国家主席习近平对印度尼西亚和马来西亚进行了国事访问。10 月 3 日，习近平主席到访印尼国会，并发表了《携手建设“中国—东盟命运共同体”》的演讲，成为首位受邀在此演讲的外国元首。演讲中，习近平主席强调中国“愿同印尼和其他东盟国家共同努力，使双方成为兴衰相伴、安危与共、同舟共济的好邻居、好朋友、好伙伴，携手建设更为紧密的‘中国—东盟命运共同体’，为双方和本地区人民带来更多福祉”。[2]“中国—东盟命运共同体”的提出，是中国近年来一直强调的“命运共同体”的重要实践，为中国—东盟战略伙伴关系的发展提供了新的理论基础及指明了未来的发展方向。

一、“中国—东盟命运共同体”的概念界定

虽然“命运共同体”是近年来中国政府反复强调的关于人类社会的新理念，[3] 但作为“命运共同体”的根源，“共同体”却是一个古老而颇受关注的概念。

“共同体”是一个社会性的概念。从释义来看，“共同体”在中文语境

① 葛红亮，现供职于广西民族大学东盟学院，助理研究员；吴英姿，现供职于广西民族大学图书馆，副研究员。

② 附录一。

③ 曲星:《人类命运共同体的价值观基础》，载《求是》，2013 年第 4 期，第 53 页。

中一般有两个解释：一是人们在共同条件下结成的集体，二是由若干国家在某一方面组成的集体组织。[①] 在英文语境中，“共同体”对应的词汇是“community”，其解释主要有社区、团体、群落、共同性与国家间的经济、政治共同体等。[②] 由此看来，“共同体”产生于人类或国家间的互动过程中。在这一过程中，人类或者国家产生了身份、角色认同。虽然这种认同有整体上的，也有局部的，但只要身份或角色认同确立，人类或国家就不会那么随意、那么值得怀疑或危险的；相反，人类或国家如若在“自我”和“他者”互动中难以建立身份或角色认同，将会“失去这种用确定性来鼓舞人心的稳固性”。[③] 德国知名社会学家斐迪南·滕尼斯（Ferdinand Tonnies）是“共同体”理论的主要贡献者，他将“共同体”界定为“组成一定关系的人们”，从而抓住了“共同体”的本质。在著作中，滕尼斯认为人的意志在很多方面都处于相互关系中；任何这种关系都是一种相互的作用，这种作用或者倾向于保持另一种意志，或者破坏另一种意志，也即肯定或者否定的作用，通过这种积极关系而形成的族群，只要被理解为统一地对内和对外发挥作用的人或物，它就是一种结合，一种关系的结合，或者被理解为现实的和有机的生命。依据“共同体”的这个本质，滕尼斯由此认为人们的意志以有机的方式相互结合和相互肯定的地方总会有这种或那种方式的共同体。[④]

根据相关理论，“共同体”是一个发展的概念。滕尼斯在著作中，将“共同体”的发展进程分为血缘共同体、地缘共同体和精神共同体三个阶段。血缘共同体是最早、最基础的共同体，作为行为的统一体发展和分离为地缘共同体，构成了包括人类在内的所有动物在生活中的相互关系。尔后，血缘共同体和地缘共同体又发展为精神共同体，作为心灵生活的相互关系。其中，精神共同体在与从前各种共同体的结合中，可被视为真正的

---

① 中国社会科学院语言研究所词典编辑室：《现代汉语词典》（第六版），北京：商务印书馆，2012年版，第457页。

② Philip Babcock Gove and the Merriam-Webster Inc. *Webster's Seventh New Collegiate Dictionary*, Springfield, Mass., U.S.A., Merriam-Webster, 1966, p.165.

③ ［英］齐格蒙特·鲍曼：《共同体》，欧阳景根译，南京：江苏人民出版社，2003年版，第77页。

④ ［德］斐迪南·滕尼斯：《共同体与社会：纯粹社会学的基本概念》，林荣远译，北京大学出版社，2010年版，第43页。

人的、最高形式的共同体。[1]南京大学张康之、张乾友两位学者在《共同体的进化》一书中，则着重分析了人类社会“共同体”的发展历程，他们认为人类“共同体”先后经历了农耕时代的“家元共同体”、工业化与全球化发展下的“族阈共同体”及后工业化、全球化持续发展下的“合作共同体”三个阶段。[2]在“家元共同体”时期，国家并非现代意义上的民族国家，而是家、族群与特定地域相联系的、由“权威”或王权发挥主导作用的“共同体”。“族阈共同体”是“家元共同体”自然秩序终结和反封建过程中秩序重新创制的结果。在这一时期，现代意义上的民族国家随着全球化起步、发展与工业化的起步诞生，而“族阈共同体”构成了早期“全球共同体”的基础组成部分。“合作共同体”则是后工业化和全球化持续发展的结果。在这一过程中，人类或者国家由于面临共同的挑战和风险更乐意寻求互惠合作，而多极化、多元化和互惠合作将是“合作共同体”的主要特征。

“命运共同体”是近年来中国政府反复强调的关于人类社会的新理念。[3]从发展的角度来看，“命运共同体”概念强调在心灵层面建立精神共同体，在实践途径则依赖于“合作共同体”的建立。关于“命运共同体”的概念，中国2011年对外公布的《中国的和平发展》白皮书曾做过专门的论述。白皮书认为，“命运共同体”是一种新的理念，它的核心特征是“同舟共济”、“合作共赢”，同时它是一种审视国际问题、国际形势的新视角，以寻求多元文明交流与互相借鉴的新局面、寻求人类共同利益和共同价值的新内涵、寻求各国合作应对多样化挑战和实现包容性发展的新道路为目标。[4]这一理念产生的时代背景是和平、发展仍然主导着时代的脉搏，合作是世界各国间寻求发展的潮流。具体来看有两个方面：一则不同制度、不同类型、不同发展阶段的国家均随着经济全球化的发展在互动过程中，建立了相互依存和利益交融的关系，构成了“你中有我、我中有你”的“命运共同体”；二则粮食安全、恐怖主义、金融危机、气候变化等全

① ［德］斐迪南·滕尼斯：《共同体与社会：纯粹社会学的基本概念》，第53页。

② 张康之、张乾友：《共同体的进化》，北京：中国社会科学出版社，2012年版，第3—17页。

③ 曲星：《人类命运共同体的价值观基础》，载《求是》，2013年第4期，第53页。

④《中国的和平发展》，中华人民共和国人民政府门户网站，2011年9月6日，http://www.gov.cn/zwgk/2011-09/06/content_1941258.htm。

球性的问题日益严重，构成了国际社会秩序稳定和人类生存的重大挑战，需要世界各国和全人类共同合作应对。[①] 在这一状况下，国际社会虽然在经济全球化的发展中已经实现相互依存，但在共同应对这些全球性问题的同时，又必须顺从世界多极化的发展趋势和克服传统全球政治权力结构的惯性问题。那么，透过合作共赢的路径将新兴国家的崛起、多极化的发展与全球政治权力格局的稳定转变密切联系起来，或使各国能够在共同应对全球性挑战的同时，实现维持全球“命运共同体”稳定的目标。

“合作共赢”的路径在中国共产党的“十八大”报告中再度得到了强调。报告将“合作共赢”视为国际关系应有的精神之一，认为“合作共赢”就是要倡导人类命运共同体意识，在追求本国利益时兼顾他国合理关切，在谋求本国发展中促进各国共同发展，建立更加平等均衡的新型全球发展伙伴关系，同舟共济，权责共担，增进人类共同利益。[②]“十八大”后，“命运共同体”更加成为习近平等中国国家领导人及中国政府反复强调的新理念和发展对外关系、周边关系新的指导思想。在这一背景下，“中国—东盟命运共同体”一说应运而生。本质上来看，“中国—东盟命运共同体”是中国政府以“命运共同体”视角看待和审视中国—东盟关系的结果，强调中国—东盟的关系应是兴衰相伴、安危与共、同舟共济的好邻居、好朋友、好伙伴。如若从历史发展来看，“中国—东盟命运共同体”则是中国—东盟关系长期发展的结果和趋势。

二、“中国—东盟命运共同体”的历史记忆

本质上，命运共同体是中国政府提出的审视国际问题与国际关系的新视角。凭借对这一视角的宣传、推广与落实，中国政府希望建立包容发展和合作共赢的国际秩序，为国际关系的稳定、健康发展注入新的活力。国际关系的发展脱胎于历史，历史的发展状况与脉络对国际关系发展及理论

---

① 《中国的和平发展》，中华人民共和国人民政府门户网站，2011年9月6日。

② 中国共产党“十八大”报告主张在国际关系中弘扬平等互信、包容互鉴、合作共赢的精神。胡锦涛：《坚定不移沿着中国特色社会主义道路前进 为全面建成小康社会而奋斗——在中国共产党第十八次全国代表大会上的报告》，新华网，2012年11月8日，http://www.xj.xinhuanet.com/2012-11/19/c_113722546.htm。

形成具有深刻的影响。从历史发展状况来看，中国与东盟国家特定历史阶段形成的特殊关系或遭遇的共同命运，才是“中国—东盟命运共同体”的历史溯源。

近代以前，国际关系在一个相当长的历史时期内，局限于区域性的范围内。[①] 地区内，以“朝贡”为纽带的远东体系作为世界政治“体系”的代表呈现出相对封闭的特征，也构成了塑造中国—东南亚地区这一阶段特殊关系的大环境。远东朝贡体系中，中国作为中心国家，对包括东南亚古国在内的周边国家在政治、经济与文化层面均具有显著的辐射力。具体来看，远东朝贡体系主要表现为具有官方性质的朝贡贸易及以此为基石的“中华文化圈”。朝贡贸易的建立以中国为中心，是以中国和周边国家之间的“封赏制度”与官方贸易为主要内容。具体到东南亚地区，以郑和下西洋为例，中国在郑和下西洋之后加强了与东南亚地区国家的关系。以朝贡贸易为基石，中国汉儒文化也开始向东南亚国家传播。中华文化在朝贡体系的助力下对菲律宾、东印度群岛、马来亚、印度支那、缅甸等东南亚国家均有着显著、直接的影响。就此，西方学者也给予赞同，认为这些地方的许多优秀文化，显然是渊源于中华文明的。[②] 此后数百年间，满载商品、旅客的中国和东南亚国家商船以南海为纽带，来往于中国与东南亚国家各个口岸，互通有无、传递友情，谱写了远东国际体系中最为绚烂的篇章。

15 世纪末，新航路的开辟，以及葡萄牙人、西班牙人和其他欧洲殖民者的到来，开辟了中国、菲律宾等远东地区重要国家的新纪元。[③] 以葡萄牙人占领马六甲为起点，西方殖民者拉开了入侵远东地区的序幕，而这对东南亚国家与中国来说则是殖民地或半殖民地命运的开始。其后，西班牙、荷兰、法国等殖民国家纷纷在东南亚地区建立贸易站和海军基地，对地区国家的社会经济发展大肆掠夺，给地区国家和人民带来了深重的灾难。到 19 世纪中期，西方殖民者以“鸦片战争”和《南京条约》为起点，打开了中国国门，并揭开了中国百年半殖民地命运的大幕。自此，中国和

---

① 黄鸿钊:《论远东国际关系格局的演变》，载《南京大学学报（哲学·人文科学·社会科学）》，1997 年第 3 期，第 91 页。

② ［美］马士、宓亨利:《远东国际关系史》，姚曾廙等译，上海书店出版社，1998 年版，第 10 页。

③ ［美］马士、宓亨利:《远东国际关系史》，第 21 页。

东南亚国家共同深受西方殖民主义的危害，在政治上成为西方殖民国家的殖民地或半殖民地，在经济上成为西方资本主义国家经济发展的原料产地和商品倾销市场，在军事安全方面成为西方国家维持地区势力范围的基地或据点。在共同的灾难面前，中国和东南亚国家共同肩负着摆脱西方殖民统治和实现民族独立、解放的历史使命和任务。在20世纪宏大壮阔的民族独立和解放斗争中，中国和印尼等东南亚国家人民始终相互同情、相互支持，[①] 续写了中国和东南亚国家共同命运的响亮乐章。

新中国成立后，中国与东南亚国家的共同命运虽然受到了冷战和美苏两极格局紧张对峙的影响，但并未中断。在冷战环境下，不可否认，意识形态在新中国—东南亚国家关系摸索时期扮演着重要角色。[②] 美国以意识形态为判断依据，提出“多米诺骨牌”理论（Domino Theory），直接干预印支战争，使地区陷入“重叠的危险之中”。[③] 与美国相似，苏联的霸权政策和“大国沙文”主义也不断南下，侵入地区，加剧了中国和东南亚国家在两极对峙格局下的国家安全威胁。虽然均面临着美苏大国渗透和军事对峙的威胁，但总体来看，中国与东南亚国家的关系仍因差异性的意识形态出现了困难，乃至于出现了很长一段时期的全面倒退。虽然如此，随着20世纪70年代国家利益逐渐取代了意识形态成为影响中国与东南亚国家关系的关键，东盟和东南亚国家关系开始发生转变。特别是“柬埔寨问题”产生后，以中国—泰国为中心在事实上形成了中国和东盟国家“心照不宣”的结盟关系，[④] 共同为抵抗大国在地区的霸权主义与越南在地区的

---

① 中国国家主席习近平2013年10月3日在印尼国会的演讲中谈到：“在上世纪争取民族独立和解放的历史进程中，两国人民始终相互同情、相互支持。”参阅附录一。

② Ian Storey, *Southeast Asia and the Rise of China: the Search for Security*, New York, Routledge, 2011, p.15.

③ Barry Buzan and Ole Waever, *Regions and Powers: The Structure of International Security*, Cambridge University Press, 2003, pp.133–134.

④ 1979年初，深受越南军事威胁的泰国和中国进行秘密接触，并就中国停止援助泰国共产党力量和利用泰国国境向柬埔寨境内的抗击越南侵略力量提供军事援助达成协议。事实上，东盟国家初期对于中泰在应对越南时结成的类似同盟的关系持有的态度并不一致，新加坡和菲律宾持有赞同态度，印尼和马来西亚则表现出一定程度的保留；后来，印尼和马来西亚也接受了中泰间“心照不宣”的结盟关系。See Nayan Chanda, *Brother Enemy: The War after War: A History of Indochina since the Fall of Saigon*, New York, Collier Books, 1986, p.319; Ian Storey, *Southeast Asia and the Rise of China: the Search for Security*, pp.29–33.

扩张政策及实现越南从柬埔寨撤军与维护地区和平做出了重要贡献。中国和东盟国家冷战后期在经贸往来、地区安全问题中的接触与互动，则为冷战结束至今中国—东盟关系的发展和共同命运的续写重新找到了基础。

20 世纪 90 年代初中国—东盟对话接触关系建立以来，中国和东盟在政治方面则先后经历了磋商关系（the Consultative Relationship）、全面对话伙伴关系与战略伙伴关系三个阶段，目前正处于双方寻求建设“面向和平与繁荣的战略伙伴关系”的第二个十年开局之年，双方在经济贸易往来方面取得了显著的成就，并建立了中国—东盟自贸区（CAFTA），在安全方面为共同维护地区的稳定与和平签署了《南中国海各方行为宣言》（DOC，2002 年，下述简称《宣言》）和“落实《宣言》指针”（2011 年）。不仅如此，中国与东盟国家在文化交流、人民来往层面也日益频繁。需要特别指出的是，中国—东盟在面对金融危机、大洋海啸、地震等非传统安全威胁时也一再体现出“患难与共”的精神。当然，中国—东盟国家的接触与对话关系也并非如此简单。对此，美国学者艾莉丝（Alice D. Ba）在文章中使用了“复杂接触”（Complex Engagement）一词来形容东盟与中国的对话关系。[①] 在这种“复杂接触”中，东盟国家数十年来因意识形态、南海争端等因素对中国在地区的发展和影响力扩大持有相当的谨慎态度，而这种对华态度有着深刻的历史、文化和意识形态根源，并非能够轻易在一时消除。[②] 因此，在中国—东盟“患难与共”的精神基础上，“中国—东盟命运共同体”的建设和发展还需克服一系列挑战。

历史记忆在国际关系发展中发挥着特殊作用，能够特别真实地表现和反映出国家间的关系。历史上，中国和东盟国家在大部分时期拥有共同的命运和面临着相同或相似的问题。这些历史记忆是如今“中国—东盟命运共同体”得以提出的溯源。只有中国和东盟国家从中吸取有益的养分，推动彼此间合作共赢关系的进步，“中国—东盟命运共同体”的乐章才能得到续写。

---

① Alice D. Ba, “Who’s Socializing Whom? Complex Engagement in Sino-ASEAN Relations”, *The Pacific Review*, Vol.19, No.2, 2006, pp.157-179.

② Chang Pao-Min, “Vietnam and China: New Opportunities and New Challenges”, *Contemporary Southeast Asia*, Vol.19, No.2, 1997, p.145.

三、"中国—东盟命运共同体"的时代内涵

"中国—东盟命运共同体"是中国政府提出"命运共同体"一说后，在中国—东盟关系发展的历史和现状基础上提出的新框架，尚处于初始阶段，需要在基本内涵和议题、价值观意义等多个方面继续发展和完善，以更好地指导中国—东盟关系更为稳定、健康地发展。

"中国—东盟命运共同体"的提出根本上是全球政治、安全与经济形势发展和地区情势演化的结果，其内容既与全球和地区政治、安全、经济形势有着密切的关联，又与一直以来中国—东盟国家关系的进步存在着显著的直接关系。"中国—东盟命运共同体"是在中国—东盟持续推进中国—东盟战略伙伴关系的历史进程中提出的新概念，而当前中国—东盟战略伙伴关系的建设已经进入了更加注重质的阶段，[①] 因此通过落实和推进"中国—东盟命运共同体"建设，中国—东盟战略伙伴关系应能取得更为显著的、实质性的发展。具体来看，"中国—东盟命运共同体"的内涵应该包含下述四个方面：

第一，中国—东盟政治与战略互信关系的增进是"中国—东盟命运共同体"的前提与基础。冷战后，中国—东盟对话与合作关系不断向前发展和持续深化发展，而过往的20多年历史也充分表明，持续增进中国—东盟政治与战略互信关系，是双方伙伴关系得以建立和持续进步的前提与基础。

1993年，中国—东盟磋商关系正式建立。这一关系的建立和稳步发展过程从本质意义上来看则是中国—东盟关系实现正常化的过程。在这一过程中，东盟虽然总体上开始向中国不断释放善意和认可中国在国际与地区中的事务，但是部分东盟成员国仍对华持有观望态度，甚至持有冷战思维，将中国视为地区的一个威胁。不可否认，与东盟相似，中国在最初发展对东盟关系和加入东盟主导下的地区多边机制时存在着一定的矛盾心理。对此，甚至有学者以传统的眼光审视中国的东盟政策，认为当时中国应该丝毫没有理由接受东盟规范和丝毫没有热情参与到东盟及其主导下的

---

① 曹云华：《论东南亚地区秩序》，载《东南亚研究》，2011年第5期，第8页。

多边进程中。[①] 然而，事实表明中国对东盟及其主导下的多边进程在政治上持有的是认可、信任和积极的态度，因为中国在国际舞台和地区层面境遇实现改善后，依然是东盟主导下多边进程的积极支持者。[②] 1996 年，中国—东盟全面对话伙伴关系建立，而这意味着中国—东盟正常化关系的建立，同时也表明了双方在政治互信方面有了新的提升。1997 年亚洲金融危机、1999 年中国驻南斯拉夫大使馆被炸事件及中国—东盟在“南海地区行为准则”（COC）初次协商过程中的交流与互动，为中国—东盟全面对话关系建立后双方政治互信的增进提供了契机。步入新世纪后，特别是在中国与东盟签署《宣言》和加入《东南亚友好合作条约》之后，中国—东盟政治互信关系达到了新的高度，中国—东盟战略伙伴关系应运而出。从政治与战略互信层面来看，这无疑是东盟将中国的发展视为机遇和确保地区安全平衡的一支建设性力量的产物，[③] 同时也是中国更加视东盟为地区合作的“驾驶员”和“10+3”机制的组织者和协调者，[④] 对东盟及其主导地区的地区多边主义持有日益浓厚兴趣的结果。[⑤] 中国—东盟战略伙伴关系建立 10 周年之际，中国和东盟领导人共同发表了《纪念中国—东盟建立战略伙伴关系 10 周年联合声明》。在声明中，中国重申，“一个团结、繁荣、充满活力的东盟符合中国的战略利益”，“继续支持东盟共同体建设、东盟互联互通、东盟团结和东盟在演变中的区域架构中发挥主导作用”；而东盟则强调，“中国的发展对本地区是重要机遇，东盟支持中国和平发展”。[⑥]

---

① Alice D. Ba, “Who’s Socializing Whom? Complex Engagement in Sino-ASEAN Relations”, p.167.

② Egberink Fenna and Frans-Paul van der Putten, “ASEAN and Strategic Rivalry among the Great Powers in Asia”, *Journal of Current Southeast Asian Affairs*, Vol.29, No.3, 2010, p.133.

③ Rodolfo C. Severino, *Southeast Asia in search of an ASEAN community: Insights from the former ASEAN Secretary-General*, Institute of Southeast Asian Studies, 2006, p.278.

④ 阮宗泽：《中国崛起与东亚国际秩序的转型：共有利益的塑造与拓展》，北京大学出版社，2007 年版，第 311 页。

⑤ Alice D. Ba, “Who’s Socializing Whom? Complex Engagement in Sino-ASEAN Relations”, p.167.

⑥《中国—东盟发表建立战略伙伴关系 10 周年联合声明》，中华人民共和国外交部网站，2013 年 10 月 10 日，http://www.fmprc.gov.cn/mfa_chn/gjhdq_603914/gjhdqzz_609676/lhg_610158/zywj_610170/t1086485.shtml。

角色认知是国际关系行为主体互动的产物，正确而积极的角色认知能够为彼此政治互信关系的建立与增进奠定坚实的基础。中国对东盟的信任和在支持东盟地区主导地位方面的信心，既是“中国—东盟命运共同体”能够提出的前提，也是这一战略构想能够成为现实的根本基础；与中国相比，东盟对华的角色认知虽然总体向好，但仍有部分成员国对华持有警惕心理。因而，从一定意义上来讲，未来中国—东盟政治与战略互信关系的增进，关键在于东盟这些成员国对华认知的改变，而这显然需要中国和东盟双方共同谋划和中国的持续努力。

第二，中国—东盟合作安全关系的落实是“中国—东盟命运共同体”的关键和体现。中国国家主席习近平在谈到“中国—东盟命运共同体”建设时，提出中国—东盟应在维护本地区安全方面“坚持守望相助”。[①]“守望相助”投射在地区安全方面，则是中国历来主张的“合作安全”、“共同安全”的体现，也包括了东盟强调的“合作安全”。事实上，东盟和中国在安全观方面并无显著差异。冷战结束后，东盟的“安全观”在内容上强调的是一种“综合安全”，这种综合安全观既强调内外的安全，又强调横向传统安全与非传统安全，在实现途径方面则倾向于“合作安全”，认为所有国家均应该共同参与和寻求和平解决国际争端，反对一方倚仗实力压制另一方。[②]中国几乎在同时提出了“新安全观”，强调安全的综合性，以共同安全作为目标，将合作视为实现安全的手段。[③]由此足见，中国和东盟在安全观方面存在着显著的重叠和相似性。这虽然为中国—东盟在维护地区安全与稳定方面提供了认知基础，但并未在实践中促进中国—东盟合作安全关系的建立与全面落实，其关键原因在于东盟部分成员国仍程度不一地以冷战思维看待中国在地区安全中的角色与作用。“中国—东盟命运共同体”基于双方的政治与战略互信关系的不断增进，而关键体现之一则是中国—东盟合作安全关系能够建立并稳步发展。

第三，中国—东盟互利共赢经贸关系的升级是“中国—东盟命运共同体”的必备之举。互利共赢的经贸关系是中国—东盟20多年来友好合作

① 参阅附录一。

② 赵晨：《东盟的新安全观》，载《国际问题研究》，1998年第3期，第21页。

③ 刘国新：《论中国新安全观的特点及其在周边关系中的运用》，载《当代中国史研究》，2006年第1期，第6—9页。

关系的最重要和突出的组成部分。然而，中国和东盟互利共赢经贸关系的发展现状显然不能满足“中国—东盟命运共同体”的建设要求，这主要表现在两个方面：一是中国—东盟互利共赢经贸关系还存在着一系列不平衡的问题。这一问题具体来看，则包括：贸易不平衡、投资不平衡与外资竞争力不平衡。[①]二是中国和东盟在发展互利共赢经贸关系的同时，始终面临着中国—东盟在国际市场上竞争大于合作的负面影响，中国—东盟在经济与技术合作方面的契合度还不足以使东盟能够承担起将经济技术合作对象全面转向中国，而抛开日本、美国等发达国家的成本。在这一环境下，东盟菲律宾、新加坡等东盟成员国与东亚地区其他国家相似，在经济上视中国为重要的合作伙伴并保持着紧密的联系，但在安全方面却依赖于美国及其在地区构筑的盟友体系。显然，这并不符合“中国—东盟命运共同体”的要求，而改变目前经济关系与安全关系不对等的关键，则在于中国—东盟互利共赢经贸关系的升级。

第四，中国—东盟和谐共生多元社会文化关系的保持与推进，是“中国—东盟命运共同体”的土壤和精神基石。“中国—东盟命运共同体”的建设和发展，意味着中国—东盟友谊之树长青、开花并结出了果实。因此，要保持中国—东盟的这种友好情谊关系，就必须进一步夯实这一关系得以存在的社会土壤。“中国—东盟命运共同体”因中国—东盟作为友好的邻居可以被视为一种地域型的“共同体”，但在根本上应是一种关系型“共同体”，是中国和东盟国家在相互来往和交流过程中在价值观认知方面的一致性，和对彼此差异性的社会文化持有包容心态和坚持和谐共生心理的努力成果。只有中国—东盟和谐共生的多元社会文化关系得以保持和稳步发展，“中国—东盟命运共同体”才能拥有良好的土壤和坚实的精神基石。

四、“中国—东盟命运共同体”的价值观意义

“中国—东盟命运共同体”是命运共同体的区域化实践，体现了相互

---

① 以外国投资为例，东盟国家领导人曾不止一次表达了对中国和东盟在国际市场上“争夺”外国直接投资表达不满。See Ian Storey, *Southeast Asia and the Rise of China: the Search for Security*, p.81.

依存时代下中国和东盟“荣辱与共”和共克时艰的共同认知与看法。这一认知和看法在价值观方面包含着中国和东盟相互依存和相互依赖下的权力观、共有利益观、地区合作与共同治理观。

“中国—东盟命运共同体”体现了中国和东盟新的国际权力观。数百年来，战争、军备竞赛、军事对峙等传统手段，被国家视为争夺国际权力或国际权力再分配的实现方式。受此影响，全球发生了难以计数、规模不一的战争或军事对抗。如今，各国在全球化的大潮中相互依赖的程度不断加深，人类作为一个共同体的事实已经成为一种共识。在这一背景下，国家间在经济上的相互依存有助于国际形势的缓和，各国可以通过国际体系和机制来维持、规范相互依存的关系。[①] 具体到“中国—东盟命运共同体”，以东盟为主导的一系列多边框架和“东盟方式”，构成了地区机制和处理地区事务的方式方法的核心内容。中国和东盟在地区事务中的正式接触和交流始自“柬埔寨问题”。在这一问题协商和处理的过程中，中国虽然在解决方式上与东盟存在着一定的差异，但在随后的互动过程中了解并尊重了东盟处理这一问题的框架和方式。[②] 以此为标志，中国开始对东盟在地区安全事务中的重要地位和作用予以重视。20世纪90年代以来，随着中国—东盟友好关系的逐步升级，中国不仅积极参与东盟主导下的东盟地区论坛（ARF）、东盟外长扩大会议（“10+1”和“10+3”）、东亚峰会与东盟防长扩大会议（ADMM+）等多边机制，而且明确向东盟表达了支持东盟在区域合作中发挥主导作用的看法。不仅如此，中国—东盟在经济贸易合作方面也达成了以自贸区为核心的一系列经济与技术合作框架，以寻求推动双方互利共赢经贸关系的持续发展。如今，中国政府提出将“中国—东盟命运共同体”作为发展双方关系的方向和指针，再一次向东盟展示了中国对东盟政策体现出的开放、尊重和自信心态。

“中国—东盟命运共同体”彰显了中国和东盟对共有利益持有的共同认知。随着中国和东盟经济合作水平的提升、规模的扩大，双方在审视国家或组织利益时开始有着新的变化，逐渐认识到发展的相互依存、相互依赖已经使中国和东盟成为一个共同利益链条上不可分离的一环。经济方

① 曲星:《人类命运共同体的价值观基础》，第53页。

② 张云:《国际政治中“弱者”的逻辑——东盟与亚太地区大国关系》，北京：社会科学文献出版社，2010年版，第56—57页。

面，在中国—东盟自贸区和其他相关经济与技术合作框架下，“中国—东盟命运共同体”重要的内涵就是中国和东盟“一荣俱荣、一损俱损”的关系，中国经济如若出现波澜，东盟势必受到牵累。[①]在地区安全方面，“中国—东盟命运共同体”则体现在南海以及周边地区的稳定、和平，而将南海由争端的焦点演化为“和平之海、友谊之海、合作之海”，则是中国和东盟关于共同维护地区稳定与和平的共有想法。

“中国—东盟命运共同体”是全球共同治理的区域化结果，彰显出中国和东盟的地区合作与共同治理观。全球化给各国发展带来日益加深的相互依存、相互依赖关系的同时，也使各国不得不面临越来越多的全球性问题的挑战，而现实中任何一个国家都不可能独善其身，唯有合作和共同参与才能缓解并尽可能地克服这些全球性问题。对此，国内学者甚至认为，任何国家的“自我实现”能达到的程度、能上升的高度，除自身内部条件和努力外，不仅离不开其他国家“自我实现”的成果，而且只能在其他国家“自我实现”的过程中才能实现。[②]中国作为一个负责任的新兴发展中大国，一直以来不但非常注重将国家的和平发展和世界的和平与发展紧密相连，而且在实践中还积极地参与到全球治理的进程中，发挥大国的作用，积极与其他国家共同解决人类面临的全球性、地区性问题。“中国—东盟命运共同体”的提出，是中国一直以来积极主动参与东盟主导下的多边政治、安全框架或机制的产物，也是中国有意愿、有信心和东盟一道通过区域合作践行共同治理，以推动地区和平、稳定与发展的明证。

五、对“中国—东盟命运共同体”的战略思虑

“中国—东盟命运共同体”是中国国家领导人在中国—东盟关系层面落实“人类命运共同体”的结果。步入新世纪以来，中国—东盟关系虽然延续了20世纪90年代友好合作关系不断上升的趋势，并在政治互信、经

① 在谈到“中国—东盟命运共同体”的内涵时，时任中国国际问题研究所所长曲星认为“荣损与共”应是“中国—东盟命运共同体”的内涵所在。参阅《中国—东盟“命运共同体”：超越具体利益的认同》，光明网，2013年10月19日，http://int.gmw.cn/2013-10/19/content_9222775.htm。

② 金应忠：《共生性国际社会与中国的和平发展》，载《国际观察》，2012年第4期，第44页。

贸互利与人文交融等层面取得了一项又一项的成就，双方友好合作关系和相互依赖关系不断深化，但与此同时，双方友好关系下还潜藏着一系列问题，既有久拖未决的中国与东盟有关成员国间的南海纠纷，还有因中国崛起给部分东盟国家带来的担忧和警惕。在这一背景下，中国新一届政府领导人不仅密集对东南亚地区进行访问，而且还在综合考虑中国—东盟双方关系取得的成绩和存在的问题的基础上，提出了“中国—东盟命运共同体”概念，在尊重和支持东盟在地区合作框架中发挥主导作用的基础上，做出了一次充满诚意的宣示。这次宣示表面着眼于中国对中国—东盟友好合作关系的战略思考，但深层次上可以理解为中国对国家发展、地区发展和全球发展的全局战略思虑。

从中国国家发展的角度来看，“中国—东盟命运共同体”应着眼于为中国的和平发展与崛起提供有利环境，而其中的关键是取得东盟对华和平发展的支持。为了给中国的和平发展和民族复兴事业，提供一个和平、稳定和有利的国际环境，中国除通过自身努力和加强国家安全防卫能力外，还应积极借助东盟及其主导下的多边框架为中国在周边获得更多的回旋空间。因此，取得东盟对华和平发展的支持对中国而言具有十分显著的战略意义。首先，中国取得东盟对华和平发展的支持，将有助于为中国继续开展多边外交，更深入、全面地参与到地区事务中，并为发挥大国的负责任作用打开窗口。多边外交适合大多数国家扩大对外沟通的需要，使世界政治更加活跃，也是国际关系格局朝着多元化方向发展的重要驱动力。[①] 是否能够持续开展和扩大多边外交，则关系到中国能否实现和平发展和民族复兴的战略目标，因为能否深入地参与地区多边外交将直接关乎中国周边和平、稳定和有利环境的塑造和维护，具体来看则包括中国与周边国家、区域外大国的关系、地区框架与机制的塑造等。其次，取得东盟对华和平发展的支持，将直接有利于中国实现、维护和平稳定和有利的周边环境。东盟作为地区多边框架中的主导性力量和地区舞台上正在崛起的一支力量，它的对华政策将对地区政治、经济与安全形势产生直接的影响。取得东盟对华和平发展的支持，意味着东盟将不会选择和美国、日本等联合围堵和制衡中国的政策，而依据国外学者的观点，缺少东盟这一环，美国对

① 王逸舟：《全球政治与中国外交——探寻新的视角与解释》，北京：世界知识出版社，2003 年版，第 271 页。

华可能的对抗行动在某种程度上将受到束缚。[①]

从地区发展和一体化的角度来看，“中国—东盟命运共同体”的构建应建立在中国—东盟发展契合度日益增进的基础之上。中国—东盟友好合作关系持续发展的20多年来，双方在政治互信、经贸共赢、安全合作与人文来往方面均取得了明显的发展。然而，如前文所言，中国—东盟友好合作关系既面临着显著的机遇，也必须面对着一系列挑战和问题，由此双方政治、安全、经贸和人文关系的现状均与“命运共同体”还有很大的差距。从根源来分析，中国—东盟友好合作关系面对的挑战和问题，源自中国和东盟在国际市场梯次中相差无几的地位，来源于中国对东盟国家在战略上牵引力的不足。至今，大多数发展中国家在低层次产品市场中相互竞争的局面长期存在。[②]中国和东盟大多数国家同处国际市场低端梯次的格局，造成了中国和东盟在国际市场竞争大于合作局面的产生和延续。在这一局面下，即便是作为中国和东盟关系最显著成就的经济、贸易与投资合作关系也遭到了西方学者的质疑，有学者就认为从本质上来看中国在经济上对东盟是一个威胁。[③]不可否认，中国在国际市场梯次中的地位的确保持着上升的态势，相比其他大国在发展与东南亚国家经济关系方面也存在着显著的优势，[④]但中国目前在国际市场还不具备对东盟产生足够战略牵引力的能力。为缓解这一困局和在根本上克服中国—东盟关系面临的挑战，中国应竭力发挥自身具有的天然优势，寻求加强中国—东盟国家在区域产业合作链条的“契合度”，推动东盟国家对华在产业发展方面的依赖性不断扩大。只有实现这一目标，“中国—东盟命运共同体”的建设才能具备一定的物质条件，区域一体化的发展才可能最大限度地朝着对华有利的方向发展。

从国际秩序与体系构建的角度来看，“中国—东盟命运共同体”的构建应与“新型大国关系”的建设同步进行，以深入推广“人类命运共同

① See Richard Sokolsky, Angel Rabasa & Carl Richard Neu., *The Role of Southeast Asia in U.S. Strategy towards China*, Rand Corporation, 2001, pp.73–74.

② 王家福：《国际大战略》，长春：吉林大学出版社，1996年版，第185页。

③ John Ravenhill, "Is China an Economic Threat to Southeast Asia?", *Asian Survey*, Vol.46, No.5, 2006, p.661.

④ 李晨阳：《对冷战后中国与东盟关系的反思》，载《外交评论》，2012年第4期，第17页。

体”概念为契机大力推进国际体系向多极化、民主化的方向发展。中国在国际体系转型和大国互动关系的关键时刻，提出了构建新型大国关系的主张。[①] 这一主张始自中国对中美大国关系的思考，其主要内涵有三点：第一，不冲突、不对抗；第二，相互尊重；第三，合作共赢。[②] 一般来看，大国作为国际关系的主要行为体，大国关系在很大程度上决定了国际体系的发展趋势和走向。因此，提出“新型大国关系”的主张，对中国尽可能地把握大国关系发展脉络和国际体系走向有着显著的裨益。如果说“新型大国关系”抓住了国际体系的重点，那么“人类命运共同体”及其区域化实践“中国—东盟命运共同体”，则从理念上为国际体系和地区秩序的塑造注入了鲜明的中国元素，使中国抓住了国际体系和格局演变的基本面。对中国来说，“中国—东盟命运共同体”的构建，应与中美、中日、中印等全球性、地区性大国的“新型大国关系”构建同步进行。唯有如此，“中国—东盟命运共同体”的建设才能在一个良好的、有利的大环境中开展，中国的努力才能收到事半功倍的效果。

六、实现“中国—东盟命运共同体”的策略重点

“中国—东盟命运共同体”概念提出不到一周，2013年10月9日，中国国务院总理李克强在出席第16届中国—东盟（“10+1”）领导人会议时，提出发展中国—东盟战略伙伴关系的“2+7合作框架”。[③] 据学者们的解读，这一框架清晰地绘就出开启中国与东盟未来“钻石十年”的路线

---

① 杨洁勉：《新型大国关系：理论、战略和政策建构》，载《国际问题研究》，2013年第3期，第9页。

② 《杨洁篪谈习近平与奥巴马安纳伯格庄园会晤成果》，人民网，2013年6月9日，http://politics.people.com.cn/n/2013/0609/c1001-21803579.html。

③ “2+7合作框架”的基本内容有：两点政治共识，分别是推动合作的根本在深化战略互信，拓展睦邻友好，及深化合作的关键是聚焦经济发展，扩大互利共赢；探讨七个领域合作：一是积极探讨签署中国—东盟国家睦邻友好合作条约；二是启动中国—东盟自贸区升级版进程；三是加快互联互通基础设施建设；四是加强本地区金融合作与风险防范；五是稳步推进海上合作；六是加强安全领域交流与合作；七是密切人文、科技、交流等合作。参阅《李克强在第16次中国—东盟（10+1）领导人会议上的讲话（全文）》，中华人民共和国外交部网站，2013年10月10日，http://www.fmprc.gov.cn/mfa_chn/gjhdq_603914/gjhdqzz_609676/lhg_610158/zyjh_610168/t1086491.shtml。

图；同时，由于该框架是在“中国—东盟命运共同体”概念出现后不久提出的，它被学者们视为中国寻求建设“中国—东盟命运共同体”的具体路线图。[①] 从内容来看，该合作框架囊括了政治互信关系、经贸互利共赢关系、合作安全关系和社会人文和谐共生关系，全面覆盖了中国—东盟构建“命运共同体”应包括的基本内容。虽然如此，从中国—东盟友好合作关系的现状来看，“中国—东盟命运共同体”建设的政策制定与落实应紧扣下述三项重点：

第一，以探讨签署“睦邻友好合作条约”为契机，深化中国—东盟战略互信关系，以寻求为“中国—东盟命运共同体”建设奠定坚实的政治与认知基础。

新世纪以来，中国持续践行“与邻为善、以邻为伴”的周边外交方针，其中突出的体现就是主动谋求与周边邻国签署缔结“睦邻友好合作条约”，而这一条约对双方来说均具有法律效力。因此，一旦“中国—东盟国家睦邻友好合作条约”顺利签署，发展双方关系的美好意愿将以法律的形式被确认和固定下来。因此，“中国—东盟国家睦邻友好合作条约”对于管控双方的分歧、增强政治与战略互信、全面深化合作均有着明显的有利影响。然而，这一条约的签署也必须建立在双方一定的政治与战略互信基础之上。

由此，中国应在两方面持续为增进中国—东盟互信关系而努力：一则深化中国和东盟对地区安全的共同认知，抓住中国的“新安全观”和东盟的“综合安全观”、“合作安全观”在内容上的重叠性。西方学者曾这样认为，中国“新安全观”的提出旨在为地区互信关系的发展服务。[②] 事实也的确如此。针对中国—东盟互信关系的现状和双方在安全观上的共同看法，中国外长王毅在出席东盟地区论坛时专门做了强调，他指出：“就目前而言，中国在和东盟国家讨论共同维护地区安全稳定时仍坚持这一安全观念，强调促进地区国家间的互信关系是中国—东盟安全讨论的核心任务，坚持业已形成的理念和原则，倡导全面安全、共同安全与合作

---

① 《中国—东盟“命运共同体”：超越具体利益的认同》，光明网，2013 年 10 月 19 日。

② Carlyle A. Thayer, “China–ASEAN Relations: China’s ‘New Security Concept’ and ASEAN”, CSIS, 2002, p.65.

安全。”① 二则借助中国—东盟全面落实《宣言》的框架和再次就“准则”展开磋商的良机，中国应以实际行动向东盟国家表明，中国有意愿、有能力承担起更多维护地区安全与稳定的责任，在给予东盟国家以切实安全的同时，切实推动中国—东盟海上合作安全关系的深化发展。

第二，以推动中国—东盟自贸区升级为契机，深化中国—东盟经济互利共赢关系，以建设“荣辱与共”的中国—东盟经济贸易关系为目标，在政策层面彰显出“中国—东盟命运共同体”的内涵所在。在双方联合发表“建立战略伙伴关系10周年”声明中，中国和东盟国家从打造中国—东盟自贸区“升级版”，到推进“区域全面经济伙伴关系”（RECP）谈判，再到深化“清迈倡议多边化”合作，均形成了广泛共识。② 对中国而言，推动中国—东盟自贸区“升级版”建设和推进“区域全面经济伙伴关系”谈判，旨在让东盟国家从区域一体化和中国经济增长中分享更多的好处，确保东盟国家能够切切实实地感受到中国和平发展对东盟来说是机遇，而非挑战。一旦中国—东盟经济贸易关系中存在的挑战和难题得以缓解，“中国—东盟命运共同体”建设势必将能获得坚实的经济基础。

第三，以建设21世纪“海上丝绸之路”为契机，增强南中国海在中国—东盟睦邻友好合作关系中的纽带作用，化南海“危机”为建设“中国—东盟命运共同体”的“机遇”。南海问题久拖未决，一直是中国—东盟互动关系中的一项重要议题，更是影响中国周边环境稳定的最显著因素之一。近些年来，因为区域内外多种因素，③ 南海局势时常呈现出紧张局面，中国在南海问题上的战略压力也一再表现出增强的势头。与此同时，东盟作为地区多边安全框架的主导者，对南海议题持有的兴趣也日渐浓厚，在其中发挥的作用也日渐难以忽视。④ 为此，中国应抓住建设21世纪

---

① 《王毅出席东盟地区论坛外长会时强调应倡导全面安全共同安全合作安全》，中华人民共和国外交部网站，2013年7月2日，http://www.fmprc.gov.cn/mfa_chn/zyxw_602251/t1055330.shtml。

② 《继往开来 纲举目张——携手共建中国—东盟命运共同体》，新华网，2013年10月12日，http://yn.xinhuanet.com/asean/2013-10/12/c_132792578.htm。

③ 葛红亮：《南中国海地区安全形势研究》，载《太平洋学报》，2012年第2期，第83—90页。

④ Rodolfo C. Severino, “ASEAN and the South China Sea”, *Security Challenges*, Vol.6, No.2, 2010, p.37.

"海上丝绸之路"的良机，和东盟国家全面落实《宣言》，持续发挥南中国海在中国—东盟政治互信关系、经贸互利共赢关系和合作安全关系建设中的特殊作用，以使这一纽带能够为"中国—东盟命运共同体"的建设提供助力。

相互间的、共同的、有约束力的思想信念，作为一个共同体自己的意志，就是这里应该被理解为默认一致（Consensus）的概念；如果条件有利，默认一致和和睦、协调一致就会从既有的胚胎中生长出来，开花结果。[①] 中国和东盟在构建"命运共同体"上有着诸般共识和有利条件，但鉴于"中国—东盟命运共同体"的历史记忆和目前面临的诸多潜在挑战，"中国—东盟命运共同体"得以建设成功的有利条件，还需要中国—东盟国家的有心经营与共同努力。唯有如此，中国—东盟双方睦邻友好合作关系才能再上新台阶。

① ［德］斐迪南·滕尼斯：《共同体与社会：纯粹社会学的基本概念》，第58—61页。

中国—东盟海上旅游合作研究
——基于21世纪“海上丝绸之路”建设背景

■ 文／邓颖颖①

一、前言

近年来，伴随着中国的迅速崛起，中国周边安全环境正在经历复杂而深刻的变化。面对复杂多变的周边与国际安全环境，为了更好推动经济发展，特别是海洋经济发展，中国外交更加创新，更加务实。2013年10月，基于中国周边外交工作座谈会对未来5—10年中国周边外交的总体布局，国家领导人习近平主席提出了“亲诚惠容”的新理念，并在出访印度尼西亚时，提出了与东盟国家共建21世纪“海上丝绸之路”的愿景。作为对这一顶层设计的具体支撑，2014年4月，在博鳌亚洲论坛的开幕大会上，李克强总理以“共同开创亚洲发展的新未来”为题，全面阐述了中国的亚洲合作政策。②一时间，如何建设21世纪“海上丝绸之路”并充分发挥其作用，成了国家决策层与国内学界所关注的焦点话题。

为了支持“一带一路”战略的实施，2014年底，中国宣布成立400亿美元丝路基金，以及带领首批20个亚洲国家成立1000亿美元的亚洲基

---

① 作者现供职于海南省社会科学院，管理学博士。

② 李慎明、张宇燕主编：《全球政治与安全报告（2015）》，北京：社会科学文献出版社，2015年版，第14页。

础设施投资银行。[①]学术界对这一宏伟蓝图的实践，则形成了诸多富有建设性的意见，并多倾向于区域经济合作。吕余生（2013）认为，东盟国家多数是我国陆上、海上的近邻，在21世纪海上丝绸之路的建设上，必须要深化与东盟的合作。[②]毛艳华、杨思维（2015）则指出，在21世纪海上丝绸之路的建设及其作用的发挥上，主要的障碍在于沿线各经济体与中国贸易不尽便利。因而，对于21世纪“海上丝绸之路”的建设而言，“贸易便利化合作问题是首要难点”[③]。

虽然也有学者从微观层面强调，21世纪海上丝绸之路的建设应侧重于“促进海洋产业结构升级、实现海洋经济提质增资、开展海上综合保障能力”[④]，及培育创新品牌。但是，这仍然没有解决21世纪海上丝绸之路建设所面临的主要障碍。本质而论，海上丝绸之路旨在提供公共产品，其两个突出特征是“多元化与开放性”[⑤]。恰巧，基于综合性与开放性，旅游经济合作无疑是贸易合作便利化的重要手段。从这个角度上说，加强与东盟国家的旅游经济合作，似乎是突破海上丝绸之路建设主要障碍极为有效的路径。

客观而论，“旅游一直是中国与东盟最活跃的合作领域”[⑥]。中国与东盟各国是世界上旅游资源最为丰富也最为集中的区域。在这个区域中，汇聚着世界上著名的海滨旅游胜地——新加坡的圣陶沙、泰国的帕提雅与普吉岛、印度尼西亚的巴厘岛……同时也拥有着火山观光旅游与科普旅游的丰富资源——火山群，更聚焦了红河、大湄公河、伊洛瓦底江等天然的旅

---

① 《国务院侨办：展开公共外交、运用侨务资源等中国“一带一路”建设须五方面努力》，联合早报网，2015年1月25日，http://www.zaobao.com/news/china/story20150125-439155，访问时间：2015年7月20日。

② 吕余生：《深化中国—东盟合作，共同建设21世纪海上丝绸之路》，载《学术论坛》，2013年第12期。

③ 毛艳华、杨思维：《21世纪海上丝绸之路贸易便利化合作与能力建设》，载《国际经贸探索》，2015年第4期。

④ 韩鹏：《创新驱动积极发挥海洋科技在21世纪海上丝绸之路建设中的作用》，载《海洋开发与管理》，2015年第6期。

⑤ 李向阳：《论海上丝绸之路的多元化合作机制》，载《世界经济与政治》，2014年第11期。

⑥ 梁思奇：《中国与东盟共同打造“泛北部湾旅游圈”》，载杜新主编：《新华社记者看泛北部湾经济合作》，北京：新华出版社，2007年版，第263页。

游线路，便于开发域内多彩的自然旅游资源与人文旅游资源。为此，学界就中国—东盟旅游合作强化了理论探讨与研究，并形成了丰富的成果。

基于对中国—东盟《服务贸易协议》的分析，邹忠全（2011）认为，发展中国与东盟之间的旅游合作，应当积极"重组旅游产品、与东盟国家进行有差别的合作、加大旅游管理人才的培养、加快建立旅游法制体系和建立跨区域的旅游大型集团企业"[①]。曹丽、刘治福（2012）强调，"经过20多年的发展，双方旅游合作取得了较大成绩，但同时也存在着不少问题，面对新形势，要在合作突破口、合作内容、合作环境等方面有新作为，才能有效加强双方旅游合作"[②]。21世纪是海洋的世纪，加之南中国海问题的持续升温，从地缘政治理论视角上说，海上旅游合作无疑是中国—东盟旅游合作新的突破口。事实上，泛北部湾国家沿海城市十分热衷于加强海上旅游合作，在中国—东盟旅游合作系列论坛中，海上旅游合作已成为核心议题之一。

二、中国—东盟海上旅游合作的必要性：地缘效应分析

在国际关系实践中，任何一个行为主体（国家）的生存、发展以及各种国际交往活动都具有特定的时空规定性，正所谓"地理是国家权力的真正基础"[③]。因此，各国各民族在从事政治经济活动和对外交流中，地缘因素是一个不容忽视的因素。对于一个国家或民族而言，地缘位置和地缘环境历来是其生存和发展的基本空间，也是其存在的客观基础和自然条件，更是国际政治发展演变所依赖的必要的环境基质。在国家的地缘政治要素中，最重要的是它所处的地缘位置。

一般来说，地缘位置是指地表上国家与其他地理事物之间的空间关系，它包括数理地理位置、自然地理位置、经济地理位置、政治地理位置

① 邹忠全：《中国—东盟旅游合作的现状与对策思考——基于中国—东盟〈服务贸易协议〉视角的分析》，载《广西社会科学》，2011年第8期。

② 曹丽、刘治福：《加强中国与东盟旅游产业合作对策研究——基于当前国际背景下旅游合作在区域经济一体化中的重要性视角》，载《东南亚纵横》，2012年第10期。

③ Geoffrey Parker, *The Geopolitics of Domination*, London & New York: Routledge, 1988, p.148.

和军事地理位置等。[①] 系统而论，作为具有限定意义的概念，地缘位置是指以政治地理位置为中心，并综合绝对地理位置和相对地理位置两者关系的政治地理空间。本质上，每个国家所处的地缘位置都是特定的，它们可能会产生出特定的地缘政治特点，或者给该国以某种天赋的优势，或者给该国以某种天赋的劣势，从而对其基本生存产生致命性的影响。

同理，一般而言，地理环境是地球表面各种地理要素长期互相作用的产物，是由无机环境（天体、地形、土壤、气候、自然力、天然产物）、有机环境（植物、动物、自然界的生物作用）和人口状况组成的复合而完整的系统。但从限定意义上说，它是指国家这一行为主体和由这样的行为主体构成的国际关系所面临的各种空间背景和条件的总和。由于受到政治、经济和军事等方面权力因素的影响，地缘环境可能会发生一定程度的变化。

总体来说，一个区域的地缘位置与地缘环境优越，可以使得它在国际关系中占尽战略优势，并在国际关系中处于主动地位；反之，则会使得它在战略上输人一等，并在国际关系中处于被动地位。从旅游的特性上看，海上旅游合作可以有效地改善区域地缘环境，而带来巨大的地缘战略效益。

“跨界合作是区域旅游发展的内在需求”[②]，因此，在21世纪“海上丝绸之路”建设背景下，从国家层面上看，完全依靠内部资源与市场很难使得一个国家的旅游业获得更大的发展，其发展方向必然趋向于追求一定区域空间之内资源要素整合与市场拓展；从地方层面上看，东南亚多数旅游地都远离国家权力控制中心与经济中心，基于经济发展需求，这些区域在旅游业的发展上会更加强烈地渴求着跨界合作；而从旅游企业的层面上看，跨界合作的进步必将极大地促进其市场范围的扩大和跨边界旅游要素的获取。

研究表明，跨界区域旅游合作问题的解决，关键在于地缘边界效应问题的解决。所谓地缘边界效应，是指行为主体（国家）边界施加于跨边界旅游合作行为的作用，主要包括边界屏蔽效应、边界中介效应与边界集聚

① 李义虎：《地缘政治学：二分论及其超越》，北京大学出版社，2007年版，第38页。

② 黄爱莲：《限制与突破：北部湾区域旅游合作研究》，北京：中国社会科学出版社，2011年版，第41页。

效应。边界屏蔽效应是指边界对跨边界经济行为施加的显性与隐性障碍作用。其中，显性障碍作用主要是指国家为维持其经济自主和发展本地产业，往往会以关税和非关税贸易壁垒等方式限制贸易和生产要素的流动；隐性障碍作用则主要表现为一个国家或地区成员的地域民族文化认同感与信任感，包括人类认知遵循空间距离衰减规律进而对边界两侧交流形成的阻碍。边界中介效应则是指作为不同地区间经济、社会、文化等交流的中介面，以及行为主体接触和交往最为频繁的地带，边界具有一定的“过滤功能”（即对于有利于本地区经济、社会发展的物质、信息的流动开放，而对于损害其社会、经济发展的物质、信息的流动封闭）。而边界集聚效应强调了经济和人口空间分布的动态变化趋向，主要表现为由分散的广域空间向相对狭小的地域空间集中和聚合。

从旅游资源的分布上说，中国与东盟国家互为重要旅游地。而从地缘政治视角上看，东南亚海域旅游是中国—东盟旅游合作重要中介地带。实际上，加强东南亚海域的旅游合作可以有效地规避地缘边界效应的消极因素：边界屏蔽效应，进而扩大边界中介效应与集聚效应的正向作用。以南中国海海域为例，虽然存在着主权争议，但该区域并不存在经济上的贸易壁垒等显性障碍因素。因而，尽管存在认知上的隐性障碍，但海域内的旅游文化合作[①]可以对其加以有效消除。此外，南中国海海域内的旅游合作更可以改善该区域的地缘局势，为中国—东盟带来巨大的地缘战略效益。与泛北部湾海上旅游合作的意义[②]相似，南中国海海域海上旅游合作既是中国与东盟国家进一步深入合作的需要，也是中国与东盟构建更加紧密的命运共同体乃至共建21世纪“海上丝绸之路”的客观需求，更是打造南中国海经济圈而有效解决南中国海问题，提升其地缘价值与国际影响力的内在要求。总体而言，海上旅游合作对于中国—东盟旅游合作而言极其必要。更重要的是，它是中国与东盟旅游合作中地缘边界阻滞效应得以突破的重要路径。

---

① 杨福泉：《以文化学术交流促进中国与东盟的旅游深度合作》，载《云南社会科学》，2010年第6期。

② 官斐：《泛北部湾海上旅游合作的要素分析》，载《国际市场》，2014年第12期。

表 7 世界旅行与旅游理事会对中国旅游相对贡献度的评估

项目	中国		世界平均水平（%）
	占比（%）	排名	
旅行旅游对 GDP 的直接贡献	2.6	115	5.2
旅行旅游对 GDP 的总体贡献	9.3	92	14.1
旅行旅游对就业的直接贡献	3.0	101	5.4
旅行旅游对就业的总体贡献	8.3	96	13.9
旅行旅游投资对总资本投资的贡献	2.8	147	8.1
游客出口占总出口的比例	2.4	158	16.6

资料来源：作者根据 WTTC 官方数据自制。

三、中国—东盟加强海上旅游合作的可行性分析

毋庸置疑，诚如前述，从旅游经济和就业规模上说，中国是世界公认的旅游大国。但从旅游业对经济的相对贡献率上说，基于可持续发展和社会总体发展水平较低，中国旅游业的相对经济贡献率低于全球平均水平（表 7），中国仍非旅游强国。因此，中国需要创新思路去进一步发展国际旅游。张广瑞（2015）认为，邻邦旅游是国际旅游的重要组成部分，在世界范围内有许多成功的案例和经验值得认真学习。中国是拥有邻邦最多的大国，重视邻邦旅游是发展国际旅游的必然选择。

据此而论，为有效推动国家经济发展，增强旅游业的相对经济贡献率，中国必须加强与东盟的合作。而基于中国庞大的市场及与中国的近邻性，对于东盟国家而言，要提升旅游业的相对经济贡献率，同样离不开与中国合作。

（一）中国—东盟海上旅游合作的理论基础

自由制度主义认为，任何性质的合作都基于共同的基础或动机。在博弈论中，约翰·纳什同样指出，要突破“囚徒困境”，实现共赢，关键在于各方存在合作的动机。对于中国与东盟而言，进行旅游合作的理论前提

在于旅游业对两者都具有重要价值。因此，旅游经济的本质功能自然就成了中国—东盟旅游合作的理论基础。

1. 功能之一：旅游是文化认知与文化交流的重要途径

美国著名学者约瑟夫·奈认为，冷战结束后，“世界权力的变革”和“权力性质的变迁”是国际政治局势变化的重要表征，“过去，对一个大国的考验是其在战争中的实力，而今天，实力的界定不再强调军事力量和征服，技术、教育和经济增长等因素在国际权力中正变得日益重要。”

换言之，世界主要大国权力发展的重心逐渐由硬实力发展转向软实力发展。对于一个国家而言，其软实力“主要来自三种资源：文化（在能对他国产生吸引力的地方起作用）、政治价值观（当它在海内外都能真正实践这些价值时）及外交政策（当政策被视为具有合法性及道德威信时）”。研究表明，在全球化时代背景下，文化认同对一个国家软实力的提升具有重要的意义。

客观而言，实现文化认同的关键在于使他国对本国文化正确认知与加强文化交流。基于旅游的多元性与开放性，发展旅游经济无疑是实现文化认同的最佳路径。事实上，21世纪以来，以旅游业为引擎的现代体验经济的快速发展加剧了国家与地区间大规模流动的旅游客流与旅游活动。就实现文化认同的要件来说，旅游经济合作对于中国与东盟在文化软实力的提升，都具有深刻的意义。实质上，旅游与文化有着深厚的渊源。对游客而言，旅游的根本目的在于体验一种异质文化，追求精神上的享受。因而，文化可谓是旅游的灵魂与内核，旅游则是文化的重要载体与有效的传播途径。

2. 功能之二：国际旅游业有助于塑造与传播国家形象

在国际交往中，推广国家积极、正面的形象并不算是新鲜事物。但正如约瑟夫·奈所指出的，“近年来用于展示软力量的条件发生了巨大转变”，塑造公众舆论的外交显得尤为重要。也就是说，在国际政治中，良好的声誉或正面的国家形象十分重要。对于行为体形象的塑造与传播，信息的多寡和政治可信度的强弱是决定性因素。其中，由于信息要素存在

“量多的悖论”，政治可信度愈发成为重要的力量资源。

所谓“量多悖论”，实质上指大量带有宣传色彩的信息往往不会带来正面的效果，反而会损害行为体的可信度。例如，对萨达姆政权拥有大规模杀伤性武器的夸大性描述，可能会对美国赢得对伊拉克战争的支持，但这种夸大被揭露后，则会给美英政府的可信度造成得不偿失的重创。一直以来，中国的崛起被冠以“中国霸权”的开始，而这激发了“中国威胁论”。对此，中国单纯地不断释放“和平崛起”的信号并不见得会有很大的成效。中国需要做的，更多是让周边国家乃至西方国家“眼见为实”地正确认识中国。而要实现这一目标，自然离不开国际旅游业发展这一软销售路径。事实上，在新信息时代下，软销售比硬销售要有效得多。

（二）中国—东盟海上旅游合作的现实条件

除开合作的理论基础，中国出境旅游的规模化、惊人的出境旅游消费，引发东盟国家展开吸引中国游客的激烈竞争，东盟整体较高的制度指数以及逐步健全的中国—东盟旅游合作机制，都为中国—东盟旅游合作奠定了充分的现实条件。

1. 中国出境旅游规模化，出境旅游消费惊人

相对于西方发达国家，中国出境旅游起点低且起步晚。但是，伴随着社会转型与改革开放的深入，中国出境旅游发展迅猛，渐成规模化。并且，基于对异质文化的享受，中国公民出境旅游消费惊人。据《中国统计年鉴（2014年）》相关数据显示，2013年中国内地居民出境人数达9818.52万人次，比2012年增长了18.0%，延续了快速增长的态势。同时，中国境外旅游消费增至了1200亿美元左右，稳定了世界第一大出境旅游消费国的地位。

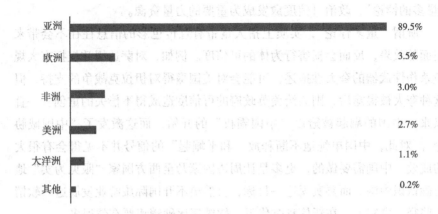

图2　2014年中国内地居民出境旅游客流分布

资料来源：作者依据具体数据[①]自制。

对此，杨劲松、蒋依依（2015）认为，中国已经稳固地保持了世界第一大出境客源市场的地位；[②]并指出，基于持续改善的整体环境，2014年中国内地居民出境人数会突破1亿人次，“亿人次”时代的序幕将提前开启[③]。依据国家统计局最新数据显示，这已经成为现实。随着出境旅游“亿人次”大关的突破，中国旅游业将实现国内旅游、入境旅游和出境旅游三大市场同时突破1亿人次大关。这意味着大众化时代三大市场将有更多的协作空间，从而出境旅游将继续保持较高的增长速度。这无疑会给中国与东盟的旅游合作奠定更为雄厚的现实基础。也正基于此，东盟国家展开吸引中国游客的激烈竞争，纷纷伸出“橄榄枝”，进而成为中国公民出境旅游的重要目的地。从当前的数据上看，中国内地居民出境旅游遍及全球主要五大洲，其中以亚洲为主，如图2所示。

---

① 《中国内地公民出境旅游人数2014年首次突破1亿人次》，人民网—旅游频道，2014年12月3日，http://travel.people.com.cn/n/2014/1203/c41570-26141388.html。

② 杨劲松、蒋依依：《2013—2014年中国出境旅游发展分析与展望》，载宋瑞主编：《2014—2015年中国旅游发展分析与预测》，北京：社会科学文献出版社，2015年版，第189页。

③ 世界旅游组织预计，到2015年，中国公民出境人数将突破“1亿人次”大关。但从2013年的数据显示，此关将提前被突破。对此，中国旅游研究院做出了同样的预测。

2. 东盟国家制度指数排名为中国旅游投资的进入提供条件

所谓制度指数，是指国家民主程度与经济开放程度在数据上的反映。依据因子分析法，制度指数越高的国家，其制度（是否签署双边投资协定、信贷融资便利度、税率与管理以及劳动监管）越完善，越有利于中国直接投资的进入。对于旅游投资而言，更是如此。

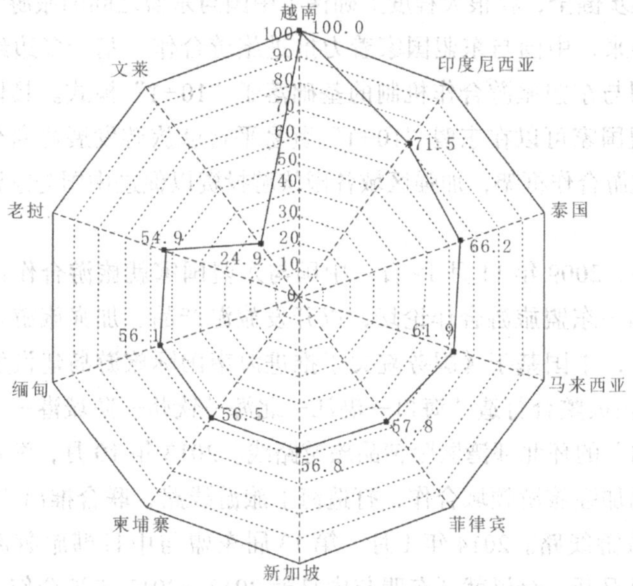

图 3　东盟国家制度指数结构

资料来源：作者根据“一带一路”沿线国家制度指数排名（2014—2015）相关数据自制。

据钟飞腾等（2015）研究数据显示，“一带一路”沿线国制度指数均值为 56.3，大于均值的国家共计 34 个，东盟国家占据 7 个席位，其中越南位居第 1 位，印度尼西亚居第 10 位，泰国居第 18 位。[①] 从数据图（图 3）上看，东盟国家制度指数构成了一个相对稳定的结构。因而，在总体

① 钟飞腾等:《“一带一路”沿线国家制度指数排名（2014—2015）》，载朴珠华等著:《对外投资新空间——“一带一路”国别投资价值排行榜》，北京：社会科学文献出版社，2015 年版，第 106—112 页。

上，东盟国家制度指数分布实际上昭示中国—东盟旅游合作存在着扎实的制度基础。

3. 中国—东盟海上旅游合作机制逐步健全

东盟整体较高的制度指数，既为中国旅游投资的直接进入提供了便利，也为中国—东盟旅游合作机制的构建与完善奠定了重要基础。而合作机制的逐步健全，在很大程度上确保了中国与东盟之间的旅游经济合作。

近年来，中国与东盟国家着力推进旅游合作。基于多边经贸合作交流，中国与东盟旅游合作机制的基础落于“10+1”模式。具体而言，中国与东盟国家可以在东盟“10+1”贸易平台就旅游发展协商合作，以形成区域旅游合作框架，加强区域各国旅游投资以促进中国与东盟之间的旅游合作。

此外，2009年11月19日，中国与东盟国家就旅游合作议程创办了首届中国—东盟旅游合作论坛，以开发旅游产品、加强旅游宣传与促销等。次年，中国基于《国务院关于推进海南国际旅游岛建设发展的若干意见》，积极整合打造“海口—湛江—北海—钦州—防城港—下龙湾—海防—河内”的环北部湾国际精品旅游路线。2013年10月，海口—东盟对话会提倡加强旅游领域合作，打造海上旅游线路，联合推出“一程多站”式国际旅游线路。2014年1月，第13届东盟与中日韩旅游部长会议在马来西亚召开，会议就《东盟与中日韩2013—2017旅游合作工作计划》、商签《东盟10+3旅游合作备忘录》等议题交换意见，并通过了联合媒体声明。[①] 2015年5月29—31日，中国—东盟博览会旅游展举行，旅游展拟通过推动中国与东盟的旅游互访，达到民心相通。[②] 种种迹象表明，中国—东盟海上旅游合作机制正逐步健全化。

① 吕余生：《释放先导效应共建海上丝路——泛北部湾经济合作回顾与展望》，广西人民出版社，2014年版，第98—100页。

② 《各界高度关注2015中国—东盟博览会旅游展》，http://www.caexpo.org/html/2015/bolanhuidongtai_0529/209029.html。

四、中国—东盟海上旅游合作的内容与应有思路

透过前述，不难发现，中国—东盟海上旅游合作存在着坚实的基础。据《中国出境旅游季度报告（2015Q2）》显示，2015年第二季度，91%的旅行社出境业务总体呈增长态势。东南亚市场明显回暖，有86%的受访旅行社表示，第二季度东南亚游业务与前一年同期相比是增长的。因此，中国—东盟旅游合作是可期的。旅游合作的深入，势必会带来经济贸易领域的共同发展。在这样的情况下，21世纪“海上丝绸之路”建设目标必然会早日实现，进而增添对旅游经济的潜在利好。

（一）中国—东盟海上旅游合作的主要内容

旅游业是关联性很强的产业，它涉及食、住、行、游、购、娱等多方面。通俗而论，从旅游者的角度来说，外出（尤其是海外）旅行，都希望能买到物有所值甚至物超所值的旅游商品。在当前形势下，中国—东盟海上旅游合作不外乎海上非传统安全应急机制共建、旅游交通网络共建、跨国旅游环线设计，以及生态旅游开发及旅游信息网站、电子商务网站合作与教育科研合作等几个方面。

1. 海上非传统安全应急机制共建

简单地说，安全是指一种远离危机的状态。依照马斯洛的需求层次理论，安全是人类生存与发展最基本的需要。同时，它是社会和谐乃至世界和谐的重要基础。也就是说，社会和谐乃至世界和谐应当以安全，尤其是“人的安全”作为基本前提。作为国际社会的重要权力场域，东南亚海域的海上旅游合作更离不开以海上非传统安全应急机制共建为基。事实上，海盗、海啸、地震及台风等非传统安全问题，是中国—东盟海上旅游合作不容逃避的首要问题。从中国的角度上看，2014年中国出境旅游虽然继续保持强劲的增长态势，但出境旅游安全问题仍然多发，特别是海上旅游

安全保障工作更趋于艰巨。[①]

2. 旅游交通网络共建

从“旅行”二字的字面意思上说，中国与东盟之间海上交通通达状况和条件是双方深入开展海上旅游合作与发展的重要前提。反言之，海上交通不畅是目前制约双方海上旅游合作的一大问题。为此，在旅游交通设施的建设上，中国与东盟国家需要加强合作，共同就海域内旅游地建立以海路（大型邮轮）为主、空路为辅的二维交通网络。需要指出的是，经过多年的建设，中国与东盟国家在水路航运方面已经形成了一定的基础，但仍多以小型邮轮为主，营运能力较差。因而，中国与东盟国家需要加强水路交通基础设施建设，进而形成完善的旅游交通网络系统。

3. 跨国旅游环线设计

东盟国家之间的跨国旅游合作开展时间较早，目前各国之间已经开发出多条跨国旅游线路。相对而言，中国与东盟国家之间的旅游合作起步较晚，经过多年的合作，业已形成了一些比较成熟的跨国旅游线路。但是，对于起步更晚的海域内旅游合作，传统的跨国旅游线路已经不能满足市场的需求。为此，中国与东盟国家之间需要不断开发新的旅游线路。前文述及，中国与东盟国家在海上旅游合作方面存在着巨大的前景。基于此，中国与东盟国家需要充分利用各自的资源，相互协调，密切合作，共同开发海域内旅游地之间的旅游线路，形成旅游环线，最终形成无障碍旅游区。

4. 生态旅游开发

旅游活动的开展，倚赖于自然环境资源与人文环境资源。因此，在海上旅游合作上，基于海域资源形势，中国与东盟国家需要加强环境保护合作，大力发展生态旅游，走可持续发展道路。从趋势上看，作为一种肩负环境责任且具备环境理论的旅游活动，生态旅游是国际休闲旅游的发展动向。所以，中国与东盟国家在海上旅游合作项目上必须迎合旅游新潮流，

① 方旭红、杨玉杰、聂芳：《2014—2015年出境旅游安全形势分析与展望》，载宋瑞主编：《2014—2015年中国旅游发展分析与预测》，北京：社会科学文献出版社，2015年版，第421—427页。

讲究完善的整体规划与经营，加强彼此间在环境保护方面的合作关系，妥善维护环境资源，以使其得到永续利用。

5. “互联网 + 海上旅游”合作及教育科研合作

海上旅游合作是一项复杂的系统工程，在信息产业迅猛发展的当下，尤其是在“互联网 +”理念逐渐深入各个领域的背景下，提供及时、可靠而充足的海洋公共信息是重要的旅游促销方式。因而，在海上旅游合作工程上，中国与东盟国家需要加强海上旅游信息网络建设，加快电子商务在旅游促销中的应用。此外，这一项目的高效运作离不开海上旅游人才的培养。为此，中国与东盟国家需要共同努力，充分发挥各自的优势，加强教育科研合作，共同培养海域内旅游人才。同时，需要定期或不定期进行科研工作交流，相互了解以共同进步。

(二) 中国—东盟海上旅游合作的应有思路

对于中国与东盟海上旅游合作的主要内容，学界基本上达成一致观点：既需要政府的宏观政策指导，也需要微观企业的参与，同时需要普通民众的支持。换言之，海上旅游合作需要中国与东盟宏观上“以习惯国际法规则为依规”[①]，中观上加强旅游企业的合作，微观上需要普通民众形成认同。

然而，面对中国与东盟旅游发展新常态[②]，这一策略不免不尽“实际”。笔者认为，在海上旅游合作的具体实践上，中国与东盟国家应当以泛北部湾旅游圈为中心，以南中国海旅游为重点，以大湄公河次区域旅游合作为侧翼，遵循以下应有思路展开工作。

1. 加强顶层设计，强化统筹协调

任何实践活动都必须遵循一定的原则，并积极规范运行机制。为此，

---

① 杨泽伟：《论海上共同开发的发展趋势》，载《东方法学》，2014 年第 3 期。

② 中国社会科学院旅游研究中心：《2014—2015 年中国旅游发展：新环境、新常态与新阶段》，载宋瑞主编：《2014—2015 年中国旅游发展分析与预测》，北京：社会科学文献出版社，2015 年版，第 2—3 页。

在中国与东盟旅游合作的问题上，区域内各国或地区政府应发挥主导作用，本着实事求是与平等互利的原则，切入实际，设计出行之有效的合作框架。

在实际操作上，中国可借鉴“APEC模式及其机制”，积极与东盟创建海上丝绸之路旅游合作组织。同时，建立健全专业工作机构，制定区域旅游合作的长期目标与工作框架。并且，各国在具体合作过程中应凸显合作成员的平等地位，实行组织领导权的年度轮值制度。

2. 借鉴丝绸之路申遗成功的经验推进南海水下文物的申遗工作

2014年由中国、哈萨克斯坦和吉尔吉斯斯坦联合申报的丝绸之路项目通过审议，正式列入《世界遗产名录》。此次丝绸之路申遗成功，对未来在这一地区兴起文化遗产保护热潮、促进当地旅游经济发展起到积极和重要作用。南海水下文物作为“时间胶囊”见证了古代“海上丝绸之路”的兴衰，是增强沿线各国人民文化认同的重要载体。可申请丝路基金专项支持，推进沿线各国和地区合作。

3. 加强国内各沿海省市区的旅游合作沟通与协调分工协作

推进“海上丝绸之路”建设，国内沿海各省市、各领域都积极响应中央的战略构想，充分挖掘自身优势，以期服务中央战略布局。海南、广东、广西及福建等沿线省市在21世纪“海上丝绸之路”建设中发挥其独特地位与优势，积极发挥海南的特殊区位优势和比较优势，加强与广东、广西、福建等沿海地区的协调与配合，服从和服务于国家的战略布局，更好地发挥市场作用，合理配置资源，形成与周边省市区合理分工、互利共赢的局面。

4. 倡导构建“21世纪海上丝绸之路”成员地区国际海洋旅游合作机制

历史上，各岛屿地区都是海上丝绸之路和经贸人文交流的重要枢纽和中转站；当前中国正在建设“21世纪海上丝绸之路”，这不仅是一条传承历史、深化友谊之路，更是一条和平发展、合作共赢之路。应抓住“21

世纪海上丝绸之路”的历史机遇，拉紧海洋旅游合作利益纽带，建立岛屿地区国际海洋旅游项目合作机制，打造守望相助、同舟同济的岛屿命运共同体。

5. 倡导成员地区之间建立多元化可持续发展的区域海洋生态旅游网络

以邮轮旅游为载体，以各岛屿地区为支点，铺成点、连成线、结成网，鼓励本地区旅游企业参与论坛发展，培育海洋生态旅游合作新的增长点。同时在三沙北礁成立海洋生态保护区，加强海洋资源合理性开发与利用的生态理念宣传，推动形成海洋生态环境保护的国际海洋生态旅游开发体系。

6. 加强以海洋旅游为重点的双边和多边合作，打造以海南为中心的南海跨洋丝路旅游圈

在南海问题当前复杂多变的背景下，首先要加强在海洋基础设施建设和互联互通领域的合作，在利益交集比较大的海洋旅游等低敏感领域寻求突破，建立南海跨洋丝路旅游圈，以经济合作淡化海洋争端。以海南为中心，打造南海跨洋丝路旅游圈，在现有开放西沙旅游的基础上，进一步探索开发南沙旅游，深化与南海周边国家的经济贸易。在加强海洋旅游合作的基础上，进一步与东盟国家开展文化、金融、物流等现代服务业的双边和多边合作。

五、结语

事实上，在国际政治领域，越来越多的国家，在强调旅游发展经济功能的同时，开始或者更加关注旅游发展的政治、社会、文化以及环境功能：一方面，通过旅游业的发展，增加一个国家或地区的软实力，改善形象；另一方面，也希望通过旅游发展的合作，促进区域乃至世界的和平与和谐发展，赢得共同发展的大好环境。

由此可见，旅游业在促进经济合作与加强民心、民意相通上具有重要意义。从区域经济发展趋势上看，旅游业可以作为21世纪“海上丝绸之

路”建设工程的先导产业。当然，相对于国际政治中“地区安全复合体的建构”[①]来说，旅游合作处于次要地位。但是，鉴于旅游业的特性，地区旅游合作将会在国际政治领域中发挥着不可低估的作用。旅游合作的深度开展，更可以带动区域经济的共同发展。综而论之，我们可以得出基本结论：以海上旅游合作为切入点，可以深化中国—东盟旅游合作，更可以在很大程度上很好地去突破21世纪“海上丝绸之路”经济合作发展所面临的主要障碍。

① ［英］巴里·布赞、［丹］奥利·维夫：《地区安全复合体与国际安全结构》，潘忠岐等译，上海人民出版社，2009年版，第123—137、164—171页。

广西服务中国—东盟共建21世纪“海上丝绸之路”

■ 文/葛红亮[①]

21世纪“海上丝绸之路”战略构想提出后，广西及国内沿海其他相对发达的省区都希望借这股“东风”为自身的深化改革开放事业注入强劲动力。当然，从另一个角度来看，广西及相关各个省区在参与共建21世纪“海上丝绸之路”中都有其差异性的历史使命。由于特殊的地理区位，广西一直以来是中国发展与东盟友好合作关系的桥头堡、门户，也凭借其独有的方式与渠道推动着中国—东盟关系的持续性发展。当下及未来，广西在参与和服务中国—东盟共建21世纪“海上丝绸之路”过程中，有其优势，也有其劣势，因此也是机遇与挑战并存。鉴于此，广西应牢牢地把握住21世纪“海上丝绸之路”战略规划中的角色与国家明确的定位，在服务与参与中将广西的优势发挥到极致，进而为广西的深化改革开放注入动力与创造有利条件，使广西的发展潜力得到深度激发。

一、引言

21世纪“海上丝绸之路”战略，是我国新一届政府发掘中国与东南亚国家等沿线国家友好往来历史，提出的旨在为这些国家与地区发展持续创造新动力的战略性倡议。该战略性倡议为中国首倡，最早由中国国家主

---

① 作者供职于广西民族大学东盟研究中心。

席习近平在2013年10月访问东盟期间提出。彼时，他作为印度尼西亚国会第一位受邀外国元首发表了演讲，他认为：“东南亚地区自古以来就是‘海上丝绸之路’的重要枢纽，中国愿同东盟国家加强海上合作，使用好中国政府设立的中国—东盟海上合作基金，发展好海洋合作伙伴关系，共同建设21世纪‘海上丝绸之路’。”[①] 鉴于此，中国与东盟国家在共建21世纪“海上丝绸之路”进程中的对话与合作对该战略倡议的落实而言极具枢纽意义。

在中国—东盟国家对话与合作进程中，广西作为中国唯一与东盟国家陆海相接的省区，有着特殊的历史地位，是中国发展对东盟国家友好合作关系的桥头堡。另外，根据中国政府发布的《推动共建丝绸之路经济带和21世纪海上丝绸之路的愿景与行动》，广西还是21世纪“海上丝绸之路”与丝绸之路经济带有机衔接的重要门户，[②] 足见广西在中国—东盟国家共建21世纪“海上丝绸之路”进程中优势明显、地位不俗。当然，相比广东等其他发达省区及与东盟国家开展合作时，广西在服务21世纪“海上丝绸之路”建设中又可能面临多方面的挑战。那么，如何发挥优势和克服难题，在积极服务好中国—东盟国家共建21世纪“海上丝绸之路”和持续彰显广西作为桥头堡地位的同时，又抓住21世纪“海上丝绸之路”给广西对外开放、对内深化改革带来的新契机，已然在事实上成为一项广西人民需要认真对待与思考的重要课题。

二、广西服务中国—东盟共建21世纪“海上丝绸之路”的优势

倡议与东盟国家共建21世纪“海上丝绸之路”，既是中国奉行睦邻友好周边外交政策的重要体现，也是寻求与东盟国家维持与发展双方战略伙伴关系之举。中国与东盟国家共建21世纪“海上丝绸之路”的核心在于加强海上合作与发展好海洋合作伙伴关系，[③] 而在内容上则涉及海洋政治、

① 附录一。

② 附录二。

③ 刘赐贵：《发展海洋合作伙伴关系　推进21世纪海上丝绸之路建设的若干思考》，载《国际问题研究》，2014年第4期，第5页。

海洋经济、海洋资源勘探与开采、海洋旅游及海洋生态保护等多个方面。在构建原则方面，21 世纪“海上丝绸之路”战略倡议的落实遵循共商、共建、共享的原则。[①] 这表明，该战略倡议的落实就是要发挥各方优势，在共商共建中实现产业互补与互利共赢，达到沿线国家共享繁荣的目标。同样，对于广西及国内其他相关省区来说，就是在中国中央政府《推动共建丝绸之路经济带和 21 世纪海上丝绸之路的愿景与行动》文件精神之下，结合自身的地位与优势，制定参与共建 21 世纪“海上丝绸之路”行动与计划安排，以期积极推动改革开放事业的深入发展和抓住区域一体化与发展带来的新契机，进而为自身的发展创造更大的发展动力。

广西作为中国唯一与东南亚国家陆海相接的省区，长期以来扮演着中国—东盟关系发展的重要渠道，也是面向东南亚国家发展政治、经济与人文往来的桥头堡。鉴于此，相比其他省区，广西在服务中国—东盟共建 21 世纪“海上丝绸之路”方面有着极为显著的优势。

第一，与东南亚国家陆海相接的地理条件使广西有着得天独厚的区位优势。从地理位置上来看，广西位于中国华南地区西部，西南向在陆地与东南亚中南半岛越南毗邻，南向又紧邻北部湾且通过海路直接面向东南亚马来西亚、文莱、新加坡与印度尼西亚等国家，因此是中国西南、中南地区最为便捷的出海通道。在国内方向，广西的独特地位同样突出，背靠整个大西南地区，与湖南、贵州、云南接壤，同时紧邻粤港澳经济圈，与广东接壤并透过粤桂合作联通华南、西南经济圈，同时又处在国内西南经济圈、华南经济圈、中南经济圈与东盟经济圈的中心位置。因此，广西也一直以来是泛北部湾区域合作的核心圈子成员，而依据学者的分析，泛北部湾区域合作的主题就是海洋合作。[②]

不仅如此，由于广西的独特地理位置与区位优势，其也是 21 世纪“海上丝绸之路”与丝绸之路经济带重要的有机衔接门户。鉴于此，广西应该积极创造条件，使其成为大西南地区、中南地区参与共建 21 世纪“海上丝绸之路”建设的重要桥梁，以及成为东南亚马来西亚、新加坡等国家参加丝绸之路经济带建设与深度扩大中国市场、开拓亚太市场的中间

---

① 附录二。

② 古小松：《古小松集——东南亚及中国与东南亚关系研究》，北京：线装书局，2010 年版，第 54 页。

过渡地带。鉴于此，对中国与东盟国家共建21世纪“海上丝绸之路”来说，广西独特的地理位置与区位优势既有助于中国国内省区更广泛、更深入地参与21世纪“海上丝绸之路”的构建，也十分有益于东南亚国家，特别是马来西亚、新加坡等东南亚相对发达的国家参与丝绸之路经济带及开拓中国与亚太地区大市场。

第二，在中国—东南亚国家友好交往的历史中，广西有着深厚的历史沉淀，其历史传承的优势也相当显著。以广西作为桥梁发展与东南亚国家的友好关系在中国漫长的历史上有着很多记载，也是考察中国—东南亚国家关系发展历程的一个重要参照因素。史料记载，中国与东南亚国家的关系开始于秦汉时期。根据《汉书》记载，中国先民尚在秦汉时期就从华南地区，例如广东的徐闻、广西的合浦等港口出发，前往南海活动与开发，而由广西合浦南下至南海诸岛及东南亚各国皆有航海纪程和针路可达。[①] 后来，考古研究人员在广西合浦出土了大量东西方文物，这在事实上证明了广西在中国对外海上交流史中有着十分突出的地位。[②] 因此，广西合浦作为古代“海上丝绸之路”的出海口之一，对今天广西参与共建21世纪“海上丝绸之路”有着深刻的历史启示。到20世纪70、80及90年代初，新中国与东南亚十个国家先后建立、恢复外交关系，而这也开启了中国与东南亚国家友好关系的新纪元。近40余年的历史表明，作为面向东南亚国家的桥头堡，广西仍然在中国—东南亚国家关系中有着特殊的历史地位，以独有的对外友好合作模式，对中国—东南亚国家关系的发展产生了积极的促进作用。鉴于此，作为历史上“海上丝绸之路”的发祥地，广西如今仍是中国对东盟开放合作的前沿窗口，而广西与东南亚国家间在友好往来基础上也建立了深厚的合作关系。深厚的历史传承优势使广西在服务中国—东盟共建21世纪“海上丝绸之路”中有着不可替代的作用。

第三，独特的地理位置还使得广西与国内其他省区相比，在服务中国与东盟国家共建21世纪“海上丝绸之路”方面有着明显的人文优势。地理相近，使广西有着其他省区难以比拟的人文相近、人文相亲的优势。这

---

① 郑海麟：《建构“海上丝绸之路”的历史经验与战略思考》，载《太平洋学报》，2014年第1期，第1—2页。

② 吕余生：《深化中国—东盟合作，共同建设21世纪海上丝绸之路》，载《学术论坛》，2013年第12期，第30页。

种优势集中体现在三个层面：其一，广西壮族与东南亚泰国、老挝两国的主体民族有着深厚的亲缘关系。根据民族学家的研究，居住在泰国的主体民族泰族和广西的壮族是同根生的民族，2000多年前由广西一带往西南迁徙到现今居住的泰国。因此，他们生活习俗相近，日常用语也基本相同。[①]其二，广西有着大量的海外华侨华人居住在东南亚国家，据相关资料显示，居于东南亚国家的广西乡亲多达数百万之众。其三，广西是东南亚国家了解中国的窗口，东南亚国家已经全部（10国）在广西南宁设立了总领事馆，将来近五分之一的来华留学生被派往广西民族大学等广西高校。[②]鉴于广西与东南亚国家人文往来密切的深厚基础，我国日渐将广西视为与东南亚国家文化交流的重要节点。

第四，作为中国面向东南亚发展睦邻友好合作关系的桥头堡，广西还在中国—东盟关系发展中拥有无可比拟的特殊渠道优势。窥探中国—东盟对话与合作关系的发展历程，可以发现，广西一直在以其独有的方式发挥着推动作用。2004年，中国—东盟博览会和中国—东盟商务与投资峰会永久落户南宁。以此，广西在作为泛北部湾合作核心的同时，还渐趋成为中国与东南亚国家开展区域合作的重要平台桥梁，而正如东盟原秘书长王景荣先生所言，南宁已经成为中国—东盟交流合作的重要渠道，而这条渠道也被各界称为“南宁渠道”。[③]借此，广西在得到中央政府大力支持的同时，也不断地创新合作模式，在推动中国—东南亚国家关系发展的道路上不断向前迈进。以广西钦州“中马产业园”与马来西亚“关丹产业园”的建立为标志，“两国双园”模式正式形成。不仅如此，广西还大力兴建了中国—印尼经贸合作区、中国—越南跨境经济合作区、中国—柬埔寨现代农业示范中心、广西南宁—曼谷与南宁—新加坡经济走廊等多种合作模式与平台。平台创新与合作模式的与时俱进，将持续不断地为广西创造服务中国—东盟共建21世纪“海上丝绸之路”的有利条件。

第五，广西虽然相比广东等省区在基础设施与对内改革、对外开放方

① 古小松：《古小松集——东南亚及中国与东南亚关系研究》，北京：线装书局，2010年版，第25页。

② 米守林：《积极参与21世纪“海上丝绸之路”建设，大力深化广西与东盟地区的经贸合作》，载《广西经济》，2014年第5期，第18页。

③ 引自古小松：《古小松集——东南亚及中国与东南亚关系研究》，北京：线装书局，2010年版，第115页。

面还存在着差距，但不可否认的是，广西在服务中国—东盟共建21世纪“海上丝绸之路”方面仍存有部分硬件、软件条件与优势。得天独厚的区位优势给广西创造了通过海陆空多渠道连接东南亚国家的优势，一来距离最短与运输最便捷，二来随着广西港口条件的改善，广西在服务中国—东盟贸易往来方面能力渐趋增强。依据相关资料，“十二五”期间，广西不断优化港口建设，以建设区域性国际航运中心为目标，到2015年，广西北部湾港将新增吞吐能力2.16亿吨，总吞吐能力将达到3.36亿吨以上。① 此外，除了硬件条件优势外，国家的政策支持还为广西带来了部分软件优势。随着广西在面向东南亚开展友好往来中地位的不断凸显，中央政府给予广西的政策倾斜是极为明显的。如今，中国提出打造中国—东盟自贸区升级版及共建21世纪“海上丝绸之路”，这势必在未来继续为广西带来政策红利，进而为广西创造更多服务21世纪“海上丝绸之路”建设的软件优势。

三、广西在共建21世纪“海上丝绸之路”中面临的机遇与挑战

作为构建21世纪“海上丝绸之路”与丝绸之路经济带的重要有机衔接门户，广西凭借着独特的地理位置、深厚的历史积淀与密切的人文联系等，相比国内其他省区，在服务中国—东盟共建21世纪“海上丝绸之路”过程中有着众多明显的优势，甚至有些优势也是其他省区难以比拟的，比如陆海相接与“沿边、沿海、沿疆”的地理区位优势，在中国发展面向东南亚国家关系中的特殊地位等。尽管如此，广西相比广东、福建、浙江等沿海其他省份仍在经济发展水平、市场化程度与对外开放等方面有着很明显的差距与不足，以至于外界至今仍不时赋予广西“老少边穷”的形象。鉴于此，广西在服务中国—东盟共建21世纪“海上丝绸之路”进程中机遇与挑战并存，而广西如何在这一过程中做好准备以期抓住21世纪“海上丝绸之路”带来的机遇，认清、克服相关挑战，成为广西在参与共建21世纪“海上丝绸之路”中砥砺前行的重要课题。

① 吕余生:《深化中国—东盟合作，共同建设21世纪海上丝绸之路》，载《学术论坛》，2013年第12期，第30页。

（1）广西在服务共建21世纪“海上丝绸之路”中的机遇

广西所具有的陆海相接的区位优势及相关软、硬件优势条件，为其参与和服务中国—东盟21世纪“海上丝绸之路”奠定了现实基础。因此，广西作为中国面向东南亚国家发展友好合作关系的桥头堡，有条件、有意愿，也有能力去做好做足文章，在参与和服务21世纪“海上丝绸之路”的过程中抓住机遇，以促进广西的改革开放工作持续深化发展，壮大广西经济实力，同时也进一步增强广西服务中国—东盟友好关系的能力。

首先，广西的改革开放事业将在共建21世纪“海上丝绸之路”中获得新的发展动力。广西虽然属沿海地区，但与东部、东南部及广东相比，长期以来并没有走在改革开放事业的最前头。由此，广西长期以来经济总量并不高，在全国排名只能处于中下层，而排在全国首位的广东，其经济总量是广西的4倍多。[①] 归结广西经济发展长期滞后于其他省区的原因，最突出的一项就是改革不深入、开放不够全面。对此，广西壮族自治区党委书记彭清华在接受凤凰卫视访谈时表示，广西与广东最要紧的差距在于开放程度。[②] 如今，广西被定位为21世纪“海上丝绸之路”的重要门户与中南、西南地区的重要战略支点，这一角色不仅意在使广西所具有的相关优势发挥到极致，而且还希望广西在参与共建的过程中获得持续深化改革开放的新契机，期望“一带一路”战略规划的发展倒逼广西在改革开放方面下更大的力气。鉴于此，未来广西将在深化改革开放方面获得新的发展机遇。

其次，如若在共建21世纪“海上丝绸之路”过程中，广西能够在深化改革开放方面有所作为，那么未来广西势必还将获得改善产业结构与大幅度提升产业水平的契机。在广西深化改革促进区内市场经济条件改善，与扩大开放局面提升对外合作水平的大背景下，国际大企业、大集团势必会持续不断涌向广西，寻求更低的生产成本和获取较大的市场利润，这有利于促进广西本土企业，特别是民营企业，与国际大企业进行对话、合作。广西区内产业结构势必得到改善，广西的产业也能进一步融入全球的

① 黄志勇等：《广西在全国新一轮开放中的SWOT分析及战略选择——兼论广西推动“一带一路”建设的总体思路》，载《改革与战略》，2014年第11期，第68页。

②《彭清华：广西与广东最要紧的差距是开放程度》，凤凰网，2014年11月4日，http://phtv.ifeng.com/a/20141104/40857306_0.shtml。

产业分工中，而相关企业也就不得不自我提高竞争意识，在竞争、合作中提升广西产业在国际分工中的地位，促进广西产业国际竞争力的有效提升。[①] 例如，全国知名企业家王健林在谈到热衷投资广西时就认为，广西参与共建21世纪海上丝绸之路势必会为企业投资带来巨大的机遇。[②] 这就要求广西必须在改革开放方面做更多的文章，下更大的气力。

再者，广西或可在参与与服务中国—东盟共建21世纪“海上丝绸之路”过程中，获得深化发展与东盟国家友好合作关系的契机。在中国与东盟国家就21世纪“海上丝绸之路”进行共商、共建与共享中，广西凭借其独有的区位优势和后天形成的渠道、政策优势，完全可以胜任“排头兵”的角色。这就要求广西在与东盟国家加强对话、合作方面做足文章。就目前来看，无论是中马“两国双园”模式，还是构建中的广西—东南亚国家战略大通道与经济长廊的建设，广西与东盟国家的对话与合作只会更多。无疑，这将有力地促进广西与东南亚国家间友好往来关系的持续发展。众所周知，在长期服务中国—东盟关系，特别是中国—东盟经贸关系与人文往来方面，广西有着独特的地位与作用，而广西的角色与路径则被视为“南宁渠道”。[③] 在这一模式的基础上，广西凭借着与东盟国家不断增强的友好关系，未来还可大幅度地提升在国家周边战略中的地位。

最后，在共建21世纪“海上丝绸之路”中，广西还可能获得持续完善区内城市群布局规划与发展的契机。长期以来，广西区内的经济发展也呈现出明显的不均衡态势，而“扶贫”工作也一直是广西区委、区政府以及中央政府一直关注的问题。“扶贫”的根本不在于输血，而在于造血。这就要求广西贫困地区有发展的支柱产业，有发展的腹地与市场。在服务共建21世纪“海上丝绸之路”中，广西产业结构优化在获得良好契机的同时，也势必促进区内城市群间的产业迁移、整合。也即，广西在发展粤桂合作、桂港合作及加强与西南、中南地区省份对话的同时，也必须将区内的均衡发展考虑在其中，有目标地进行产业的引进、转移与整合，进而

① 齐兰、刘琳：《垄断资本全球化背景下广西参与21世纪海上丝绸之路建设研究》，载《桂海论丛》，2015年第1期，第123页。

② 周红梅等：《看好广西在“一带一路”战略中的优势与机遇——访大连万达集团股份有限公司董事长王健林》，载《广西日报》，2015年4月17日（5版）。

③ 张磊、黄志勇：《“南宁渠道”的性质、功能作用与成功经验》，载《东南亚纵横》，2014年第12期，第3页。

促进广西区内城市群间规划的持续完善与发展。

（2）广西在服务共建21世纪“海上丝绸之路”中面临的挑战

广西凭借着一系列独特的优势，在共建21世纪“海上丝绸之路”中很可能在诸多方面都有新的发展契机。但同时，不可否认，无论是在国内，抑或是面向东盟，广西在这一过程中还存在着一系列其必须下大力气克服的挑战。

第一，广西目前的市场化、国际化与工业化水平很可能会对广西深度参与21世纪“海上丝绸之路”产生制约作用。如前文所言，广西综合经济实力比较低。事实上，这主要集中体现在广西的市场化、国际化与工业化水平相对落后。市场化水平低意味着广西市场经济环境，特别是政府与市场之间的关系还有待完善；国际化水平落后，意味着广西对外开放不够；工业化水平低则意味着广西的产业结构不够完善。市场化的不足无疑将使广西在参与21世纪“海上丝绸之路”过程中，面临着区内市场活力不足与本土企业市场竞争力差的难题；国际化水平落后将使广西在发展与东盟国家经贸投资方面，要远远落后于广东等发达省区；工业化水平相对较低则将使广西在服务中国—东盟共建21世纪“海上丝绸之路”方面，不得不面临着来自广东、福建、浙江、江苏与上海等省市的优势挑战，以及东南亚大部分国家的同质化挑战。[①]

第二，广西区内基础设施条件落后，也会对广西在参与共建过程中极致地发挥其优势产生制约。目前这主要体现在两点：一则广西北部湾港口的弱势地位。广西北部湾港区虽说是我国西南地区唯一出海口，但与全国其他海港相比要明显落后，这无疑对广西未来参与21世纪“海上丝绸之路”产生挑战。正如学者分析，广西北部湾港口目前在全国沿海港口中处于最弱势的状况，而这也势必将影响广西参与海上丝绸之路建设过程中作用与优势的发挥。[②]二则广西区内及与其他省区间交通条件有待改善。虽然参与共建着重于“海上丝绸之路”，但是区内及与其他省区间的交通条

① 总体来看，广西与东南亚国家工业化发展水平差距并不大，因此存在着明显的同质化竞争。当然，新加坡、马来西亚等东南亚相对发达的国家则可能在工业化发展方面快于广西。——笔者注

② 黄志勇等：《广西在全国新一轮开放中的SWOT分析及战略选择——兼论广西推动“一带一路”建设的总体思路》，载《改革与战略》，2014年第11期，第70页。

件同样不可忽视。唯有加强广西区内各个城市群间及广西与广东、云南与湖南等周边省区的联系，广西才能够有足够的战略腹地与市场。如今，广西显然还需要在基础设施建设方面加大投入。

第三，广西区内的教育水平与人才培养、引进方面，也可能在一定意义上影响着其在共建21世纪“海上丝绸之路”中发挥应有的作用。不可否认，广西每年接待规模庞大的东南亚留学生。但是，这并不意味着广西区内的教育水平就已经达到全国前列水准，而这直接影响着广西人才战略的实施。未来，广西区内的产业引进、转移与发展不仅需要区内培养大量达到技术资格要求的人才队伍，而且还需要从国外与国内发达省区引进高端人才。显然，广西目前在这一方面还与广东等省份有着巨大的差距。长期来看，这势必会对广西持续参与“海上丝绸之路”的建设产生制约作用。

第四，中越关系所具有的内在不稳定性，也可能对处于前沿地区的广西产生直接影响，进而深刻影响着广西服务21世纪“海上丝绸之路”的共建工作。中国—东盟关系开始于中国与东南亚国家关系的建立与恢复，而广西长期在中国—东盟友好往来中的独特角色也源于此。可以说，睦邻友好与合作是广西未来深度参与21世纪“海上丝绸之路”的重要前提。不仅如此，一直以来，与东盟国家的对话与合作关系，也一直是衡量广西对外开放水平的重要标志，与东盟国家的经贸往来也占据广西对外进出口贸易的很大比重。[①] 因此，一旦中越关系再起波澜，特别是越南极端“反华”民族主义情绪持续得不到严控，广西对外沿海、沿边开放势必受到不利影响，而广西长期积累下来的与东盟国家的友好合作关系也势必受到挑战。

可见，在服务中国—东盟共建21世纪“海上丝绸之路”的过程中，广西有其优势，也有其劣势，有诸般机遇，也有众多挑战。针对此，也即如何尽可能地发挥优势，抓住机遇与克服挑战，以期更好地服务于国家的21世纪“海上丝绸之路”战略与实现广西发展的再上台阶，是广西各界必须认真思考的问题。

---

① 近些年来，东盟一直是广西对外贸易的第一大伙伴。相关资料显示，与东盟的贸易往来总额在广西对外贸易总额中的占比超过了三成。可参阅辛慧祎、周影：《CAFTA背景下的广西与东盟贸易分析》，载《人民论坛》，2011年第23期。

四、共建 21 世纪“海上丝绸之路”进程中广西的战略性规划

广西服务中国—东盟 21 世纪“海上丝绸之路”建设的目标，就是继续发挥广西桥头堡和“海上丝绸之路”门户的地位与作用，促进中国—东盟关系的进一步发展；同时，广西还必须以 21 世纪“海上丝绸之路”的建设为契机，持续推进广西的改革开放，促进广西市场化、国际化、工业化与城镇化水平显著提升。简单来说，就是要利用这个契机盘活广西这盘棋。对此，习近平总书记在 2015 年全国两会期间参加广西代表团审议时指出：“‘一带一路’战略规划对广西的定位，是发挥广西与东盟国家陆海相连的独特优势，加快北部湾经济区和珠江—西江经济带开放开发，构建面向东盟的国际大通道，打造西南中南地区开放发展新的战略支点，形成 21 世纪海上丝绸之路与丝绸之路经济带有机衔接的重要门户。如果能够形成这样的一个格局，广西发展这盘棋就走活了。”[①] 为此，广西必须发挥自身的一系列优势，在服务与参与建设 21 世纪“海上丝绸之路”过程中着重从下述几点加强战略规划。

第一，积极抓住珠江—西江经济带开放开发成为国家战略的机遇，在共同参与 21 世纪海上丝绸之路中推进粤桂合作，加强桂港澳合作，形成广西与大西南地区省份的合作，促进广西成为产业转移、承接的高地与这些地区企业通向东盟地区的国际战略大通道，并为广西的工业化与市场化发展开拓更大的腹地。据学者研究分析，位于广西境内的西江上游连接腹地广阔、资源丰富的云贵高原，可以为广东的发展提供其所需要的资源和便捷的水陆条件；西江下游连接着珠江水域，直达港澳，经南中国海，直通东南亚地区，是南中国一条资源密集的黄金水道。[②] 这也在侧面表明，珠江—西江经济带是广西深度参与 21 世纪“海上丝绸之路”的战略依托，更是广西成为国内西南、中南地区开放发展的重要战略支点。

第二，坚持海陆统筹战略，协同并进推进广西的南向开放。深度推进北部湾经济区的整合，积极推动南宁—新加坡、南宁—曼谷经济走廊的建

① 黎攀：《加快形成面向国内国际的开放合作新格局，不断谱写祖国南疆繁荣稳定新篇章——习近平总书记参加广西代表团审议侧记》，载《广西日报》，2015 年 3 月 9 日（1 版）。

② 朱懿：《海上丝路建设中的粤桂合作》，载《开放导报》，2015 年第 2 期，第 68 页。

设，并以此走向海洋，建立以广西为起点的南向国际战略大通道。这是盘活广西这盘棋的非常重要的一步。

第三，将广西打造为面向东南亚的重要物流中心。广西与东南亚地区海陆相接，在物流运输和大宗物品交易方面有着天然的海陆优势条件，北部湾各个港口通往南海，西江连接珠江与南宁—新加坡经济走廊等，海路、水路与陆路渠道发达，因此，广西以钦州、北海与防城港等北部湾城市为中心，构建我国面向东南亚的重要大宗商品物流中心有着极其便利的条件。

第四，广西的产业布局也需充分挖掘广西各个地区的区位优势，发展产业集群，形成良好的产业互补关系。北部湾经济区等沿海地区重点发展海洋产业，促进海洋文化在广西的推广与普及，并积极发展海洋旅游业；凭祥、东兴等沿边地区重点发展物流业、金融业，促进面向东南亚的大型国际物流中心的建成，推动这些地市在跨境人民币交易等方面持续有所作为；临近西江的主要城市，应凭借与广东间的紧密联系，深度参与粤桂合作，积极推进粤桂合作试验区建设，发展好基础设施，有选择地做好产业转移的承接准备。

五、共建21世纪“海上丝绸之路”进程中广西的策略举措

为落实上述这些战略性规划，广西还应以切实的策略举措来服务21世纪“海上丝绸之路”建设，尽可能地实现广西改革开放事业的深化发展。唯有如此，广西才能在正确的定位与规划方向上做好区内的发展工作，服务好中国—东盟关系的进一步发展。

其一，持续落实与创新广西的东盟策略。广西作为中国—东盟友好合作的桥头堡，一直是发展与东南亚国家友好往来的前沿地区，也是21世纪“海上丝绸之路”的重要门户。这就要求，广西持续深化目前的东盟策略，在“南宁渠道”与广西模式的基础上，创造性地为中国—东盟友好关系的发展再添新篇，并同时持续稳步地加强广西与东南亚国家间的关系。可见，未来在“中国—东盟命运共同体”建设中，广西或可在经贸、投资关系之外，有针对性抓住中国—东盟及中国与东南亚国家关系的症结所在，举办中国—东盟政治安全对话与论坛或中越友好合作论坛，直面目前

地区政治互信不足与安全关系紧张的现实性问题。这就要求广西利用既有的渠道优势，打好东盟这张牌，持续创新对话与合作模式，提升广西的渠道优势。

其二，推进北部湾经济区的发展，发掘沿海与海洋对广西发展的新内涵。泛北部湾合作的主题应主要集中在海洋方面。在做好北部湾经济区的内部整合的同时，广西应抓住21世纪“海上丝绸之路”的契机，推动北部湾成为西南地区重要的国际航运中心与国际贸易自由港。这就要求广西持续推进北部湾经济区的发展与整合，打好西南地区唯一出海口这张牌，发展好北部湾经济，持续扩大对外开放，通过加强北部湾地区几个市的整合，将广西的门户作用发挥到极致。

其三，发挥好西江的纽带作用。西江的纽带作用主要体现在粤桂合作方面，而这对广西来说主要意味着，一是借助广东在技术、金融、管理等方面的优势，进一步推进广西沿边金融综合改革试验区的建设，中越跨境合作与中马“两国双园”等的发展与建设；[①] 二是积极做好广东及其他省区产业转移的承接工作，有选择性地吸引来自广东与港澳、国外的投资。可见，西江的纽带作用在于珠江—西江经济带，而这对广西的工业化发展、市场化进步，特别是产业结构的完善与升级有着十分突出的意义。这就要求广西抓住珠江—西江经济带上升为国家战略的契机，打好粤桂合作、桂港合作这张牌，实现产业的转接，促进产业的升级和结构优化。

其四，积极推进沿边地区发展的策略。实现沿边地区的发展一直是党中央、国务院关注的重要课题之一。近些年来，随着中国—东南亚关系的持续进步，广西在与越南的双边往来中逐渐形成了沿边跨境自由贸易。这类以广西城市与越南城市间的“双城合作”模式为主要特征的沿边跨境自由贸易，大大地促进了广西与越南在边境地区的贸易发展。这就要求广西抓住中央政府加强沿边地区发展的契机，打好沿边这张牌，将沿边打造成为广西经济增长的新动力，不断推进凭祥综合保税区、沿边金融综合改革试验区、跨境经济合作区、边境经济合作区、沿边自由贸易带、国际旅游合作区等相关战略举措的深化落实。不仅如此，广西还需以此为基础，在广西—越南经济走廊、南宁—曼谷经济走廊与南宁—新加坡经济走廊等南

---

① 朱懿：《海上丝路建设中的粤桂合作》，载《开放导报》，2015年第2期，第69页。

下国际战略大通道的建设方面，加强与东南亚国家的对话与合作。

六、结语

广西在服务与参与21世纪“海上丝绸之路”中有着独特的区位与人文优势，也有其凭借多年的努力积累的渠道与政策优势。可以说，凭借这些优势，广西在参与21世纪“海上丝绸之路”中有着非常宽广的活动空间，既为我国与东盟国家共建21世纪“海上丝绸之路”服务并起到至关重要的作用，也能为自身的发展创造多方面的机遇。但不可否认，广西由于综合实力较弱、市场经济不发达、工业化水平低等多项因素，在未来致力于参与21世纪“海上丝绸之路”的过程中还不得不克服很多挑战。面对难题与不足，广西唯有认清自己的定位和多项优势，打好东盟牌、北部湾牌、西江牌与沿边牌，并在构建南宁—新加坡经济走廊方面下大力气，以期构建面向东南亚的国际大通道和成为区域对外开放的国际战略支点，衔接好21世纪“海上丝绸之路”与丝绸之路经济带，才能极致发挥广西的优势，激发广西发展的潜能，圆满地完成“一带一路”战略构想赋予广西的伟大使命。

参考文献

一、英文文献

［1］Aaron Connelly, "Sovereignty and the Sea: President Joko Widodo's Foreign Policy Challenges", *Contemporary Southeast Asia*, No.1, Vol.37, April 2015.

［2］Alice D. Ba, "Who's Socializing Whom? Complex Engagement in Sino–ASEAN Relations", *The Pacific Review*, Vol.19, No.2, 2006.

［3］Bilahari Kausikan, "Almost impossible for big countries to understand how small countries think", *Straits Times*, October 1, 2014.

［4］Barry Buzan and Ole Waever, *Regions and Powers: The Structure of International Security*, Cambridge University Press, 2003.

［5］Carlyle A. Thayer, "China–ASEAN Relations: China's 'New Security Concept' and ASEAN", CSIS, 2002.

［6］C. Raja Mohan, *Samudra Manthan: Sino–Indian Rivalry in the Indo–Pacific*, Washington: Carnegie Endowment for International Peace, 2012.

［7］Egberink Fenna and Frans–Paul van der Putten, "ASEAN and Strategic Rivalry among the Great Powers in Asia", *Journal of Current Southeast Asian Affairs*, Vol.29, No.3, 2010.

［8］Ian Storey, *Southeast Asia and the Rise of China: the Search for Security*, New York, Routledge, 2011.

［9］John Ravenhill, "Is China an Economic Threat to Southeast Asia?",

Asian Survey, Vol.46, No.5, 2006.

[10] Kristine Kwok, "China's 'Maritime Silk Road' Linking Southeast Asia Faces a Rocky Birth", *South China Morning Post*, October 18, 2013.

[11] Michael Yeo, Ng Yeen Seen, et al, "Building Greater Connectivity Across ASEAN", in *Enhancing ASEAN's Connectivity*, Singapore: Institute of Southeast Asian Studies, 2013.

[12] Mohan Malik, ed., *Maritime Security in the Indo-Pacific: Perspectives from China, India and the United States*, London: Rowman & Littlefield, 2014.

[13] Nguyen Manh Hung and Ben Suryadi, "Integration of Energy Infrastructure towards ASEAN's Connectivity", in *Enhancing ASEAN's Connectivity*, Singapore: Institute of Southeast Asian Studies, 2013.

[14] Pradumna B. Rana & Wai-Mun Chia, "The Revival of the Silk Roads (Land Connectivity) in Asia", in *RSIS Working Paper*, No.274, May 12, 2014.

[15] Prashanth Parameswaran, "Beijing Unveils New Strategy for ASEAN-China Relations", *China Brief*, October 24, 2013.

[16] Rodolfo C. Severino, *Southeast Asia in search of an ASEAN community: Insights from the former ASEAN Secretary-General*, Institute of Southeast Asian Studies, 2006.

[17] Rodolfo C. Severino, "ASEAN and the South China Sea", *Security Challenges*, Vol.6, No.2, 2010.

[18] Richard Sokolsky, Angel Rabasa & Carl Richard Neu., *The Role of Southeast Asia in U.S. Strategy towards China*, Rand Corporation, 2001.

[19] Robert D Kaplan, "Center Stage for the Twenty-first Century: Power Plays in the Indian Ocean", *Foreign Affairs*, Volume 88, Issue 2, March/April 2009.

[20] Shi Xunpeng, "ASEAN Power Grid, Trans-ASEAN Gas Pipeline and ASEAN Economic Community: Vision, Plan and the Reality", *Global Review*, Fall 2014.

二、中文文献

［1］［德］斐迪南·滕尼斯：《共同体与社会：纯粹社会学的基本概念》，林荣远译，北京大学出版社，2010年版。

［2］［印］拉贾·莫汉：《中印海洋大战略》，朱宪超、张玉梅译，北京：中国民主法制出版社，2014年版。

［3］［日］清水一史：《东盟的地区一体化——以东盟经济共同体的进展为中心》，载《南海资料译丛》，2014年第2期。

［4］曹云华：《论东南亚地区秩序》，载《东南亚研究》，2011年第5期。

［5］范若兰：《伊斯兰教与东南亚现代化进程》，北京：中国社会科学出版社，2009年版。

［6］冯维江：《丝绸之路经济带战略的国际政治经济学分析》，载《当代亚太》，2014年第6期。

［7］甘均先：《"一带一路"：龙象独行抑或共舞?》，载《国际问题研究》，2015年第4期。

［8］葛红亮《马来西亚巫统风云》，载《世界博览》，2015年第9期。

［9］葛红亮：《"海上丝绸之路"与海权意识》，载《世界博览》，2015年第8期。

［10］葛红亮：《南中国海地区安全形势研究》，载《太平洋学报》，2012年第2期。

［11］龚晓辉、葛红亮等：《马来西亚概论》，广州：世界图书出版广东公司，2012年版。

［12］古小松：《古小松集——东南亚及中国与东南亚关系研究》，北京：线装书局，2010年版。

［13］韩方明：《亲历新加坡与中国的公共外交活动》，载《公共外交季刊》，2013年第2期。

［14］贺圣达：《中缅关系60年：发展过程和历史经验》，载《东南亚纵横》，2010年第11期。

［15］胡波：《2049年的中国海上权力》，北京：中国发展出版社，2015

年版。

［16］金应忠：《共生性国际社会与中国的和平发展》，载《国际观察》，2012年第4期。

［17］鞠海龙：《文莱海洋安全政策与实践》，载《世界经济与政治论坛》，2011年第5期。

［18］廖建裕：《佐科的海洋强国梦》，载（新加坡）《联合早报》，2014年11月7日。

［19］刘赐贵：《发展海洋合作伙伴关系 推进21世纪海上丝绸之路建设的若干思考》，载《国际问题研究》，2014年第4期。

［20］柳思思：《伊斯兰教的“和平”与“中道”理念——伊斯兰教对于文莱政治社会发展的作用》，载《东南亚研究》，2013年第2期。

［21］李晨阳：《2015年大选会对中缅关系产生重大影响吗》，载《世界知识》，2015年第6期。

［22］李晨阳：《对冷战后中国与东盟关系的反思》，载《外交评论》，2012年第4期。

［23］李庆新：《海上丝绸之路》，北京：五洲传播出版社，2006年版。

［24］李向阳：《论海上丝绸之路的多元化合作机制》，载《世界经济与政治》，2014年第11期。

［25］李骁、薛力：《21世纪海上丝绸之路：安全风险及其应对》，载《太平洋学报》，2015年第7期。

［26］凌胜利、曲博：《世界大国地缘战略运筹与中国大战略》，载《世界经济与政治论坛》，2015年第2期。

［27］卢光盛等：《柬埔寨》，北京：社会科学文献出版社，2014年版。

［28］卢锋：《“一带一路”的影响、困难与风险》，载《奋斗》，2015年第7期。

［29］吕余生：《深化中国—东盟合作，共同建设21世纪海上丝绸之路》，载《学术论坛》，2013年第12期。

［30］吕余生：《释放先导效应共建海上丝路——泛北部湾经济合作回顾与展望》，南宁：广西人民出版社，2014年版。

［31］楼春豪：《21世纪海上丝绸之路的风险与挑战》，载《印度洋经济体研究》，2014年第5期。

[32] 毛艳华、杨思维：《21世纪海上丝绸之路贸易便利化合作与能力建设》，载《国际经贸探索》，2015年第4期。

[33] 祁怀高、石源华：《中国的周边安全挑战与大周边外交战略》，载《世界经济与政治》，2013年第6期。

[34] 孙悦民、张明：《海洋强国崛起的经验总结及中国的现实选择》，载《国际展望》，2015年第1期。

[35] 曲星：《人类命运共同体的价值观基础》，载《求是》，2013年第4期。

[36] 阮宗泽：《中国崛起与东亚国际秩序的转型：共有利益的塑造与拓展》，北京大学出版社，2007年版。

[37] 王勤、李南：《东盟互联互通战略及其实施成效》，载《亚太经济》，2014年第2期。

[38] 王逸舟：《全球政治与中国外交——探寻新的视角与解释》，北京：世界知识出版社，2003年版。

[39] 王湘穗：《倚陆向海：中国战略重心的再平衡》，载《现代国际关系》，2010年庆典特刊。

[40] 王义桅：《"一带一路"：机遇与挑战》，北京：人民出版社，2015年版。

[41] 吴崇伯：《中国—印尼海洋经济合作的前景分析》，载《人民论坛》，2015年第1期。

[42] 吴崇伯：《印尼新总统面临的挑战与政策趋向分析》，载《厦门大学学报（哲学社会科学版）》，2015年第1期。

[43] 吴士存：《纵论南沙争端》，海口：海南出版社，2005年版。

[44] 杨保筠：《21世纪海上丝绸之路与柬埔寨》，载《中国海洋报》，2014年6月30日。

[45] 许利平等：《从贫民窟到总统府：印尼传奇总统佐科》，北京：社会科学文献出版社，2015年版。

[46] 翟崑：《中国与印尼：共同推进海上全球互联互通》，载《世界知识》，2014年第23期。

[47] 查雯：《菲律宾南海政策转变背后的国内政治因素》，载《当代亚太》，2014年第5期。

[48] 张云：《国际政治中“弱者”的逻辑——东盟与亚太地区大国关系》，北京：社会科学文献出版社，2010年版。

[49] 张磊、黄志勇：《“南宁渠道”的性质、功能作用与成功经验》，载《东南亚纵横》，2014年第12期。

[50] 张蕴岭：《如何认识“一带一路”的大战略设计》，载《世界知识》，2015年第2期。

[51] 张洁：《海上通道安全与中国战略支点的构建——兼谈21世纪海上丝绸之路建设的安全考量》，载《国际安全研究》，2015年第2期。

[52] 郑海麟：《建构“海上丝绸之路”的历史经验与战略思考》，载《太平洋学报》，2014年第1期。

[53] 郑先武：《区域间主义治理模式》，北京：社会科学文献出版社，2014年版。

[54] 朱懿：《海上丝路建设中的粤桂合作》，载《开放导报》，2015年第2期。

[55] 庄礼伟：《第13届国会选举前夕的马来西亚：选举型威权的终结?》，载《东南亚研究》，2013年第2期。

[56] 庄国土：《“马来化、伊斯兰化与君主制度”下文莱华人的社会地位》，载《东南亚研究》，2003年第5期。

[57] 周方银：《美国的亚太同盟体系与中国的应对》，载《世界经济与政治》，2013年第11期。

附件一

携手建设中国—东盟命运共同体[①]

——在印度尼西亚国会的演讲

（二〇一三年十月三日，雅加达）

中华人民共和国主席　习近平

尊敬的印尼国会马祖基议长及各位副议长，

尊敬的印尼人协西达尔托主席及各位副主席，

尊敬的印尼地方代表理事会伊尔曼主席及各位副主席，

各位议员朋友，

各位部长先生，

女士们，先生们，朋友们：

阿巴嘎坝！大家好！今天，有机会来到印度尼西亚国会，同各位朋友见面，感到十分高兴。

我是应苏西洛总统的邀请，对素有“千岛之国”美称的印度尼西亚进行访问。这是我这次东南亚之行的第一站，是传承友好关系之旅，也是规划合作之旅。

首先，我谨代表中国政府和人民，并以我个人的名义，向在座各位朋友，向兄弟的印度尼西亚人民，致以诚挚的问候和良好的祝愿！

---

① 《人民日报》，2013年10月4日（2版）。

20年前，我曾访问过贵国，亲身体验了印度尼西亚发展情况以及丰富多彩的自然和文化。20年弹指一挥间，但那时的场景仿佛就发生在昨天，依然历历在目。再次踏上这片美丽的土地，我更加深切地感受到两国关系的旺盛活力，更加深切地体会到两国人民的深情厚谊。

近年来，在苏西洛总统领导下，印度尼西亚人民团结一心、奋发努力，开创出经济发展、社会稳定、国力蒸蒸日上的良好局面。我衷心祝愿印度尼西亚人民依靠自己的勤劳和智慧，不断创造更加美好的未来。

女士们、先生们、朋友们！

中国和印度尼西亚隔海相望，两国友好关系的历史源远流长，在长期交往的过程中，两国人民共同谱写了一曲曲交流交融的华彩乐章。正如在中国家喻户晓的印度尼西亚民歌《美丽的梭罗河》所描述的那样：“你的源泉来自梭罗，万重山送你一路前往，滚滚的波涛流向远方，一直流入海洋”。中国和印尼关系发展，如同美丽的梭罗河一样，越过重重山峦奔流向海，走过了很不平凡的历程。

早在2000多年前的中国汉代，两国人民就克服大海的阻隔，打开了往来的大门。15世纪初，中国明代著名航海家郑和七次远洋航海，每次都到访印尼群岛，足迹遍及爪哇、苏门答腊、加里曼丹等地，留下了两国人民友好交往的历史佳话，许多都传诵至今。

几百年来，遥远浩瀚的大海没有成为两国人民交往的阻碍，反而成为连接两国人民的友好纽带。满载着两国商品和旅客的船队往来其间，互通有无，传递情谊。中国古典名著《红楼梦》对来自爪哇的奇珍异宝有着形象描述，而印度尼西亚国家博物馆则陈列了大量中国古代瓷器，这是两国人民友好交往的生动例证，是对“海内存知己，天涯若比邻”的真实诠释。

在20世纪争取民族独立和解放的历史进程中，两国人民始终相互同情、相互支持。新中国成立后，印度尼西亚是最早同中国建交的国家之一。1955年，中国和印尼两国同其他亚非国家携手合作，在万隆会议上共同倡导了以和平共处、求同存异为核心的万隆精神。万隆精神至今仍是国与国相处的重要准则，为推动建设新型国际关系作出了不可磨灭的历史贡献。中国和印尼两国1990年实现复交、2005年建立战略伙伴关系，两国关系由此进入新的发展时期。

女士们、先生们、朋友们!

这次访问期间，我同苏西洛总统共同宣布将中国和印尼关系提升为全面战略伙伴关系，为的是让两国关系继往开来、全面深入发展。

现在，我们两国互信不断加深，双边关系政治基础更加牢固。两国务实合作领域更加广泛，既有经贸、金融、基础设施、能源资源、制造业等传统领域，还拓展到航天、海上等新兴领域，可谓“上天”、“入海”，给两国人民带来了实实在在的利益。

中国和印尼共同建设的泗水—马都拉大桥，是目前东南亚最长的跨海大桥，即将合作完成的加蒂格迪大坝灌溉面积达 9 万公顷，将给当地民众生产生活带来极大便利。中国和印尼在重大国际和地区事务中的合作不断加强，两国关系越来越具有地区和全球影响，对推动国际政治经济秩序更加公正合理具有积极意义。

这些都堪称新时期中国和印尼友好关系的重要标志。

印度尼西亚人民常讲：“金钱易得，朋友难求。”我们两国人民的真挚情谊，就是这种千金难求的宝贵财富。

2004 年 12 月 26 日，平静的印度洋骤然发生 9 级强震，并引发了大规模海啸，印度尼西亚亚齐省遭受重大生命财产损失，世界为之震惊。海啸发生后，中国政府立即启动应急机制，当天就宣布向包括印尼在内的受灾国提供援助，开展了新中国成立以来最大规模的一次对外救援行动。在中国，从工厂到机场，救援物资一路绿灯，一架架飞机满载着中国人民的爱心飞往亚齐等灾区。中国国际救援队是第一支抵达亚齐的国际救援队，他们在短短 13 天里救治了 1 万多名受灾群众。当地群众见到他们，不少人学会了用汉语说：“中国，北京，我爱你。”

中国民众也自发以各种方式对印尼灾区人民表达慰问、提供捐助。杭州市有一位老人，自身家境并不富裕，老伴患病长期住院，他本人也刚做完手术，但为了让印尼灾区孩子继续读书，他捐出了辛苦积攒下来的 1000 元人民币。钱虽不多，但充分体现了中国人民对印尼人民的一片深情厚谊。

同样，在中国人民遇到严重自然灾害时，印尼人民也向中国人民伸出了援助之手。2008年5月12日，中国汶川发生特大地震，灾区人民急需救援。印尼第一时间向中国人民伸出了援手，派出医疗队赶赴灾区。印尼医疗队抵达灾区后，不顾灾后余震的危险，夜以继日工作，诊治了260名灾民，为844名居民和120名学生提供了义诊。印尼医疗队队员在回国前把身上所有钱物全部捐给了灾区。印尼人民也自发为汶川地震灾区捐款捐物，有的专程来到中国驻印尼大使馆，表达他们的祈愿和祝福。印尼民众的举动让中国人民深受感动。

这样的故事，在两国人民友好交往中数不胜数，充分印证了中国和印尼都有的一句成语，叫“患难与共”。

女士们、先生们、朋友们!

中国和东盟国家山水相连、血脉相亲。今年是中国和东盟建立战略伙伴关系10周年，中国和东盟关系正站在新的历史起点上。

中方高度重视印尼在东盟的地位和影响，愿同印尼和其他东盟国家共同努力，使双方成为兴衰相伴、安危与共、同舟共济的好邻居、好朋友、好伙伴，携手建设更为紧密的中国—东盟命运共同体，为双方和本地区人民带来更多福祉。

为此，我们要着重从以下几个方面作出努力。

第一，坚持讲信修睦。人与人交往在于言而有信，国与国相处讲究诚信为本。中国愿同东盟国家真诚相待、友好相处，不断巩固政治和战略互信。

世界上没有放之四海而皆准的发展模式，也没有一成不变的发展道路。中国和东盟国家人民勇于变革创新，不断开拓进取，探索和开辟顺应时代潮流、符合自身实际的发展道路，为经济社会发展打开了广阔前景。

我们应该尊重彼此自主选择社会制度和发展道路的权利，尊重各自推动经济社会发展、改善人民生活的探索和实践，坚定对对方战略走向的信心，在对方重大关切问题上相互支持，牢牢把握中国—东盟战略合作的大方向。

中国愿同东盟国家商谈缔结睦邻友好合作条约，共同绘就睦邻友好的美好蓝图。中国将一如既往支持东盟发展壮大，支持东盟共同体建设，支持东盟在区域合作中发挥主导作用。

第二，坚持合作共赢。“计利当计天下利。”中国愿在平等互利的基础上，扩大对东盟国家开放，使自身发展更好惠及东盟国家。中国愿提高中国—东盟自由贸易区水平，争取使2020年双方贸易额达到1万亿美元。

中国致力于加强同东盟国家的互联互通建设。中国倡议筹建亚洲基础设施投资银行，愿支持本地区发展中国家包括东盟国家开展基础设施互联互通建设。

东南亚地区自古以来就是“海上丝绸之路”的重要枢纽，中国愿同东盟国家加强海上合作，使用好中国政府设立的中国—东盟海上合作基金，发展好海洋合作伙伴关系，共同建设21世纪“海上丝绸之路”。中国愿通过扩大同东盟国家各领域务实合作，互通有无、优势互补，同东盟国家共享机遇、共迎挑战，实现共同发展、共同繁荣。

第三，坚持守望相助。中国和东盟国家唇齿相依，肩负着共同维护地区和平稳定的责任。历史上，中国和东盟国家人民在掌握民族命运的斗争中曾经并肩战斗、风雨同舟。近年来，从应对亚洲金融危机到应对国际金融危机，从抗击印度洋海啸到抗击中国汶川特大地震灾害，我们各国人民肩并着肩、手挽着手，形成了强大合力。

我们应该摒弃冷战思维，积极倡导综合安全、共同安全、合作安全的新理念，共同维护本地区和平稳定。我们应该深化在防灾救灾、网络安全、打击跨国犯罪、联合执法等方面的合作，为本地区人民营造更加和平、更加安宁、更加温馨的地区家园。

中国愿同东盟国家进一步完善中国—东盟防长会议机制，就地区安全问题定期举行对话。

对中国和一些东南亚国家在领土主权和海洋权益方面存在的分歧和争议，双方要始终坚持以和平方式，通过平等对话和友好协商妥善处理，维护双方关系和地区稳定大局。

第四，坚持心心相印。“合抱之木，生于毫末；九层之台，起于累土”。保持中国—东盟友谊之树长青，必须夯实双方关系的社会土壤。去年，中国和东盟国家人员往来达1500万人次，每周有1000多个航班往返于中国和东盟国家之间。交往多了，感情深了，心与心才能贴得更近。

我们要促进青年、智库、议会、非政府组织、社会团体等的友好交流，为中国—东盟关系发展提供更多智力支撑，增进人民了解和友谊。中国愿向东盟派出更多志愿者，支持东盟国家文化、教育、卫生、医疗等领域事业发展。中国倡议将2014年确定为中国—东盟文化交流年。今后3到5年，中国将向东盟国家提供1.5万个政府奖学金名额。

第五，坚持开放包容。“海纳百川，有容乃大。”在漫长历史进程中，中国和东盟国家人民创造了丰富多彩、享誉世界的辉煌文明。这里是充满多样性的区域，各种文明在相互影响中融合演进，为中国和东盟国家人民相互学习、相互借鉴、相互促进提供了重要文化基础。

我们要积极借鉴其他地区发展经验，欢迎域外国家为本地区发展稳定发挥建设性作用。同时，域外国家也应该尊重本地区的多样性，多做有利于本地区发展稳定的事情。中国—东盟命运共同体和东盟共同体、东亚共同体息息相关，应发挥各自优势，实现多元共生、包容共进，共同造福于本地区人民和世界各国人民。

一个更加紧密的中国—东盟命运共同体，符合求和平、谋发展、促合作、图共赢的时代潮流，符合亚洲和世界各国人民共同利益，具有广阔发展空间和巨大发展潜力。

女士们、先生们、朋友们！

新中国成立60多年来特别是改革开放30多年来，中国走出了一条成功的发展道路，取得了举世瞩目的发展成就。中国对未来发展作出了战略部署，明确了奋斗目标，即到2020年实现国内生产总值和城乡居民人均收入比2010年翻一番，全面建成小康社会；到本世纪中叶建成富强民主文明和谐的社会主义现代化国家，实现中华民族伟大复兴。这是中华民族和中国人民的百年夙愿，也是中国为人类作出更大贡献的必要条件。

“功崇惟志，业广惟勤。”我们有信心、有条件、有能力实现我们的奋斗目标。同时，我们也清醒地认识到，中国仍是世界上最大的发展中国家，我们在前进道路上仍然面临不少困难和挑战，要使全体中国人民都过上美好生活，需要付出长期不懈的努力。我们将坚持改革开放不动摇，坚持走中国特色社会主义道路，集中精力把自己的事情办好，不断推进现代化建设，不断提高人民生活水平。

中国的发展离不开世界，世界的发展也需要中国。中国将坚定不移走和平发展道路，坚定不移奉行独立自主的和平外交政策，坚定不移奉行互利共赢的开放战略。中国的发展，是世界和平力量的壮大，是传递友谊的正能量，为亚洲和世界带来的是发展机遇而不是威胁。中国愿继续同东盟、同亚洲、同世界分享经济社会发展的机遇。

女士们、先生们、朋友们！

当前，中国人民正致力于实现中华民族伟大复兴的中国梦，印尼人民也在积极推进经济发展总体规划、谋求民族崛起。为实现我们各自的梦想，双方更需要相互理解、相互支持、携手合作，更需要两国有识之士参与其中，脚踏实地去耕耘、去努力。

说到这里，我想起了苏西洛总统创作的一首歌，名字叫《宁静》。那是 2006 年 10 月，苏西洛总统来到中国广西出席中国—东盟建立对话关系 15 周年纪念峰会。会议间隙，他在漓江上产生了创作灵感，提笔写下了一首优美的歌词："快乐的日子，在生命中不断循环，我与伙伴，共同度过那美好时光。"苏西洛总统在中国的山水之间触景生情，想起自己的童年、自己的家乡，说明我们两国人民是心相通、情相近的。

国之交在于民相亲。正是有了这样一个个友好使者，架起了一座座友谊桥梁，打开了一扇扇心灵之窗，我们两国人民友谊才得以穿过历史长河、跨越浩瀚大海，历久弥坚，历久弥新。

青年最富有朝气、最富有梦想，青年兴则国家兴，青年强则国家强。青年代表着两国交往的未来和希望。我和苏西洛总统一致同意，两国将扩大并深化人文交流，今后 5 年，双方将每年互派 100 名青年访问对方国家，中国将向印尼提供 1000 个奖学金名额。

我相信，随着越来越多的青年人投身到中国和印尼友好的大潮当中，两国友好交往事业一定会薪火相传、兴旺发达。

女士们、先生们、朋友们！

中国和印尼两国有 16 亿人口，只要我们两国人民手拉手、心连心，就将汇聚起世界四分之一人口的巨大力量，就可以创造人类发展史上新的奇迹。中国人民和印尼人民要携手努力，共同谱写两国关系发展的崭新篇章，开创中国—东盟命运共同体的美好未来，共同为世界和平与发展的崇高事业作出更大贡献。

德里马嘎西！（谢谢！）

附件二

推动共建丝绸之路经济带和21世纪海上丝绸之路的愿景与行动[1]

国家发展改革委　外交部　商务部

（经国务院授权发布）

2015年3月

目录

前言

2000多年前，亚欧大陆上勤劳勇敢的人民，探索出多条连接亚欧非

① 《人民日报》，2015年3月29日（4版）。

几大文明的贸易和人文交流通路，后人将其统称为“丝绸之路”。千百年来，“和平合作、开放包容、互学互鉴、互利共赢”的丝绸之路精神薪火相传，推进了人类文明进步，是促进沿线各国繁荣发展的重要纽带，是东西方交流合作的象征，是世界各国共有的历史文化遗产。

进入21世纪，在以和平、发展、合作、共赢为主题的新时代，面对复苏乏力的全球经济形势，纷繁复杂的国际和地区局面，传承和弘扬丝绸之路精神更显重要和珍贵。

2013年9月和10月，中国国家主席习近平在出访中亚和东南亚国家期间，先后提出共建“丝绸之路经济带”和“21世纪海上丝绸之路”（以下简称“一带一路”）的重大倡议，得到国际社会高度关注。中国国务院总理李克强参加2013年中国—东盟博览会时强调，铺就面向东盟的海上丝绸之路，打造带动腹地发展的战略支点。加快“一带一路”建设，有利于促进沿线各国经济繁荣与区域经济合作，加强不同文明交流互鉴，促进世界和平发展，是一项造福世界各国人民的伟大事业。

“一带一路”建设是一项系统工程，要坚持共商、共建、共享原则，积极推进沿线国家发展战略的相互对接。为推进实施“一带一路”重大倡议，让古丝绸之路焕发新的生机活力，以新的形式使亚欧非各国联系更加紧密，互利合作迈向新的历史高度，中国政府特制定并发布《推动共建丝绸之路经济带和21世纪海上丝绸之路的愿景与行动》。

一、时代背景

当今世界正发生复杂深刻的变化，国际金融危机深层次影响继续显现，世界经济缓慢复苏、发展分化，国际投资贸易格局和多边投资贸易规则酝酿深刻调整，各国面临的发展问题依然严峻。共建“一带一路”顺应世界多极化、经济全球化、文化多样化、社会信息化的潮流，秉持开放的区域合作精神，致力于维护全球自由贸易体系和开放型世界经济。共建“一带一路”旨在促进经济要素有序自由流动、资源高效配置和市场深度融合，推动沿线各国实现经济政策协调，开展更大范围、更高水平、更深层次的区域合作，共同打造开放、包容、均衡、普惠的区域经济合作架构。共建“一带一路”符合国际社会的根本利益，彰显人类社会共同理想和美好追求，是国际合作以及全球治理新模式的积极探索，将为世界和平发展增添新的正能量。

共建“一带一路”致力于亚欧非大陆及附近海洋的互联互通，建立和加强沿线各国互联互通伙伴关系，构建全方位、多层次、复合型的互联互通网络，实现沿线各国多元、自主、平衡、可持续的发展。“一带一路”的互联互通项目将推动沿线各国发展战略的对接与耦合，发掘区域内市场的潜力，促进投资和消费，创造需求和就业，增进沿线各国人民的人文交流与文明互鉴，让各国人民相逢相知、互信互敬，共享和谐、安宁、富裕的生活。

当前，中国经济和世界经济高度关联。中国将一以贯之地坚持对外开放的基本国策，构建全方位开放新格局，深度融入世界经济体系。推进“一带一路”建设既是中国扩大和深化对外开放的需要，也是加强和亚欧非及世界各国互利合作的需要，中国愿意在力所能及的范围内承担更多责任义务，为人类和平发展作出更大的贡献。

二、共建原则

恪守联合国宪章的宗旨和原则。遵守和平共处五项原则，即尊重各国主权和领土完整、互不侵犯、互不干涉内政、和平共处、平等互利。

坚持开放合作。“一带一路”相关的国家基于但不限于古代丝绸之路的范围，各国和国际、地区组织均可参与，让共建成果惠及更广泛的区域。

坚持和谐包容。倡导文明宽容，尊重各国发展道路和模式的选择，加强不同文明之间的对话，求同存异、兼容并蓄、和平共处、共生共荣。

坚持市场运作。遵循市场规律和国际通行规则，充分发挥市场在资源配置中的决定性作用和各类企业的主体作用，同时发挥好政府的作用。

坚持互利共赢。兼顾各方利益和关切，寻求利益契合点和合作最大公约数，体现各方智慧和创意，各施所长，各尽所能，把各方优势和潜力充分发挥出来。

三、框架思路

“一带一路”是促进共同发展、实现共同繁荣的合作共赢之路，是增进理解信任、加强全方位交流的和平友谊之路。中国政府倡议，秉持和平合作、开放包容、互学互鉴、互利共赢的理念，全方位推进务实合作，打造政治互信、经济融合、文化包容的利益共同体、命运共同体和责任共同体。

“一带一路”贯穿亚欧非大陆，一头是活跃的东亚经济圈，一头是发达的欧洲经济圈，中间广大腹地国家经济发展潜力巨大。丝绸之路经济带重点畅通中国经中亚、俄罗斯至欧洲（波罗的海）；中国经中亚、西亚至波斯湾、地中海；中国至东南亚、南亚、印度洋。21世纪海上丝绸之路重点方向是从中国沿海港口过南海到印度洋，延伸至欧洲；从中国沿海港口过南海到南太平洋。

根据“一带一路”走向，陆上依托国际大通道，以沿线中心城市为支撑，以重点经贸产业园区为合作平台，共同打造新亚欧大陆桥、中蒙俄、中国—中亚—西亚、中国—中南半岛等国际经济合作走廊；海上以重点港口为节点，共同建设通畅安全高效的运输大通道。中巴、孟中印缅两个经济走廊与推进“一带一路”建设关联紧密，要进一步推动合作，取得更大进展。

“一带一路”建设是沿线各国开放合作的宏大经济愿景，需各国携手努力，朝着互利互惠、共同安全的目标相向而行。努力实现区域基础设施更加完善，安全高效的陆海空通道网络基本形成，互联互通达到新水平；投资贸易便利化水平进一步提升，高标准自由贸易区网络基本形成，经济联系更加紧密，政治互信更加深入；人文交流更加广泛深入，不同文明互鉴共荣，各国人民相知相交、和平友好。

四、合作重点

沿线各国资源禀赋各异，经济互补性较强，彼此合作潜力和空间很大。以政策沟通、设施联通、贸易畅通、资金融通、民心相通为主要内容，重点在以下方面加强合作。

政策沟通。加强政策沟通是“一带一路”建设的重要保障。加强政府间合作，积极构建多层次政府间宏观政策沟通交流机制，深化利益融合，促进政治互信，达成合作新共识。沿线各国可以就经济发展战略和对策进行充分交流对接，共同制定推进区域合作的规划和措施，协商解决合作中的问题，共同为务实合作及大型项目实施提供政策支持。

设施联通。基础设施互联互通是“一带一路”建设的优先领域。在尊重相关国家主权和安全关切的基础上，沿线国家宜加强基础设施建设规划、技术标准体系的对接，共同推进国际骨干通道建设，逐步形成连接亚洲各次区域以及亚欧非之间的基础设施网络。强化基础设施绿色低碳化建设和运营管理，在建设中充分考虑气候变化影响。

抓住交通基础设施的关键通道、关键节点和重点工程，优先打通缺失路段，畅通瓶颈路段，配套完善道路安全防护设施和交通管理设施设备，提升道路通达水平。推进建立统一的全程运输协调机制，促进国际通关、换装、多式联运有机衔接，逐步形成兼容规范的运输规则，实现国际运输便利化。推动口岸基础设施建设，畅通陆水联运通道，推进港口合作建设，增加海上航线和班次，加强海上物流信息化合作。拓展建立民航全面合作的平台和机制，加快提升航空基础设施水平。

加强能源基础设施互联互通合作，共同维护输油、输气管道等运输通道安全，推进跨境电力与输电通道建设，积极开展区域电网升级改造合作。

共同推进跨境光缆等通信干线网络建设，提高国际通信互联互通水平，畅通信息丝绸之路。加快推进双边跨境光缆等建设，规划建设洲际海底光缆项目，完善空中（卫星）信息通道，扩大信息交流与合作。

贸易畅通。投资贸易合作是“一带一路”建设的重点内容。宜着力研究解决投资贸易便利化问题，消除投资和贸易壁垒，构建区域内和各国良好的营商环境，积极同沿线国家和地区共同商建自由贸易区，激发释放合作潜力，做大做好合作“蛋糕”。

沿线国家宜加强信息互换、监管互认、执法互助的海关合作，以及检验检疫、认证认可、标准计量、统计信息等方面的双多边合作，推动世界贸易组织《贸易便利化协定》生效和实施。改善边境口岸通关设施条件，加快边境口岸“单一窗口”建设，降低通关成本，提升通关能力。加强供应链安全与便利化合作，推进跨境监管程序协调，推动检验检疫证书国际互联网核查，开展“经认证的经营者”（AEO）互认。降低非关税壁垒，共同提高技术性贸易措施透明度，提高贸易自由化便利化水平。

拓宽贸易领域，优化贸易结构，挖掘贸易新增长点，促进贸易平衡。创新贸易方式，发展跨境电子商务等新的商业业态。建立健全服务贸易促进体系，巩固和扩大传统贸易，大力发展现代服务贸易。把投资和贸易有机结合起来，以投资带动贸易发展。

加快投资便利化进程，消除投资壁垒。加强双边投资保护协定、避免双重征税协定磋商，保护投资者的合法权益。

拓展相互投资领域，开展农林牧渔业、农机及农产品生产加工等领域深度合作，积极推进海水养殖、远洋渔业、水产品加工、海水淡化、海洋生物制药、海洋工程技术、环保产业和海上旅游等领域合作。加大煤炭、油气、金属矿产等传统能源资源勘探开发合作，积极推动水电、核电、风电、太阳能等清洁、可再生能源合作，推进能源资源就地就近加工转化合作，形成能源资源合作上下游一体化产业链。加强能源资源深加工技术、装备与工程服务合作。

推动新兴产业合作，按照优势互补、互利共赢的原则，促进沿线国家加强在新一代信息技术、生物、新能源、新材料等新兴产业领域的深入合作，推动建立创业投资合作机制。

优化产业链分工布局，推动上下游产业链和关联产业协同发展，鼓励建立研发、生产和营销体系，提升区域产业配套能力和综合竞争力。扩大服务业相互开放，推动区域服务业加快发展。探索投资合作新模式，鼓励合作建设境外经贸合作区、跨境经济合作区等各类产业园区，促进产业集群发展。在投资贸易中突出生态文明理念，加强生态环境、生物多样性和应对气候变化合作，共建绿色丝绸之路。

中国欢迎各国企业来华投资。鼓励本国企业参与沿线国家基础设施建设和产业投资。促进企业按属地化原则经营管理，积极帮助当地发展经济、增加就业、改善民生，主动承担社会责任，严格保护生物多样性和生态环境。

资金融通。资金融通是“一带一路”建设的重要支撑。深化金融合作，推进亚洲货币稳定体系、投融资体系和信用体系建设。扩大沿线国家双边本币互换、结算的范围和规模。推动亚洲债券市场的开放和发展。共同推进亚洲基础设施投资银行、金砖国家开发银行筹建，有关各方就建立上海合作组织融资机构开展磋商。加快丝路基金组建运营。深化中国—东盟银行联合体、上合组织银行联合体务实合作，以银团贷款、银行授信等方式开展多边金融合作。支持沿线国家政府和信用等级较高的企业以及金融机构在中国境内发行人民币债券。符合条件的中国境内金融机构和企业可以在境外发行人民币债券和外币债券，鼓励在沿线国家使用所筹资金。

加强金融监管合作，推动签署双边监管合作谅解备忘录，逐步在区域内建立高效监管协调机制。完善风险应对和危机处置制度安排，构建区域性金融风险预警系统，形成应对跨境风险和危机处置的交流合作机制。加强征信管理部门、征信机构和评级机构之间的跨境交流与合作。充分发挥丝路基金以及各国主权基金作用，引导商业性股权投资基金和社会资金共同参与“一带一路”重点项目建设。

民心相通。民心相通是“一带一路”建设的社会根基。传承和弘扬丝绸之路友好合作精神，广泛开展文化交流、学术往来、人才交流合作、媒体合作、青年和妇女交往、志愿者服务等，为深化双多边合作奠定坚实的民意基础。

扩大相互间留学生规模，开展合作办学，中国每年向沿线国家提供1万个政府奖学金名额。沿线国家间互办文化年、艺术节、电影节、电视周和图书展等活动，合作开展广播影视剧精品创作及翻译，联合申请世界文化遗产，共同开展世界遗产的联合保护工作。深化沿线国家间人才交流合作。

加强旅游合作，扩大旅游规模，互办旅游推广周、宣传月等活动，联合打造具有丝绸之路特色的国际精品旅游线路和旅游产品，提高沿线各国游客签证便利化水平。推动21世纪海上丝绸之路邮轮旅游合作。积极开展体育交流活动，支持沿线国家申办重大国际体育赛事。

强化与周边国家在传染病疫情信息沟通、防治技术交流、专业人才培养等方面的合作，提高合作处理突发公共卫生事件的能力。为有关国家提供医疗援助和应急医疗救助，在妇幼健康、残疾人康复以及艾滋病、结核、疟疾等主要传染病领域开展务实合作，扩大在传统医药领域的合作。

加强科技合作，共建联合实验室（研究中心）、国际技术转移中心、海上合作中心，促进科技人员交流，合作开展重大科技攻关，共同提升科技创新能力。

整合现有资源，积极开拓和推进与沿线国家在青年就业、创业培训、职业技能开发、社会保障管理服务、公共行政管理等共同关心领域的务实合作。

充分发挥政党、议会交往的桥梁作用，加强沿线国家之间立法机构、主要党派和政治组织的友好往来。开展城市交流合作，欢迎沿线国家重要城市之间互结友好城市，以人文交流为重点，突出务实合作，形成更多鲜活的合作范例。欢迎沿线国家智库之间开展联合研究、合作举办论坛等。

加强沿线国家民间组织的交流合作，重点面向基层民众，广泛开展教育医疗、减贫开发、生物多样性和生态环保等各类公益慈善活动，促进沿线贫困地区生产生活条件改善。加强文化传媒的国际交流合作，积极利用网络平台，运用新媒体工具，塑造和谐友好的文化生态和舆论环境。

五、合作机制

当前，世界经济融合加速发展，区域合作方兴未艾。积极利用现有双多边合作机制，推动“一带一路”建设，促进区域合作蓬勃发展。

加强双边合作，开展多层次、多渠道沟通磋商，推动双边关系全面发展。推动签署合作备忘录或合作规划，建设一批双边合作示范。建立完善双边联合工作机制，研究推进“一带一路”建设的实施方案、行动路线图。充分发挥现有联委会、混委会、协委会、指导委员会、管理委员会等双边机制作用，协调推动合作项目实施。

强化多边合作机制作用，发挥上海合作组织（SCO）、中国—东盟“10+1”、亚太经合组织（APEC）、亚欧会议（ASEM）、亚洲合作对话（ACD）、亚信会议（CICA）、中阿合作论坛、中国—海合会战略对话、大湄公河次区域（GMS）经济合作、中亚区域经济合作（CAREC）等现有多边合作机制作用，相关国家加强沟通，让更多国家和地区参与“一带一路”建设。

继续发挥沿线各国区域、次区域相关国际论坛、展会以及博鳌亚洲论坛、中国—东盟博览会、中国—亚欧博览会、欧亚经济论坛、中国国际投资贸易洽谈会，以及中国—南亚博览会、中国—阿拉伯博览会、中国西部国际博览会、中国—俄罗斯博览会、前海合作论坛等平台的建设性作用。支持沿线国家地方、民间挖掘“一带一路”历史文化遗产，联合举办专项投资、贸易、文化交流活动，办好丝绸之路（敦煌）国际文化博览会、丝绸之路国际电影节和图书展。倡议建立“一带一路”国际高峰论坛。

六、中国各地方开放态势

推进“一带一路”建设，中国将充分发挥国内各地区比较优势，实行更加积极主动的开放战略，加强东中西互动合作，全面提升开放型经济水平。

西北、东北地区。发挥新疆独特的区位优势和向西开放重要窗口作用，深化与中亚、南亚、西亚等国家交流合作，形成丝绸之路经济带上重要的交通枢纽、商贸物流和文化科教中心，打造丝绸之路经济带核心区。发挥陕西、甘肃综合经济文化和宁夏、青海民族人文优势，打造西安内陆型改革开放新高地，加快兰州、西宁开发开放，推进宁夏内陆开放型经济试验区建设，形成面向中亚、南亚、西亚国家的通道、商贸物流枢纽、重要产业和人文交流基地。发挥内蒙古联通俄蒙的区位优势，完善黑龙江对俄铁路通道和区域铁路网，以及黑龙江、吉林、辽宁与俄远东地区陆海联运合作，推进构建北京—莫斯科欧亚高速运输走廊，建设向北开放的重要窗口。

西南地区。发挥广西与东盟国家陆海相邻的独特优势，加快北部湾经济区和珠江—西江经济带开放发展，构建面向东盟区域的国际通道，打造西南、中南地区开放发展新的战略支点，形成21世纪海上丝绸之路与丝绸之路经济带有机衔接的重要门户。发挥云南区位优势，推进与周边国家的国际运输通道建设，打造大湄公河次区域经济合作新高地，建设成为面向南亚、东南亚的辐射中心。推进西藏与尼泊尔等国家边境贸易和旅游文化合作。

沿海和港澳台地区。利用长三角、珠三角、海峡西岸、环渤海等经济区开放程度高、经济实力强、辐射带动作用大的优势，加快推进中国（上海）自由贸易试验区建设，支持福建建设21世纪海上丝绸之路核心区。充分发挥深圳前海、广州南沙、珠海横琴、福建平潭等开放合作区作用，深化与港澳台合作，打造粤港澳大湾区。推进浙江海洋经济发展示范区、福建海峡蓝色经济试验区和舟山群岛新区建设，加大海南国际旅游岛开发开放力度。加强上海、天津、宁波—舟山、广州、深圳、湛江、汕头、青岛、烟台、大连、福州、厦门、泉州、海口、三亚等沿海城市港口建设，强化上海、广州等国际枢纽机场功能。以扩大开放倒逼深层次改革，创新开放型经济体制机制，加大科技创新力度，形成参与和引领国际合作竞争新优势，成为“一带一路”特别是21世纪海上丝绸之路建设的排头兵和主力军。发挥海外侨胞以及香港、澳门特别行政区独特优势作用，积极参与和助力“一带一路”建设。为台湾地区参与“一带一路”建设作出妥善安排。

内陆地区。利用内陆纵深广阔、人力资源丰富、产业基础较好优势，依托长江中游城市群、成渝城市群、中原城市群、呼包鄂榆城市群、哈长城市群等重点区域，推动区域互动合作和产业集聚发展，打造重庆西部开发开放重要支撑和成都、郑州、武汉、长沙、南昌、合肥等内陆开放型经济高地。加快推动长江中上游地区和俄罗斯伏尔加河沿岸联邦区的合作。建立中欧通道铁路运输、口岸通关协调机制，打造“中欧班列”品牌，建设沟通境内外、连接东中西的运输通道。支持郑州、西安等内陆城市建设航空港、国际陆港，加强内陆口岸与沿海、沿边口岸通关合作，开展跨境贸易电子商务服务试点。优化海关特殊监管区域布局，创新加工贸易模式，深化与沿线国家的产业合作。

七、中国积极行动

一年多来，中国政府积极推动“一带一路”建设，加强与沿线国家的沟通磋商，推动与沿线国家的务实合作，实施了一系列政策措施，努力收获早期成果。

高层引领推动。习近平主席、李克强总理等国家领导人先后出访20多个国家，出席加强互联互通伙伴关系对话会、中阿合作论坛第六届部长级会议，就双边关系和地区发展问题，多次与有关国家元首和政府首脑进行会晤，深入阐释“一带一路”的深刻内涵和积极意义，就共建“一带一路”达成广泛共识。

签署合作框架。与部分国家签署了共建“一带一路”合作备忘录，与一些毗邻国家签署了地区合作和边境合作的备忘录以及经贸合作中长期发展规划。研究编制与一些毗邻国家的地区合作规划纲要。

推动项目建设。加强与沿线有关国家的沟通磋商，在基础设施互联互通、产业投资、资源开发、经贸合作、金融合作、人文交流、生态保护、海上合作等领域，推进了一批条件成熟的重点合作项目。

完善政策措施。中国政府统筹国内各种资源，强化政策支持。推动亚洲基础设施投资银行筹建，发起设立丝路基金，强化中国—欧亚经济合作基金投资功能。推动银行卡清算机构开展跨境清算业务和支付机构开展跨境支付业务。积极推进投资贸易便利化，推进区域通关一体化改革。

发挥平台作用。各地成功举办了一系列以“一带一路”为主题的国际峰会、论坛、研讨会、博览会，对增进理解、凝聚共识、深化合作发挥了重要作用。

八、共创美好未来

共建“一带一路”是中国的倡议，也是中国与沿线国家的共同愿望。站在新的起点上，中国愿与沿线国家一道，以共建“一带一路”为契机，平等协商，兼顾各方利益，反映各方诉求，携手推动更大范围、更高水平、更深层次的大开放、大交流、大融合。“一带一路”建设是开放的、包容的，欢迎世界各国和国际、地区组织积极参与。

共建“一带一路”的途径是以目标协调、政策沟通为主，不刻意追求一致性，可高度灵活，富有弹性，是多元开放的合作进程。中国愿与沿线国家一道，不断充实完善“一带一路”的合作内容和方式，共同制定时间表、路线图，积极对接沿线国家发展和区域合作规划。

中国愿与沿线国家一道，在既有双多边和区域次区域合作机制框架下，通过合作研究、论坛展会、人员培训、交流访问等多种形式，促进沿线国家对共建“一带一路”内涵、目标、任务等方面的进一步理解和认同。

中国愿与沿线国家一道，稳步推进示范项目建设，共同确定一批能够照顾双多边利益的项目，对各方认可、条件成熟的项目抓紧启动实施，争取早日开花结果。

“一带一路”是一条互尊互信之路，一条合作共赢之路，一条文明互鉴之路。只要沿线各国和衷共济、相向而行，就一定能够谱写建设丝绸之路经济带和21世纪海上丝绸之路的新篇章，让沿线各国人民共享“一带一路”共建成果。

后 记

《东南亚：21 世纪“海上丝绸之路”的枢纽》以中国新一届政府提出的 21 世纪“海上丝绸之路”战略倡议为背景，聚焦东南亚地区在这一战略构想落实过程中的枢纽地位，旨在翔实梳理和论述东南亚地区相关国家在参与这一战略构想过程中具有的优势及因各种主客观因素不得不面临的一系列挑战。如今，21 世纪“海上丝绸之路”战略倡议已经提出两年有余，2015 年更是大力推进“一带一路”战略构想的关键一年。然而，受制于前述一系列挑战，目前来看 21 世纪“海上丝绸之路”战略合作倡议并未在东南亚这一枢纽地区取得令世人瞩目的成就；相反，部分东南亚国家或者民众对我国的这一战略构想还持有担忧和疑虑的心理，将之与日渐崛起的中国“巨人”形象相联系。鉴于此，从我国的角度来看，21 世纪“海上丝绸之路”战略构想的落实既需要规避地区存在的种种风险，也迫切需要我国在地区“深耕细作”；而从东南亚国家的角度来看，它们需要根据各自的国情，关注重点领域，及推出富有成效的举措来抓住机遇与克服挑战。因此，共建 21 世纪“海上丝绸之路”既需要中国的规划与意志力，更需要东南亚地区沿线国家的主观认可与积极合作，而东南亚是 21 世纪“海上丝绸之路”倡议落实的枢纽地区，也是倡议落实是否有所成就的象征地带。

着眼于此，本书采取的视角有别于当前学界、智库，更多从东南亚国家的角度来找问题和为解决问题提出建设性意见。也即，通过本书，编者和诸位作者希望向读者展现 21 世纪“海上丝绸之路”共建中更为全面、客观与立体的东南亚及中国—东南亚国家关系。

经过大家的一致努力，《东南亚：21世纪“海上丝绸之路”的枢纽》如今就要面世了。编者必须向一起努力的各位前辈和小伙伴们说一声感谢。说实话，本书构想于编者的“灵光一现”，在一次微信聊天中不经意间说出了策划一本书的想法。当然，这也与编者与作者们平时关注东南亚和如今热潮仍在的“一带一路”研究有关。因此，从编者拿出本书基本框架到向作者们约稿，都得到了大家的积极支持。另外，特别需要向暨南大学国际关系学院前院长曹云华教授表示感谢，作为东南亚研究的前辈，他能为本书作序，也是对编者和作者们的肯定与热切鼓励。

当然，本书能够出版也有赖于广西民族大学东盟学院诸位院领导的关心与支持。自编者提出想法和拿出策划开始，学院吴尽昭院长、杨晓强常务副院长、滕成达副院长、周喜梅副院长就给予了大力的支持。在他们的支持下，广西科学实验中心“中国—东盟研究中心”为本书提供了出版经费。学院刘桂青主任、潘艳贤与蒙翡琦老师也在本书出版过程中给予了大力协助，在此一并表示感谢。此外，也必须向世界图书出版广东公司的刘正武、张东文等编辑人员表示感谢。你们在出版过程中提供的帮助，在为本书增色的同时，也使编者学习了很多。

作为东南亚研究的后来者，编者和本书的大部分作者还有很大的成长空间，也需要继续在东南亚研究方面付出更多的努力。因而，本书中还有诸多不足，还望各位前辈、同行学友与读者们批评指正。

葛红亮
记于相思湖畔
丙申年正月三十